主　编　钱乘旦
本卷作者　张　红

国家出版基金项目

A HISTORY
OF THE
BRITISH EMPIRE

The Crisis of the
British Empire

第六卷
英帝国的危机

英帝国史

江苏人民出版社

图书在版编目(CIP)数据

英帝国史. 第六卷,英帝国的危机/张红著. ——南京:江苏人民出版社,2019.10
ISBN 978-7-214-23285-4

Ⅰ.①英… Ⅱ.①张… Ⅲ.①英国—历史 Ⅳ.①K561.0

中国版本图书馆 CIP 数据核字(2019)第 043205 号

书　　　名	英帝国史·第六卷 英帝国的危机
主　　　编	钱乘旦
著　　　者	张　红
策　　　划	王保顶
责 任 编 辑	朱晓莹
装 帧 设 计	周伟伟
责 任 监 制	王列丹
出 版 发 行	江苏人民出版社
出版社地址	南京市湖南路 1 号 A 楼,邮编:210009
出版社网址	http://www.jspph.com
照　　　排	江苏凤凰制版有限公司
印　　　刷	江苏凤凰新华印务有限公司
开　　　本	880 毫米×1 230 毫米　1/32
印　　　张	91.375　插页 32
字　　　数	2 040 千字
版　　　次	2019 年 10 月第 1 版　2019 年 10 月第 1 次印刷
标 准 书 号	ISBN 978-7-214-23285-4
定　　　价	580.00 元(全 8 卷)

(江苏人民出版社图书凡印装错误可向承印厂调换)

本书获国家哲学社会科学基金经费资助,项目名称:
"英帝国的形成、发展及其在20世纪的崩溃"
项目号 11ASS001

谨此致谢

目 录

前言……… 1

第一章 "无形帝国"的理想……… 1
一、自由主义与分离主义……… 2
二、英国经济霸权的确立……… 21
三、新西兰撤军……… 31
四、澳大利亚关税改革……… 41
五、加拿大归属的思考……… 49
六、爱尔兰宗教和土地改革……… 58

第二章 "有形帝国"的神话……… 69
一、迪尔克与《更大的不列颠》……… 70
二、竞争的凛冽寒风……… 79
三、吞并斐济……… 90
四、建立"南非联邦"的努力……… 94
五、巩固印度……… 102

六、两党帝国政策之争………… *115*

第三章　帝国政策的趋同………… *141*

一、自由党帝国政策的转变………… *141*

二、占领埃及………… *154*

三、西利与《英格兰的扩张》………… *165*

四、弗劳德与《大洋国》………… *173*

五、帝国联邦的设想………… *184*

六、爱尔兰自治法案………… *199*

第四章　帝国的管理与危机………… *209*

一、自治殖民地………… *209*

二、皇室殖民地………… *222*

三、爱尔兰殖民地………… *229*

四、印度殖民地………… *236*

五、英国保护领………… *247*

第五章　帝国的辉煌与衰落………… *253*

一、内忧外困的英帝国………… *254*

二、社会达尔文主义………… *260*

三、"新帝国主义"的共识………… *265*

四、争夺非洲………… *272*

五、布尔战争………… 288

第六章　帝国主义的不同解释………… 306
　　一、吉卜林的"神话"帝国主义………… 306
　　二、张伯伦的实用帝国主义………… 314
　　三、罗得斯的扩张帝国主义………… 327
　　四、霍布森和列宁的经济帝国主义………… 339
　　五、帝国主义的政治和战略解释………… 351

结语:辉煌中的危机………… 363

附　录………… 371
　　一、地图………… 371
　　二、大事年表………… 375
　　三、参考书目………… 376
　　四、译名对照表………… 383

后　记………… 392

前　言

英帝国史一直是历史学研究的经典课题,它涉及的范围广(政治、经济、法制、社会、思想以及国际关系),国别多(北美的加拿大、大洋洲的澳大利亚和新西兰、亚洲的印度,以及非洲的南非、肯尼亚、乌干达、加纳等等),年代长(16世纪到20世纪),得到一代又一代历史学家们的重视,研究成果汗牛充栋,而且不断推陈出新。国外史学界英帝国通史著作中负有盛名的包括《剑桥英帝国史》[1],该多卷本的帝国史用丰富翔实的史料向人们展示了英帝国从建立、发展直至达到鼎盛的过程,并对重要历史事件进行评述,是研究英帝国史的必读书。将18世纪作为起点的研究专著有爱德华·格里尔森的《帝国梦:英联邦和英帝国1775—1969》[2]、罗纳德·海厄姆的《不列颠帝国百年,1815—1914》[3]、盖德·马丁和罗纳德·海厄姆

---

[1] E. A. Benians (ed.)., *The Cambridge History of the British Empire*, III, Cambridge: Cambridge University Press, 1959.

[2] Edward Grierson, *The Imperial Dream: The British Commonwealth and Empire 1775—1969*, London: Collins, 1972.

[3] Ronald Hyam, *Britain's Imperial Century, 1815—1914*, London: Palgrave, 1993.

《英帝国史的再评价》①以及丹尼斯·贾德的《帝国:从1765年至今的英帝国经历》②,这些著作均从第二帝国的建立开始,论述帝国扩张、壮大以及英国政府政策的及时调整,对于英帝国基本上持乐观、自豪的态度;断代史研究的代表作品有西曼的《维多利亚世纪的英国以及帝国史》③,伯纳德·波特《最大的一份:英帝国主义简明史1850—1970》④以及香农的《帝国主义的危机1865—1915》⑤等,从政治、经济和外交的角度论述了帝国不断强大的过程以及遭遇的竞争和危机,认为英帝国演变为联邦是一个长期的过程,也是不可避免的结果。除了通史和断代史的研究外,人物传记也是帝国史研究的一个重要方面,代表性著作有尤金尼诺·比亚吉尼的《格莱斯顿》⑥,约翰·莫利的《格莱斯顿传》⑦,莫尼彭尼和巴克尔的《本杰明·迪斯雷利传》⑧以及加文的《张伯伦传》⑨等,从政治家的家庭、接受的教育、宗教信仰以及个人经历等方面阐述了他们帝国思想的渊源以及

---

① Ronald Hyam & Ged Martin, *Reappraisals in British Imperial History*, London: The Macmillan Press Ltd., 1975.

② Denis Judd, *Empire: The British Imperial Experience from 1765 to the Present*, London: Fontanna, 1977.

③ L. C. B. Seaman, *Victorian England: Aspects of English and Imperial History 1837—1901*, London and New York: Methuen & Co., Ltd., 1973.

④ Bernard Porter, *The Lion's Share: A Short History of British Imperialism 1850—1970*, London and New York: Longman, 1977.

⑤ R. T. Shannon, *The Crisis of Imperialism 1865—1915*, Hart—Davis: MacGibbon, 1974.

⑥ Eugenio F. Biagini, *Gladstone*, London: Macmillan Press Ltd., 2000.

⑦ John Morley, *The Life of William Ewart Gladstone*, London: Macmillan, 1901, 1903.

⑧ W. F. Monypenny & G. E. Buckle, *The Life of Benjamin Disraeli*, London: John Murray, 1910—1920.

⑨ J. L. Garvin, *The Life of Joseph Chamberlain*, London: Macmillan, 1934.

政策举措,为英帝国历史的研究提供了更开阔的视野。

国外学者对于英帝国史的研究开展已久,涉及面也比较广。值得注意的是,20世纪90年代以来,英帝国史的研究出现了新的局面,历史学家们更加侧重社会史以及殖民地地方史的研究,涉及的内容也更加宽泛,其中基督教在殖民地的传播以及殖民地的基督教化等宗教问题的研究得到许多历史学家的关注。此外,研究殖民地性别关系、女性的社会作用以及地位等的专著也纷纷问世,丰富了英帝国史研究的内容,拓展了研究视野。

我国学者对于英帝国史的研究起步比较晚,取得了一些成果。由于有关的文章和专著太多,这里不能一一罗列。值得注意的是20年前钱乘旦教授主持的《英联邦国家现代化研究丛书》18卷,按地区和国家对英联邦所有国家的历史和发展、被殖民和独立的过程、殖民时期英国的统治特点及独立后的变化等等进行探讨,为全面开展英帝国史研究奠定了早期的基础。

本书论述1868—1902年英帝国的历史,作者在借鉴二手、三手资料的同时,也使用了大量的一手材料,如扬主编的《1833—1874年英国历史文献》[①];汉德科克主编的《1874—1974年英国历史文献》[②];阿加莎·拉姆主编的《格莱斯顿与格兰维尔的政治通信》[③];福

---

① G. M. Young (ed.), *English Historical Documents XXII 1833—1874*, London: Eyre and Spottiswoode, 1952.
② W. D. Handcock (ed.), *English Historical Documents XXII 1874—1914*, London: Eyre and Spottiswoode, 1997.
③ Ramm, Agatha (ed.), *The Political Correspondence of Mr Gladstone and Lord Granville (1876—1886)*, Oxford: Oxford U. P., 1963.

特主编的《中洛锡安演讲》①；博伊德主编的《张伯伦演讲集》②；巴克尔主编的《维多利亚女王书信集》③和泽兰德主编的《迪斯雷利致布雷德福夫人和切斯特菲尔德夫人的书信》④；沃林主编的《约翰·布莱特日记》⑤等等。

　　本卷分为六章，第一章论述了19世纪60年代末至70年代中期自由党的"无形帝国"政策，提出帝国政策的形成具有深厚的理论铺垫，受到英国当时社会思潮的影响，而且也与政治家的个人理想密切相关。第二章讨论了70年代中期到80年代保守党的"有形帝国"政策，考察了保守党在执政期间采取的一系列扩大帝国版图、提高帝国威望的措施，同时分析了两党在帝国政策上的差异与冲突，认为这一时期是帝国政策的转型期。第三章阐述了80年代以后英国两党帝国政策的趋同，认为欧洲范围"新帝国主义"思潮的出现，以及英国面临的国内外压力加速了趋同的过程，其中英国占领埃及的行动以及对南非的态度是自由党政策转变的重要例证。第四章分析了英帝国的海外领地的种类，提出英国殖民管理的五种形式：自治殖民地、皇室殖民地、印度殖民地、爱尔兰殖民地以及英国保护领，同时，分析了帝国所面临的危机。第五章论述了19世纪最后10

---

① Foot, M. R. D. (ed.), *Midlothian Speeches 1879*, Leicester: Leicester University Press, 1971.
② C. W. Boyd (ed.), *Mr. Chamberlain's Speeches*, London: Constable and Company Ltd., 1914.
③ G. E. Buckle (ed.), *The Letters of Queen Victoria*, London: John Murray, 1926. 1930.
④ Zetland, *The Letters of Disraeli to Lady Bradford and Lady Chesterfield*, London: Ernest Benn Limited, 1929.
⑤ R. A. J. Walling (ed.), *The Diaries of John Bright*, New York: William Morrow & Company, 1930.

年帝国的"辉煌",主要内容是英国与欧洲列强在非洲的争夺。英国作为老牌的帝国主义国家在东非、北非、西非以及南非的瓜分中都得到了"最大的一份"。本章还重点讨论了布尔战争及其影响,指出这场战争是英帝国达到顶峰的标志,也是走向衰落的起点。第六章论述了对帝国主义含义的不同解释,其中吉卜林、张伯伦以及罗得斯的帝国主义理论与实践表达了19世纪末20世纪初英国人对于帝国的情感与追求;霍布森认为帝国主义是资本主义国家生产过剩、财富分配不均以及消费不足导致了大量剩余资本的产生,势均力敌的帝国利用控制他国的制度和生活的手段展开商业和金融利益的竞争,以获得最大利益的结果。列宁则从资本主义的二元社会关系出发,论述了工业资本家和金融寡头联手控制政府政策的过程。他认为资本发展分为不同的阶段,帝国主义就是资本主义的最高阶段,其特点是垄断,是资本主义走向灭亡的征兆。总之,政治家、经济学家、历史学家从不同的角度对帝国主义给予了不同的解释。

19世纪的最后30年是英帝国理念变化最大、殖民地民族意识开始增长的30年,也是国际关系极为复杂、国际竞争极其激烈的30年。关注这一时期英帝国的历史,对理解英帝国在20世纪的变化和最终解体有重要意义。

第一章 "无形帝国"的理想

19世纪50年代,英国不仅取得了世界经济的霸主地位,而且将自由贸易的原则推行到欧洲和它的殖民地。英国可以自由地向世界各地推销产品,自由地从世界各地进口生产原料,其经济霸主的地位降低了版图帝国的重要性。到60年代末、70年代初,以格莱斯顿(William Ewart Gladstone)为首的自由党政府大力推行殖民地与宗主国保持"自愿、松散"联系的"无形帝国"政策:强调宗主国与殖民地之间的感情联系,不再注重双方的保护与被保护关系。格莱斯顿的"无形帝国"政策在新西兰撤军、澳大利亚关税改革、加拿大归属的讨论以及爱尔兰等问题上得到充分的体现。

1868—1874年自由党执政期间,在野的保守党对"无形帝国"政策进行了大肆攻击,认为自由党的政策是分裂帝国的表现,是执政党的严重失职,最终将导致英国实力的削弱。与此同时,19世纪70年代以后,随着德国和意大利的统一,欧洲形势发生了变化,自由党与保守党的帝国理念之争又进入一个新的阶段。所以,在自由党执政的几年中,英帝国政策表现了理想与现实的冲突:自由党希望利用英国的经济霸权,推行"无形帝国"政策;而保守党则要求以"有形帝国"为后盾,进一步增强英国的实力。

一、自由主义与分离主义

所谓"无形帝国"政策是指1868年至1874年自由党执政时期，采取的英国与殖民地保持一种关系的政策。它在理论上包含三层意义：第一，英帝国政府应以自由的原则统治殖民地，让殖民地人民自己处理自己的事务，自己决定自己的命运。母国政府与殖民地的关系应遵循"自愿"的原则。第二，英帝国政府应以感情、血缘和帝国荣誉为纽带，维持与殖民地的联系。第三，为了促进殖民地的成长，宗主国政府提倡殖民地执行"自力更生，自我防卫"的方针。

以格莱斯顿为首的自由党政府推行"无形帝国"政策并非偶然。从19世纪30、40年代起，格莱斯顿就与英国自由主义人士有着亲密的接触，并十分欣赏自由主义思想。1846年加拿大建立"自治政府"之后，他极其赞同新的殖民地管理方式。1849年6月，在下院关于加拿大《叛乱损失法》(Rebellion Losses Bill)的辩论中，格莱斯顿说："我不否认我对加拿大人深表同情，他们认为参加叛乱的人们应该得到补偿……我还没有准备好是否说服党内的人劝告女王……同意殖民地的任何立法，这些立法是对帝国权威的羞辱。"[①] 由此可见，格莱斯顿认为，殖民地立法是殖民地走向自治的第一个重要步骤，而"自治政府"是理顺母国政府与殖民地关系的最有效的办法，是保持帝国团结的必要手段，殖民地与母国之间的感情联系比法定的条文更有意义。

---

① E. J. Feuchtwanger, *Gladstone*, London: Macmillan, 1989, p.67.

早在 1846 年,格雷(George Grey)担任殖民大臣不久,开始考虑在新西兰建立自治政府的可能性,尽管该举措没有获得成功,但是格莱斯顿在起草新西兰新政府法案时它起过举足轻重的作用。随后,格雷又把目光转向澳大利亚,希望建立与加拿大一样的"自治政府"(Self‐Government),为此,英国枢密院组成了专门委员会。1849 年 5 月该委员会起草了一个报告,成为澳大利亚殖民地政府法案的基础,1850 年 8 月正式成为法律。格莱斯顿对澳大利亚法案持欢迎的态度,他认为随着澳大利亚自治政府的建立,澳大利亚拥有了修改宪法和民事条款的权利。但是,令格莱斯顿担心的是,在澳大利亚的普选没有实现之前,政治上的寡头统治并不能为澳大利亚人带来真正的自由。

1850 年 2 月 8 日,澳大利亚法案第二次推出,格莱斯顿赞成在澳大利亚建立两院制议会。但是,对由提名产生的上院表示了遗憾。他认为英国王室提名的机构有某种心理上的优势:王室将是上院的天然保护神,下院的利益理所当然被忽视。澳大利亚两院制建立的后果,是上院的利益必然与下院的利益冲突。因此,格莱斯顿提出,王室的利益必须与殖民地的利益相协调,真正的政治家应该"把整个殖民地变成一个英国的党"。

尽管澳大利亚的两院制议会并非完美,但是格莱斯顿认为殖民地有自己的议会比没有议会要好得多。随后,澳大利亚的威廉·莫尔斯沃斯爵士(William Molesworth)提出了新的改革法案,要求终止帝国对殖民地地方立法的干预,给予殖民地立法机构完全的权力管理殖民地的事务,总督的权力包含在殖民地政府权力之内。但是,在该提案三读时,格莱斯顿对法案的条文并不满意,他认为法案没有能够表达澳大利亚人的真正意愿,他说:"议会面对条目繁杂的澳大利亚殖民地政府法案,这些条款要求母国政府继续干涉殖民地的内部事务……并要求将殖民地政治机构放在一个永恒的基础之上,这些条款将使澳大利亚议会永远不可能取得法律的批准权。除非重新给予总督、立法机构和澳大利亚人民一个机会,让他们提供与现在的条款议案不同的版本。"[1]格莱斯顿对于澳大利亚未来的理想超越了改革法案,反对英国政府对澳大利亚议会的干涉,希望澳大利亚议会真正能够掌握自己的命运。

澳大利亚议案虽然以票数128对226失败,但是,议会内部支持派和反对派的争论导致了自由党"无形帝国"政策的广泛传播。格莱斯顿对在殖民地建立"自治政府"这个问题坚定不移,这种坚定性在此后的一系列建议中得到充分的体现。他一再提出:殖民地应有权决定选举,减少帝国政府对殖民地立法的否决权;保留母国政府对于殖民地的立法权力,不仅危害殖民地的性质,而且影响殖民地的利益,英国政府的拖延会导致殖民地的真正损失。他希望殖民地人民有自由处理自己事务的权力。[2] 格莱斯顿还认为,自治政府的建立将会减少母国与殖民地之间的摩擦,一旦殖民地获得真正的自由,"他们会立即检查自己的行为,保护王室的荣誉,激发殖民地对母国深厚的感情,把他们的关系建立在自由和良好情感的基础之上,这是每一个好公民都希望看到的"[3]。

1852年5月21日,在新西兰政府法案的二读中,格莱斯顿发表了这样的讲话:"让被送到遥远殖民地的人民,作为将来异地社区的种子,在新的土地上生根;让那里的人口围绕着自然的生活中心成

---

[1] *Hansard*, 3rd, Debate, May 13, 1850, series, cx. 1398.
[2] *Hansard*, 3rd, 1850, series, cx. 1384—1398.
[3] Ibid., cx. 1398.

长。母国不是为了自由的机构而培训他们,他们受到的最好训练是离开母国后获得的经历。当然,这些离开母国的人民仍然是英国的公民,让他们带着自由,就像带着他们的农具一样,或者在新土所需要的其他生活必需品一样,让他们把自由传给后代,这是克服殖民地困难的真正秘诀。"①

格莱斯顿不仅在议会中表达他的自由主义思想,在公众集会或讲演中也同样如此。1855年,在切斯特机械学院的演讲中,他说:对待殖民地,"应用自由的原则统治他们——他们不会感到脖子上的枷锁——让他们明白你们与他们之间的关系是由感情联系的。在这种联系中,你们甚至可以让殖民地人民作为法官(因为他们在这方面最具有权威)来裁决是否有必要保持这一联系。他们的答复,可以使你们从尚未破损的无限情感中、从占有殖民地的影响中、从增强你们的荣誉中取得极大的收获"②。

格莱斯顿帝国理想的精髓是"自由":让殖民地人民感到自由,让他们自愿选择与母国的关系,如他在1870年所指出的:"我们的政策不是导致分离,而是提供一个保证,即使出现分离,也应该用更好的方式。"他又说:"殖民地的未来将成为政治艺术的巨大难题,当这些成长的社区足够成熟,真正适合自治政府时,它们将被给予自治的权利。"他对帝国的态度是:帝国应该是建立在自由贸易原则下的国家联合体,各地出于对英国文化的忠诚,共同分享经济利益;帝国的统治只能建立在英国和其他国家平等协商的基础之上。③

"无形帝国"政策不仅是格莱斯顿个人理想的体现,而且与英国

---

① *Hansard*, 3rd, 1852, series, cxxi. 956.
② C. C. Eldridge, *Victorian Imperialism*, London: Hodder and Stoughton, 1978, p.92.
③ Eugenio F. Biagini, *Gladstone*, London: Macmillan Press Ltd, 2000, p.85.

自由主义传统一脉相承。18世纪中期,英国古典经济学家亚当·斯密(Adam Smith)提出经济自由和殖民地自由的理论,不仅预见了未来英国经济发展的走向,而且为自由放任提供了理论铺垫。

在《道德情操论》中,斯密讨论了人的行为受到三种相对应的基本动机的推动:第一,是自爱和同情。自爱完全是自我的一种感受,它与自己的成功与失败、是否受到尊重等紧密联系在一起;而同情是指人与人之间的关系。一个拥有越多自爱的人就越能展现他的同情之心,因为人是受感情驱使的动物,同时有思维能力和同情心并善于自我调节。第二,追求自由的欲望和正义感。自由主义的鼻祖洛克认为,人人生而自由。尽管人的自由又常常被不同的手段剥夺,但是,人追求自由的本性永远不会被磨灭。同时,人们追求自由的过程又是一个追求正义的过程。第三,劳动与交换。劳动是交换的基础,一个不劳动的人不可能取得具有交换价值的东西,人们之所以努力地工作就是为了拥有更多的交换价值。值得注意的是,当每个人都在追求自爱、自由和交换的价值时,他们又会相互斗争,但是,他们能够创造合理的社会制度来缓解两败俱伤的争斗,甚至把斗争变成共同的利益。

斯密认为,人的基本需要首先是情感的依托,其次是自由的渴望,最后是付出与收获的平衡。在追求自我利益时,人常常被"一只看不见的手"所指引:"他们被一只看不见的手引导而做出的那种生活必需品分配,和这世间的土地平均分配给所有居民时会有的那种生活必需品分配,几乎没什么两样。他们就这样,在没打算要有这效果,也不知道有这效果的情况下,增进了社会的利益,提供了人类繁衍所需的资源。当上帝把这世间的土地分给少数几个权贵地主时,他既没有忘记也没有遗弃那些似乎在分配土地时被忽略的人。

最后这些人,在所有土地的产出中,也享受到他们所需的那一份。"①

《国富论》发表于18世纪60年代,该书系统论述了政治经济学的内容,抨击了垄断贸易的重商主义,主张经济自由放任,反对国家干预。斯密认为,经济上不加限制,任其自由,就会增加财富,这是人性使然。斯密的经济思想同样影响他对英国殖民地的看法。在处理宗主国与殖民地的关系问题上,他对英国当时的殖民制度表示了极大的不满,反对母国政府对殖民地全面地限制和管理,提出让殖民地自由发展的主张。

18世纪是重商主义流行的时期,在旧殖民制度下,英国与殖民地之间的关系可以概括为三个方面:第一,英王的作用。"英王是统一的不列颠帝国的表征。"英王的权力可以及于不列颠帝国的每一个部分,不列颠帝国的每一个部分都共同归依同一的英王。也就是说,英王不仅是英国的国王,而且是整个帝国的首脑。如果没有英王,不列颠帝国的各部分将各自成为独立的个体,统一的不列颠帝国必将遭遇解体的命运。英王这种象征性的作用,不仅表现在旧的殖民制度下,而且扩展到自治政府时期,甚至延续到英联邦时期。第二,英国议会的作用。1867年《殖民地法律效力法》之前,英国议会是殖民地的最高立法机构。随着该法令的颁布,英国议会对自治殖民地的立法干预权逐渐缩小,甚至基本上不干涉他们的立法。英国殖民地与英国议会的关系由一个普通法的法则所支配,凡是殖民地议会所制定的法律若与英国法律相抵触,前者应为无效。换言之,殖民地的立法机构必须从属于至高的英国议会。殖民地的所有立法都必须得到英国议会的批准。第三,双方的权利和义务。英

---

① Adam Smith, *The Theory of Moral Sentiments*, London:1853, p.263.

政府垄断殖民地的贸易和航运,并从双向的贸易中获得巨大的经济利益,与之相对应,英国政府必须承担支付殖民地官员薪金和保卫殖民地安全的防务费用。

英国与殖民地的三重联系反映出他们是一种统治与被统治、垄断与被垄断、保护与被保护的关系。但是,英国对殖民地的统治与老牌的殖民国家西班牙和法国不同,前者的政策主要表现在经济利益方面——威斯敏斯特议会始终掌握殖民地贸易和航运的立法权。在政治上,英帝国政府对殖民地的管理相对宽松,皇室殖民地和移民殖民地先后都建立了提名或选举产生的殖民地议会。埃德蒙·伯克(Edmund Burke)称英国对殖民地的统治为"控制商业,放任政治"。鉴于旧的殖民制度,斯密认为对殖民地贸易利益的垄断阻碍了殖民地经济的发展,母国的"专营减少了美洲殖民地的享乐用品,至少加以阻抑,使不能照常发展"[1]。

尽管母国从垄断中获得了一些暂时的利益,但是,"这种利益与其说是绝对的利益,毋宁说是相对的利益"[2]。从长久的利益看,独占同样危害母国的利益,具体表现在:第一,"殖民地贸易的独占,迫使一部分英国资本从近国的消费品国外市场流入远国的消费品国外市场"[3]。由于英国垄断了殖民地的贸易,英国商人不得不将资本从欧洲以及地中海市场转移到美洲和西印度的贸易中。这种形式的贸易因路途遥远、资金周转慢,加上殖民地的借贷不能如期归还,必使英国商人蒙受较大的经济损失。第二,"殖民地贸易的独占,迫

---

[1] 亚当·斯密:《国民财富的性质和原因的研究》,商务印书馆1979年版,第163页。
[2] 同上书,第165页。
[3] 同上书,第172页。

使一部分英国资本从直接的消费品国外市场流入间接的消费品国外市场"①。这种间接的贸易会导致资金由于产品滞销而造成积压,资金周转的速度将直接影响英国商人的利益。第三,母国对殖民地贸易的独占,迫使大部分的英国资本违反自然趋势进行投资,"这似乎完全破坏了英国一切产业部门间的自然均衡"②。按照传统的经济规律和经济理论,每一个国家的资金分布就像人的各器官一样,都必须均衡发展。若人为地使某一器官无限制的发展,不仅影响其他器官的发育,而且影响整个人的身体健康。英国商人受暂时经济利益的驱使,违反自然规律进行投资,必将给英国整体利益带来负面影响。

斯密的结论是,英国与殖民地的贸易"必然是有利的",对殖民地贸易的独占"必然是有害的"③。正是英国追求独占殖民地贸易,导致了英国政府对殖民地的统治。另一方面,英国直接管理殖民地使本国花费了巨大的经济代价,他说:"殖民地不曾提供任何收入,来维持母国的内政,亦不曾提供兵力来维持母国的国防。"④因此,"在现今的管理下,英国从殖民地毫无所得,只有损失"⑤。为了根本解决母国与殖民地之间的冲突,减轻母国的经济负担,有利于殖民地自身的发展,斯密提出:"英国自动放弃殖民地的统治权,让他们自己选举地方长官,自己制定法律,自己对外媾和宣战。"⑥斯密让殖民地自由的理想,并不是要求英国政府根本摆脱与殖民地的联系,

---

① 亚当·斯密:《国民财富的性质和原因的研究》,商务印书馆 1979 年版,第 173 页。
② 同上书,第 175 页。
③ 同上书,第 178 页。
④ 同上书,第 185 页。
⑤⑥ 同上书,第 186 页。

而是本着母国和殖民地共同发展的愿望,重新建立母国与殖民地的关系。斯密认为,一旦让殖民地人民自己处理自己的事务,不但可以避免美国革命带来的不愉快,而且可以加强殖民地人民与母国之间的感情联系:

> 殖民地和母国就像好朋友的分离,那末几乎为近来的不和所消灭的殖民地对母国的自然感情,就会很快地恢复。他们不仅会长此尊重和我们分享时所订定的商约,而且将在战争上、贸易上赞助我们,不再作骚扰捣乱的人民,却将成为我们最忠实、最亲切、最宽宏的同盟。古希腊殖民地与其所从出的母市,一方面有一种父母之爱,一方面有一种孝敬之心。我想,我们如果那样办,英国与其殖民地间同样的感情,亦会恢复起来。①

斯密将自由放任的经济思想引申到英国与殖民地的关系中,力陈垄断的弊端和自由的利益,为英帝国新殖民政策的产生奠定了思想基础。他提出英国的殖民地要像古代希腊的殖民地一样通过感情加以维持的思考,深深影响着新一代的自由党领袖,格莱斯顿把希腊的殖民政策归纳为"完全的自由,完全的自治"②。因此,斯密的思想是自由党"无形帝国"政策的第一个来源。

进入19世纪,随着英国经济的迅速发展和殖民地的成长,自由主义也成为人们政治和经济生活的共同追求。在英国国内,英国人的政治自由表现在对民主权利的追求中,经济自由则是尊重经济规律,反对国家干涉。英国国内的自由主义浪潮也波及殖民地,殖民

---

① 亚当·斯密:《国民财富的性质和原因的研究》,商务印书馆1979年版,第187页。
② E. A. Benians (ed)., *The Cambridge History of the British Empire*, III, Cambridge: Cambridge University Press, 1959, p.20.

地人民要求摆脱母国的限制,建立自治政府。在这样的形势下,边沁[①](Jeremy Bentham)的功利主义和曼彻斯特学派的经济理论迎合了时代的要求,也为自由党的帝国政策提供了重要的借鉴。

边沁认为,一切权利都应该依靠共同的利益,从而使之有可能按照一个总的原则来研究一切相冲突的要求。他提出用一个共同的标准来衡量共同的利益——"最大快乐原则"。"最大快乐原则"为我们提供了两方面的思考:第一,快乐的积极因素和消极因素。快乐在积极的方面表现为拥有愉快,在消极的方面表现为没有痛苦。大的愉快胜于小的愉快,不含痛苦的愉快胜于包含痛苦的愉快。因此,在共同的选择中,应该追求更大的快乐。第二,受快乐影响的个体数目。一种行为可能使一个人快乐,同时使两个人痛苦,如果这样,这种行为就是错误的,除非快乐非常大,而两个人的痛苦都极小。边沁认为,得到和追求快乐的人数应以个人为单位。任何人都不能超过一个计算,如他父亲的快乐,他子女的快乐,他自己的快乐,或者一个陌生人的快乐,都必须毫无偏见。所以,他提出一个普遍使用的法则,即"最大多数人的最大幸福"。

边沁的功利主义为英帝国统治者制定帝国政策提供了启示:如果用快乐大小的原则来衡量,在当时的殖民制度下,英国从殖民地得到的利益越来越少,而且殖民地又反对宗主国的统治方式。因此,旧的殖民制度不能带来最大快乐。如果用享受快乐的人数来衡量,英国作为世界角落的一个小岛,它的殖民地比它本身的领土不

[①] 杰里米·边沁(1748—1832),英国哲学家、经济学家、法学家,功利主义理论的创始人。他出身于律师家庭,早年在牛津大学攻读法律,后来对律师职业缺乏兴趣,遂专门研究立法理论,从事著述和改革活动。1789年发表的《道德与立法》阐述了他的功利主义思想。

知大多少倍,殖民地的人们自然比不列颠岛上的人多若干倍。若仅仅为了母国利益,而侵害了殖民地人民的利益,显然又违反了最大快乐的原则。此外,边沁认为,公共利益是个人利益的总和。只要每个人都能够自由地追求本身的利益,最大多数人的利益就以普遍选择的自由方式得到最有效的实现。在帝国这个大的范围内,帝国的利益可以被看成公共的利益,殖民地的利益会被看成个人的利益。帝国利益往往很难与殖民地的利益保持一致,"最大快乐的原则"就难以实现。

边沁不仅从个人与群体(帝国与殖民地)的关系,而且从经济的角度表达了对英国殖民地的看法,他说:"是资本的数量而不是市场的大小,决定贸易的数额,若非意外事件,打开一个市场并不会增加贸易数额;同样,关闭一个旧市场,或是在关闭过程中,也不会缩减贸易数额。"①边沁的结论是,为垄断市场实行的殖民制度,实际上无补于宗主国经济,他提出"解放你的殖民地"。

约翰·密尔(John Mill)发展了功利主义的理论,提出用道德教育克服这个难题。他认为,一个人从小就受到个人利益与共同利益结合起来的教育,长大后就会像关心自己的幸福一样,关心他人的幸福。因此,功利主义的"最大快乐的原则"是一种道德的判断,人的生存本性是追求快乐,而非祈求痛苦。因此,满足人的最大快乐,首先是遵循了人的基本需要。同时,让更多的人得到快乐,是为了人类的更加融洽、更加和平,这也是一种道德的行为。自由党政府提出实行"无形帝国"政策的目的也是出于一种道德方面的考虑:让

---

① A. C. L. Shaw, *Great Britain and Colonies 1815—1865*, London, Longman, 1970, p.102.

殖民地人民自由，就可以使更多的人享受快乐，使少数人的利益让位于多数人的利益。如果说边沁的功利主义理论为"无形帝国"政策提供了一个道德标准的话，那么，曼彻斯特学派的自由贸易思想把经济自由的理念再一次灌输给帝国的政治家们，使之成为他们制定帝国政策的又一精神营养。

曼彻斯特学派(Manchester School)是19世纪20—30年代在英国曼彻斯特形成、要求改革经济政策的派别，其特点是反对国家干预经济，提出自由放任。该派攻击的主要目标是政府的关税保护政策，要求废除谷物法。曼彻斯特学派倾向于重视经济法则的"自然"规律，不注重对经济现象的分析。在19世纪30—40年代，该派成为英国经济的主流派别。如博德森在《维多利亚中期的帝国主义》一书中指出：曼彻斯特学派"使政治经济学成了自由放任的同义词"。

曼彻斯特学派的经济自由思想也反映在对殖民地的看法上，提出殖民地自由发展，殖民地必须承担自我保护和防卫的责任，这是有利于母国政府和殖民地的双赢战略。由于过度考虑经济，曼彻斯特学派不主张母国保持与殖民地感情上的联系，所以该派被视为分离主义的中心。在自由主义盛行的年代，当时著名的政治活动家理查德·科布登(Richard Cobden)①和约翰·布莱特(John Bright)②成为曼彻斯特学派最主要的代表人物。

---

① 科布登(1804—1865)，英国著名政治家，因要求废除谷物法和提倡自由贸易而闻名。出身于苏塞克斯的一个贫穷的农民家庭，后通过办企业致富，并游历了欧洲诸国。1830—1846年致力于废除谷物法运动，是"反谷物法同盟"的创建者之一，1841年进入议会。
② 19世纪英国著名政治家，纺织工厂主之子。他的政治思想是要求消灭个人和民族之间在社会和政治以及宗教方面不平等的现象；反对ɑ　　，支持爱尔兰土地改革。由于自由主义思想的影响，成为格莱斯顿帝国政策的有力支持者。

严格地说,科布登并不是一个坚决的分离主义者,他赞成"用感情来保留殖民地"①,反对英国垄断殖民地贸易以及英国花费开支保卫殖民地的安全。他并不反对英国拥有殖民地,而仅仅从经济的角度考虑母国与殖民地的关系:只要英国不花钱,就可以尽可能地拥有殖民地;否则宁可不要。如果殖民地能够支付自己的防务费用,那就两全其美了:既保全了帝国,又丢掉了负担。他在1842年的一封信中写道:"伴着那令人炫目的感情呼唤,我们永远也不能摆脱殖民地,除非通过间接的自由贸易,完全为了母国的单方利益考虑,逐渐地放弃与殖民地的联系。"②但是,到19世纪60年代,科布登变成了一个彻底的分离主义者,他在1865年评价加拿大的作用时说:

> 我真不明白,英国人的根本利益与花费300万—400万英镑保卫加拿大来反对美国有何种联系?我们听到加拿大的忠诚,然而这种忠诚实际上是一个极大的讽刺。他们既不纳税,又不遵守帝国法律,也不履行战争义务。他们甚至要求放弃盎格鲁—撒克逊种族的宗主权。他们建立的关税制度,不仅排斥外国产品,而且排斥母国产品。从任何一个角度看,我们都是两种人。对我国的两党政府来说,极力保持这种羞耻的联合是非常危险的。殖民地要求摆脱我们的依附将使我们面临更严峻的现实。我认为,责任制政府下的联合是朝着友好分离的第一步。③

---

① C. A. Bodelsen, *Studies in Mid-Victorian Imperialism*, London·Melbourne·Toronto: Heinemann, 1960, p.33.
② John Morley, *Life of Cobden*, London: Macmillan, 1908, p.230.
③ Ibid., pp.470-471.

在帝国观念上，科布登完全是一个经济的实用主义者，当时英国的经济独步天下，殖民地对于母国的重要性确实难以显现，保持殖民地只能是帝国政府的负担。当时，英国的利益就是最高的利益；英帝国可以有，但是前提是有利于英国，否则，帝国就没有任何意义。

曼彻斯特学派的另一个代表人物是约翰·布莱特，他对殖民地的看法不是局限于帝国政府的经济负担方面，而是从道德和和平的角度出发，阐述对殖民地的理解。布莱特认为，给予殖民地自由，对殖民地和宗主国双方都有益处，而且有助世界和平和安宁。1865年，在议会下院讨论加拿大防务问题时，布莱特说:"我相信，如果加拿大现在与我们友好地分离，成为一个独立的国家，这对英格兰没有坏处。加拿大不会因为脱离英国而改变关税制度，英国的商品同样可以进入加拿大市场。同时，万一我们与美国交战，加拿大将成为一个中立国……至少我不反对这种分离，因为对双方都有益无害。"①在1867年下院的发言中，他又说:"加拿大的忠诚是有代价的，如果他们不停地要求我们保证他们的铁路、要塞和防御工程，我认为加拿大成为一个独立的国家更好。对英国来说，减少了开支，对加拿大来说加强了民族意识。"②

曼彻斯特学派作为一个经济学派，更多地考虑英国的经济利益，在加强帝国还是分离帝国的问题上态度十分明确:如果殖民地不需要帝国政府的经济援助，应该保留帝国；如果殖民地不能做到这一点，英国就必须放弃帝国。

---

① John Bright, *Speeches*, (ed) by Th. Rogers, 1868, London: Macmillan, pp.153 - 154.
② Ibid., p.167.

所谓"分离主义",是英国要求放弃殖民地、减轻帝国责任的一种思潮,产生于18世纪末,兴盛于19世纪前半期,几乎所有提出给予殖民地自由和要求殖民地承担责任的思想家和政治家都曾被打上"分离主义者"的印记。英国历史学家博德森认为,早期分离主义的代表人物是亚当·斯密和边沁;19世纪中期是曼彻斯特学派①;60年代以后是戈尔德温·史密斯(Goldwin Smith)。保守党人则认为,格莱斯顿是最大的分离主义者。

分离主义思想首先出现在美国革命以后,分离主义者将美国的独立看成瓜熟蒂落的自然现象,对英国是有益的事情。如乔塞亚·塔克所述:"如果英国与美国的战争以英国的失败和美国的分离而告终,那将是英国发生的最幸福的事情。"②19世纪初,加拿大出现要求建立自治政府的呼声,英国国内分离主义者掀起了第二次浪潮。1823年,激进主义的代表人物约瑟夫·休谟(Joseph Hume)在议会下院公开表明自己的看法:"殖民地的现状取决于大不列颠以及政府的财政","很明显,殖民地不能增强国家的实力,相反,只会削弱之,如果殖民地从他们的忠诚中获得自由,并成为自己的主人,对于双方都是更好的选择。"③布鲁厄姆勋爵(Lord Brougham)于1838年也声称,加拿大的友好分离将是"积极的成果"。④ 1840年他又提出,与殖民地紧密联合的好处已经微乎其微,并坚持认为其劣势远远大于优势。⑤ 辉格党著名政治家亨利·帕内尔(Henry

---

①② C. A. Bodelsen, *Studies in Mid-Victorian Imperialism*, London · Melbourne · Toronto: Heinemann, 1960, p.14.

③ *Hansard* VIII, 1823, 250.

④ *Hansard* III, 1938, 40. 213 – 214.

⑤ *Hansard*, III, 1940, 55. 266.

Parnell)1830年在《财政改革》杂志上发表了他的见解:"拥有殖民地获得的商业利益并不比独立的国家多,殖民地的数量应大大减少。"①

尽管自美国革命以来,英国的分离主义呼声不断,但是,英国政府从来就没有为分离所动,继续保持与殖民地的紧密联系,坚持履行帝国的使命。进入60年代后,英国出现了更加激进的分离主义者戈尔德温·史密斯②,他写了10多篇文章列举了帝国分离的诸多好处,以及帝国捆绑的诸多弊端。

戈尔德温·史密斯赞同曼彻斯特学派放弃殖民地的思想,自称"曼彻斯特学派最后的幸存者"③。与曼彻斯特学派一样,他从经济角度考虑帝国与殖民地之间的关系,认为保持殖民地使帝国政府承担了不该承担的责任,对英国已经没有任何价值,相反,只能带来伤害。殖民地的关税保护制度是英国受到伤害的最重要见证。他说:"当人们将属地作为英格兰的精华进行讨论的时候,他们忘记了橡树的根深叶茂是在寄生虫缠绕它,并养活自己以前。"④他认为,殖民地的关税保护制度是一种忘恩负义的行为,帝国和殖民地之间根本不存在感情的联系。从帝国本身的利益考虑,放弃殖民地是唯一的选择。

---

① C. A. Bodelsen, *Studies in Mid-Victorian Imperialism*, London·Melbourne·Toronto: Heinemann, 1960, p.15.
② 戈尔德温·史密斯,1838—1866年担任英国牛津大学现代史教授;1868—1871年间任康奈尔大学英国史、宪政史教授。1871年移居加拿大多伦多。1862—1863年在《每日新闻》上发表了一系列提倡殖民地和种族自由,并要求在殖民地建立自治政府的文章,这些文章汇集成专著《帝国》。
③ A. Haultain, *Goldwin Smith Reminiscence*, New York, 1900, p.215.
④ Goldwin Smith, *The Empire*, London, 1863, p.129.

对于帝国与殖民地的分离,戈尔德温·史密斯从五个方面阐述了分离的必要性和可能性。第一,殖民地的存在增加了帝国政府的财政负担。殖民地是母国花费、削弱和危险的根源。就"花费"而言,帝国为保卫殖民地的安全和稳定,无论是对付邻国的侵犯还是对付国内的叛乱都花费了巨大的代价。加拿大作为美国的邻国,一直生存在威胁之中,唯恐失去本身的地位,成为美国的一部分,英国为了加拿大的安全花费了巨额的防卫费用。在新西兰,原住民毛利人(Maoris)的坚持和移民对土地的要求导致了长期的内战,英国政府为了移民的利益,不惜花费百万英镑与毛利人作战。就"削弱帝国"而言,帝国的巨大版图分散了帝国的实力,削弱了英国在欧洲的影响。一旦欧洲大陆国家集中力量对付英国,英国将很难应付他们的威胁。① 就"危险"而言,殖民地使英国长期处于同美国以及其他大国的纠缠中,为了保护殖民地的利益,英国很难不卷入与美国或其他国家的战争。戈尔德温得出的结论是:殖民地存在的唯一作用,就是当英国政治家在国内遇到危机时,通过对海外领土的大肆渲染赢得民心。②

第二,自由贸易的胜利使英国在殖民地的经济利益荡然无存。戈尔德温说:"商业的垄断优势证明了殖民地的价值,这种广泛和危险的联系,由于它唯一合法的理由而存在,但是,这样的时代已经一去不复返。贸易在任何地方都是自由的,现在已经是我们应该认识到世界变化的时候了。"③ 英国殖民地对英国商品的进口要比其他的国家多,是因为他们从购买英国的商品中得到更多的好处。英国与

---

①③ A. Haultain, *Goldwin Smith Reminiscence*, New York, 1900, p.2.
② Ibid., p.77.

殖民地的商业联系与政治毫无关系,而且美国独立战争后,对英国产品的购买力却比此前提高了。从商业的角度看,既然垄断已被废除,保留殖民地的商业优势随之消失,保留殖民地的合理性也就不复存在。

第三,殖民地的关税壁垒不断排挤英国商品。英国对殖民地的保护并不能阻止他们建立关税保护制度,该制度不仅排挤外国商品,而且排挤英国商品。如戈尔德温写道:"殖民地有一种保护主义的商业倾向,这是一种不道德的行为……这种恶习不仅出现在加拿大,而且出现在澳大利亚……关税保护是无知贪婪的手段。"[1]既然殖民地不念宗主国的感情,英国为什么还一厢情愿地保留它们?

第四,殖民地再也不是英国输出剩余人口的天堂。戈尔德温指出:从目前英国人口输出的情况来看,更多的英国人移民的方向是美国,而不是殖民地;而且人们对移民是解决过剩人口的唯一办法的观点提出了疑问:殖民地将身体强壮的人抽走,留下老弱病残者,是否将影响英国的人口素质和国力的强大?[2]

第五,保留殖民地阻止了殖民地民族精神的成长。戈尔德温认为,民族团结的感情是一个稳定政府不可分割的条件,他怀疑殖民地一直在英国的管理下,是否有培养这种感情的可能性。而殖民地一旦缺少了民族性,他们的公共生活必然是利欲熏心,腐败不堪。他认为:"我们正将殖民地置于一种永久的政治摇篮中,抑制他们的骨骼发育和身体成熟。"[3]如果英国政府一如既往地与殖民地保持现

---

[1] A. Haultain, *Goldwin Smith Reminiscence*, New York, 1900, p.90.
[2] Ibid., p.179.
[3] Goldwin Smith, *The Empire*, London, 1863, p.3.

存的关系,殖民地的政治和经济发展将没有可能性。

同时,戈尔德温还对帕默斯顿的政策进行了抨击:"在现在的首相任内,英帝国的一英寸土地都不会放弃,虽然他年轻,富有活力,但是,他的思想观念却已过时。自从他进入公共生活以来,他不明白欧洲伟大的物质和道德方面的变化。但是,他总是要被取代的,被一个充满新思想、更了解我们当务之急的政治家所取代。他的后继者为了加强英国的安全,使我们的国家更加伟大,将会做出缩小帝国的决策。"[1]

格莱斯顿组阁后,自由主义者约翰·诺布尔(John Noble)表达了他的看法:"就这个国家的人民而言,目前的事态是不公平的,是压迫性的。美国人造反是因为我们政府要求他们纳税,现在的情况恰恰相反:英国的纳税人要求从为殖民地而纳税的困境中解脱出来。"[2]他相信,格莱斯顿政府将会结束这个状况:"我们在管理殖民地和自治领方面必须进行根本的改变。"

由此可见,无论从英帝国的利益还是从殖民地的利益出发,分离主义者都认为,殖民地与母国的分离是越快越好。尽管戈尔德温的分离主义观点是偏激的,但是,他的思想为英国政治家的决策提供了参考。然而,在帝国殖民政策的制定中,经济地位比分离主义的作用更大,帝国对英国究竟有什么实质意义?

---

[1] Goldwin Smith, *The Empire*, London, 1863, p.10.
[2] C. A. Bodelsen, *Studies in Mid-Victorian Imperialism*, London·Melbourne·Toronto: Heinemann, 1960, p.88.

二、英国经济霸权的确立

"无形帝国"的意思是不强调帝国版图扩张,放弃对殖民地的直接管理,摆脱保卫殖民地安全的负担,减轻帝国政府的财政压力;另一层含义是把自由还给殖民地,使其学会承担自己的责任。但是,宗主国与殖民地之间必须保持精神上和感情上的联系。如果说自由主义理论对于"无形帝国"的政策具有指导意义,那么,真正使"无形帝国"政策得以贯彻的应该是英国全球经济霸权的确立。

19世纪中叶,随着英国工业革命的完成,机器大工业普遍建立,手工劳动被机器生产取代,生产力得到空前提高。英国以其迅速发展的纺织业、采煤业、炼铁业、机器制造业和海上运输业确立了世界工厂和世界贸易中心的地位。19世纪50—60年代,英国的工业高潮使英国在经济上取得了世界霸权,1760—1820年间,英国的工业生产增长了23倍,国民收入增长了10倍。1801—1870年,英国商品的进出口额分别从3180万英镑和3490万英镑增加到25880万英镑和19960万英镑,增长了7倍多。[1] 在19世纪的前70年,仅占世界人口2%的英国人,一直把世界工业生产的1/3—1/2和世界贸易的1/3—1/4掌握在自己的手中。[2]见下表:

---

[1] 包达夫:《国际贸易》,上册,财政经济出版社1957年版,第29页。
[2] 宋则行、樊亢:《世界经济史》,上卷,经济科学出版社,1993年,第230页。

1820—1870 年英国占世界工业和贸易的比重①

占世界贸易%	年份	占世界工业%
27	1820	50
25	1840	45
22	1850	39
—	1860	36
25	1870	32

英国工业和贸易霸主地位的确立,依靠的是各工业部门的领先发展:在棉纺织业中,19 世纪 20 年代初,英国拥有的纱锭数比法国多 4 倍,比德国多 10 倍。② 在冶金工业部门,英国更是独步天下。1825 年英国的生铁产量为 59 万吨,同年,法国、俄国、美国和德国的生铁产量总和才达到 48 万吨。③ 1850 年英国生铁产量又猛增到 229 万吨,超过 4 国产量总和的一倍。英国在煤炭和蒸汽机生产方面也显示出巨大的优势。1700 年英国煤炭产量仅为 260 万吨,1830 年增加到 2250 万吨,1865 年已达 9220 万吨。④ 1850 年法国、德国和美国煤炭产量的总和仅为英国的 1/3 多一点。1825 年,英国已有 1.5 万台蒸汽机,总功率达 37.5 万马力,而法国仅有 328 台,总功率 0.5 万马力,只相当于英国的 1/75。1837 年德国仅有 423 台蒸汽机,总功率不过 7500 马力。⑤

经济的高度发展推动了海外贸易的繁荣。长期以来,英国一直

---

①⑤ 库钦斯基:《资本主义世界经济史研究》,三联书店 1955 年版,第 41 页。
② 门德尔逊:《经济危机和周期的理论》,第一卷,上册,生活・读书・新知三联书店 1975 年版,第294 页。
③ 同上书,第 249 页。
④ Trevor May, *An Economic and Social History of Britain 1760—1970*, London: Longman, 1987, p.169.

将对外贸易视为国民生计的主要来源。英国首相皮尔说:"英国的生计依靠国际贸易和国际服务行业。"①布莱顿表达了同样的观点:"从这个过程的开始,英国人的生活水准就必须依靠向海外市场出售产品的能力。"②英国对外贸易的优势之大,我们从纺织品的出口值占总产值的比例中可见一斑:1819—1822 年为 66.6%,1829—1831 年为 67.4%,1844—1846 年上升为 74.4%。③ 19 世纪 50 年代到 70 年代,英国的贸易顺差更加突出,从 1821 年到 1873 年,其出口商品额平均每年增加 4.4%,几乎是进口额的 4 倍。④

世界工厂以及世界贸易中心的地位,使英国迫切需要全球范围内的自由贸易,而各国实行的关税保护政策,与英国的需求背道而驰。各国对外国工业品征收高额关税和相互报复的行为,严重影响了英国工业品的销售和市场的扩大;各国对外国的原料和粮食征收高额关税,又造成英国国内原料和粮食价格的上涨,直接损害了工业资产阶级的利益。为此,从 19 世纪初起,英国的工业资产阶级,从自己的切身利益出发,同土地贵族、金融贵族以及大垄断商人进行了长达半个世纪的斗争。1846 年英国废除了《谷物法》(Corn Law)和《航海条例》(Navigation Acts),政府不再干预谷物进口的价格和航运的自由,标志着国家干预经济政策的终结,经济成为按照市场需要运行的自然行为,亚当·斯密的"一只看不见的手"真正开始发

---

① W. Ashworth, *An Economic History of England 1870—1938*, London, Muthuen, 1960, p.256.
② P. Deane & W. A. Cole, *British Economic growth, 1688—1959*, Cambridge: The Cambridge University Press, 1962, p.39.
③ Ibid., p.41.
④ Roderick & Donald McCloskey (ed.), *The Economic History of Britain Since 1700*, Cambridge: The Cambridge University Press, 1944, p.301.

挥作用。从此，英国成为一个自由贸易的国家。

英国的自由贸易政策理论上使英国可以自由地进口各国的产品和原料，也可以自由地向世界各国出口产品。但是，这并不意味着英国的产品可以自由进入其他国家的市场。换句话说，英国可以自由贸易，但是其他国家不愿意自由贸易，各国仍然通过关税政策保护自己的市场。所以，英国作为世界经济的霸主，若要保住自己的地位，就必须打开其他国家的市场，让那些采取关税保护的国家与英国一样，实行贸易自由。为了能够把自由贸易的原则推行到欧洲其他国家，英国采取了一系列措施，以换取欧洲各国开放市场。

1860年，英国同法国签订了《英法通商条约》，亦称《科布登商约》，规定两国互相给予最惠国待遇，减免双方重要商品的关税。在签约的过程中，英国做出了较大的让步，最终获得了法国市场，为英国北部和中部地区的工业品找到了新市场。[①]《英法通商条约》签订后，1863年英国对法国的产品出口增加了一倍。随后，英国又与比利时、意大利、德国、奥匈帝国订立了相同内容的条约。这一切表明，英国在19世纪60年代已经把自由贸易的原则推广到了欧洲的大部分国家，欧洲成了英国商品自由进出的场所。

自由贸易政策也是英国在欧洲以外地区推行的商业活动准则。英国的殖民地、保护国或其他的尚未进入工业化时代的国家，都被纳入英国自由贸易的范围。从亚洲的中国和日本，到非洲的马达加斯加、尼日尔、刚果和赞比亚，无一不是自由贸易的区域。英国在全球范围内推行自由贸易的过程中，只有美国坚持关税保护政策，以

---

① F. S. A. William Page, *Commerce and Industry*, New York: Augustus M. Kelley Publishers, 1968, p.229.

此保护民族工业,促进了本土经济的迅速发展,成为 19 世纪最后 30 年中英国最大的竞争者。

自由贸易政策的推行,使英国经济又上了一个新台阶。1859—1870 年间,英国的煤炭产量从 5 000 万吨增加到 1.12 亿万吨,生铁产量从 230 万吨增加到 600 万吨,棉花消费量从 5.9 亿磅增加到 10.8 亿磅。这一时期,海外市场的扩大,欧洲各国以及美国工业革命的展开,促进了英国对外贸易的增长:1850—1870 年,棉纺织品的出口价值从 2 826 万英镑增加到 7 142 万英镑;钢铁出口从 540 万英镑增加到 2 350 万英镑;各种机器的出口从 100 万英镑增加到 530 万英镑,分别增长 1.5 倍和 3.4 倍。①

与世界贸易垄断地位相适应,英国拥有世界上最大的商船队。1850 年,英国商船吨位为 360 万吨,占世界商船吨位的 47%。② 到 1870 年又上升到 569 万吨,超过美、德、荷、法、俄等国总吨位之和。英国不仅是名副其实的世界工厂,而且是"世界造船厂"、"世界商人"和"世界搬运夫"。③ 马克思在描绘 19 世纪中期的英国经济优势时指出:英国"用自己的巨掌把持全世界"。保罗·肯尼迪(Paul Kennedy)在《大国的兴衰》一书中这样描绘英国作为世界强国的优势:

> 北美和俄国的平原是我们的玉米地;芝加哥和敖德萨是我们的粮仓;加拿大和波罗的海是我们的林场;澳大利亚有我们的牧场;阿根廷和北美的西部草原有我们的牛羊群;秘鲁运来

---

① 宋则行、樊亢:《世界经济史》,上卷,经济科学出版社 1993 年版,第 235 页。
② 库钦斯基:《资本主义世界经济史研究》,生活·读书·新知三联书店 1955 年版,第 107 页。
③ 宋则行、樊亢:《世界经济史》,上卷,经济科学出版社 1993 年版,第 236 页。

它的白银,南非和澳大利亚的黄金流到伦敦;印度人和中国人为我们种植茶叶,而我们的咖啡、甘蔗和香料种植园遍及西印度群岛。西班牙和法国是我们的葡萄园,地中海是我们的果园;长期以来,我们在美国南部的棉花地,现在正在向地球的所有温暖区域扩展。①

英国世界经济霸主的地位,降低了殖民地的重要性。在重商主义时期,殖民地是英国经济稳定发展和人民保持较好生计所不可缺少的组成部分。英国主要通过与殖民地的贸易,并垄断殖民地的贸易和航运,赚取高额利润。随着重商主义被自由贸易取代,殖民地在英帝国的地位也随之发生了根本的变化。从经济利益来看,殖民地的存在已经与英国的经济优势没有太大的关系,而且英国还需要付出巨大的经济代价来保留殖民地。保留殖民地仅仅成为一个伟大帝国的象征:英国除了拥有世界的经济霸权,还拥有世界上最大的帝国,英国的殖民地分布在世界各地,英国的太阳永远不落,英国人是世界的真正支配者。另一方面,英国人的大国优越感和同根、同源的白人感情交织在一起,彻底放弃帝国(白人殖民地)显然是不现实的。但是,保持帝国既增加政府的财政负担,又导致英国卷入某些不必要的纠纷。

当时的许多政治家也认为殖民地的解放是自然的、不可避免的命运。维多利亚中期两党多数政治家都属于这一类,甚至包括赞成帝国联合的约翰·罗素(John Russell)勋爵。1840年5月18日,格雷勋爵(Lord Grey)在给当时的加拿大总督埃尔金(Lord Elgin)的信中写道:"现在议会下院流行这样的看法:我们没有兴趣保留殖民

---

① 保罗·肯尼迪:《大国的兴衰》,求实出版社1987年版,第185页。

地,所以不要为这个目的继续做事了。如果皮尔和格莱斯顿不像科布登和布莱特那样公开地承认,而是悄悄地支持,在内阁中就寻找不到不赞成的人。"1853 年,他在《殖民政策》一书中写道:放弃殖民地的政策不仅受到一个积极政党的支持,而且议会的一些实权人物也表示赞同。他们使用同一的语言,并采取措施以造成这样的结果。阿瑟·米尔斯(Arthur Mills)在《殖民地宪政》一书中也指出:"为了使这些社区尽快地成熟——使他们在社会、政治和商业上达到宗主国的标准,目前利用自治政府进行统治,最终完全独立,是我们普遍赞成的殖民地政策的目标。"①

英国政治家对于殖民地的态度,也体现在加拿大政治家的话语中。1867 年 1 月 1 日,加拿大政治家高尔特(Galt)访问伦敦,他在给妻子的信中写道:"这里对殖民地的感情表达使我极度失望,我对他们试图放弃我们的做法不能视而不见,他们对美国充满恐惧,为了防止战争的危险,宁愿放弃我们,不愿意保护我们。"1866 年,加拿大另一位政治家理查德·卡特莱特爵士(Sir Richard Cartwright)访问英国时,也得出了同样的结论:"如果我们立即提出独立的要求,两党领袖格莱斯顿和迪斯雷利都会更加满意。"②对于英国政治家的态度,1870 年的《双周刊》指出:"政治家的目的是双重的:鼓励殖民地为了他们自己而独立;减轻英国人为殖民地管理和防卫纳税的负担。"

由于"无形帝国"政策的实施者是自由党人,该党领袖格莱斯顿对殖民地的态度尤其值得关注。他在 1849 年 4 月 16 日的讲话中指

---

① C. A. Bodelsen, *Studies in Mid-Victorian Imperialism*, London·Melbourne·Toronto: Heinemann, 1960, p.44.

② Ibid., p.45.

出：殖民地在将来的某个时候会变成独立的国家。他认为保留殖民地与母国的密切联系应被视为母国的责任，而非利益。他赞成收缩殖民地的财政支出，殖民地应该承担防卫的责任。但是，没有证据表明他试图采取积极的措施摆脱殖民地。相反，他在1849年4月4日的讲话中说："下院和上院对待是否割断与殖民地联系问题，不能出于对金钱的考虑。"1867年3月28日他在议会下院中又说："我的信仰是，这个国家没有责任为了援助和支持北美的几个省份花费精力，也没有责任为保持相互的联系而努力。"

毫无疑问，一些自由党著名的政治家深受分离思想的影响，如1867年3月28日，罗伯特·洛(Robert Lowe)在议会下院讨论帝国保证加拿大铁路建设的会议上说："我们拥有很大的自治领，虽然我们没有能力保护他们，但是一个错误的荣誉感使我们不能轻易放弃他们……在美国革命中，殖民地从英国分离，是因为我们强迫他们纳税。我认为英国还将与殖民地分离，因为殖民地持续要求英国人为他们而纳税。"1869年格兰维尔勋爵(Lord Granville)，在给约翰·罗素的信中也写道："我们与北美的关系非常微妙，最好的解决问题的方法应该是，在适当的时候，以友好的精神，当自治领足够强大时，宣布独立。"外交大臣克莱顿勋爵(Lord Clayton)的态度比较暧昧，他在给莱昂斯勋爵(Lord Lyons)的信中说："我完全赞成你说的关于拥有北美的意见，希望他们会提出独立，我们不能抛弃他们，我们期望友好地分手。"

在关注政党政治家对于分离态度的同时，政府官员特别是殖民官员的态度也不容忽视。虽然他们的言行并不能引起公众的注意，但是，对内阁成员产生的影响不容低估。从19世纪30年代中期开始到70年代初，所有的殖民大臣都是自由主义者，如1836—1847年的詹姆斯·斯蒂芬爵士(Sir James Stephen);1847—1859年的赫尔曼·梅里韦尔(Herman Merivale)以及1860—1871年的罗杰斯爵士(F. Rogers)。他们几乎都认为殖民地迟早会与美国一样,最终取得独立。

另一个重要的殖民部官员是亨利·泰勒爵士(Sir Henry Taylor),虽然他没有担任过殖民大臣,但是他的影响并不亚于前面三人。斯蒂芬作为一个人道主义者,极力支持移民的本土权利,被称为"母国先生"。他认为殖民地很快解放是必然的命运,他的儿子莱斯利·斯蒂芬(Lesley Stephen)写道:"我父亲似乎很相信自由党中流行的看法,殖民地很快将与母国分离。"① 赫尔曼·梅里韦尔是自由贸易的积极倡导者,反对旧的殖民地制度,他语言偏激,由于支持分离受到人们的指控。泰勒和罗杰斯也都是分离主义者,1852年泰勒致格雷勋爵的信中说:"我并不认为北美殖民地是一块最危险的属地,会导致与美国的战争,或由于愤怒和灾难引起战争。我也不认为这几个省份对我们毫无价值,但是,我觉得目前我们不能将它作为独立的国家而获取价值。"② 1864年,他在给纽卡斯尔公爵(Duke Newcastle)的信中又写道:"阁下和威尔士亲王成功地安慰了殖民者,我想你们将松弛的联系变得更牢固。但是,我想我们还得为不久的将来出现的分离做准备。根据我的估计,目前我们与美国纷争的最坏的结果就涉及与北美的几个省份的密切关系和一个共同的理由。"③

---

① Leslie Stephen, *Life of Sir James Fitzjames Stephen*, London, 1895, p.40.
② Dowden (ed.)., *Correspondence of Sir Henry Taylor*, London, 1888, p.300.
③ Sir Henry Taylor, *Autobiography* II, London, 1885, p.235.

罗杰斯与泰勒观点一致,1865年他在致泰勒的信中说:"在试图摆脱殖民地责任的问题上,我和你走得同样的远,就北美而言,如果我们放弃一个,不如放弃全部……我和你一样讨厌讨论声誉问题。"他在自传中阐述了对殖民政策的理解:"我总是有一个信念——这个信念本身是如此的牢固,我几乎不认为任何人有相反的看法——那就是我们的殖民地终究会独立,在这个问题上,我们殖民部的功能是保护这个联合,并对两党都有利;当分离出现时,尽量以友好的方式。这一政策建立在普遍接受的原则之上,一个充满生机国家的内部事务不应从属于一个遥远的国度,地理上距离遥远的国家在外交上没有共同的利益将他们联系在一起。"①

自由主义和分离主义的思潮为19世纪中后期的帝国政策进行了理论上的铺垫,英国经济霸权的确立在经济上淡化了殖民地的作用,加上政治家们的看法和主张,1868年自由党执政以后,努力寻找更加适合帝国发展的政策:感情上加强与殖民地的联系,政治上放松对殖民地的管理,这就是格莱斯顿的"无形帝国"政策的实质。"无形帝国"政策不仅反映了英国当时的现状,而且为霸权理论提供了依据:在一国称霸的时代,核心国家倾向于放松对边缘地区的控制,这样就有可能疏远边缘地区,甚至使其脱离核心国家。从经济增长率看,在世界经济增长的加速时期,核心国家也倾向于放松对边缘地区的控制。

---

① C. A. Bodelsen, *Studies in Mid-Victorian Imperialism*, London·Melbourne·Toronto: Heinemann, 1960, p.50.

三、新西兰撤军

从 16 世纪起,英国为了建立"更大的帝国",同西班牙、葡萄牙、荷兰、法国进行了长达两个世纪的斗争。19 世纪初,英国拥有最大的殖民地,成为真正的"日不落"帝国。但是,到 19 世纪中期,殖民地已经成为英国的负担,政府每年花费巨大的代价保卫殖民地的安全和稳定。加拿大是英国殖民地防卫最薄弱的地区,从地理位置上看,加拿大与美国为邻,美国虽然曾经是英国的殖民地,但是,独立以后逐渐成为英国的竞争对手,时刻期望把加拿大纳入自己的版图。除此以外,新西兰的白人殖民者为了与毛利人争夺土地,进行了长期的战争,英国政府为了保护殖民者的利益,花费了巨大的经济代价。因此,解决帝国防务问题成了当务之急。

1861 年,英国政府成立了一个"殖民地军事费用特别委员会",专门调查殖民地防务费用,调查结果表明,殖民地费用使用的本身并没有任何问题,关键是殖民地的所有防卫费用都由英国政府包办,若要减轻帝国政府的财政负担,就必须让殖民地自己承担保卫自己的责任。1862 年该委员会主席阿瑟·米尔斯指出:"议会已经认识到,英帝国的每一部分遇到危险时,都要求帝国政府的帮助,这是必须解决的问题。既然殖民地已经建立了自治政府,那么,他们就应当承担保卫国内安全和维护国内秩序的责任,当然,他们还应该对外部防卫负一定的责任。"[①]

[①] C. C. Eldridge, *Victorian Imperialism*, London: Hodder and Stoughton, 1978, p.84.

财政压力是帝国政府在殖民地防卫上面临的最大挑战,同时,对殖民地的军事责任影响了英国军队的调遣效率和战斗力。宗主国和殖民地的特殊关系,使英国具有了双重的国际身份:它既是一个地处欧洲北部的大不列颠爱尔兰联合王国,又是一个拥有最大殖民地的大英帝国。在欧洲,它必须随时应付来自欧洲大陆的政治威胁,如拿破仑的军事行动;在殖民地,它必须保证每一块领土的安全,分散的帝国军队使英国的防务力量捉襟见肘。对此,英国的军事思想家们对英国面临的防务现状提出了新的思路:在英国国内尽可能积聚更多的军队,当殖民地遇到安全问题时,陆军可以同皇家海军一起被派遣至殖民地,以保卫殖民地的安全,这是保卫帝国最有效的办法。为了适应新的军事部署,撤回殖民地的驻军成为最有效的选择。

　　毛利战争期间,英国政府为了帮助白人殖民者,派遣了大量的军队对付毛利人。战争结束后,新西兰为了自身的安全,防止毛利人的反扑,保留了英国的军队。驻军庞大的开支,增加了帝国政府的财政负担。1868年,自由党上台执政,舆论和政治家都认为,其帝国政策一定与前执政党有所区别。如评论家约翰·诺贝尔所指出的:"就尊重这个国家的公民而言,现在的情况是不公正的,而且是压迫性的。美国人反抗是因为母国政府向他们征税;现在情形颠倒过来:英国的纳税人要求将他们从为殖民地交税的重压中解放出来。"因此,他认为自由党政府殖民地的政策一定有所改变:"我们殖民地的管理一定会发生很大的变化。"[①]

---

① C. A. Bodelsen, *Studies in Mid-Victorian Imperialism*, London·Melbourne·Toronto: Heinemann, 1960, p.88.

英国最早到达新西兰的殖民者都是一些冒险家、传教士、逃犯和土地投机商,土地权利是他们与原住民毛利人矛盾的焦点。土生土长的毛利人是新西兰当然的土地所有者,如诺曼比勋爵（Lord Normanby）在 1839 年所说:"毛利人对土地的合法权利,以及他们的主权地位是无可争议的,并且已经得到不列颠政府的庄严承认。"①19 世纪 30 年代,英国将殖民地看成缓解人口压力的输出地,把任意侵占原住民的土地视为开拓新殖民地的障碍。因此,一些开明人士认为,应该尊重原住民的领土和权利,侵占他们的领土或漠视他们的权利不符合英国的国家利益。为此,1840 年,英国政府与毛利人签订了《怀唐伊条约》（The Treaty of Waitangi）。② 根据条约,毛利酋长将土地的宗主权交给英国女王;女王向酋长和部落确认并保证他们的土地权、财产权、森林权和鱼塘权,但是如果毛利人希望出售土地,英国王室具有优先购买权;女王将新西兰的原住民置于保护之下,给予他们与英国公民相同的权利和特权。③ 同年,新西兰成为皇室殖民地,毛利人为了保留自己的土地,被迫放弃了宗主权。

英国取得新西兰的主权是以毛利人拥有土地特权为代价的,但是,土地是维持英国在新西兰殖民政府的重要财政来源,土地买卖成为白人殖民者与毛利人之间的最大交易。政府从原住民手中购买土地,然后高价出售,以维持新西兰殖民地政府的日常费用。1840 年 10 月,新西兰政府用 285 英镑购买了毛利人 3 000 英亩土

---

① 蔡佳禾:《新西兰——追随中的创新》,四川人民出版社 2003 年版,第 9 页。
②《怀唐伊条约》规定:毛利人酋长同意将他们的主权割让给英国女王;酋长们及各部落绝对地拥有他们的土地和不动产;毛利人具有不列颠臣民的权利和特权。
③ W. D. Hussey, *The British Empire and Commonwealth 1500—1961*, Cambridge: Cambridge University Press, 1963, p.177.

地。几个月后,政府出售了其中的 44 英亩,获得了 24 275 英镑的收入。殖民地政府的行为引起了殖民者的极大不满,土地不但引起了殖民政府与移民的矛盾,而且导致了与当地居民的冲突。乔治·格雷任总督后,重新强调了政府的优先购买权,他从英国银行获得大笔贷款购买毛利人的土地,以满足殖民者对土地的要求。

随着大片土地落入白人之手,毛利人开始担心出卖土地的严重后果。从 1850 年起,更多的原住民部落反对出售土地。当合法的购买途径受到限制后,新西兰政府开始用粗暴、无耻的手段购买土地。1851 年,新西兰总督戈尔·布朗(Gore Brown)在给英国殖民事务大臣的信中说:"欧洲人垂涎这些土地,并决心占领它们,如果他们能够占有就合法占有,不然的话也要采取一切手段占有之。"[1]英国人不择手段地抢占毛利人的土地,使毛利人非常担忧,"感到他们的主权和权力都会随着他们领土的转让而一起更新换代,他们以忧虑的心情预期他们作为一个民族有灭亡的危险"[2]。

尽管殖民者与毛利人为了土地曾经签订了协议,但是,对于未开垦土地的归属存在较大的争议。殖民者否认毛利人拥有未开垦土地的权利,激化了白人殖民者与毛利人的矛盾。1860 年,新西兰塔腊纳桑西部的怀塔腊附近的土地纠纷拉开了毛利战争的序幕。这场战争以塔腊纳桑地区和怀卡流域为中心,蔓延到北岛的大部分地区,英国殖民当局在初步的军事行动失败后,调动了 9 个团的英军士兵前来镇压,战争前后持续了 8 年,帝国政府为了保护殖民者的利

---

[1] J. B. 康德利夫和 W. T. G. 艾雷:《新西兰简史》,广东人民出版社 1978 年版,第 129 页。
[2] 同上书,第 130 页。

益，花费了100多万英镑的代价。英帝国政府对殖民地的单方尽责，没有能换来任何的回报，加上政府连年的财政困难，使得政治家们认为保留殖民地是一件得不偿失的交易。为此，1868年自由党政府采取了从新西兰撤军的政策，政府强调"减少对毛利人征用土地的保护"。

从新西兰撤军是英国政府摆脱殖民地财政负担的选择，也是帝国军事计划的需要。1869年3月，殖民部长格兰维尔勋爵拒绝新西兰殖民地政府要求保留帝国军队的要求，并指示迅速撤回驻扎在新西兰的军队。同时，新西兰政府要求帝国政府支付150万英镑的贷款作为建立防卫的用途，同样遭到拒绝。格兰维尔在照会中的语气不仅非常生硬，而且他还暗示毛利战争是殖民者的贪婪所造成的，是他们不明智地瓜分原住民土地必须付出的代价。事实上，在对待新西兰政府的要求上，格兰维尔是非常矛盾的。从道义上说，新西兰人仍然有权要求母国的支持；另一方面，英格兰已经为新西兰殖民者付出了太大的代价，他们提出的要求太多，太沉重了，英国政府不堪重负。

格兰维尔的照会在英国引起了轩然大波，贝利子爵在1869年7月的下院会议上发表了长篇演讲，要求帝国政府给予殖民地适当的支持，卡纳温勋爵（Lord Carnarvon）、乔治·格雷爵士和新西兰的一些名人都对自由党的政策展开了批评："新西兰的政策会产生极大的影响，淡化了女王陛下政府臣民的情感，很可能将殖民地推出帝国以外。"

但是，英国大多数媒体对新西兰撤军的问题采取了赞成的态度，从1869年下半年起，不时出现支持帝国政府政策的文章。1869年10月14日的文章强调毛利战争是殖民地贪婪的直接后果，新西兰的民兵都是从各城镇招募来的社会渣滓。就新西兰要求帝国政府资助的问题，媒体宣称："在新西兰的政治实力中，要求帝国政府的资助是毫无理由的，就像要求伯克郡为牛津郡交税一样。"①

保守党的报纸和反对曼彻斯特学派的《观察家》一贯反对自由党政策，他们大肆抨击自由党的撤军行为，认为格兰维尔的照会不顾及殖民地的感情，只能使他们朝着背离宗主国的方向发展："照会从头到尾尽管措辞谨慎，但是故意轻视新西兰的态度仍然显露无遗，正像当年英国轻视北美13个殖民地的人一样……没有比他（格兰维尔）的语调更能使殖民地者远离，他的语调就像高贵者伤害卑贱者一样，激怒了殖民地极其宝贵的友谊，他们出于自我尊重，必然走到敌对的方向。"②同时，新西兰撤军的问题还被上升到整个帝国的高度加以评价。1869年7月24日的《观察家》指出："很显然，戈尔德温的殖民政策就是摆脱殖民地的负担……不仅被现存的政府所接受，而且付诸实施。现在的情形是不仅新西兰要离去，而且澳大利亚也要离开，不仅澳大利亚要离开，加拿大自治领也要分离，所有盎格鲁—撒克逊的地域都要离英格兰而去。只要稍有一点耐心，稍微有一点想法，少许努力的人都应该回到忠诚和巨大力量的联合中。"《观察家》警告自由党政府"尽管政府如此强大，很可能衰败在'你对英帝国做了什么'的问题上"③。

1869年10月，格兰维尔宣布英国在新西兰的驻军必须无条件撤回，不仅导致国内舆论再次哗然，而且遭到新西兰政府的强烈不满。当时，新西兰还没有能力组织自己的军队，而且与毛利人争夺

---

① *Morning Post*, July 24, 1869.
②③ *Spectator*, July 24, 1869.

土地的斗争仍然在继续。新西兰政府把自由党的撤军视为"不友好"的行为,是一种"充满敌意"的选择。1869年11月10日,《泰晤士报》上出现了爱德华·威尔逊(Edward Wilson)发表的题为《民族分裂》的文章,认为新西兰政策导致了帝国的分离,文章警告英国政府,虽然这个事件对于殖民地不能造成灾难性的影响,但是会给母国带来严重的后果,母国将失去3/4的威望以及1/2的贸易。1869年12月2日《泰晤士报》文章公开赞扬英国和殖民地双方的贡献,歌颂帝国的伟大:"殖民地在母国的商业、政治和社会方面都做出了贡献,这一切都应归功于帝国的影响和伟大";"帝国臣民的权利、帝国的管理、帝国的商业促进了所有殖民地的利益。"1870年7月的《爱丁堡周刊》指出:放弃殖民地最致命的后果,就是"这个国家的能力和荣耀让位于独立的国家或竞争的大国,美国、普鲁士(Prussia)或者其他正在崛起的国家,他们将那些绝望的、被英国放弃的殖民地置于自己的保护下,英格兰失去的将是他国获得的"[①]。总之,所有反对撤军的言论都将帝国的强大与殖民地的发展联系在一起,都认为双方既相互需要,又相互促进,相互依存,缺一不可。

在舆论质疑自由党政策的同时,自由党政府内部也出现了分歧。1870年2月14日,在上院的一次会议上,卡纳温勋爵说:"现在人们到处都在交头接耳,政府正在执行解散帝国的政策,尽管我不相信,但是人们说的确实存在。如果有这样的政策,上帝,请让我们知道。如果没有,请出来澄清。"1870年4月26日,在下院的会议上前南澳大利亚总理托伦(R. R. Torrens)也说:"殖民地和这个国家

[①] C. A. Bodelsen, *Studies in Mid-Victorian Imperialism*, London·Melbourne·Toronto: Heinemann, 1960, p.84.

的政治关系有一种不舒服和不确定的情感。非常遗憾地说,殖民者心头有一种不祥之兆——无论适合还是不适合——女王陛下政府的分离政策最终将鼓励殖民地的独立。"①

格莱斯顿给予的回答是,撤回军队并不是分离帝国,而是选择一个新的保持帝国的方式:既保持帝国的感情联系,又让殖民地尽快承担自己的责任。1870年格兰维尔在给殖民地的安慰照会中指出:"拒绝在新西兰保留军队并不是对殖民地的漠不关心,而是考虑到已经建立自治政府的殖民地雇用英国军队是违反原则的。如果新西兰作为这一原则的例外,对新西兰的长久利益也不会有任何好处。"②

宗主国从新西兰撤军虽然暂时增加了其自身防务的困难,但是对于新西兰长久的发展和承担自己的责任还是有利的。如格兰维尔所述:"目前新西兰的困境主要来自两个方面:第一,毛利人对白人没收土地行为的不满;第二,新西兰政府尚未建立强有力的武装。但是,殖民者的安全在于他们是否能够谨慎地掌握资源,是否愿意调整他们的政策。"③格兰维尔的话十分确切地表达了自由党政府的帝国政策:帝国政府不会为殖民地的长治久安永远承担责任,殖民者为了自身的安全必须调整目前的政策,以适应殖民地的发展和繁荣。事实上,早在1862年,英国议会就毫无争议地做出了这样的决定:"行使自治政府权力的殖民地应该承担内部秩序和安全的主要

---

① *Hansard* III. 200, 1817.
② Lord Edmond Fitzmaurice, *The Life of Granville*, II, London: Longman Green and Co., 1906, p.22.
③ Granville to Bowen, Oct 7, 1869, see E. A. Benians (ed)., *The Cambridge History of the British Empire*, III, Cambridge:Cambridge University Press, p.25.

责任,也应该在外部的防务中提供帮助。"①格兰维尔还认为,撤军并不意味着帝国的分裂,"我们不希望他们分离,如果他们这样做,将会对我们的政策造成一些伤害,但是,我认为他们是不会分离的"②。

　　自由党政府从新西兰撤军的政策一直是舆论批评的焦点,一贯倡导从殖民地撤军的查尔斯·阿德利爵士(Charles Adderley)在下院说:"帝国军队从殖民地的撤回似乎是一个令人不满意的计划。"③为了进一步消除人们对殖民地撤军政策的误解,1870年4月,自由党政府组成了一个特别委员会,审查格兰维尔的殖民政策。在辩论中,格莱斯顿针对人们对政府政策的误解进行了辩护,否定这是分离帝国的行为。④

　　他首先声明政府的殖民政策并没有发生根本的变化,从殖民地撤军只是前政府政策的继续。格莱斯顿的前任德比伯爵(Earl Derby)从1866年就开始执行殖民地撤军计划,英国源源不断从加拿大撤回驻军。当时,英国议会接受了自治殖民地必须为国内的稳定和外部防卫的安全承担相对应的责任的建议。对国内的反撤军情绪,格莱斯顿表达了见解:"这根本就不是任何新政策的问题,而是一个持续发展和根据实际情况在一个又一个殖民地采取共认原则的问题。"⑤格莱斯顿认为,在英国现有的条件下,保留英帝国只能以"自由和自愿"为基础,如果殖民地不能承担自己的责任,而单方面享受帝国给予的特权,殖民地自由就无从谈起。殖民地学会自力更

---

① *Hansard*. III. 165,1060.
② C. C. Eldridge, *Victorian Imperialism*, London: Hodder and Stoughton, 1978, p.94.
③ *Hansard*, 3rd series, cc. 1864.
④ *Hansard*, 3rd series, cc. 1847, 1898—1906.
⑤ W. D. Morrel, *British Colonial Policy in the Mid-Victorian Age*, Oxford: Oxford University Press, 1969, p.88.

生是"我们帝国政策的含义、原则和秘密之所在"①。

1871年殖民部自由党发言人纳奇布尔—休格森（Knatchbull-Hugessen）对自由党政府提出的"自力更生"政策做了进一步的说明："自力更生并不意味着帝国的分裂，也不意味着殖民地割断了与帝国的联系。随着殖民地的强大和自立，他们仍然保持与帝国的密切联系。我们政府希望保留这些殖民地，希望用种族和感情为纽带保持这种联系。"②

帝国政府真正从殖民地撤军是从1868年开始到1873年结束。但是，英国海外的主要海军要塞哈里法克斯和艾斯奎莫特仍然保留着英国的军队；南非殖民地缺乏对付原住民的能力，那里也保留了驻军。虽然撤军使殖民地开始承担自我防卫的责任，但是，殖民地在与外国战争的时候，英国政府将继续提供陆军和海军的支持。从殖民地撤军还引发出英国人关于殖民地对帝国防卫责任的思考：既然殖民地仍然是英帝国的一部分，就必须为帝国的安全承担责任。1873年3月7日，埃斯特斯·塞西尔勋爵（Lord Esters Cecil）在议会提出一个动议："每一个殖民地都必须按人口和财富的比例为保卫帝国做出贡献，他们承担的费用可以在殖民地和帝国之间进行分配。这是正义的，也是必要的。"③格莱斯顿对这个建议保持了自己的一贯态度，坚持认为，"自愿"是殖民地和帝国联系的原则，英国与殖民地的关系之间不能出现压力和强迫。他欢迎殖民地的支持，但是前提是必须出于自愿。他说："我们所希望的是殖民地不是在任

---

① C. C. Eldridge, *Victorian Imperialism*, London, Hodder and Stoughton, 1978, p.95.
② Ibid.
③ Paul Knaplund, *Gladstone and Britain's Imperial Policy*, London: Talor & Francis, 1966, p.127.

何压力之下,不带着抱怨地为帝国做贡献。我们希望看到真正自由的精神在殖民地成长,这种精神使他们不仅愿意,而且急切地分担自由的责任和为帝国的共同责任尽一份力量。"①

事实上,早在自由党政府采取"无形帝国"政策之前,1865年英国议会颁布了"殖民地海军防卫法",要求殖民地更多地承担保卫自身海域的责任。1870年,新西兰要求英帝国政府派出一定数量的舰船,保护其领海。同时,澳大利亚的塔斯马尼亚(Tasmania)也要求英国政府派出舰船停泊在霍巴特镇(Hobart Town)。对这些要求,格莱斯顿政府的殖民大臣金伯利(Kimberley)征得海军上将同意后,给予了这样的答复:把帝国海军分散到各殖民地水域会造成很多的不方便,殖民地海军应在1865年的《海军防卫法》的指导下行事。因此,撤军使帝国暂时地摆脱了对殖民地的防卫责任,版图帝国的含义变得模糊。

四、澳大利亚关税改革

澳大利亚与英国其他殖民地相比,确实具有独特性,如怀斯所述,"澳大利亚是帝国政治中一个非常复杂的问题"②。从地理位置上看,澳大利亚是太平洋地区的主宰力量,埃德蒙·巴顿爵士(Sir

---

① Hansard, 3rd series, ccxiv. 1534.
② B. R. Wise, 'Australia and its Critics', in *The Empire and the Century*, edited by Charles Sydney Goldman, Vol. 4, *The Ideas of Empire: Political and Economic Thought, 1903—1913*, edited by Ewen Green, Routledge: Thoemmes Press, 1998, p.424.

Edmund Barton)对于澳大利亚的评价是:"一个洲就是一个国家,一个国家就是一个洲。"①在太平洋地区,澳大利亚最靠近亚洲,无疑是英帝国在远东的前哨站,一旦英国与印度或中国出现任何冲突,其军队可以由此更便捷地登陆两地,对于帝国的军事作用不言而喻。

从政治制度上看,澳大利亚各地完全沿袭了宗主国的传统,特别是英国宪章运动后,一些宪章派移民到澳大利亚,将他们的政治主张如普选权等,带到澳大利亚;在法律习惯上,澳大利亚完全继承了英国的习惯法,加上宗主国对于殖民地的政治控制相对放松,澳大利亚的政治现代化进程较为领先。

在人口构成上,澳大利亚称得上"不列颠以外的英国"。加拿大有法国人控制的省份,南非有荷兰人的势力,美国则是一个人口的"大熔炉",而澳大利亚人口的97%为英裔。种族和血缘的关系加强了情感上的认同,使澳大利亚在宗主国眼中具有特别的地位。

从经济发展方面看,爱德华·吉本·维克菲尔德(Edward Gibbon Wakefield)的"系统殖民"②政策解决了土地、资金和劳力等最根本的经济难题。在殖民地不断增加的过程中,自然资源的利用

---

① B. R. Wise, 'Australia and its Critics', in *The Empire and the Century*, edited by Charles Sydney Goldman, Vol. 4, *The Ideas of Empire: Political and Economic Thought, 1903—1913*, edited by Ewen Green, Routledge: Thoemmes Press, 1998, p.425.
② 19世纪30年代初,澳大利亚新移民的土地分配没有统一方案,在一些殖民地,只有官员的亲朋好友能够获得土地,在另外一些地方,可以自由获得土地。为了改革土地分配弊端,维克菲尔德提出系统殖民地的三要素即土地、资金和劳力需重新分配和利用。具体的做法是:殖民地的土地不能无偿分配,必须由当地的政府出售,谁出钱,谁买地;这些钱用来资助移民的贫困家庭;新移民成为新地主土地上的劳动力。由于政府出售土地的价格不高,大约每英亩一英镑,中等阶层都有可能成为农场主,而且能够获得足够的劳力。

和开发以及交通设施的改善促进了澳大利亚经济迅速发展。澳大利亚有丰富的牧场资源,牧羊成为有利可图的产业,其羊毛出口量极大,羊毛成为许多澳大利亚人的生计来源;1851年维多利亚和新南威尔士发现了金矿,移民蜂拥而至,寻找黄金,试图一夜暴富。金矿的发现不仅增加了澳大利亚的人口,而且使部分澳大利亚人富裕起来;交通设施的改善,沟通了澳大利亚各地的联系,增加了交换,促进了民族市场的形成。

澳大利亚殖民地经济的发展,必然对宗主国自由贸易的原则提出挑战。在拿破仑战争之前,英国仍然执行重商主义政策,其特点是贸易垄断,通过《航海条例》鼓励用英国舰船运输商品。战后,英国的工业品产量大幅度增加,需要帝国以外的新市场,最好的做法是与其他大国谈判,打破贸易限制,实行自由贸易。

1823年,威廉·赫斯基森(William Huskisson)任贸易部长,他促成了不列颠和荷兰之间的完全自由贸易,向美国开放西印度市场以换取妥协;他还废除了《航海条例》中的许多条款,如果外国商船装运的是本国产品就允许它们进入英国殖民地。他还通过《互惠关税法》(the Reciprocity of Duties Act),从议会获得了与其他大国进行削减关税谈判的权力。事实上,赫斯基森并没有带来自由贸易,他只是用帝国特惠制取代贸易垄断——外国人进入英国殖民地必须支付比英国商人更高的关税。但是,60年代以后,英国与法国的贸易协定生效,并逐渐扩大到其他欧洲国家,自由贸易逐渐取代重商主义,成为新的国家政策。

然而随着殖民地经济发展和民族意识的增长,要求保护市场、发展本土工业成为殖民地的必然选择。相对于母国的自由贸易政策,殖民地的市场保护政策是对宗主国利益的公开侵犯。在宗主国方面,英国由于拥有世界市场,殖民地的重要性就削弱了。1860年,英国与美国的贸易量不仅超过了其他殖民地,而且超过了英国与印度的贸易。如西曼指出:"自由贸易是一个原则,政治控制的后果是管理和防卫费用的增加,对国家无利可图,不如放弃这样的管理。"①对殖民地进行直接控制,特别是承担防卫责任,不仅增加了英国纳税人的负担,而且很可能将使英国卷入扩张性的战争,或与其他国家及原住民的战争。同时,在殖民地方面,民族经济高速发展、人们快速致富,导致对宗主国旧管理模式的不满。当地议会要求立法权,政府要求管理权,经过宗主国和澳大利亚双方的努力,澳大利亚各殖民地逐渐建立了自治政府。随后,澳大利亚又提出新的要求,希望同加拿大自治领一样实现独立的关税制度,以保护民族市场。为了争取这一权利,澳大利亚各殖民地与自由党政府进行了几年的抗争。

尽管执政的自由党一直主张殖民地的自由发展,领袖格莱斯顿也一贯提倡殖民地与帝国保持"自由、自愿"的联合,但是在给予澳大利亚征收差别税的权利时,格莱斯顿却犹豫再三。

1866年,新南威尔士殖民地要求废除澳大利亚政府法案中提出的禁止征收差别税的条款,拉开了澳大利亚关税争论的序幕。在该建议被英国政府拒绝后,澳大利亚各殖民地加强联合,要求停止对各地关税的限制,他们的要求不仅表现在口头上,而且付诸在行动中。1870年澳大利亚各殖民地在墨尔本召开大会,希望在关税方面得到更多的自由。尽管南澳大利亚未出席会议,但是议会上院和下

---

① L. C. B. Seaman, *Victorian England: Aspects of English and Imperial History 1837—1901*, London and New York: Methuen & Co., Ltd, 1973, p.339.

院提出了同样的要求。值得注意的是,塔斯马尼亚和新西兰走在关税改革的最前沿,甚至通过了新的差别税法案。

1870年7月,金伯利勋爵(Lord Kimberly)接任殖民部时,澳大利亚的关税争论达到了顶峰。金伯利和格兰维尔都拥护前辈保守党人白金汉公爵(Duke Buckingham)关于关税同盟的设想,反对给予澳大利亚殖民地征收差别税的权利,这些想法符合澳大利亚各地政府的法律,因为1850年新南威尔士、维多利亚以及昆士兰的宪法都规定:征收任何关税、对进出口商品进行任何限制以及给予任何豁免和特权都是非法的;改变女王陛下与其他外国签订的条约,也是非法的。①

在英国政府批准澳大利亚的关税法案之前,维多利亚总督坎特伯雷勋爵(Lord Canterbury)告诉金伯利,如果英国政府否决法案,各殖民地会再次联合起来,反对宗主国的决定。1871年3月27日,金伯利征求了英国贸易部的意见,贸易部认为应该废除禁止征收差别税的规定,允许澳大利亚殖民地征收关税,给予这个权利可以加强殖民地的关税保护。随后,金伯利又征求了王室法律官员的意见,他们表达了与贸易部同样的看法。金伯利的态度表明,他本人希望满足澳大利亚人征收差别税的要求。

1871年5月初,为了获得议会的支持,殖民部开始做内阁的工作。他们为内阁成员准备了一个秘密备忘录。该备忘录回顾了澳大利亚关税历史,总结了过去颁布的法案,并提醒内阁成员关注贸易部和王室法律官员的报告。5月15日,金伯利把这一备忘录交给

---

① Paul Knaplund, *Gladstone and Britain's Imperial Policy*, London: Talor & Francis, 1966, p.105.

首相,引起了首相的高度重视。但是,格莱斯顿提出了疑问:如果给予澳大利亚关税自由,那么是否会出现矛盾的现象,例如允许新西兰从悉尼免税进口鞋子,而对北安普顿的鞋子收税?他认为如果殖民地获得向英国产品征税的权利,"将使不列颠与殖民地处于一个非常荒谬的联系中,我们国家的人民会发表自己的意见"[①]。金伯利对首相的质疑表达了自己的看法:新西兰的关税自由可能会导致对英国产品的歧视,但是新西兰希望澳大利亚免税进口它的啤酒,而新西兰免税进口澳大利亚白酒。而且,给殖民地关税自由已经不是新鲜事,英属北美加拿大早就获得了这个权利。但金伯利没有能够说服首相。

1871年5月22日,格莱斯顿在给金伯利的信中说:"如果同意澳大利亚人的要求,我们必须注意我们做出的是一个国家的承诺,不仅仅是一个行政机构的承诺。"[②]由于首相的迟疑不决,内阁并未给予澳大利亚肯定的答复。1871年7月13日,英国政府向澳大利亚发出照会,对加拿大取得关税自由的权利做了解释,认为那是一个不明智的行为。同时指出,殖民地的保护关税会制造殖民地内部的矛盾,甚至导致帝国解体。照会虽然承认殖民地有权利建立关税保护,但是非常诚恳地要求殖民地对这个问题不要施加太大的压力。

澳大利亚关税自由法案的请愿被否决后,1871年在殖民地内部会议上,新南威尔士、塔斯马尼亚、南澳大利亚和维多利亚对关税问题持强硬立场,提出殖民地有充分的权利决定自己的关税,不应受

---

① Paul Knaplund, *Gladstone and Britain's Imperial Policy*, London: Talor & Francis, 1966, p.108.
② Ibid.

到帝国条约的控制,希望"帝国对殖民地财政立法的干预最终将完全彻底地废止"①。

随后,维多利亚总督查尔斯·加文·达菲(Charles Gavan Duffy)起草了一份致殖民部关于殖民地关税问题的备忘录。他指出:"殖民地愿意与母国政府保持最密切的感情联系,但是我们不能放弃自己的权利。既然这个权利已经交给了加拿大,我们不能理解为什么加拿大能够行使这一特殊的权利,而澳大利亚殖民地却不能?"达菲还在维多利亚和新南威尔士的边境条约中找到了征收差别税的先例,他强调征收差别税是殖民地的内部立法,帝国应该将这一权利归还澳大利亚。

殖民部收到备忘录后,感到英国在与澳大利亚的争执中已经败下阵来。1871年12月26日,金伯利把所有关于澳大利亚关税争论的材料和他个人的意见一起交给了格莱斯顿。金伯利个人的意见是:英国与殖民地已经不能面对面地讨论关税问题,帝国政府迟早会在这个问题上妥协,他建议现在就是妥协的最佳时机。另一方面,金伯利认为差别税只能限制在澳大利亚殖民地范围内征收,不允许它们与外国签订相关的条约,因为与外国签订条约,会导致殖民地在海战中保持中立。金伯利说:"我认为,中立意味着独立,毫无疑问,我们不能在这个问题上做出任何的让步。"②

金伯利的信和文件使首相极度不安,1871年12月29日,格莱斯顿在给金伯利的回信中说:澳大利亚的差别税违反关税条约(Zollverein Treaty),"这是一个国际法的问题,我们可能被要求参加

---

① Paul Knaplund, *Gladstone and Britain's Imperial Policy*, London: Talor & Francis, 1966, p.109.
② Ibid., p.111.

仲裁,还可能导致战争……关税条约在某个时候也会终止,但是,目前我们还不能按照殖民地的要求去做"。

澳大利亚的要求可以归纳为三点:第一,殖民地应有足够的权利来管理自己的关税;第二,它们不受帝国与外国条约的限制;第三,在贸易与商业方面,它们有直接与外国谈判的权利。在关税问题上,殖民地的要求超过了加拿大已经得到的权利。格莱斯顿对此提出三个质疑:"我真的没有发现我们的陆军和海军防卫是以什么为基础的?如果殖民地的外交关系直接掌握在它们自己手中,达菲先生在我们的权利和义务之间会给我们一个肯定的答案么?于是,殖民地对母国的责任究竟是什么?"[①]

1872年1月,金伯利在给首相的信中既承认殖民地不该提出这样的要求,同时也认为如果政府不答应他们的要求就会受到更大的压力,因为贸易部和王室法律官员都认为澳大利亚应该得到对各自产品进出口征收差别税的权利。为了避免英国违反与外国的自由贸易协定,政府不得不重新审查英国与意大利、比利时和德国的条约。到1872年4月19日,金伯利向澳大利亚政府发出照会,再次婉转地拒绝了他们的要求。但是,澳大利亚人不予让步,特别是维多利亚和塔斯马尼亚坚决要求征收差别税。

争论持续到1872年10月,格莱斯顿似乎准备让步,他说:如果殖民地坚持征收关税的权利,"他们迟早会达到目的,如果他们不坚持要求我们违背与外国的条约,我们将不可能使它成为分离的条款"[②]。1873年2月16日,金伯利通报首相,现在已经没有选择,只

[①] Paul Knaplund, *Gladstone and Britain's Imperial Policy*, London: Talor & Francis, 1966, p.113.
[②] Ibid., p.119.

有给予澳大利亚人他们所要求的自由,首相不得不承认这场较量以帝国的失败告终。1873年2月22日,格莱斯顿在致金伯利的信中说:"我知道你会把澳大利亚人所需要的都给他们。他们很快将可能提出与外国商业往来的要求,但是,他们必须记住我们不可能免除他们对现存条约的责任。"①一个星期后,内阁批准了澳大利亚关税法案。1873年澳大利亚关税法案出台,规定:澳大利亚各殖民地可以给予各自的产品以优惠待遇,但是,该法案却将宗主国英国排除在外,换言之,英国产品必须面对澳大利亚高额关税壁垒。

澳大利亚关税法案使殖民地在财政上获得了独立,更接近民族国家的地位。帝国和澳大利亚在关税问题上的争论实际上是帝国利益和殖民地利益的冲突。虽然格莱斯顿是殖民地自治的支持者,但是保护帝国的利益是政府必须坚持的原则。因此,他认为殖民地对帝国政府应该承担一定的责任,只要它们仍然在帝国的旗帜下,它们在享受帝国权利的同时,也必须承担应有的义务。在一个团结的帝国内,帝国的所有部分都应该为整体的利益做出贡献。

五、加拿大归属的思考

19世纪以来,随着英属北美殖民地经济和政治的发展,各地的民族意识逐渐形成。英帝国旧的殖民制度已经不能适应殖民地政治和经济发展的需要,建立新的殖民制度成为帝国政府和殖民地的

---

① Paul Knaplund, *Gladstone and Britain's Imperial Policy*, London: Talor & Francis, 1966, p.120.

共同需要。在殖民地要求改革的过程中,加拿大走在了前面。加拿大原来是法国的殖民地,七年战争(Seven Year's War)以后,英国获得了加拿大的宗主权,英国移民逐渐移往加拿大。但是,法裔人口仍然很多,他们大多数居住在下加拿大,不适应英国的习惯法和英国人的生活方式。为了安抚法裔人口,1774年英国政府颁布了《魁北克法》(The Quebec Act),规定以法裔为主的下加拿大仍然保留法国人的习惯和法律。以英国移民为主的上加拿大则实行英国的法律。但是,《魁北克法》仅仅暂时解决了法裔和英裔移民的矛盾。他们的分歧仍然存在,并伴随着双方利益的冲突而变得更加恶化。1837年加拿大发生了大规模的骚乱,这是英裔和法裔利益不均衡的直接后果。

加拿大骚乱引起了英国政府的极大关注,也对英国殖民地管理方式提出了挑战。1838年达勒姆勋爵(Lord Durham)以高级专员和大总督的身份,被派往加拿大调查骚乱的真相。1839年,该调查团发表了《关于英属北美事务的调查报告》,亦称《达勒姆报告》(Durham Report)。报告在分析加拿大骚乱原因时指出:"我期望发现(这场骚乱的)原因是政府与人民之间的斗争。但是,我发现的是两个民族在一个国家的战争。战争不是由于原则,而是由于种族。我认为,仅仅改变政府的法律和机构是徒劳无益的,除非我们首先消除下加拿大法裔居民的仇恨。"[1]

为了从根本上解决加拿大的问题,达勒姆提出在加拿大建立自治政府,"必须夺回那些得不到议会多数信任的权力,把它们放到受

---

[1] Ramsay Cook & John Saywell & John Ricker, *Canada: a Modern Study*, Toronto: Irwin Publishing, 1977, p.41.

到多数人信任的人们的手中"。"自治政府"的实质是地方政府必须对地方议会负责,地方政府有权管理和处理地方的事务,无须请示宗主国政府。在这种制度下,殖民地行政院相当于英国的内阁,是对议会负责的机构,行政院的政策必须得到议会多数议员的支持,一旦失去这种支持,就是失去了"信任",内阁必须辞职。因此,新的行政院是在得到议会多数支持的前提下建立起来的。在实践中,由赢得议会多数支持的党派组成政府,该党的领袖成为内阁大臣中的首席大臣,相当于英国政府的首相。总督仍然由英王任命,是宪法的执行者,其地位相当于英国的国王。政府的政策由得到议会信任的内阁来制定。"自治政府"加强了殖民地人民对政府的信任,达到了殖民地人民自己管理自己事务的目的,是殖民地人民长期奋斗的目标。

殖民地建立自治政府,无论对殖民地还是对宗主国都是有益无害的。达勒姆指出:加拿大人民不会满足于加拿大议会永远从属于英国议会,其从属于英国的地位与美国相比,使它处于不利的地位,而且还将使加拿大受到更多的"伤害和羞辱"。同时,殖民地的从属地位使他们的人民感到在英帝国中,他们仅仅是遥远的依附者,根本没有发言权。[①] 从帝国的角度看,达勒姆认为:"给予遥远的殖民地好的或坏的立法,对帝国来说都是微不足道的。"他建议,除了国防、土地、贸易、外交方面的立法权应从属于帝国议会外,殖民地议会可以享有其他方面的立法权。这种帝国内的权利重新分配有利于加强帝国的实力。如达勒姆所说:"我认为,自治政府不会影响帝国,我把它看成加强种族感情的一种手段,而且它还可以作为与任

[①] C. P. Lucas (ed.), *Lord Durham's Report*, II, London, 1912, p.272.

何分离趋势对抗的因素。"

达勒姆的建议没有直接为加拿大带来自治政府,但是,1846年这一美好的设想首先在新斯科舍(Nova Scotia)变成现实,它不仅为1867年加拿大联邦(Canadian Confederation)的建立奠定了基础,而且为英属其他殖民地管理提供了示范。自治政府的建立只是英帝国政府改变管理方式的一个举措,而殖民地的归属才是宗主国和殖民地最需解决的问题。19世纪50年代后,殖民地分离的思想占了上风,普遍认为独立是殖民地最终的、不可避免的命运:首先,历史的事实提供了深刻的教训,美国战胜了宗主国,取得独立;从长远的利益看,持续将殖民地置于从属的地位,必将导致分离。罗基斯在1854年写道:"很遗憾,除了绝对的独立外,任何东西都不能取悦殖民者……因此,我建议在友好前提下的最终分手。"[1]其次,拥有殖民地使英国不断卷入战争的危险之中,美国内战后,爱尔兰"芬尼社"(Fenians)的成员越过加拿大边界制造麻烦,成为分离主义运动最有力的借口,英国不得不为加拿大的边境安全提供更多的资金,增加了母国的负担。最后,殖民地关税保护政策使英国失去了宗主国对殖民地的贸易优势。"英国的货物不仅不能享受优惠待遇,而且不得不屈服于比外国更加严格的关税政策。"[2]麦克洛克(McCulloch)写道:"自从美国独立以后,英国和美国的贸易增加了10倍。"[3]"母国与殖民地的贸易与广阔的国际渠道相比只是一个小通道,当它们改变了从属的地位,成为平等的国家时,将更快地成长,成为国际大

---

[1] C. A. Bodelsen, *Studies in Mid-Victorian Imperialism*, London·Melbourne·Toronto: Heinemann, 1960, p.37.

[2] Ibid., p.38.

[3] J. R. McCulloch, *Statistical Account of the British Empire*, London, 1837, p.597.

渠道的一部分。"①

格莱斯顿认为,加拿大与英国的关系是加拿大受到美国威胁的主要因素,他甚至承认加拿大遭到"芬尼社"袭击的主要原因在于英国,爱尔兰人为了报复英国人而对付加拿大。1871年2月20日,格莱斯顿在给格兰维尔的信中写道:"我想在北美建立一个委员会,来解决我们和加拿大之间因为'芬尼社'袭击所造成的损失。罗伯特·洛(财政大臣)不会赞成。如果你同意我的意见,你可以与他商量一下。不过,当内阁在讨论这个问题时,大家都会采取支持的态度。在财政问题上,我不赞成殖民地的要求。但是,他们的要求似乎是平等的,我担心的是,如果我们的妥协仍然不能解决与美国的关系问题,我们将给予这些流浪海外的人以积极的引导,继续承担他们的某些责任(指加拿大的铁路贷款)。"②

除了"芬尼社"的因素外,加拿大区域的捕鱼权也一直是加拿大与美国纷争的焦点,金伯利认为,英国政府可以不需要经加拿大的同意,直接把这个权利卖给美国,以彻底解决双方的纷争。但是,加拿大则把捕鱼权作为与美国讨价还价的价码。格莱斯顿认为,如果不征求加拿大意见,擅自出售捕鱼权,会给加拿大人怨恨英国的理由。所以,英国决定让加拿大人自由解决他们的捕鱼权。1871年4月12日,格莱斯顿在给格兰维尔的信中说:"如果我们把这个负担加在自己身上,会为此付出代价,还会导致加拿大人抱怨:'如果这个礼物以我们的代价送给美国人,我们不如把它留给自己'……如果美国人放弃付款原则,他们得倍加小心地与麦克唐纳(加拿大首

---

① H. Merivale, *Lectures on Colonization and Colonies*, London, 1841, p. 230.
② Gladstong to Granville, Oct 16, 1870, Paul Knaplund, *Gladstone and Britain's Imperial Policy*, London: Talor & Francis, 1966, pp. 122-123.

相)以及他的同僚进行周旋。"①

怎样处理与加拿大的关系是英国政治家必须面对的难题,分离主义者戈尔德温·史密斯对加拿大的安全倍感失望,他甚至提出:为了加拿大自身的安全,应放弃自治领的地位,干脆让加拿大成为美国的一部分。1869年,英国的一些议员提出,若加拿大不能保证自己的安全,最好成为一个独立的国家。内阁大臣金伯利说:"我们应当从这种虚弱危险的联系中挣脱出来,美国人是因为憎恨我们而想伤害加拿大人。"②格兰维尔私下也认为,排除困难的最佳方法"应是在适当的时候,用最友好的方式,当加拿大自治领感到足够强大时,宣布独立"③。

英国人对加拿大安全的忧虑对自由党政府的决策起了相当的作用,政府决定让加拿大人自己决定自己的归属。1869年6月,格兰维尔将英国政府的建议转达给加拿大总督约翰·扬爵士(Sir John Young),在秘密照会中指出:

> 没有任何东西比那个政策的结果更加令人满意,英加双方越来越感到,加拿大是英帝国的一部分,因为她希望是如此。在这一思想的影响下,殖民者对大不列颠的依附,随着他们的成长而成长。母国政府将这一依附视为现存联系的象征和支持。英格兰的伟大不仅在于帝国的地理范围,而且在于这些居

---

① Paul Knaplund, *Gladstone and Britain's Imperial Policy*, London: Talor & Francis, 1966, p.123.
② Miss Ethel Drus (ed.), *Kimberley Diary*, 8 May, 1889, see *The Cambridge History of British Empire* III, p.22.
③ Lord Edmond Fitzmaurice, *The Life of Granville*, II, London: Longman Green and Co. 1906, p.22.

民激发出来的精神,以及与殖民地联合的传统观念。我们宁愿将加拿大作为古老的、充满生气的和友好的朋友来对待,而不愿将它视为一个半心半意的依附地。

母国政府相信,世代的友好不仅依靠用加拿大的利益和帝国的权威来维持,而且通过将自治领的政治家和人民视为这种利益合适的裁决者的方式来维持。①

这一秘密照会无疑告诉约翰·扬,加拿大的命运已经掌握在他的手中,是加拿大人决定自己命运的时候了,加拿大人有了决定怎样保持与帝国的联系的权利。约翰·扬在征求了加拿大各党派的意见后,得出了这样的结论:加拿大与英国保持的联系是有价值的,他们对此感到非常自豪。他们一致表示要保持这种传统的关系,反对任何的改变。加拿大方面的反应,违背了英国照会的初衷,其归属问题变得更加棘手。事实上,只要加拿大方面能够保证自己安全的能力,那么双方保持怎样的联系都不成问题。

自由党政府的目的是尽量把自由的原则推行到殖民地,并尽可能保证殖民地的安全,同时,在解决殖民地自身防卫的问题后,缓解国内面临的财政危机。格莱斯顿仍然在同格兰维尔商量加拿大问题,他在1871年一个秘密备忘录中写道:"当加拿大的每个人都在考虑他们的未来前途时,他们应该享有完全的思想和言论自由","我们愿意在防卫上帮助他们,但是,将这一责任交给他们只是时间和方式的问题。如果加拿大满足这一条件,不管加拿大独立,还是保持与英国的现状,我们的支持都是无偿的。如果加拿大像现在一

---

① E. A. Benians (ed.), *The Cambridge History of British Empire* III, Cambridge: Cambridge University Press, 1959, p. 22.

样,继续以自由和荣誉为基础,继续保持与我们的政治联合,这样的联合与帝国的实力将同时得到增强。"①格莱斯顿对加拿大的看法非常理想化,缺乏实际操作性。事实上,如果加拿大人能够完全承担自己的责任,他们就不会那么期望与英国保持那么友好的联系,就不会以英帝国的一部分感到自豪。与格莱斯顿相比,格兰维尔要理性得多。他认为,对"加拿大无偿援助"和"永久的政治联合"只是格莱斯顿的一厢情愿。如果加拿大与英帝国分离,英国当然不能履行无偿援助的承诺,至于"永久的联合"完全取决于两国的实际利益,谁也不能保证永久的联合,这只是格莱斯顿的个人理想。

自由党加拿大政策的出发点是联合王国利益和殖民地的安全,以及帝国同源人民感情。如格兰维尔所表达:对加拿大而言,"无论是保持现状,还是在将来某个时候,放松与他们的联系,我们之间最强烈的感情和相互尊重将永远长存"②。他还在一个秘密备忘录里表达了同样的思想:"加拿大和这个友好国家(大不列颠)的分离,宣布独立将有利于大不列颠和加拿大自治领走出目前的困境,并避免未来的危险。但是,我很遗憾这个国家似乎正采取疏远加拿大人的措施。"③

格兰维尔的加拿大政策同样遭到了英国不同政见人士、舆论界和殖民地人民的谴责。他们一致认为,这是自由党分裂帝国的又一表现。英国议会下院也出现了同样的看法,殖民地问题又一次成为

---

① E. A. Benians (ed.), *The Cambridge History of British Empire* III, Cambridge: Cambridge University Press, 1959, p.23.
② Granville to Young, 14 June, 1869, see E. A. Benians (ed.), *The Cambridge History of British Empire* III, Cambridge: Cambridge University Press, 1959, p.23.
③ C. C. Eldridge, *Victorian Imperialism*, London: Hodder and Stoughton, 1978, p.98.

公众关注的焦点。舆论界利用报纸和杂志发表了一系列文章,提出应该让殖民地和宗主国双方来决定是保留帝国还是分离帝国。《爱丁堡评论》指出:"应该让殖民地政府寻找一个平等国家间的联合问题,我们不希望看到这些大的依附地从帝国分离出去。"①

保守党把自由党的"无形帝国"政策作为攻击的焦点,1872年迪斯雷利在水晶宫发表了著名的演讲:格莱斯顿帝国政策的根本目的就是分离帝国,削弱帝国的实力,使英国成为欧洲的二流国家。

自由党"无形帝国"政策之所以遭到国内各个派别和殖民地人们的反对,是因为不同帝国理念存在。自由党人在努力寻求"无形帝国"的过程中,希望殖民地与母国的联系是自由的和自愿的,即使他们在政治和经济利益上出现了分离,但是,他们的感情与母国仍然是相通的。"无形帝国"不注重帝国版图的扩张,不注重疆界的扩张,而在于精神和情感的联系,是一种"联合在心中的帝国"。帝国政府要求殖民地承担国内安全和抵御外敌的责任,"是自由社区所必备的,也是与自治政府的自由信条、自由贸易的原则完全一致的"。

"无形帝国"政策有利于克服母国的财政困难,减轻因殖民地防卫带来的巨大压力;避免英国卷入不必要的国际纠纷以及与外国的冲突,赢得和平发展的环境;还将对殖民地的发展产生深远的影响。从殖民地撤军迫使殖民地政府建立强大的防卫力量,保卫自己的安全;给予殖民地关税自由的权利,促进殖民地经济的发展,扩大殖民地之间以及与外国的联系,对殖民地的产品交流起巨大的推动作用。但殖民地的发展也增加了殖民地人民的责任感,培养了一方水

---

① *Edinburgh Review*, CXXXI, 99,120,105.

土的民族情感。这种感情会随着时间的推移,逐渐代替与母国的感情,这是自由党人所未料到的。

六、爱尔兰宗教和土地改革

1868年,以格莱斯顿为首的自由党上台,他首先提出:"我的使命是安慰爱尔兰。"①在第一届首相任内,格莱斯顿采取了三项措施安抚爱尔兰,被称为"爱尔兰政策的支柱",它们是1869年的《教会法》(The Irish Church Bill),1870年《土地法》(The Irish Land bill)和1873年的《大学法》(The Irish University Act)。

爱尔兰的宗教问题由来已久,英国政府将英国国教规定为爱尔兰的官方宗教,国教会享有各种特权。但是,爱尔兰的天主教徒远远超过了国教徒,"国教在爱尔兰是一股不相称的力量"②。据19世纪60年代的人口普查统计,在爱尔兰的532.5万人口中,罗马天主教徒达450万人,英格兰国教徒仅为70万人。这些新教徒绝大多数居住在爱尔兰北部,莱因斯特占11%,莫斯特占5%,康诺特占4%。③ 1844年,迪斯雷利称爱尔兰的教会是"一个另类的教会"④,把天主教看成爱尔兰的一个痼疾。爱尔兰与英国正式合并以后,爱

---

① John Morley, *The Life of Mr. Gladstone*, II, London: Macmillan, 1901, p.252.
② J. Lee Stephen, *Aspects of British Political History 1815—1914*, London and New York: Routledge, 1994, p.167.
③ J. C. Beckett, *The Making of Modern Ireland*, London and Boston: Faber and Faber, 1981, p.367.
④ E. J. Fenchtwanger, *Democracy and Empire-Britain 1865—1914*, London: Edward Arnold, p.55.

尔兰的议员有出席威斯敏斯特议会的权利，暂时平息了爱尔兰人的情绪。但是，爱尔兰绝大多数人口为天主教徒的事实，以及英国国教在爱尔兰的特殊地位所造成的不平衡关系成为爱尔兰社会中亟待解决的问题。

格莱斯顿虽然是一个虔诚的国教徒，但并不认为爱尔兰的天主教徒必须永远处于从属的地位，而是认为，不同的宗教派别应该具有同等的待遇。1868年12月，他公开表示："我们的三大目标是拥有苏格兰长老会、英格兰和威尔士的不从国教者和爱尔兰的天主教会。"[①]

为了安抚爱尔兰的天主教徒，格莱斯顿的办法就是废除英国教会在爱尔兰的国教地位。

自由党的爱尔兰政策遭到了多方人士的反对，在《解除爱尔兰国教法》(the Irish Disestablishment Bill)颁布之前，马修·阿诺德(Mathew Arnold)就断言："自由党人正在尝试解除爱尔兰国教会的权力，认为这不是理性和正义的权力。"[②]迪斯雷利对解除爱尔兰国教法表示了不满："我们曾经合法地没收了天主教的财产，现在我们背叛了我们的初衷，我们正在摧毁我们自己的（国教）教堂。"[③]1869年2月8日，"爱尔兰教会法"在内阁进行讨论，争论的焦点在于国家与教会的关系以及国教财产的使用。由于英国国教会的财产已经是牧师们正常生活使用的建筑、土地、教会附属地和教会附属房

[①] J. C. Beckett, *The Making of Modern Ireland*, London and Boston: Faber and Faber, 1981, p.367.
[②] L. C. B. Seaman, *Victorian England: Aspects of English and Imperial History 1837—1901*, London and New York: Methuen & Co., Ltd, 1973, p.234.
[③] Ibid., p.234.

屋,那么,所需要争论的只是国教会的金钱分配。最后的解决方案是把这笔钱用于帮助贫困的人和解决其他的经济问题。下院二读后,法案以 368∶250 票的多数获得通过,格莱斯顿称这个结果为"引人注目的历史性的分水岭"①。

5月,上院完成了二读,但是上院与下院产生了分歧。当上院提出修改意见时,下院不仅没有按照上院的意思修改法案,反而原封不动地又提交给上院。上院认为下院蔑视上院的权威,而且坚决反对由于爱尔兰法案而形成一个新原则:上院必须为满足下院的要求而主动让步。但是,在上院的二读中,托利贵族并没有团结起来,他们只是对国教财产的处理进行了修改。虽然两院对法案的修改出现了不同的意见,但是自由党的格莱斯顿、格兰维尔,保守党的索尔兹伯里(Salisbury),以及坎特伯雷和约克大主教进行三方协商,几方都做出让步,保证了法案的通过。最终的妥协重新安排了被没收的国教会财产的使用方法,将没收的财产分成三份,一份救济穷人,一份解决经济问题,一份(至少有 300 万英镑)留在教会。②

1869 年 5 月 31 日《解除爱尔兰国教法》得到了英国议会的批准。格莱斯顿改革的目的是建立一个新的平衡:英格兰国教不再是爱尔兰的官方宗教,大多数的国教财产被没收,其中一部分捐献给学校和医院,一部分用来作为那些被解除职位的牧师和其他教职人员的生活费用。同时,该法又体现了格莱斯顿追求的自由理想,他说:"只有现在,通过漫长而痛苦的过程,我们可以得出这样的结论,爱尔兰应该向所有的自由国家一样,根据大多数人的意志来实行统

---

① Agatha Ramm, *William Edward Gladstone*, GPC Books: the University of Wales Press, 1989, p.54.
② Ibid.

治，而不是服从少数人，从属于三个王国作为一个整体所必需的宪法。"①

在理顺了爱尔兰的宗教关系后，格莱斯顿必须面对爱尔兰的土地问题。在英格兰人入侵爱尔兰之前，爱尔兰农民受到传统习惯的保护，根据习惯权利，租佃者只要交纳地租，其使用土地的权利就不能被剥夺。佃户离开租地时，还可以把这种权利转卖给他人。英格兰殖民者大举入侵爱尔兰后，爱尔兰传统的土地制度遭到了破坏。英王通过没收爱尔兰人的土地，使英格兰贵族成为爱尔兰的大地主，不少新地主不生活在爱尔兰，将土地委托给中间人管理，通过出租土地赚取利润。18世纪，英格兰出台新规定：禁止爱尔兰的天主教徒购买土地，禁止天主教徒租用土地30年以上，此举进一步剥夺了爱尔兰人拥有土地的权利。通常新地主不投入资金，也不改善农场；爱尔兰未能进行工业化，导致爱尔兰几乎没有任何工业部门，所有的人都以土地为生。随着人口增加，农场竞争更加激烈，地主利用佃农对土地的迫切需要，可以得到过高的租金。长期使用的土地由于得不到改良，地力不足，加重了租地者交纳租金的困难，英格兰地主管理土地的唯一方式就是驱赶交不起地租的农民。一旦被驱逐他们将失去对土地的所有投资，如密尔所述：爱尔兰的佃农是世界上唯一的群体，他们自己的劳作不能决定自己的生活质量。②

随着自由贸易时代的来临，土地进入自由交换的时代。但是，爱尔兰的农民过分贫困，根本就无法与买主讨价还价，一旦出售了

---

① J. C. Beckett, *The Making of Modern Ireland*, London and Boston: Faber and Faber, 1981, p.369.
② J. L. Hammond and M. R. D. Foot, *Glastone and Liberalism*, London: The English Universities Press Ltd, 1967, p.85.

土地,他们就沦为被奴役的人。英国政府在处理爱尔兰事务时已经形成了固定的思维——"清除"佃户,所谓"清除"实际上就是驱逐。1845—1847年的饥荒,100万人死于饥饿,200万人移民海外。原来持有6万平方米以下土地的农民为70万人,饥荒之后下降到30万人。同时,爱尔兰1/3的地主也被饥荒毁了。为了有利于处理破产地主的土地,罗素政府颁布了《妨碍地产法》。购买土地的新地主大多为爱尔兰的有钱人,他们只顾土地上的收益,将好土地变成牧场,坏土地租给佃农;新地主对佃农根本不关心,按时缴纳租金是佃农留在土地上的唯一条件。在10年的时间里,20万人被驱逐出农场。[1]如艾萨克·巴特所述:"由于佃农微薄的生存能力,他们不得不依赖地主的意愿,地租征收不尊重经济规律,而是根据地主盘剥的需要以及佃农最大的支付能力。"[2]

爱尔兰佃农的利益受到损害已经是不争的事实,保护佃农成为迫在眉睫的任务。但是,英国政府害怕妨碍英格兰地主的利益,认为"海峡两岸利益存在的基础是相通的","那些试图侵犯一边地主财产的人将很快引起另一边同样的侵犯。"[3]事实上,英格兰土地法和爱尔兰土地法并没有本质性的区别,只是经营土地的条件不同。爱尔兰通常的情况是:地主的人数很少,却拥有很大的地产;佃户很多,大多只租种很小的土地,佃户不可能与地主讨价还价。那些急

---

[1] J. L. Hammond and M. R. D. Foot, *Glastone and Liberalism*, London: The English Universities Press Ltd, 1967, p.86.

[2] Isaac Butt, *Land Tenure in Ireland: A Plee for the Celtic Race*, 1866, p.6. see, Michael Willis, *Galdstone and Disraeli Principles and Policies*, Cambridge·New York·Port Chester·Melbourne·Sydney: Cambridge University Press, 1989, p.67.

[3] J. C. Beckett, *The Making of Modern Ireland*, London and Boston: Faber and Faber, 1981, p.352.

需土地的人们就等在交不起地租的人们的后面,一旦谁不能交租,另一个租佃者立即取代他,地主根本不需要担心土地没有人租种。

1861年,爱尔兰占地超过40万平方米的农场仅占5%,其余95%中,1/6拥有20万平方米以上的土地,4万、8万、12万平方米的农场随处可见,甚至4000平方米的农场也不罕见。① 另一方面,爱尔兰佃户认为,他们应拥有对租用土地的财产权,而且这个权利必须在他们的租金中得到反映。这样的要求产生了与英格兰土地财产权不同的解释:爱尔兰地主只能拥有征收公平和公正地租的权利;佃户们在土地上的财产权应保证他们得到土地分红的权利(尽管这一权利正在逐渐削弱),而且土地财产权可以传给继承人,同时,他们有权出售所拥有的部分。如果租期为一年,佃户就获得一年对土地的财产权,地主无法干涉。总之,爱尔兰的农业是由习惯法来支配的,而不是由写下来的合同来决定。"爱尔兰佃农大多数生活在现金支付的制度以外。"②

1846年英国取消了"谷物法"以后,这种情况日趋严重,引起了爱尔兰人的激烈反抗。为了缓解英国土地与爱尔兰租佃者的矛盾,格莱斯顿希望用土地立法平息爱尔兰人的愤怒,给予他们租佃的安全保护和公平的租金,在结束和改变租佃关系时,给予一定数量的经济补偿。但是,英格兰和爱尔兰两种不同的文化观念使这一问题变得复杂。一方面是"诺曼"的财产观念,另一方面是"凯尔特"人的传统租佃权观念。前者以约翰·布莱特为代表,要求国家通过收购

---

① Agatha Ramm, *William Edward Gladstone*, GPC Books: the University of Wales Press, 1989, p.55.
② E. D. Steele, *Irish Land and British Politics: Tenant-right and Nationality*, London: Longman, 1974, p.8.

地主的土地,将佃农转变为农民。但是,此举不仅与爱尔兰的习惯完全相悖,而且将政府放到一个尴尬的位置上,格莱斯顿当然不能采纳布莱特的建议,他在1869年5月22日给格兰维尔的信中说:"布莱特的计划不仅使政府承担对纳税人的责任,而且把政府放在一个可笑的位置上,因为地主可以收到比平均地租更高的地租,而付款的是所有的纳税人。"①后者以爱尔兰地主为代表,他们是土地的既得利益者,担心财产的安全,反对国家收购土地,提出一旦在爱尔兰以收购的方式解决土地问题,将成为英格兰土地改革的先例(英格兰地主害怕爱尔兰改革在英格兰引起连带反应,从而从根本上动摇他们的土地所有权)。许多固守原则的激进派也不支持建立农民土地制度,主张用法律手段来保证爱尔兰土地习惯法。为了寻找更适合解决爱尔兰土地问题的办法,格莱斯顿不得不在这两种观念中做出自己的选择。1869年9月17日,格莱斯顿将爱尔兰和英格兰的土地租期以及经营和管理情况进行了比较:②

爱尔兰	英格兰
1. 没收土地,仍然供养;	1. 不供养;
2. 地主不寻找资金改善土地;	2. 地主寻找资金改善土地;
3. 地主常常在外;	3. 地主常常在土地上;
4. 地主相当反对租借;	4. 偶尔反对租借;

---

① Agatha Ramm, *William Edward Gladstone*, GPC Books: The University of Wales Press, 1989, p.56.
② H. C. G. Mathew (ed.), *Gladstone Diaries* volvi, Oxford: Claredon Press, 1982, pp. 130-131.

5. 法律严格规定佃农必须改善农场；

5. 法律规定佃农改善农场，但不是硬性规定，在某些情况下被习惯代替；

6. 地主与佃农的宗教和政治观点不同。

6. 地主在宗教和政治上与佃农保持一致。

事实上，英格兰和爱尔兰的地主和佃农对土地管理的差异并不是很大，因此，格莱斯顿最终选择了对爱尔兰土地租佃习惯的妥协，既不会过分损害爱尔兰地主的利益，又使英格兰国内的土地制度得到安全保证。他认为这是取得地主与佃户"自然"关系的必要步骤。1870年2月15日，《爱尔兰地主与佃户法》被提交下院。杜佛林勋爵说："这个国家除了格莱斯顿以外，没有人会推出这样的法案，它将其革命性掩盖起来，对那些利益相关的阶级也未引起很大的震动。"[1]

保护土地租佃权利和对该权利的补偿是《爱尔兰地主与佃户法》的主要内容，该法规定："北爱尔兰佃户习惯权利是法定的权利，北爱尔兰的任何租地如已证明系由爱尔兰佃户习惯权利支配，该佃户的习惯权利应按法令规定的方式履行。"补偿条款涉及两个方面，其一，"无论何处，凡根据本法令通过后建立的租佃关系而拥有土地的佃户，如不受爱尔兰习惯法的保护，其租地如由于地主的行为受到侵犯，只要法庭认为恰当，他应有权因此种损失——法庭需查明其损失确系由于离开租地造成的——向地主要求赔偿"。其二，"任何租地的佃户，在他离开他的租地时，如受不到爱尔兰土地习惯法

---

[1] J. C. Beckett, *The Making of Modern Ireland*, London and Boston: Faber and Faber, 1981, p.370.

的保护,就他和他前辈佃户在其租地上的一切改善设施向地主要求赔偿"。同时,该法还参照了教会的条款,规定:"爱尔兰公共工程委员会可向任何想要购买租地的佃户发放贷款,贷款金额不得超过租地价值的2/3。"①

爱尔兰土地法的目的在于"防止地主利用可怕的不到期或不公平的理由驱逐佃户,用金钱阻止地主的行为。我希望由于条款的限制,地主肆无忌惮地驱赶会随之消失"②。但是,这一乐观的想法并没有变成现实。一方面,赔偿没有使地主遭受较大的损失,不足以使地主不敢驱逐佃户。另一方面,法案没有触及地主提高地租问题,既然地主可以提高地租,佃户的利益就没有得到根本的保证。一旦佃户拖欠地主的债务,特别是还不起地租,被驱赶最终仍然是要发生的。

但爱尔兰土地法承认了爱尔兰佃农的权利,给予佃农一定的财产权利,为佃农提供了弥补损失的赔偿制度,同时又避免了保护普遍权利的激进做法,其温和性使它在政治上获得了巨大成功。如哈蒙德所述:"1870年的改革似乎是一个温和的改革,但是,它终止了长期支配英国的两个观念:自由放任的原则和地主绝对的财产权。格莱斯顿的立法承认佃农的权利,使他们获得改善农场投资补偿的权利以及受到干扰的补偿权利,用保护农民的法律代替了保护地主的立法。"③尽管爱尔兰土地法的实际效果与设计者的

---

① W. D. Handcock (ed.), *English Historical Documents XXII 1874—1914*, London: Eyre and Spattiswood, 1997, pp.298-299.
② J. C. Beckett, *The Making of Modern Ireland*, London and Boston: Faber and Faber, 1981, p.372.
③ J. L. Hammond and M. R. D. Foot, *Glastone and Liberalism*, London: The English Universities Press Ltd, 1967, p.86.

初衷相距甚远,但是它标志着农村土地改革的进展。自由党的改革是在缓慢、保守的基础上进行,用国家权威来限制地主与佃户的关系与自由主义背道而驰;但是,补偿佃户的法则——佃户具有独立于"佃租"含义之外的特有利益——一旦被普遍接受,持续了几个世纪的土地制度将发生根本的变化。另一方面,政府对爱尔兰的土地改革显示了帝国政策的适用性——格莱斯顿在用牺牲一种自由的方式为爱尔兰佃农换来另一种利益,而后者可以获得更多的自由。

格莱斯顿在爱尔兰改革的第三个举措是教育改革。教育是一个民族发展的基础,其影响深远而长久。鉴于爱尔兰人对天主教的一贯忠诚,对新教存在较大的偏见,格莱斯顿希望从教育着手,使天主教徒和新教徒共同接受大学教育,培养他们的宽容和彼此认同,从根本上解决爱尔兰的宗教冲突。其具体计划是建立一个新的都柏林大学,把现存的不同宗教派别的学校如三一学院、都柏林大学和美努斯学院都合并进来,新大学向天主教徒和新教徒同时开放。在课程设置上进行混合式的培养,将神学、道德哲学和历史排除在课程设置之外。新课程的设置具有深远的考虑,最终的目的是政治与宗教分离。但是,新课程冒犯了爱尔兰天主教的主教们,他们不能容忍大学不开设神学课程。为此,爱尔兰天主教徒结束了从1868年以来与自由党保持的良好关系。新课程也同时冒犯了激进的世俗主义者如亨利·福西特等人,在法案二读时,35名爱尔兰自由党人反对法案,一些激进派也不予支持,还有许多自由党人弃权,法案被三票打败。尽管格莱斯顿发表了长篇演讲,但是毫无用处,后来,曼宁在写信给格莱斯顿时表达了他的观点:"这不是你的错,也不是法案的错,而是英格兰、苏格兰三个世纪以来反对天主教的错。"①

对于格莱斯顿的爱尔兰改革,人们做了这样的评价:"第一个法案(教会法)解决了爱尔兰的宗教问题;第二个改革(土地法)变成了法律条文,但是没有能够解除爱尔兰农民的怨愤;第三个(大学法)不仅没有成为法律,还几乎造成格莱斯顿政府的垮台。"②

尽管自由党政府采取措施建立"无形帝国",但是,帝国的势头从未消失。首先,保守党煽动英格兰人的帝国情绪,将帝国与英格兰的伟大联系在一起。保守党在与自由党的竞争中,始终握着帝国这张王牌。其次,海外殖民地正处于成长的关键时期,他们在移植宗主国的政治制度、法律传统、教育文化的过程中,满怀对宗主国的感情。移民们尽管身处海外,仍然将自己看成大英帝国的子民。许多殖民者都将子女送回英国接受正规教育,学习上流社会的礼仪,试图把他们培养成真正的"英国绅士"。最后,国际形势的变化以及英国经济霸主地位的动摇也极大地影响了英帝国的政策。特别是进入70年代中期后,随着保守党的执政,帝国政策发生相应的变化也是必然的选择。

---

① E. J. Feuchtwanger, *Gladstone*, London: Macmillan, 1989, pp. 169–170.
② Ibid., pp. 150–151.

第二章 "有形帝国"的神话

19世纪70年代后,欧洲各国相继完成了工业革命,德国和意大利在战争中实现了国家的统一,英国的经济霸权受到了挑战。英国国内随着工业化的深入发展,机器设备的进一步更新,出现了大量的失业工人,面临日益严重的高失业率和人口过剩的危机。为了缓解国内的危机,提高英国的国际威望,抗衡正在崛起的欧洲大国,重塑欧洲均势操纵者形象,以迪斯雷利为首的保守党,提出重建大英帝国的主张。

1874年保守党执政以后,采取了一系列加强与扩张帝国的政策,吞并斐济(Fiji)、加冕印度女皇、购买苏伊士运河(the Suez Canal)、建立南非联邦(Union of South Africa)等举措,完成了建立"有形帝国"的承诺,强化了帝国与殖民地之间的联系,一定程度上提高了英国的国际地位。但是,在自由主义仍然盛行的年代,保守党"有形帝国"政策不时地与自由党提倡的"自由""自愿"理念发生碰撞。1874—1880年间,"有形帝国"政策既反映了英国两大政党争权夺利的斗争,又体现了英国政府为维持霸权地位进行的不懈努力。

一、迪尔克与《更大的不列颠》

重建"有形帝国"的理想并不是保守党人的创新,在19世纪60年代,当自由主义极其盛行,曼彻斯特学派的经济理论处于支配地位的时候,当戈尔德温·史密斯的分离主义的呼声一浪高过一浪的时候,当格莱斯顿从殖民地撤军,让殖民地自己承担自己的责任的时候,保留帝国的呼声从来就没有中断。1868年查尔斯·温特沃斯·迪尔克(Charles Wentworth Dilke)出版了《更大的不列颠》从理论上系统阐述了帝国的存在价值,特别强调了英帝国与英格兰国际地位之间的关系,为保守党推行"有形帝国"政策起了极大的宣传作用。

迪尔克早年以优异的成绩毕业于剑桥大学,1868年因出版《更大的不列颠》而名声大震。他曾以切尔西代表的身份进入议会下院,成为著名的激进派,与约瑟夫·张伯伦组成了联盟。1880年,在担任外交事务秘书时,因激进主义以及共和思想的言论被迫离职。1882年进入政府内阁,担任地方政府部大臣,影响迅速扩大,在自由党的威望也日益提高。1885年因卷入离婚丑闻,政治生涯倍受打击,暂时退出政坛。但是,他对英帝国保持着极大的关注,出版了一系列的著作阐述其帝国思想:1887年出版《欧洲的政治现状》,1888年出版《英国军队》,1890年出版《更大的不列颠的问题》。1892年重回议会下院,1899年又出版《英帝国》。在诸多的论著中,为他带来最高荣誉的是1868年出版的《更大的不列颠》。由于该书的写作正处于自由主义的鼎盛期,迪尔克既继承了分离主义的某些观点,但更强调建立"更大的不列颠"的重要性,因此,他被博德森称为"史密斯分离学派以后,数十年中帝国主义的中介"①。他提出的关于建立以种族为纽带的"更大的不列颠"诉诸英国人对帝国的感情,为解决英国社会问题提出方案,对通过保持帝国而强化英国霸权地位产生了重大影响。

《更大的不列颠》是迪尔克游历英国前殖民地美国、现殖民地加拿大、新西兰、印度以及欧洲等地后写成的一部游记。它不是一本简单的游记,不仅关注各地的风景名胜,而且注重对英国殖民地的政治、社会和种族问题的考察。在对待殖民地问题上,迪尔克继承了曼彻斯特学派的一些思想和观念,从经济利益出发,考虑帝国存在的意义。

他认为自由主义对于帝国的价值体现在两个方面:第一,从贸易上看,旧殖民制度使英国从殖民地的贸易、航运垄断中获得了丰厚的利润;但是,目前英国的产品必须受到殖民地"禁律"的限制,而且英国与殖民地的贸易额与其他国家相比也没有优势。1866年,英国与加拿大的贸易比为4∶11,而英国与美国之间的贸易比例却达到了4∶7。② 该统计说明,英国殖民地对于英国贸易的作用已经不大,甚至不能与非殖民地之间的贸易相提并论,因此,保留殖民地的价值不在其经济的作用。

第二,从军事防卫上看,英国为保卫殖民地的安全花费了巨大的代价,削弱了英国的实力,降低了英国与欧洲强国竞争的能力。迪尔克指出:"向英国人征税,帮助澳大利亚的墨尔本,让多塞特郡

---

① C. A. Bodelsen, *Studies in Mid-Victorian Imperialism*, London·Melbourne·Toronto: Heinemann, 1960, p.60.
② C. W. Dilke, *Greater Britain*, London: Macmillan & Co, 1868, p.154.

(Dorsetshire)的农业人口支付保护新西兰的费用是荒谬的。"①从长久的利益看,殖民地不但应支付自我防卫的费用,而且应该加入母国对付欧洲的战争。然而帝国面临的现实是,殖民地不能保证自己的安全,更谈不上为母国效力。正所谓:"目前,我们向社会最下层征税,为了保卫澳大利亚淘金人和加拿大农民的安全。但是,澳大利亚几乎没有为英国与他国的纷争出过力,加拿大在英国的国际事务中也没有任何建树。这一切降低了我们的防卫能力,分散了帝国的陆海军队,将我们暴露在1853年和1859年那样的恐怖中。"②所以,迪尔克认为:"为了与毛利人的战争,我们尽了完全的责任,承担了几乎全部的费用,这只能进一步证明我们的愚蠢。"③

如果单纯考虑帝国的经济利益,保留殖民地就失去了任何价值。迪尔克认为,曼彻斯特学派仅仅用经济眼光审视英国社会、经济和外交等问题,将整个世界看成一个自然的经济单位,只能反映曼彻斯特学派的地方主义和维多利亚中期岛国的褊狭性。他认为,世界是不同国家的集合体,不同的国家由不同种族的人民构成,一个种族代表着一种文明。盎格鲁-撒克逊种族是世界上最优秀的种族,创造了最合理的法律制度和政治制度,带动了工业文明的进程,是世界发展的方向。因此,英帝国不仅是盎格鲁-撒克逊人种的扩散,而且是英国文化传播的一个标志。英帝国的扩展是在传播一个种族的文明,是英国必须承担的重要使命。"种族"帝国在迪尔克心目中的作用超过了版图的意义,也超过了任何经济的预算。

由于对种族帝国的特别偏爱,在迪尔克的意识中,帝国的组成

---

① C. W. Dilke, *Greater Britain*, London: Macmillan & Co, 1868, p.148.
②③ Ibid., p.151.

应被分成不同的层次：由盎格鲁-撒克逊种族构成的殖民地在英帝国中处于最高的地位；对英国具有特殊贡献的印度次之；加拿大混合种族殖民地再次；最后是其他类型的殖民地。澳大利亚和新西兰是盎格鲁-撒克逊种族传播文明的代表，他们在殖民地建立起类似英国的政府机构，使用盎格鲁-撒克逊的法律，保留了自身的文化传统。同时，在移民们的共同努力下，利用当地的资源，促进了经济的发展。尽管澳大利亚和新西兰的国防仍然由英国政府提供保护，但是它们是传播盎格鲁-撒克逊文明的前沿地带。在《更大的不列颠》中，迪尔克写道：移民殖民地是英国必须承担责任的地方，是英帝国的中心区域，是英国强大的希望，英国必须对于这些地区提供无偿的支持和援助。

迪尔克对盎格鲁-撒克逊先进的政治制度和世界范围的经济优势充满了自豪，认为该种族代表着世界上最先进、最优秀的文化："世界地图显示，自由仅仅存在于英语种族之中。法国是现代自由的倡导者，只落得学会怎样保持他们流血换来的自由；瑞士表面上是自由的国家，实际上是最偏执的地方。西班牙在民主的外衣下，实质上是臭名昭著的专制国家。美国、澳大利亚和英格兰，这些盎格鲁-撒克逊种族组成的国家是真正的自由之乡。"①

世界上最优秀人种组成的统一的大不列颠国表明，英格兰不再是地处北欧的一个小岛，而是地跨几大洲的大英帝国。帝国不仅可以使英国摆脱目前的困境，而且使之成为世界上最具竞争力的国家。在迪尔克的种族帝国中，美国也被视为英帝国的一部分。他认为美国是英国文明最早到达的地方，正是接受了最先进的文明，才

---

① C. W. Dilke, *Greater Britain*, London: Macmillan & Co, 1868, p. 382.

逐渐成为具有竞争力的国家,"全世界的人聚集在美国,但是,美国采取英国的政府模式,使用艾尔弗雷德的法律和乔叟的语言。……通过美国,英国在与全世界对话。"①虽然美国早已脱离了英国的殖民统治,但是迪尔克仍然看重英国与美国的关系,他认为至少美国是英国文明的输出地,美国的成长、发展和强大都是英国文明种子的结果。而且美国的人种、法律和语言都是英国传统的直接继承者。美国人的荣誉就是英国人的荣誉,迪尔克指出:英国人与美国人的利益应该是一致的,美国人的福利与英国人同样重要。"在最后的将来,我们种族任何一边的胜利都是属于整个民族的胜利。"②以强大美国为后盾的大英帝国不仅实力超群,可以确保英国的世界霸权坚如磐石,而且还肩负着向世界各地传播文明的重任。迪尔克指出:"英语国家是全世界合理政治制度和冒险创业的发源地。所有注视着加利福尼亚(California)、英属哥伦比亚(British Columbia)和新西兰海岸发展的人们,都不会怀疑世界任何发现金矿的国家都必须效仿英国政府高效率的管理","这些地区的发展已经证明他们是英国向全世界传播文明的先锋。"③

迪尔克用种族纽带建立帝国的理论,是对曼彻斯特学派和分离主义岛国思想的修正,他同时又批评自由主义对帝国作用的否定,为未来的英帝国构建蓝图。他说:"我们能否通过保留殖民地,克服民族的褊狭,仍然是一个问题。只有'更大的不列颠王国'才能使我们走出小英格兰地方主义,这个王国将包含世界上最优秀的一

---

① C. W. Dilke, *Greater Britain*, London: Macmillan & Co, 1868, preface.
② Ibid., p.407.
③ Ibid., p.182.

切。"①迪尔克的种族帝国思想使英国人重温了帝国的辉煌,而且为保守党政府的帝国政策做了思想上的铺垫。

对于非盎格鲁-撒克逊移民为主体的殖民地,迪尔克认为,英国不需要花费过多的力量进行保护,如果它们不能承担保护自己的责任,就必须脱离帝国。加拿大原来是法国的殖民地,1756—1763年的七年战争,英国在与法国争夺殖民地的过程中取得了彻底的胜利,在海上和殖民地打败了法国,取得了加拿大的宗主权。此后,英国移民纷纷涌入,英国的政治制度、法律、语言和宗教信仰逐渐在加拿大得到推广。由此产生了两个种族、两种文化、两种法律制度和两种语言的碰撞。为了缓和两个种族的矛盾,1774年英国政府颁布了《魁北克法》,允许法国人在魁北克保留法国的民法、庄园制度、天主教,并规定法语和英语同为官方语言。1840年《加拿大法》(Canada Act)试图将法裔同化到英国殖民社会中,结果强化了法裔保护自身文化的意识,如尼特比所述:"自统治魁北克起,英国殖民者便刺激、强化圣劳伦斯河流域的法裔居民,使他们成为越来越不愿意妥协的民族主义者;他们虽然没有特别的恶意和邪念,但几乎不可避免地对大不列颠及其传统产生了一种普遍的敌对情绪。"②1867年,《英属北美法》(British North America Act)的出台,加拿大成为英帝国的第一个自治领。值得注意的是,尽管英裔和法裔仍然存在尖锐的矛盾,两个种族在相互的妥协中形成了地域和利益的认同。

---

① C. W. Dilke, *Greater Britain*, London: Macmillan & Co., 1868, pp. 155—156.
② Hilda Neatby, "French—Canadian Nationalism and the American Revolution" see J. M. Bumsted (ed.), *Canadian History before Confederation: Essay and Interpretations*, Ontario: Irwin—Dorsey Limited, 1979, p. 198.

当加拿大人将地域性的利益看得高于帝国利益的时候,迪尔克认为,加拿大应该从帝国中分离出去,为此他提出了四个理由:第一,英帝国与加拿大的特殊关系,导致加拿大成为爱尔兰"芬尼社"进攻的场所,同时,也导致了英国与美国的纷争,如果加拿大脱离帝国,建立加拿大共和国,就不会再受到美国的威胁,自身的安全将得到保证。对帝国政府来说,如果加拿大脱离英帝国,将减轻英国由于美国战争的失败导致的外交政策上的负担。第二,尽管加拿大保持了对帝国政府的忠诚,但是却不能为宗主国带来实际的利益:"我们付出代价打击中国,征服日本,我们不但传播了自由贸易的理念,而且从中获得利益;而加拿大的忠诚是向我们征收 20% 的保护性关税。我们认为,如果加拿大本身不能承担自己的责任,我们双方的联合就应该停止。"[1]相反,自治领在人力、财力上都还不能完全地独立,对英帝国提出了这样的要求:"再帮我十年,我将自助,助我人口到千万,我将自立。"[2]第三,加拿大的种族构成不符合迪尔克所提出的标准。在迪尔克的思维中,具有共同语言、共同宪政和共同种族的地方才适合成为"更大的不列颠"的一部分。加拿大作为非同一种族的殖民地,英国就不需要花费代价来保护它,发展它。迪尔克说:"加拿大对英国的忠诚和对美国的仇恨,不能成为我们流血花费保护它的理由。"[3]最后,英国军队保卫一个法国的前殖民地,而且要防御的是盎格鲁-撒克逊种族的美国人,无论从感情上还是从经济上,英国人都不能接受:"人们不会忘记英国的军队被雇佣到这里,

---

[1] C. W. Dilke, *Greater Britain*, London: Macmillan & Co., 1868, pp. 78—79.
[2] Ibid., p. 76.
[3] Ibid., pp. 78—79.

保卫一块真正属于法国的殖民地,反对英吉利种族的入侵。"①

虽然迪尔克并不看重加拿大,但是"更大的不列颠"却包括印度殖民地(India)。他对印度持保留态度,而且尽力地保留。迪尔克对印度的重视超出了种族帝国的理想,是因为印度对于英帝国具有特殊的意义。从经济上看,印度是英国纺织品的销售场所,又是纺织品的原料产地,同时,印度还吸引了英国最多的海外投资;从地理位置上看,印度是南亚的大国,它可以抗衡俄国在中亚和南亚的扩张,保证英国在亚洲的利益。迪尔克说:"无论我们其他的附属国是否需要我们支付他们的费用,保留这些地方与保留白人殖民地不同。若我们离开澳大利亚或开普殖民地,我们仍然将是他们的主要客户;若我们离开印度和锡兰(Ceylon),他们就没有客户,从而陷于无政府状态。他们的产品没有市场,就不能消费我们的工业品。"②迪尔克认为,英国离开印度不仅会丧失英国在印度的利益,而且会丢掉在亚洲的利益,最终将损害英帝国的整体利益。

印度对于英帝国的重要性还在于,英国在印度的统治显示出盎格鲁-撒克逊种族所承担的责任——传播文明的使命——培养、教育以及统治落后国家。迪尔克认为,印度人还不能胜任自己管理政府,英国人必须"代表印度人民的利益统治他们,要让自由的种子在有色人种的国家生根、开花、结果"。"我们目前在印度的政府是教育印度人争取自由,在有色人种之中,种植自由宪政之花。"③迪尔克以一种凌驾于有色人种之上的口吻,阐明了保留印度的重要性,进一步膨胀了盎格鲁-撒克逊种族的优越感和作为世界经济霸主的自

---

① C. W. Dilke, *Greater Britain* London: Macmillan & Co., 1868, p.69.

② Ibid., p.69.

③ Ibid., p.407.

豪感，让英国人在"更大的不列颠"中找到战胜竞争对手的潜在实力，强化了英国人的心理优势。

《更大的不列颠》为保守党人建立"有形帝国"提供了三方面的保证，其一，宣扬了盎格鲁-撒克逊的种族优势，凡是效仿盎格鲁-撒克逊文明的地区都成为先进、发达的地方，其政治、经济和文化优势已经在殖民地的发展过程中得到了充分的验证。英国不仅要在盎格鲁-撒克逊人生活的地方扩展自己的文明，而且有责任将这种文明推广到世界的落后地区。其二，英帝国对于英国日后的强大和繁荣具有无可替代的作用："法国的陆军和海军不断壮大，德国也一样，他们在人口、贸易和财富方面也在增加，但是英帝国和美国的发展将更加迅速，成为最富裕的国家。在下个世纪末，站在英国人、美国人和俄国人身边的法国人和德国人很可能看起来就像小矮人。"[1]其三，帝国是英格兰的坚强后盾，帝国为英格兰提供了最大的市场；帝国是英格兰摆脱岛国褊狭和欧洲外交孤立的保证；帝国还是英格兰人心理上的最大安慰。迪尔克的这些理论不仅得到保守党政府的认同，而且为保守党的帝国政策赢得了广泛的社会基础。在自由党政府正热衷"无形帝国"政策的时候，迪尔克提出建立种族帝国的设想，使他成为"反信条主义"的代表人物。[2]

---

[1] Dilke, *The Problem of Greater Britain*, London: Macmillan, 1899, p.697.
[2] C. A. Bodelsen, *Studies in Mid-Victorian Imperialism*, London·Melbourne·Toronto: Heinemann, 1960, p.60.

二、竞争的凛冽寒风

如果说《更大的不列颠》为保守党重建帝国奠定了思想基础,那么 19 世纪 70 年代后期英国经济发展速度的减慢、欧洲各国的奋力追赶就是帝国重建的催化剂。19 世纪 40 年代,自由贸易在英国取得胜利后,英国一方面利用 1848 年欧洲革命和欧洲各国的分裂,扮演欧洲均势操纵者的角色;另一方面,英国凭借经济霸权,把自由贸易的原则推广到全世界,进一步加强了英国的强国优势。在欧洲,英国通过妥协和让步打开市场;在亚洲,英国利用坚船利炮强制中国清朝政府接受自由贸易的原则。这种强制性推行的自由贸易政策被称为"门户开放的帝国主义"或"自由贸易的帝国主义"。从 1815 年到 1860 年,英帝国的发展进入一个特殊的时期,英国历史学家称其为"非正式"的帝国,指不追求帝国版图的扩张,只追求商品市场的扩张。

在欧洲方面,拿破仑战争(Napoleonic Wars)的失败标志着法国欧洲大陆霸权国家地位的终结,英国利用欧洲各国的矛盾,在欧洲事务中起着举足轻重的作用。但是,德意志和意大利利用王朝战争取得了国家的统一,改变了 1815 年建立起来的欧洲均势。德意志在丹麦战争(Danish War)、普奥战争(Austro—Prussian War)和普法战争(Franco—Prussian War)中的胜利,表明德国已经成为一个强大的民族国家,同时,德国的所作所为在提醒英国人:英国已经丧失了操纵欧洲均势的能力,在欧洲的作用正在逐渐削弱。欧洲格局迅速改变,英国开始面临强大的竞争,如哈林顿所述:"19 世纪 70 年代英国感到了竞争的凛冽寒风。"

在德国和意大利取得独立的同时,欧洲各国也在变化。为了进一步提高国力,发展民族经济,各国也把发展工业作为振兴经济的唯一选择。欧洲各国的工业增长和商业扩张对英国构成了另一种竞争。随着欧洲各国工业化的展开,它们与大不列颠的经济鸿沟正日益缩小,英国保持了20年的经济霸权受到了挑战。在1850—1870年间,英国蒸汽机的容量从129万马力增加到404万马力;德国从26万马力增加到248万马力;法国从37万马力增加到185万马力;俄国从7万马力增加到92万马力。[1]欧洲的工业增长还反映在快速发展的贸易和投资上。在1860—1880年间,英国的出口额增长36%,从1.64亿英镑增加到2.23亿英镑;进口增长96%,从2.1亿英镑增加到4.11亿英镑。同期相比,欧洲其他国家的贸易增幅更大[2],贸易的竞争日趋激烈。

尽管19世纪60年代欧洲各国与英国签署了自由贸易协定,但是,70年代以后各国都开始采取不同的方式进行贸易扩张,放弃与英国的自由贸易,对英国商品实行高额关税抵制,目的是保护本国工业的发展。这对长期以来以世界贸易国家自居的英国必然形成巨大的压力,迫使英国不得不重新调整帝国政策。英国的政治家们希望在英帝国内实行贸易自由,通过增加殖民地贸易来抵制欧洲各国的竞争。

---

[1] D. S. Landes, *The Unbounded Prometheus: Technological Change and Industrial Development in Western Europe from 1750 to the Present*, Cambridge: Cambridge University Press, 1969, p.221.

[2] W. Woodruff, *Impact of Western Man: A Study of Europe's Role in the World's Economy 1750—1960*, Macmillan, 1966, pp.300—302.

同时，欧洲人口的增长，移民的增加以及欧洲各国与欧洲以外国家贸易和投资的增加给英帝国带来了新的压力。在 1850 年至 1900 年间，欧洲人口增长了 50%，其中英国从 2 800 万增加到 4 200 万，德国从 3 600 万增加到 4 600 万，俄国从 6 000 万增加到 1.1 亿，荷兰从 300 万增加到 500 万。① 19 世纪 70 年代以后，欧洲对外移民加剧，整个 19 世纪后半期的移民达 1 200 万人。移民带动了货物和资本的流动，推动了欧洲以外的贸易，尤以法国为突出。法国的主要贸易区在北非和地中海。1840 年法国的出口为 770 万英镑，进口为 5920 万英镑。② 其他欧洲国家的非欧洲贸易，虽然不占主导地位，但是由于移民的活动带动了这些国家的非欧洲贸易的发展，而且显示出逐年增加的势头。欧洲各国贸易范围的扩大，是借鉴英国与殖民地贸易经验的结果。英国通常的做法是，为了对一个地区进行商业的渗透，先取得对它们的保护，然后把它们变成殖民地，英国为了自身的利益和安全取得了大片的殖民地，德国、法国为了自己的利益也会干出相同的事。随着欧洲市场的逐渐饱和，欧洲各国越来越认识到，一个国家的经济状况取决于它在世界各地推销产品的能力。德国的俾斯麦认识到殖民地的价值："它们将是德国工业品的新市场，德国扩大贸易的新场所，德国资本投资和传播文明的新天地。"③这样，欧洲各国争夺市场的斗争，就变成了争夺殖民地的斗争。法国在普法战争中失去了阿尔萨斯（Alsace）和洛林（Lorraine），

---

① W. Woodruff, *Impact of Western Man: A Study of Europe's Role in the World's Economy 1750—1960*, Macmillan, 1966, p.104.
② Bernard Porter, *The Lion's Share: A History of British Imperialism 1850—1970*, London & New York: Longman, 1977, p.77.
③ W. L. Langer, *European Alliances and Alignments 1871—1890*, American Book Supply Co., 1931, pp.286—287.

要想恢复昔日的威望,只能把希望寄托在对欧洲以外领土的扩张上,除此以外,已经没有更好的选择。如历史学家沃克指出:"法国是英国最持久的,也是唯一的竞争者,因为法兰西共和国的领袖们已经认识到:法国只有从它的依附地中获得它需要的一切,否则它绝对不能成为一流国家。"[1]

除了德国和法国外,俄国也是英国在中亚和地中海东部的另一个对手。19世纪70年代,俄国沙皇公开违背《欧洲和约》的禁令,擅自打开克里米亚战争后关闭的通往地中海的大门,俄国的行为不仅降低了英国在欧洲安全上的作用,而且俄国在地中海的扩张直接威胁到英国在印度的利益。地中海一直是英国通往印度的主要通道,一旦俄国取得地中海地区的控制权,英国的贸易道路畅通就得不到保证。自由党政府执政期间,在抑制俄国的扩张方面没有取得实质性的成果;同时,英国也无法调停法国与德国的矛盾,只有坐视德国一天天强大起来;此外,阿拉巴马条约的耻辱也使英国在外交上处于尴尬的地位。因此,无论是对内还是对外,自由党提倡的"无形帝国"政策已经不合时宜,重建帝国已势在必行。

在面临欧洲竞争的同时,英国国内又出现新的社会问题。19世纪70年代后,欧洲各国放弃自由贸易,转向建立旨在保护民族工业发展的关税保护政策,导致英国对外贸易停滞不前。70年代中期,贸易额降低为年均1 100万英镑。随着英国工业化的深入,新机器和新技术的广泛使用,大量失业人口的出现,增加了政府政策的难度。据统计,70年代英国失业人数达到了100多万。英国内忧外困的境遇重新勾起了国人的帝国热情,因为殖民地一直是英国产品的

---

[1] E. A. Walker, *The British Empire*, Oxford: Oxford University Press, 1943, p.80.

最大市场,殖民地也一直是英国过剩人口的输出地。保守政治家更是利用这个机会呼唤国人重新思考帝国的意义,他们将英帝国说成两种抱负的实现:第一,加强移民殖民地与母国的联系,既可以解决国内出现的社会问题,又有助于提高英国的国际威望;第二,盎格鲁-撒克逊民族向世界的落后地区传播文明是他们的神圣使命。① 保守党领袖迪斯雷利正是利用了英国人的帝国憧憬,1872 年分别于曼彻斯特和伦敦的水晶宫发表了两个著名的演讲,指出帝国的版图是英国实力的象征,帝国的市场是英国贸易保持高度发展的保证,帝国的存在是英国在国际事务中取得发言权的资本。

在 1872 年 6 月 24 日的演讲中,迪斯雷利首先表明了自由党和保守党的区别,将自由党指责为"大陆党"和"世界党",其含义是自由党无视国家利益,片面追求自由和自愿的原则;而保守党则是"民族党"和"帝国党",是国家利益的代表。同时,保守党 1867 年的议会改革获得了工人阶级的支持,使他们在"最纯真的最崇高的"意识上追随保守党,他说:"保守党为属于一个伟大的国家感到非常自豪,而且希望保持它的伟大,保守党也为属于一个帝国的国家感到自豪,决定保卫这个帝国。保守党把帝国的伟大和英格兰的伟大归功于这块土地的古老的宪政传统。"②

在表明保守党的帝国党性质的同时,迪斯雷利全面否定了自由党的帝国政策,认为自由党人鼠目寸光,关心的只是眼前的利益和政府的收支平衡,忽视了帝国存在对英国长远的影响:

---

① Richard Koebner and Helmut Dan Schmidt, *Imperialism: The Story and Significance of a Political Word, 1840—1960*, Cambridge: Cambridge University Press, 1964, p.107.
② Robert Blake, *Disreali*, London: Eyre & Spottiswoode, 1966, p.523.

如果你回顾一下，这个国家从40年代前自由主义产生以来的历史，你就会发现，这里曾出现过像自由主义者力图瓦解英帝国的尝试，进行得那样持久，如此巧妙，花费了如此之大的精力，并投入了如此之多的聪明才智和努力。而且，先生们，在自由主义的全部努力中，这不是最接近于成功的一种努力。在这种努力中，许多声望出众的政治家，才能卓绝的作家，最有组织和最有效能的手段都动员起来了。自由主义者向大家证明：我们的殖民地使我们浪费了金钱；他们用精确的数学论据向我们证明：任何英国王冠上的明珠从没有像占有印度那样花费如此高昂的代价。他们经常向我们示意：应该立即从这种负担中解脱出来！①

在英国与殖民地的关系上，迪斯雷利认为，自由党政府忽视了"帝国关税"、"帝国托管"、"帝国防务"和"帝国代议制会议"等帝国内必须面对的问题，其根本原因在于："他们只从财政角度估量一切，完全忽视了使国家伟大的种种道义上的和政治上的考虑。然而，正是由于这些考虑，人和动物才有区别。"②仅仅从经济方面衡量国家未来的政策，是一种严重失职行为，自由党"破坏帝国的企图"最终注定是要失败的。他说："在我看来，任何一位大臣如果忽视尽可能重建我们殖民帝国的机会，忽视种种来自远方的同情（这种同情将成为我们国家无可估量的幸福和源泉），忽视对这种同情作出

---

① Thomas C. Mendenhall, Basil D. Henning & Archibales S. Ford (ed.), *The Quest for a Principle of Authority in Europe 1715—Present*, New York: Henry Holk, 1966, pp. 286—287.
② Ibid., p. 287.

反应,他就不能说尽到了自己的职责。"①

在谴责自由党帝国政策的同时,迪斯雷利提出了保守党人的帝国理想:不惜代价地保持与殖民地的联系,他说:"我们的政策是一种保留殖民地的政策,一种自豪的保留。""我们仅仅依靠我们的陆海军、积累的资本和信誉以及不垮的精神是不够的,我们还必须为拥有我们强大的帝国而自豪。我要对你们说的最后一句话:这是托利党的目标,是英国宪政的目标,是托利帝国的目标。"②在帝国管理的具体操作上,迪斯雷利提出,以英国为中心建立帝国关税制度,抗衡欧洲及美国的高额关税;确立英国作为殖民地委托人的地位,并享有对"尚未占用土地的"所有权;制定军事法规,明确宗主国与殖民地之间权利和义务的关系;召开殖民地代表会议,保持宗主国与殖民地之间经常的、持续不断的联系。迪斯雷利的帝国思想与自由党政府提倡的宗主国与殖民地之间保持"松散、自愿联系"的政策形成了鲜明的对比。1872年的两次演讲都在宣传建立有形帝国,这使他的帝国政策在70年代中期以后赢得了足够的支持,并成为"帝国主义的先驱"。

迪斯雷利的帝国演讲是保守党与自由党争夺执政党地位的王牌,他提出的帝国政策一方面表明保守党是一个帝国的党,赢得了党内的团结,另一方面,他提出建立"有形帝国",并利用帝国的实力提高英国地位的理想,获得了许多国内有帝国情结的人士的支持。

---

① Thomas C. Mendenhall, Basil D. Henning & Archibales S. Ford (ed.), *The Quest for a Principle of Authority in Europe 1715—Present*, New York: Henry Holk, 1966, p.287.

② T. E. Kebble, *Selected Speeches of Benjamin Disraeli Earl of Beasconfield*, II, London: Macmillan, 1882, p.521.

因此，人们将迪斯雷利的帝国重建理想看成"新托利主义"的基础。事实上，19世纪30年代以来，保守党一直生活在自由党的阴影中，从1830年到1865年的30多年里，保守党在议会中占多数仅有3年（皮尔执政的1841年到1844年），保守党执政的有效时间加起来只有5年（皮尔政府1834—1835年，德比政府1852—1856年）。在自由主义盛行的年代，迪斯雷利也深受影响，他甚至也曾经提出放弃殖民地的主张。1852年，他在给马姆斯伯里伯爵（Earl Malmesbury）的信中写道："这些殖民地必须独立，否则几年以后，它们必将成为架在我们脖子上的磨盘。"[①]1866年，他在给德比（Derby）的信中又写道："保留这些我们无法统治的殖民地有何用处？让加拿大人保护自己，召回我们在非洲的驻军，放弃南非殖民地，我们可以用节省下来的金钱，加强我们的海军和国防建设。"[②]虽然迪斯雷利利用1867年议会改革的时机，收买了部分中等阶级的支持，使保守党一度取得了议会的优势，但是，自由党在爱尔兰问题上迅速反超，再一次把保守党置于被动地位。在这种时候，迪斯雷利打出了帝国牌，成为重振保守党的关键一招。

保守党的帝国牌有着深厚的积淀，在自由主义盛行的时代，英帝国的梦想仍然缠绕着具有帝国情结的人们。卡莱尔（Carlyle）就是其中的代表，有人将他称为"英国的帝国主义之父"[③]。他鼓励系统殖民和政府组织的移民活动，反对曼彻斯特学派和功利主义要求殖民地分离思想，其帝国思想主要体现在：

[①] W. F. Monypenny & G. E. Buckle, *The Life of Benjamin Disraeli*, II, London: John Murray, 1912, p.478.
[②] Ibid., p.268.
[③] C. C. Eldridge, *Victorian Imperialism*, London: Hodder and Stoughton, 1978, p.22.

第一,殖民地虽然在经济上的价值降低,而且成为英国支出的负担,但是,卡莱尔强调殖民地是英国的荣耀:殖民地不能每天在大街上拣到,每一块殖民地都花费了昂贵的代价,它们是我们用汗水和血换来的,代表着上帝的恩赐,代表着我们的光荣,我们不能割断与它们的联系。卡莱尔认为,保留帝国不仅存在可能性,而且具有迫切性。殖民地是解决国内社会问题的良方:"现在的英格兰已经拥挤不堪,水陆形成的地球的许多地方都已经被开发和利用。美洲的潘帕斯(Pampas)和萨瓦纳(Savannas)、古代的迦太基(Carthage)、非洲内陆、阿尔泰的两侧、亚洲的中部、希腊、西班牙、土耳其、鞑靼海峡(Tartary Straits)和爱尔兰的沼泽地的人口都已经密集,同时,匈奴人和阿兰人正在不断增加,不断向欧洲扩张。"卡莱尔认为人口的压力和空间的有限是整个欧洲都必须面对的现实——要么痛苦地灭绝,要么到人烟稀少的地方求生。他认为加拿大的森林还没有完全被开发,那里应该是理想的移民地。"只要你给他土地,他不但能够养活自己,而且能养活另外的九个人。"[1]

第二,帝国的存在是盎格鲁-撒克逊民族的自豪。卡莱尔指出:"我将再次强调:伟大沉默的人们! 看看周围喧嚣的世界,语言变得没有意义。人们热衷考虑的是伟大的'沉默'的帝国。尊贵沉默的人们分散在世界各地,他们在自己的岗位上沉默地思考,沉默地工作……我希望我们英国人长久保持我们伟大沉默的优点。"[2]卡莱尔用"沉默的"形容英国人,其实质性的含义是尽管英国人语言上不善于表达,但是他们在行动上则勇往直前。他在《过去和现在》一书中

---

[1] C. A. Bodelsen, *Studies in Mid-Victorian Imperialism*, London: HeinemAnn, 1966, p.26.
[2] Carlyle, *Heroes and Hero—Worship*, London: Everymans Libr, 1814, p.362.

说:"在目前世界上所有的国家中,英国人在语言方面是最不善表达的,在行动上是最明智的。"①英国人的沉默具有其合理性——英国人不需要说话,人们就感到了他们的存在,并羡慕他们的伟大,帝国的存在是英国人英雄精神的见证。英帝国时刻提醒人们,在建立这个庞大帝国的过程中,英国人的艰苦创业的精神和付出的巨大代价。他说:"一代又一代的军人为了帝国倒下去,多少高贵的人们为未来帝国献出了他们的生命。"帝国就是英国人创业精神的永远丰碑,帝国对英国一代又一代的年轻人都永远是一个激励,它会鼓舞他们继续努力,为祖国再添自豪。

第三,殖民地是英国产品永远的市场,他警告那些要求放松与殖民地联系的人们:"一旦英国的垄断受到威胁,当我们必须寻找民族生存的前途时,我们将不得不以低于他国的价值出售我们的棉织品。""一旦他国提高关税,他国的消费者必然将我们的产品拒之门外,一旦他国的关税下降,又将容许我们产品的进入。只有英格兰的子女们,我们说英语的人们,任何时候都不会拒绝我们的产品。"②

19世纪60年代,持自由主义观念的人基本上接受了自由党政府的帝国政策,认为"经殖民地同意,就可以与帝国分离"。任何不是在自愿基础上的分离和联系都是违背自由的原则的。另一方面,帝国的热衷者虽然感到帝国与殖民地的关系已经十分脆弱,但他们并不认为,地区性的独立会导致帝国的瓦解。他们的观点在剑桥大学政治经济学教授米尔斯的表述中表现得最为充分:"获得国内自由就意味着脱离对帝国权威的依附,事情并非必定如此:分离的新

---

① Carlyle, *Past and Present*, London: Everymans Libr, 1843, p.155.
② Ibid., p.257.

时代并不是人类事务中一个显著的和一定的结果。正如一些理论家所认为的:当殖民地具备足够的实力赢得独立后,他们仍然可以通过友好的感情保持与英国主权的联系。"① 迪斯雷利还从约翰·密尔关于自由国家与殖民地的论述中,找到了更多的灵感。密尔在《代议制政府》中指出:

> 就目前的情形说,保持现时这种在联系上的轻微约束是走向国家间普遍和平和全面友好合作的第一步。它使得战争在一大批早就是独立的社会之间成为不可能;而且它还防止其中任何一个被一个外国吸收,成为某个更专制或者更邻近的敌对国家额外的侵略力量的源泉,这个国家可能不总是像大不列颠那样没有野心或爱好和平。它至少使这些国家的市场保持对彼此开放,并防止彼此树立敌对的关税壁垒,这种关税,除英国外,还没有一个伟大的人类共同体完全摆脱掉。就英国的领地说,它有一种好处(在目前特别有价值),即增加这个强国在世界会议中的道义上的影响和分量。这个国家在所有的国家中是最理解自由的,并且不管它过去有什么错误,在对待外国人方面,所达到的良心和道德原则超出任何其他大国认为可能或承认是值得向往的程度。因此,既然当这个联邦实际上继续存在的时候,它只有在一种不平等的联邦的基础上才能继续存在,那么考虑一下用什么方法会使这些少的不平等不致使处在较低地位的社会感到麻烦和屈辱,这是十分重要的。②

---

① Herman Merivale, *Lectures on Colonization and Colonies*, Oxford: Oxford University, 1841, p.90.
② 密尔:《代议制政府》,商务印书馆 1977 年版,第 246—247 页。

密尔的话从三个方面表达了保留帝国的重要性:第一,帝国的存在是防止战争、保持和平以及避免专制的需要。第二,保持帝国的联系,可以减少因外国关税壁垒带来的压力,有利于英国与殖民地的贸易,对宗主国和殖民地的经济利益是一个双赢的结果。第三,英国是世界上最自由、最讲道义的国家。由英国来领导一个共同的领地,不但可以加快自由的传播,而且英国也可以利用帝国增加在国际事务中的影响。

所以,帝国是一直缠绕在英国人心中的一种情结,帝国不仅显示英国昔日的辉煌,而且将决定英国的未来。从这个意义上说,帝国不仅是一个历史的课题,而且是一个现实与未来的课题。迪斯雷利正是利用了英国人的心理以及自由党政府在特定历史时期对帝国的特殊态度,将人们的注意力再次转到这个敏感又富有吸引力的课题上。

三、吞并斐济

1874年,迪斯雷利登上首相宝座后,为了保持英国的经济优势、扩大英国的国际影响,开始着手建立"有形帝国",他遇到的第一个难题就是斐济的归属。倡导"无形帝国"的自由党人反对吞并新的殖民地,号称重建"有形帝国"的保守党自然不能放弃任何得到殖民地的机会,因此,斐济成为两党不同帝国政策的焦点,也是帝国政策转变的开始。

斐济是太平洋上的一个小岛,东经180度,南纬17—20度,居民与新西兰的毛利人极为相似,人数较前者多。斐济最早由荷兰探险者阿贝尔·塔斯曼(Abel Tasman)发现。19世纪中期,斐济涌进了大批欧洲的传教士和冒险家。欧洲人对斐济的兴趣主要在贸易、原住民劳务和糖种植业方面。在众多的移民中,美国和英国人占据着绝对的优势。到19世纪70年代初,斐济一直处于无政府状态,造成这个格局的原因是多方面的。首先,最早与斐济原住民打交道的大多是欧洲的地痞流氓,如1870年英国的一位领事所描绘:"他们是低级冒险者,是殖民地的债务逃犯,是一群沉湎于酒精的醉鬼。"他们不仅没有能力在斐济建立制度化的政府机构,而且本身就不是正派人。其次,斐济原住民各部落相互争斗,社会秩序混乱,无法形成统一力量。最后,尽管斐济有不少英国和美国的移民,但是,两国的政府都没有对其进行管理。19世纪70年代初,英国政府对斐济的政策仍然模棱两可。一方面,英国政府希望保护英国臣民在斐济的利益;另一方面,新西兰移民与毛利人的长期战争使政府害怕再次卷入可怕的战争,对占领原住民居住地小心翼翼。此外,格莱斯顿为首的自由党政府坚决反对吞并斐济。

1871年9月,英国大主教佩特森(Paterson)在斐济遭到暗杀,导致了政府对斐济问题的重视,一些官员提出吞并斐济,但遭到格莱斯顿等人的否决。格莱斯顿认为,解决问题的办法是惩罚罪犯,而不是占领斐济。1872年6月,英国下院对是否占领斐济展开了激烈的辩论。这次辩论正好安排在迪斯雷利水晶宫讲演之后,英国人的帝国情绪空前高涨。议员威廉·麦克阿瑟(William MacArthur)认为:"我们近来所追求的拒绝扩大殖民帝国的过程,使我们陷入了许多不幸的战争。"[1]他表达了对自由党执政以来实行"无形帝国"政策

---

[1] E. A. Benians (ed.), *The Cambridge History of British Empire*, Cambridge: Cambridge University Press, 1959, III, p.34.

的不满,以及要求扩大版图、摆脱危机的愿望。格莱斯顿坚持用自由和道义的原则处理与殖民地的关系,认为斐济人没有要求英国人占领他们的领土,英国人不应违背他们的意愿随意获取新的殖民地。格莱斯顿说:"英帝国政府不会违背殖民地人们的利益和愿望,去占领他们的领土。无论大国还是小国,这一点已经得到了自由和慷慨的表达,而且将被世人所提供的最佳办法所证实。"① 由于格莱斯顿的坚决反对,吞并斐济的动议被否决。1873年,第三次兼并斐济的动议,仍然以失败告终。

1874年,保守党成为执政党,迪斯雷利"重建帝国"的抱负有了用武之地。他任命卡纳温为殖民大臣,卡纳温不仅是殖民地问题的专家,而且对于建立"更大的不列颠帝国充满了热情"②。1874年,在英国议会对斐济问题的辩论中,卡纳温表达了他的见解:斐济只能属于不列颠,没有比成为英王名下殖民地更好的选择。他在议会上院的发言中指出:"英国具有在南海扩大殖民区域的使命。"这个使命是英国利益的需要,英国作为一个在世界上具有如此巨大影响的国家首先得保证英国公民的安全,然后是英国在世界各地的利益:将英国资金流向的地方、英国人居住的地方、没有英国法律的地方和没有成功建立英国宪政制度的地方,置于我们的保护下,是我们直接的责任。③ 此外,斐济气候宜人,物产丰富,而且是太平洋上重要的交通枢纽,是美国和澳大利亚之间的加油站,英国政府因此也

---

① *Hansard*, CCXII,193. 25, June, 1872.
② Richard Koebner and Helmut Dan Schmidt, *Imperialism: The Story and Significance of a Political Word, 1840—1960*, Cambridge: Cambridge University Press, 1964, p.112.
③ E. A. Benians (ed.), *The Cambridge History of British Empire*, Cambridge: Cambridge University Press, 1959, III, p.35.

不能放弃对斐济的责任。

如果说卡纳温把吞并斐济看成英国的责任,殖民次长洛(Lowe)在议会辩论中,则表达了另一种观点。他将殖民地的命运与帝国的命运联系在一起,认为殖民地是国家力量的源泉。他说:"我希望我们不要放弃殖民地,而且不应当放弃。如果我们好好读一读历史,我们就会明白,这种放弃将意味着某个时期国家的衰落。"[1]他重申:"一个敌对的大国不仅承认由3 000多万人组成的不列颠,而且会承认数百万盎格鲁-撒克逊种族。我们同一种族的人民用崇敬的感情注视着母国,他们不可能拒绝承担作为英帝国一员的责任。"[2]

显然,保守党政府在吞并斐济的事务上取得了共识。正当政府内外为斐济的兼并忙碌之时,自由党"无形帝国"政策的代表人物在上院和下院都对保守党人的帝国政策展开了攻击。金伯利在上院、格莱斯顿在下院提出了相同的疑问:英国吞并斐济是否会造就另一个新西兰? 但是,要求政府谨慎从事的修正案被81对28票的绝对多数否决,议会通过了斐济兼并案。保守党政府兼并斐济的行动是英帝国政策转变的一个标志,它表明"无形帝国"政策已经成为过去。

兼并斐济不仅是政府政策的转变,而且表明英国人对帝国态度的转变。上至女王,下到普通平民都重新燃起了对英帝国的热情。1875年2月,女王对兼并斐济的行动表示十分的赞赏,提出版图帝国是英国实力的保证,是英国摆脱国内危机的需要。她还说,吞并斐济的行动保证了当今的帝国政策与传统的帝国政策相互一致,因

---

[1] *Hansard*, CCXXI 1264—1291, 4 August, 1874, Annexation of Fiji.
[2] E. A. Benians (ed.), *The Cambridge History of British Empire*, Cambridge: Cambridge University Press, 1959, III, p. 35.

为"更大的不列颠"就是在与西班牙、葡萄牙、法国、荷兰的争霸中取得的,英帝国的传统政策就是整个世界布满"自由的英国人"。兼并斐济还唤起了国人对帝国的期待,如历史学家达姆斯所述:"兼并斐济是一个典型的过程,这一过程迫使大国面对同样的情形,向小国伸出他们的援助之手……它创造了一种形势,这是解决殖民地问题的唯一适用的方式。"

继兼并斐济之后,保守党政府在建立"有形帝国"的道路上越走越远。在帝国主义政治家看来,有形帝国有利于加强英国的实力,有利于提高英国的国际地位。版图扩张不应该是盲目的扩张,而应该是有目的的扩张,富裕的地区当然是英国殖民扩张的首选。

四、建立"南非联邦"的努力

19世纪初,作为欧洲通往亚洲的海上航道的关键环节,开普殖民地(Cape Colony)成为英国到达印度的中转站。虽然南非当时对英国的意义并不十分大,但是,南非管理的复杂性使政府一度试图将南非变成联邦,完全服从于英国的殖民统治。1858年,最先提出"南非联邦"(Union of South Africa)构想的是乔治·格雷爵士,殖民部对这个建议视若无睹。随着加拿大联邦的建立,种族矛盾得到缓解,建立"南非联邦"的设想才受到各方的关注。

1869年,苏伊士运河的开通降低了好望角的重要性。但是,人们在奥伦治自由邦西部的一个叫格里夸兰(Griqualand)的地方发现了钻石,这些潜在的财富,在十年时间里使南非的对外贸易额增加了3倍。不仅使南非摆脱了所有的债务,而且吸引了大量的海外投资。汉娜·阿伦特在《帝国主义》一书中生动地描绘了南非的状况："在南非丧失所有价值时,它瞬间闪耀出迷人的光芒。"① 同时,南非的财富也使它由"一种象征性的环境地位发展成帝国主义的文化温床"②。

随着经济价值的提高,南非也日益成为不同国家、不同个人追求利益的地方:对那些追求财富的人来说,钻石变得更加昂贵;对于那些希望在南非建立"快乐加拿大"的人来说,南非的财富无疑将提供财政上的支持;对于那些寻找钻石和金矿的人来说,好望角通往东方的航道已经不再安全;对于那些关心南非福利的人来说,他们将与追求财富的淘金者发生冲突。南非的新发现,不仅使旧的矛盾复杂化,而且还暴露出新问题。

在发现钻石之前,南非面临的最大问题是多种族混居。荷兰人最早到达南非,其后裔为布尔人。从17世纪定居好望角以来,他们依靠向印度航行的船只提供新鲜蔬菜、水果和肉类生活。19世纪初,英国在南非南部和东部建立了开普和纳塔尔(Natal)两个殖民地,英国人还从布尔人手中购得好望角(Cape of Good Hope)。但南非绝大多数人口是非洲原住民,根据统计,德兰士瓦(Transvaal)的原住民达40万之众;奥兰治自由邦(Orange Free State)达30万人,而白人仅为2.7万。纳塔尔白人与原住民的比例差别更大,只有开普殖民地的白人相对多一些。③ 原住民中,祖鲁(Zulu)、巴苏陀兰(Basutoland)、班图(Bantu)等部落的势力尤其引人关注。多种族的

---

① 汉娜·鄂兰:《帝国主义》,台北:联经出版事业公司1991年版,第41页。
② E. H. Damce, *The Victorian Illusion*, London: Macmillan, 1928, p.164.
③ J. A. Williamson, *A Short History of British Expansion*, London: Macmillan, 1943, p.200.

混居的社会使南非殖民地发展的历史"不是欧洲居民成长的历史，而是一种崭新的、独特的、不同种族、肤色与文化成长的历史。种族遗传的斗争，不平等社会团体之间的对立，造成了这种不同种族与不同文化的成就"[1]。

不同的种族在南非形成了不同的社会和政治制度。南非的布尔人（Boers）长期与欧洲历史隔离，生活在贫瘠的土地上，放牧牛羊是他们唯一的生活方式。同时，周围人数众多的原住民部落对他们构成了强大的威胁，奴隶制在布尔人的生活中起非常重要的作用。南非的英国移民按照英国的传统，建立类似本土的政治制度，实行经济自由，反对奴隶制。然而，南非的原住民还生活在以酋长为首领的部落社会中。种族的、政治的和社会的差异造成了南非的隔离和冲突。布尔人不愿意受制于英国人，被迫迁徙到开普以北较空旷的、原住民居民较少的地区，建立了德兰士瓦共和国和奥兰治自由邦；原住民则在部落领地内从事他们的经济和社会活动。但是，这种相对隔离的局面，由于地域经济价值的转变遭到破坏，南非又面临新的难题：在没有丰厚的经济利益时，原先彼此还能相互忍耐；新的资源发现后，任何一方面都不愿意做出让步，不同种族之间的冲突连绵不断，战争变得司空见惯。在利益的驱动下，欧洲人将原住民压缩到越来越小的居住区，他们在狭小、拥挤的空间目睹欧洲人强占他们的土地和财富，积聚起强烈的愤怒，格里夸兰西部的原住民与欧洲淘金者摩擦不断，凯河流域（Kei River）白人与原住民冲突不断，东北部纳塔尔人与当地酋长交战不断，德兰士瓦布尔人与祖

---

[1] C. W. De. Kiewiet, *A History of South Africa, Social and Economic*, London: Longman, 1941, p.10.

鲁王之间纷争不断。

19世纪60年代末、70年代初,"南非联邦"计划进入英国政府的视野。1870年10月17日,自由党殖民大臣金伯利指示开普总督以及南非高级专员亨利·巴克利爵士(Sir Henry Barkley)关注加拿大联邦制度,以便在南非实施同样的计划。当时,开普殖民地东区和西区的对立非常严重,建立"南非联邦"的意图主要是把英属纳塔尔殖民地、奥兰治自由邦和德兰士瓦都并入开普殖民地,因为"一个联合起来的白南非一定能够比现在更有效地对付原住民问题"[①]。

亨利·巴克利到达南非后,首先建立一个委员会,调查联邦的可行性,并提出将开普划分为几个省份,以开普为中心,吸引南非的其他殖民地加入联邦。1871年8月30日,巴克利以照会的形式向殖民地大臣金伯利汇报了他的计划,并要求政府的进一步指示。政府的意见是:像加拿大一样,各殖民地自己决策联合的细节。10月22日,巴克利的计划得到了首相格莱斯顿的认可:他愿意为布尔共和国重新加入英帝国敞开大门,希望鼓励南非联邦的建立。但是,格莱斯顿提出要求:两个布尔人共和国必须承认英国的宗主权,而帝国政府不承担任何财政负担。[②] 11月6日,内阁授权殖民大臣金伯利,鼓励"南非联邦"计划,并提出了具体的建议:开普必须建立自治政府;联合必须得到各殖民地的同意。但是,只有发现了钻石的格里夸兰西部的淘金者支持联邦;开普东区的分离主义倾向十分严重;奥兰治自由邦要求吞并钻石地区;英国政府不仅遭到布尔人的

---

① P. Knaplund, *Gladstone and Britain's Imperial Policy*, London: Talor & Francis, 1966, p.131.

② Gladstone to Kimberley, Oct 26, 1871, letter book copy, see, P. Knaplund, *Gladstone and Britain's Imperial Policy*, London: Talor & Francis, 1966, p.131.

反对,而且遭到开普殖民地和德兰士瓦人的反对,这样,"南非联邦"的计划破产。

在自由党执政期间,英国的"南非联邦"计划虽然失败了,却获得了富裕的格里夸兰,使英国人在与布尔人的争夺中稍胜一筹。保守党上台后,为了保护英国人的利益,提出必须在南非建立强大的、中央集权的、与原住民居民保持责任联系的政府,"南非联邦"再次被提上议事日程。殖民大臣卡纳温说:"联邦的优势非常明显:欧洲移民和他们的资金正缓慢地流入这些小而孤立的地区,但是他们缺乏金融偿付能力,没有财产安全和立法保证。联邦会极大改善各政府部门,并减少他们要求帝国政府经济和军事支持的可能性。但是,建立联邦更为迫切的理由是难以解决的原住民问题。对此,我们必须制定统一、明智、强有力的政策。"①

1875年5月,卡纳温建议南非各地派代表在开普殖民地聚会,旨在"自由探讨建立'南非联邦'的可能性"。但是,开普殖民地和德兰士瓦均未派代表,奥兰治自由邦出席的条件是不讨论联邦问题。卡纳温把这次探讨联邦失败的原因归结于"缺乏对特定形势和南非的了解"。卡纳温一直把南非视为英帝国的第二个加拿大,希望将加拿大建立联邦的经验移植到南非。遗憾的是,他仅仅注意到南非和加拿大的相似之处:两地都是由欧洲不同种族组成,加拿大为英裔和法裔;南非为英裔和荷裔。但是,他却忽略了双方的差异:加拿大的原住民非常少,而且大多数被英裔或法裔移民同化,或被赶到

---

① Bernard Porter, *The Lion's Share: A Short History of British Imperialism 1850—1983*, London & NewYork: Longman, 1984, p.49.

边远地区,已不具备任何抵制西方的力量。南非的原住民的人口超过欧洲移民,他们独特的生活方式很难被欧洲人同化。南非不同种族之间的文化、观念和政治制度的冲突,加大了整合的难度。此外,南非的英裔和荷裔也不同于加拿大的英裔和法裔,后者已经形成了共同的心理状态和民族国家的情感;南非也没有像加拿大那样出现具有责任心的政治家关心南非的命运,使南非与英国在政治上的妥协变得非常困难。

南非一盘散沙的现状使卡纳温无计可施,当他几乎对"南非联邦"的计划感到失望时,德兰士瓦共和国的困境似乎为联邦计划提供了天赐良机。1877年德兰士瓦内外交困,布尔人对英国人的抵制降到了最低点。德兰士瓦境内"各种贸易活动几乎停止,国库空虚,农民不愿意也无力履行对国家的责任。德兰士瓦的防卫制度面临崩溃,那里的淘金者主要是英国人和德国人。他们对当地官员没有表现出任何尊重。境内的班图部落也处于失控状态"①。境外,德兰士瓦与祖鲁人也正在发生战争。卡纳温目睹了德兰士瓦的局势后,认为布尔人与原住民之间的战争"加速了我们'南非联邦'政策的成熟"。他致电迪斯雷利首相:"我希望立即采取行动,防止事态的扩大。若我们一举取得德兰士瓦,奥兰治自由邦必然效仿德兰士瓦。这样,我们一直努力的南非政策就会完全实现。"②

1876年,卡纳温向议会递交了要求建立"南非联邦"的《准许法

---

① G. McC. Theal, *A History of South Africa 1873—1784*, London: Longman, 1917, p.247.

② W. F. Monypenny & G. E. Buckle, *The Life of Benjamin Disraeli* VI, London: John Murray, 1910—1920, p.414.

案》,同时派西奥菲勒斯·谢普斯通爵士(Sir Theophilus Shepstone)前往德兰士瓦调查情况,并授权他在布尔人同意的前提下兼并德兰士瓦。谢普斯通利用布尔人的困难,误导了卡纳温,并与 4 月 12 日在德兰士瓦升起英国国旗。吞并德兰士瓦并没有出现强大的"南非联邦",反而产生了相反的结果。布尔人虽然失去了巴苏陀兰和格里夸兰以及独立的地位,但是德兰士瓦人境内布尔人的民族主义情绪高涨,英国人没有赢得他们的忠诚;吞并德兰士瓦导致了英国人与塞特瓦约祖鲁人的冲突,劳民伤财的战争导致了国人的不满;开普殖民地不愿意让那些不富裕的地方分享帝国给殖民地的费用;钻石和黄金的发现使德兰士瓦成为最富裕的地区,他们当然不愿意服从英国的利益。

1876 年,德兰士瓦的布尔人被南非原住民部落打败,布尔人产生了联邦的想法。这时,英国政府任命巴特尔·弗里尔(Bartle Frere)为开普殖民地总督。他来开普的目的仍然是建立"南非联邦",后来成为联邦第一任大总督。1877 年 4 月,弗里尔到达南非,摆在他面前的是一个难以处理的局面:布尔人为了对抗南非原住民,希望与英国人合作,但是既不愿放弃自己的财富,又不愿接受英国的宪政。在英国人与布尔人维持着不冷不热的关系时,1877 年 8 月,南非的英国人与原住民祖鲁人的战争开始了。

卡纳温认为,南非安定的前提是建立对所有原住民部落的最高统治,其中摧毁祖鲁人的制度是英国人的当务之急:在征服南非的原住民之后,英国更容易集中精力对付欧洲的殖民者,最终确立英国在南非的地位。但是,卡纳温并不希望看到英国人与南非原住民之间的战争,1878 年 1 月,他在给谢普斯通的信中说:"你要尽量避免与南非土著的战争。"①

迪斯雷利先前没有特别重视南非问题,但是阿富汗战争改变了他对南非的态度,在给布莱福德夫人的信中写道:"如果有让我最烦恼的事情,那就是开普殖民地,那里每天都会出现一个像卡纳温那样多嘴多舌的人。"迪斯雷利认为,卡纳温的政策导致了英国人、荷兰人和祖鲁人的争执,使英国在南非处于不利的地位,不但"南非联邦"不能实现,而且英国将被卷入一场新的战争。更出乎迪斯雷利意料之外的是祖鲁人训练有素,根本不好对付。祖鲁人的部落酋长塞特瓦约(Cetewayo)继承了该部落的传统习惯,把部落青年征集到独身军营中,对他们进行严格训练,并灌输为部落的生存而战的思想。战斗是祖鲁男人成人的标志,直到标枪染血,成年男子才有结婚的资格。对付训练有素的祖鲁人,英国人根本没有取得胜利的把握。

1878年9月30日,弗里尔照会殖民大臣(此时卡纳温已经被希克斯比奇[Hicksbeach]取代),要求增强兵力,在照会中弗里尔表达了对南非的看法:"通过几年在南非的经验,我认为南非的和平应建立在结束祖鲁人统治的基础之上。"由于阿富汗战争在即,内阁拒绝了增强兵力的要求。11月4日,弗里尔收到了比奇的指示:在与祖鲁人的接触中保持忍耐和合理的妥协,尽可能避免与塞特瓦约之间残酷的战争。11月7日,比奇通知弗里尔不可发动战争,但是,由于通讯的缓慢,在电报和信件还没有到达时,11月11日,弗里尔已经向塞特瓦约发出了最后通牒。11月20日,在纳塔尔任指挥官的切

---

① C. W. De Kiewiet, *The Imperial Factor in South Africa*, London: Longman, 1937, p.217, see Robert Blake, *Disreali*, London: Eyre & Spottiswoode, 1966, p.668.

姆斯福德勋爵（Lord Chelmsford）被派往开普殖民地增援。弗里尔不慌不忙地将最后通牒通知了伦敦，通牒于 1879 年 1 月 2 日到达伦敦，已经超过了约定的有效期，所以这场与祖鲁人的战争被说成是"弗里尔的战争"。战争一开始英国军队就遭到了祖鲁人的重创，1月 22 日，一支两万人的祖鲁军队以快速和秘密的移动摧毁了切姆斯福德率领的英国军队。

战争失败后，内阁给弗里尔发出照会，强烈谴责了他的过错，并说："在这个关键的时候，我们不打算撤退，自信就在你的身上。"[①]南非战争毫无进展给政府造成了新的压力，5 月 28 日，政府电报通知切姆斯福德：新的高级顾问兼纳塔尔、德兰士瓦、祖鲁总司令，管理民事和军事事务的人将到达南非。这个指示表明，弗里尔的权力被限制在开普殖民地。7 月 4 日，切姆斯福德在乌郎迪摧毁了塞特瓦约的军队，这是开战以来英帝国唯一的安慰，连女王个人都认为：切姆斯福德应该享受胜利者的荣誉。

在迪斯雷利执政期间，尽管"南非联邦"没有实现，但是，英国政府及其在殖民地的代理人表明了一个态度：英国需要南非，需要在非洲建立更大的殖民地。

五、巩固印度

建立南非联邦的失利，并没有改变迪斯雷利政府重建帝国的信心。迪斯雷利一直把巩固东方帝国作为追求的目标，他认为：英国

[①] Robert Blake, *Disreali*, London: Eyre & Spottiswoode, 1966, p.671.

的利益在欧洲,而英帝国的利益根深蒂固于亚洲。1866年,迪斯雷利在给德比伯爵的信中写道:"我们必须在亚洲行使权力和影响,然后转移到东欧和西欧。我们还必须继续对付不能控制的殖民地。"[1]迪斯雷利的意图是先建立一个东方帝国,以此为资本逐渐向欧洲渗透,不仅有了与欧洲各国抗衡的资本,而且可以保持英国的霸权。他在印度创造了"神话",成为"不列颠的神奇人物"[2]。迪斯雷利的传记作家写道:迪斯雷利"提高了大不列颠在世界上的声誉,并形成了完整的帝国理论。这一理论虽然一度遭到格莱斯顿的反对,但是,逐渐成为大不列颠、自治领甚至整个帝国都接受的观念"[3]。

亚洲的印度一直对英帝国有着特殊的重要性,19世纪中期,印度接纳了英国全部出口的1/5产品,而且成为英国最重要的投资场所。1870年英国在印度的投资达到了2.7亿英镑。同时,印度还通过出口它的剩余产品控制远东的贸易,有"英国王冠上的钻石"的称谓。从军事上看,印度是英国在东半球最大的军事基地。在19世纪的不同年代里,印度军队被用来作为英帝国在中国、波斯、埃塞俄比亚、埃及、阿富汗、缅甸、苏丹、乌干达和新加坡等地的驻军。从地理位置上看,印度一直是英国与俄国在亚洲争霸的基地。印度的存在始终牵制俄国在亚洲的扩张以及在地中海的行动。保住印度,就保住了英国在亚洲的利益;保住印度,就限制了俄国;保住印度,就保证了帝国的军队。正是因为印度的特殊重要性,它始终"支配着迪

---

[1] G. E. Buckle, *The life of Disraeli* II, London: John Murray, 1912, p.476.

[2] G. Brandes, *Lord Beasconsfield*, London: Longman, 1879, p.358.

[3] Koebner, Richard & Schmidt, Helmut Dan., *Imperialism: The Story and Significance of a Political Word, 1840—1960*, Cambridge: Cambridge University Press, 1964, p.131.

斯雷利的外交政策和帝国观念"。

在保卫东方帝国的政策中，迪斯雷利创造了一个又一个神话：为了得到印度通道，迪斯雷利通过融资购买了苏伊士运河；为了增进印度人对帝国的感情，使印度土邦王公驯服，将英国女王加冕为印度女皇；为了保证印度外围的安全，建立保卫印度的屏障，不惜发动与阿富汗的战争。

1869年，苏伊士运河通航，开创了海运史上的新时代。这条连接地中海和红海的运河，一下子缩短了西欧通往印度和远东的距离，使得货物运输变得更加快捷、廉价，并为英国迅速调遣在印度的军队和舰船提供了方便。"没有任何国家像英国那样从运河中获得更多的利益。"[①]英国到印度的路程缩短了几千英里，运输时间减少了几个星期。1875年苏伊士运河4/5的运输由英国提供，尽管英国人仍然在利用开普航线，但是运河运输了英国进出口货物的1/10。更重要的是，运河的战略意义比商业意义更大，一旦印度再次出现大起义或者印度遭到俄国的进攻，苏伊士运河将为英国快速调兵遣将提供方便。如凯尔斯在信中对迪斯雷利说："现在是运河和印度，而不再单独是印度。如果印度代表密码的任何数字，运河就是一个单位，它使这些密码变得有价值。"[②]

苏伊士运河在有益于商业活动的同时，也导致了欧洲力量在地中海和中东的重新分配。首先，苏伊士运河增加了地中海通往东方航路段的重要性，使俄国在地中海区域的扩张野心膨胀。60年代苏伊士运河开通前，奥斯曼土耳其一直是英国通往印度的必经之地。

[①] Denis Judd, *Empire— The British Imperial Experience from 1765 to the Present*, Fontanna, 1977, p.98.
[②] Robert Blake, *Disreali*, London: Eyre & Spottiswoode, 1966, p.581.

1853—1856年，英国为了保证奥斯曼土耳其帝国的生存，与法国一道同俄国进行了克里米亚战争，并在黑海摧毁了俄国的军事实力。苏伊士运河为俄国带来新的希望，俄国想占领君士坦丁堡（Constantinople），成为地中海地区的大国，进而征服奥斯曼帝国，将势力延伸到南部的印度洋地区。英国当然不能容忍俄国海军在中东地区的扩张，一旦这些地区与已经属于俄国的中亚相连，将直接威胁印度的安全。因此，苏伊士运河的利益直接关系到东方帝国的利益，英国对它的归属决不能等闲视之。

其次，苏伊士运河加剧了英国与法国之间的争夺。法国与中东地区的贸易从中世纪就已经开始。法国在埃及的特殊利益可以追溯到1798年拿破仑时代。埃及总督赛义德（Said Seyyid）统治时期，法国人从他那里获得了苏伊士运河的开凿权，法国至少取得了运河的一半控制权，占有运河公司56%的股票，这个优势不仅有助于法国势力在埃及的渗透，而且可以限制英国在东方的贸易。因此，控制苏伊士运河直接关系到英帝国的经济和政治利益，英国不能听任法国的摆布。

1875年埃及政府面临巨大经济压力，急需一笔资金偿付所欠贷款的利息，遂决定出售44%的运河股票。迪斯雷利及时利用了埃及的财政危机，决定筹资400万英镑与法国争夺苏伊士运河的控制权。法国的两家公司由于没有得到政府的支持，很难筹集到如此大额的款项，只好放弃了争夺。相反，英国政府直接插手，并利用商人的支持，很快就筹措到足够的资金，获得了44%的运河股票权。成功收购苏伊士运河后，1875年11月24日，迪斯雷利充满自豪地给维多利亚女王写了热情洋溢的信：

苏伊士问题已经搞定,现在它属于您了。法国人被我们挤出了局。他们花费了许多努力,甚至以高利息贷款,这些条件是他们提供给埃及政府的。赫迪夫已经处于绝望的边缘,他为陛下的政府提供了购买运河股票的机会,从前他永远不会接受这样的购买条件。400万英镑,我们几乎是一下子搞定。只有一个公司能够做这件事情,商人们的行为表现得令人尊敬,他们向我们提供了低息贷款,赫迪夫的利益现在完全是您的了,陛下……。①

购买苏伊士运河的控制权是迪斯雷利构建东方帝国的一件大事,是保守党建立"有形帝国"的一个突出表现,正如当年的《爱丁堡评论》所评论的:"很显然,在指导一个大帝国的政策方面,单纯的经济考虑必须让位于巨大的国家利益。"②

成功购买苏伊士运河也是英国外交的一个胜利。迪斯雷利政府把购买苏伊士运河的控制权与英国的外交政策联系在一起。1876年2月,在下院举行的辩论会上,一个议员做了这样的发言:"尽管政府中有人对购买苏伊士运河的控制权持反对态度,但最后的结果将证明这对英国是有利的。政府这种大胆的行动,加强了英国的地位和帝国的尊严。"③

控制苏伊士运河为英国在与欧洲大国的争霸中找到了一个支

---

① Robert Blake, *Disreali*, London: Eyre & Spottiswoode, 1966, p.584. 赫迪夫是1867—1914年间土耳其苏丹授予埃及执政者的称号.
② Koebner, Richard & Schmidt, Helmut Dan., *Imperialism: The Story and Significance of a Political Word, 1840—1960*, Cambridge: Cambridge University Press, 1964, p.115.
③ Ibid.

持点,不仅限制了俄国在地中海的扩张,保证了埃及的安全,而且抑制了法国在埃及的力量。同时,也是对俾斯麦"英国再也不是一个大国"的预言给予有力的还击。① 迪斯雷利以其制造的轰动效应得到了后人的评价:"这对后辈来说是值得称颂的,他在公共事务中尽心尽力,没有人能像他那样用自己的智慧赢得别人的尊重。"②

购买苏伊士运河的成功还为英国日后带来了极大的经济收益,证明这是一项极好的投资。到 1895 年,英国政府每年收到赫迪夫 20 万英镑的抵押金;同年,英国从运河股票的分红中得到了 69 万英镑。到 1901 年,分红达到了 88 万英镑。在 1898 年股票市场价达到了 2 400 万英镑,与当时购买的 400 万相比,平均每年增长了 200 万英镑。1914 年前,运河的股票价值已经达到了 4 000 万英镑。③

迪斯雷利巩固东方帝国所创造的第二个神话,是将英国女王加冕为印度女皇。1857 年印度民族大起义(Indian Mutiny)后,英国改变了对印度的管理,取消了东印度公司(East Indian Company)的各种特权,印度成为直接由英国王室和议会控制的皇室殖民地。同时,英国政府废黜了印度莫卧儿王朝的最后一位皇太子,英国长期统治印度的事实得到了名义上的承认:英王成为印度的最高统治者和印度土邦贵族的最高宗主。为了加强英国在印度的统治,调节英国驻印度政府官员与印度民众之间的矛盾,巩固东方帝国的地位,迪斯雷利提出,作为大英帝国象征的英国女王,又是印度的最高首

---

① Richard Shannon, *The Crisis of Imperialiam 1865—1915*, London: Macmillan, 1917, p.117.
② S. E. Morison, *Cambridge History of British Foreign Policy*, Cambridge: Cambridge University Press, 1922, Vol II, p.158.
③ Robert Blake, *Disreali*, London: Eyre & Spottiswoode, 1966, p.586.

脑,她有必要拥有一个东方式的称号。他说:东方式的称号才能显示大英帝国的"辉煌和尊严"①。

在印度,土邦贵族熟悉的是"皇帝"或"女皇"这样的称号,认为东方式的称呼是对本民族习惯的尊重。如果英国女王有一个东方的称号,印度的土邦王公会认为,他们效忠的是印度首脑,而不是一个遥远国度的统治者。从这个意义上说,女王的东方称呼可以在心理上安慰和满足印度人。对英国人来说,印度一直被他们视为印度帝国,是英帝国不可缺少的一部分。但是,要为女王寻找一个东方式的称号,表明宗主国可以延伸到亚洲次大陆是相当困难的。在女王的东方称号问题上,东西方观念和政治制度的差异表现得极为明显:西方人习惯把帝国的统治者称为"皇帝"或"女皇",而东方国家的最高首脑都使用这一称号。由此类推,将英国女王加冕为"印度女皇"似乎既符合逻辑,又适合东方人统治的特点。然而,一向标榜"生而自由的英国人",在思想和心理上都不愿接受女王的东方女皇称号。他们常常将皇帝或女皇的称号与独裁、专制、暴政联系在一起。一旦提到皇帝,英国人想到的就是罗马帝国的暴君、拿破仑三世的独裁统治和德意志或沙皇俄国的专制政府。如罗伯特·布莱克所指出:"建议女王加冕印度女皇的要求是印度民族大起义以来最悬的一件事。"②

为了获得议会的批准,迪斯雷利把女王加冕与英帝国的利益联系起来,试图以帝国情感来打动英国议员。他提出英国人应将民族和种族为基础的帝国情感移植到印度的土地上,希望盎格鲁-撒克

---

① Koebner & Helmut, *Imperialism: The Story and Significance of a Political Word, 1840—1960*, Cambridge At the University Press, 1964, p.117.
② Robert Blake, *Disreali*, London: Eyre & Spottiswoode, 1966, p.562.

逊人从种族帝国中走出来,放眼更大的帝国版图。同时,他认为,女王加冕法案的通过还有利于印度的稳定,可以安慰印度土邦贵族和印度人:"使他们感到存在已久的感情和不断增加的力量以及我们保卫印度帝国的决心。"①

1857年的印度民族大起义,一度动摇了英国的殖民统治。人们对印度起义记忆犹新,迪斯雷利利用了人们对英国稳定统治的持续性的理解。此外,民族大起义之后,俄国加强了对中亚的渗透,直接威胁印度的安全。俄国实力的增强表明沙皇是欧洲最有威力的统治者。既然沙皇是皇帝,为什么英国女王不能是女皇?同时,女王加冕也是印度王公的良好愿望,英国正好利用这个机会在印度建立一个贵族阶层,使他们变成女王的御用工具,如索尔兹伯里在给迪斯雷利的信中所述:"那里的贵族势力是否强大是有疑问的,但是,如果我们能够得到他们良好的愿望和合作精神,不但能给英国人一个交代,而且可以安慰我们以赤裸裸的刀剑对付的、印度正在成长的贵族阶层。"②

但是,迪斯雷利的努力并没有一下子改变英国人对"皇帝"和"女皇"称号的偏见。在议会辩论中,辉格党人罗伯特·洛首先对"国王"、"女皇"和"帝国"的概念提出了质疑。他说:传统的皇帝概念是违背英国宪政精神的,其理由在于皇帝的地位高于法律,而国王必须服从法律。对于"帝国"概念的疑问,他说:英国作为一个殖民大帝国是不可回避的事实,英帝国的存在并没有导致"皇帝"或

---

① Koebner, Richard & Schmidt, Helmut Dan., *Imperialism: The Story and Significance of a Political Word, 1840—1960*, Cambridge: Cambridge University Press, 1964, p.117.
② Robert Blake, *Disreali*, London: Eyre & Spottiswoode, 1966, p.563.

"女皇"的出现,为什么印度领地必须有一个特殊的称号?

经过激烈的争论,议会最终通过了女王加冕印度女皇的法案。英国议员能够放弃传统的观念,接受一个不愿接受的"印度女皇"的称号有三方面的原因:第一,女王本人有意于东方式的称号,她认为这是提高英帝国地位的一个契机。迪斯雷利在1月7日的信中说:"女王希望得到印度女皇的称号。"[①]议员们最终让步是出于对女王本人的尊重。第二,迪斯雷利利用政治技巧,淡化了"女皇"的概念,将英帝国与"女皇"区别开来。英帝国只有女王,她拥有许多的领地。"女皇"仅仅是一个地方的称号,只有印度才有女皇。印度女皇的称号不会给英国和英帝国带来负面的影响,英国人仍然是"生而自由的英国人"。同时,在议会讨论的过程中安排了特别的程序,将女皇加冕的议案放在女王的讲话中,暗示这是女王本人的要求。第三,议员们把女王的加冕看成印度更加归顺的标志,印度的帝国热情值得英国人对女皇称号妥协。

女王加冕印度女皇后,英国的报纸杂志和大众对这个称号表示了不满的情绪,反对的呼声不绝于耳,1876年3月的一本杂志上出现了这样的诗句:

> 让帝国的称号远离,
> 留给罗马的君主;
> 英国人心中的女王,
> 加冕为东方领地的女皇,
> 保留称号与国家安宁,

---

① To Lady Bradford, January 20, 1876, see Robert Blake, *Disreali*, London: Eyre & Spottiswoode, 1966, p.562.

谁与印度女皇同样伟大?①

人们质疑女皇加冕的根本原因还是出于对皇帝、女皇称号的专制或独裁意味的不满。当时的报纸上还出现了反对皇帝的言论：

年复一年被诅咒的称号，

自始至终地存在，

它是最坏君主的联想，

我们从不认为他至高无上。②

英国人对加冕法案的抵制，使维多利亚女王感到非常震惊，她一方面声称："女王和她的议会绝对不会为这些谣言和恐吓所屈服。"另一方面又指示传记作家西奥多·马丁在报纸上向人民解释，女皇称号对英国的宪政制度不会产生任何影响，印度女皇仅仅是女王作为印度最高统治者的称号，加冕的目的无非是选择一个符合东方习惯的称号，印度女皇的地位永远不会高于不列颠女王或国王。

维多利亚加冕印度女皇是英帝国史上的一件大事，它既表明了印度在帝国的地位（税收的来源、原料产地），又唤起了英国人对殖民地的热情（说它是传播文明的前沿、建立英国制度的实验场等等），同时也密切了女王与首相迪斯累利的关系，保证了保守党作为"帝国党"重建帝国政策的事实。

印度外部的安全也是帝国政府长期关注的问题。从战略上看，

---

① *Punch*, 26 Feb 1876, p. 74, see, Koebner, Richard & Schmidt, Helmut Dan., *Imperialism: The Story and Significance of a Political Word, 1840—1960*, Cambridge: Cambridge University Press, 1964, p.120.

② *Punch*, 4 March 1876, p. 82, see Koebner, Richard & Schmidt, Helmut Dan., *Imperialism: The Story and Significance of a Political Word, 1840—1960*, Cambridge: Cambridge University Press, 1964, p.120.

印度的前沿延伸到波斯、红海和马六甲海峡(Strait of Malacca),虽说在海上不存在威胁,但在陆上被弱小国家包围,很容易让欧洲列强特别是俄国插手。长期以来,英国一直将阿富汗视为印度安全的缓冲地带,俄罗斯向中亚扩张的最前线也只能是阿富汗,否则印度的利益就会受到威胁。因此,双方在阿富汗的争夺从19世纪30年代就已经开始,当时,俄国特使与喀布尔方面取得了联系。1839—1842年第一次阿富汗战争后,俄国人保持了长期的沉默。在印度民族大起义期间,印度总督戴尔豪斯勋爵(Lord Dalhousie)与阿富汗埃米尔道斯特·穆罕默德(Dost Mohammed)签署条约,规定:阿富汗不得以任何理由参与印度民族起义,此举被认为是总督的"无作为",戴尔豪斯的阿富汗政策遭到了批评。

印度民族大起义以来,英国对印度的西北边境一直存在两种截然不同的观念:一派提倡"前进"政策('Forward' Policy),该政策的支持者认为,只有当阿富汗的外交政策能够与印度保持一致时,印度的西北边界才能真正安全。如果阿富汗不能保持与印度的一致,英国应极力推进"前进"政策,将阿富汗变成保护印度的屏障。另一派以约翰·劳伦斯(John Lawrence)为代表,认为印度河是印度的天然疆界,英国不必理睬周围野蛮的部落,除非他们有越过边境的活动。因此,在阿富汗问题上,当新埃米尔谢尔·阿里(Sher Ali)接位后,劳伦斯既不与他签订任何条约,也不给予任何资助和保证。

19世纪60年代中期,俄国在中亚的活动频繁,取得了一个又一个省份,到1876年,俄国领土范围已经接近阿富汗北部边界。阿富汗一直被认为是印度的门户,有"印度花园的保护墙"之称。[①] 印度

[①] A. P. Thornton, *For the File on Empire*, London: Macmillan, 1966, p.136.

的西北边界是帝国防卫最薄弱的地区,一旦俄国向阿富汗扩张,必然加重英国防线的压力。同时,英国担心俄国人煽动长期孕育民族情绪的印度人,从而引发印度新的危机。阿富汗的归属成为英国东方帝国安全的重要因素。为了帝国的利益,英国不会坐视俄国在印度西北边界,尤其是在阿富汗的所作所为。索尔兹伯里将俄国在阿富汗的行动看成"使阿富汗重新依靠我们"的行动。①

早在1839—1842年,英国政府曾经试图将阿富汗置于其控制下,但是,第一次阿富汗战争失败以及印度西北部边界的相对安全,使英国暂时放弃了控制阿富汗的计划。随着俄国不断向中亚扩张,逐渐染指阿富汗,英国保守党政府认为,必须对阿富汗进行直接控制以确保印度帝国的安全。与此同时,阿富汗的阿里在英俄之间摇摆不定,坚定了英国政府"前进"的决心。所谓"前进"政策是指不断推进,争取获得对印度最有利的形势,并利用最小的危险和代价掌握阿富汗的控制权,彻底打破俄国利用阿富汗通道进入印度的幻想。

70年代后,俄国改变了行动计划,并开始向中亚进一步扩张。1870年,俄国与阿富汗埃米尔进行谈判,埃米尔担心俄国的要求过度,为了保证自己的安全,他希望英国政府在他受到俄国进攻时给予帮助。当时的印度总督诺思布鲁克勋爵(Lord Northbrook)同意签署条约,但遭到了格莱斯顿政府的印度大臣的反对。

迪斯雷利1874年任首相后,任命李顿(Lytton)为印度总督,并指示他尽量防止阿富汗国王成为俄国沙皇的御用工具。英国首先

---

① Gwendolen Cecil, *Life of Robert Marquis of Salibury*, London: Hodder & Stoughton, 1921, p.72.

对阿富汗国王进行谨慎的说服，希望他同意英国在阿富汗派驻使节，以"保卫国王，加强警戒"①。李顿的第一个任务就是说服阿里接受英国在喀布尔派驻永久特使，但是，阿里不愿背离与俄国联系的旧政策，拒绝了英国的要求。同时，在1877—1878年的俄土战争中英国支持土耳其，恶化了英俄关系。因此，俄国也极力拉拢阿里，扩张在中亚的地盘，打击英国在东方的利益。在俄国的诱惑下，阿里批准俄国特使进入喀布尔，并与他签订了条约。俄国的行动被英国人看成对英国派兵至马耳他的报复，也是对英国的挑战，将给印度带来严重的后果。

在两年的时间里，李顿几乎没有进展，一方面，埃米尔摇摆不定；另一方面，李顿害怕英国卷入与俄国的战争，不敢采取强硬措施。1878年7月俄国特使来到了喀布尔，这件事为李顿行动提供了借口，他要求埃米尔驱赶俄国特使，接受英国特使。

阿富汗的局势直接关系到英国与俄国的关系，伦敦对这个问题进行了讨论：是把它作为一个纯粹的印度问题还是向彼得堡发出一个外交的抗议？②内阁起初认为，无须通过外交部与俄国进行交涉，这个决定使李顿误以为内阁同意了他的方案。8月19日，英国政府通过外交部照会彼得堡，迪斯雷利和外交大臣索尔兹伯里希望等到彼得堡的答复后，再给李顿权威性的指示。9月13日，李顿接到伦敦的指令：在得到彼得堡的照会答复前，不得采取任何行动。但是，李顿未经迪斯雷利的同意，就命令英军兰斯军团进入阿富汗，结果

---

① W. F. Monypenny & G. E. Buckle, *The Life of Benjamin Disraeli*, V, London: Murray, 1910—1920, p.434.
② Maurice cowling, 'Lytton, the Cabinet and the Russians, August to November, 1875', *English Historical Review*, lxxvi (1961) 60—79.

又退了回来。这次英军的冒险行动，导致了印度边界危险局势的产生。1878 年 11 月，迪斯雷利对阿富汗宣战，罗伯茨将军（Roberts）率三路兵马打败了阿富汗军队。阿富汗国王阿里逃亡俄国，于 1879 年春天去世。英军占领喀布尔后，将阿里的儿子立为王位继承人，并与他签订了条约。根据条约，新国王同意英国在喀布尔派驻特使，承认英国对阿富汗外交政策的控制权。

在英国特使进入阿富汗两个月后，1879 年 9 月，阿富汗新埃米尔又玩起"双重游戏"①，而英国特使路易斯·查维格纳里爵士（Sir Louis Cavagnari）和他的同事被杀。英国军队借机采取行动，罗伯茨勋爵和唐纳德·斯坦伍德勋爵（Lord Donald Stanwood）率领英军分别占领喀布尔和坎大哈（Kandahar），把埃米尔雅可布押往印度。这次行动抑制了俄国在中亚的推进，暂时维护了印度的安全。

印度作为英帝国的重要组成部分，不仅是英国经济利益的保证，而且是巩固英国东方地位的重磅砝码，同时，也被视为英国传播文明的场所。因此，印度的经济支撑作用、战略地位以及英国人拥有的心理优势是保守党人印度政策的底气之所在。

六、两党帝国政策之争

在保守党执政的六年（1874—1880）里，其帝国政策的主要内容包括：第一，尽可能地扩大帝国版图，如吞并斐济、塞浦路斯；第二，

---

① James A. Williamson, *A Short History of British Expansion*, London: Macmillan, 1965, p.191.

保证现有帝国版图的完整,如加冕印度女皇,通过阿富汗战争保证印度边界的安全。但是,这一时期,英国两党的帝国政策还未形成共识,当迪斯雷利大张旗鼓地宣布建立"有形帝国",用版图帝国来增强英国实力,提高英国地位的政策时,自由党人却不断地批评保守党人在建立"有形帝国"中的"不正义""不道德"行为。保守党和自由党帝国政策之争贯穿英国的政治生活,成为这一时期英帝国政策的一个重要特点。

自由党的帝国政策具有浓厚的自由主义色彩,道德、正义、自愿的理想始终支配政策的方向,而保守党的帝国政策更趋向于现实主义,功利、实用以及英国的利益成为帝国政策的目标。两党纷争政策差异在"东方问题"上形成了第一个冲突点,柏林会议进一步表明了两党在帝国问题上的不同思维;阿富汗战争以及祖鲁战争使自由党找到了更多攻击保守党政策的理由,格莱斯顿在中洛锡安(Midlothian)的演讲把两党帝国政策的冲突推向了高潮。

19世纪70年代,法国第二帝国崩溃后,俄国成为欧洲国家中的"秃鹰",在中亚和地中海地区直接威胁到英国在东方的利益和印度的安全。同时,俄国在巴尔干(Balkan)和博斯普鲁斯海峡(Strait of Bosporus)的支配作用增强了,它将势力延伸到印度洋的企图日益昭显。对英国来说,保证印度的安全,阻止俄国在地中海的扩张成为英帝国政策的重要内容。

地跨欧洲、西亚与北非的奥斯曼帝国(Ottoman Empire)此时的局势变得复杂,俄国和奥匈帝国有扩张野心,斯拉夫人的民族主义情绪高涨,土耳其的统治引起基督教欧洲部分的不满,英国则要保护其东方的商路和在东地中海地区的战略地位。长期以来,英国与印度之间有两条通道,一条是经大西洋、绕过南非、然后穿越印度洋、最后到达印度；另一条是通过地中海和阿拉伯海、经红海和波斯湾、到达印度的孟买。1869年，苏伊士运河通航后，红海成为欧洲到亚洲的主要航线，奥斯曼土耳其是必经之地。所以，英国在这个地区支持奥斯曼帝国，抵制俄国的扩张，其策略在1853—1856年的克里米亚战争中已经奏效。此外，英国还将奥斯曼帝国视为其操纵欧洲均势、维护欧洲和平的砝码。迪斯雷利一直自信地认为，只有英国介入到欧洲事务中，才能保持欧洲的和平。

两党对于东方问题的争论早在自由党执政时候就已经开始。1856年，克里米亚战争后的《巴黎条约》（Treaty of Paris）包含了黑海中立的条款，目的是防止俄国在地中海地区的扩张。1870年普法战争以后，俄国提出不能继续受中立条款的限制，格莱斯顿的反应不是阻止俄国的野心，而是提出召开伦敦会议，讨论俄国的要求。

迪斯雷利对格莱斯顿的对俄政策不以为然，认为英国以及盟国政府花费了巨大的代价换回了俄国的承诺，英国绝对不能让俄国的阴谋轻易得逞："我不明白，也不相信，英国首相在目睹了盟军巨大的牺牲之后，特别是这个国家的巨大牺牲后才得到了1856年的条约。但是他却要在伦敦会议上同意放弃巨大牺牲换来的条款，事实上，1856年的条约并没有特别的重要性……除了终止俄国在黑海的优势……为了得到这个结果，盟军花费了30亿财富的代价，我都不能相信还有多少难以计算的生命代价，我们进行了四场激战、两次剧烈的进攻才得到这个结果。英国从最高贵的到最低贱的家庭，几乎每家都有痛苦回忆，每家都为战争做出了牺牲……。"[1]

---

[1] *Hansard*, 9 February, 1871, vol. 204, 84. Michael Willis, *Galdstone and Disraeli Principles and Policies*, Cambridge · New York · Port Chester · Melbourne · Sydney: Cambridge University Press, 1989, p.80.

格莱斯顿认为,黑海中立条款只是克里米亚战争后的权宜之计,70年代的形势与50年代中期已经大不相同,即使英国希望永久保持黑海中立条款,也找不到合作的对象:"我听说帕默斯顿勋爵(Lord Palmerston)将中立看成一种可以保持几年的安排,但是,它不可能成为伟大欧洲的永久条款……为了维持(迪斯雷利的)东方政策,你依靠谁?法国?但是法国的官方已经表示愿意放弃黑海的中立。谁还愿意和我们一起继续维护1856年条约的精神?奥匈帝国政府?他们几年前已经建议俄国条款必须变更,黑海中立必须废除。在这种情况下,尊贵的先生发现了1856年中立条款的必要性……谴责我们没有进入单方的战争迫使俄国永久地将它的君主权限制在它的领土内……。"①

保守党执政后,东方问题再次出现,迪斯雷利认为保守党大显身手的时机已经成熟。1875年5月6日,他在给德比伯爵的信中说:"我感到我们必须像帕默斯顿那样,为推动欧洲和平做出一些努力。他打败了法国人,将埃及人赶出了叙利亚。也许我们可以同俄国结盟,或者邀请意大利、奥匈帝国(Austro—Hungarian Empire)这样的国家加入我们的阵营。"②几天以后,他得到了德比伯爵热情的答复:"我们在外交政策上非常幸运,我们做的事情没有卷入危险,也没有引起麻烦,这一切比我们所预想的结果更好。"③但是,1853—1856年克里米亚战争(the Crimean War, 1853—1856)使英国和俄国结怨太深,俄国割让比萨拉比亚(Bessarabia)的耻辱、东正教宗教

---

① Hansard, 9 February, 1871, vol. 204, 104—105. Michael Willis, *Galdstone and Disraeli Principles and Policies*, Cambride University Press, 1989, p.80.
② Robert Blake, *Disreali*, London: Eyre & Spottiswoode, 1966, p.574.
③ Ibid.

感情的高涨以及俄国对巴尔干斯拉夫民族的支持,增加了双方达成谅解的难度,而且俄国在巴尔干地区的扩张还会危害英国的东方利益。因此,英国政府在对待东方危机的态度上,只能是选择保证奥斯曼帝国的完整,这既是保证欧洲大国形象的需要,又是保证东方帝国安全的需要。但是,在与俄国的新较量中,英国再也没有了克里米亚战争时代的好运气,再也找不到一个像法国那样的帮手。德国在取得国家统一后,经济实力不断增强,称霸世界的野心日益膨胀,不愿帮助英国;法国在普法战争中大伤元气,已经不能帮助英国赢得这场战争;奥匈帝国也不愿意冒战争的风险支持英国。英国只能孤军奋战。因此,保证奥斯曼帝国的完整和独立成了迪斯雷利政府"不幸的选择"。

1875年,奥斯曼帝国的领土包括现在巴尔干半岛诸国,如阿尔巴尼亚、南斯拉夫大部和希腊南部等。但此时的奥斯曼帝国已经腐败不堪,苏丹债台高筑,国内民族和宗教矛盾尖锐,而且帝国在过去100年的历次战争中几乎全部以失败告终。奥斯曼帝国长期苟延残喘的一个重要原因是欧洲大国的利益争夺,英国、俄国、法国和奥匈帝国都有自己的追求。但法国在1870年普法战争失败后失去了对东方的兴趣,奥匈帝国自身的民族矛盾也很尖锐,使其在东方问题上受到牵制。于是,英国和俄国成为东方问题上的真正对手。

1875年7月,奥斯曼帝国境内的黑塞哥维那人发动反抗帝国统治的起义,很快席卷波斯尼亚。帝国境内的斯拉夫人都是东正教徒,把希望寄托在俄国人的身上。虽然沙皇并不相信斯拉夫人的民族主义,也不指望泛斯拉夫主义能够给予俄国事实上的支持,但是,斯拉夫人的反抗为俄国的扩张提供了机遇,因此支持奥斯曼帝国的斯拉夫人就成为俄国东方政策的必然选择。

英国的宗旨是尽可能保持奥斯曼帝国的完整,对此迪斯雷利满怀信心,他在给布拉德福德(Bradford)夫人的信中写道:"我真的认为,克里米亚战争保证了奥斯曼帝国的生存,现在缠绕欧洲一个世纪的东方问题将由我来解决,我敢说我能搞定。"① 为了得到议会的支持,迪斯雷利夸大了俄国对印度的威胁。1876 年 10 月,巴林顿勋爵(Lord Barrington)在同迪斯雷利会晤时,询问首相为什么不放弃君士坦丁堡,吞并埃及保证印度的安全。迪斯雷利回答道:"如果俄国得到君士坦丁堡,他们会在任何时候通过叙利亚进入尼罗河口。那时,我们拥有埃及还有何用? 即使我们取得了海洋的控制权,一旦这种情况发生,它也不能给予我们任何的帮助。这样说话的人可能不太了解地理,我们的实力在海洋,君士坦丁堡是印度的钥匙,而埃及和苏伊士运河则不是……"②

迪斯雷利认为克里米亚战争保全了奥斯曼帝国,提高了英国的威望,东方危机是另一场克里米亚战争,英国必须好好利用。但是,索尔兹伯里不以为然,他打了一个形象的比喻:"政治中最常见的错误就是坚持僵硬的政策。当桅杆落在甲板上时,你不能再考虑它原先的用途……你应该把这个累赘全部抛掉。国家的政策也是如此。当旧政策成为碎片时,我们仍然守住这些碎片。当碎片被撕烂后,我们仍然被笼罩在它的阴影中。"③

尽管保守党内意见并不完全一致,东方问题起初在英国并没有引起太大的争议,而且国人对巴尔干的情况也不十分了解。1876 年 6 月《每日新闻》对土耳其在巴尔干的暴行进行了夸张的报道:2500

---

① Robert Blake, *Disreali*, London: Eyre & Spottiswoode, 1966, p.575.
② Ibid., p.577.
③ Ibid.p.578.

人被杀,很多人遭到强奸、折磨和其他的暴行。6月26日,报道被送往议会下院,迪斯雷利否定了《每日新闻》报道的真实性,认为媒体"设计了一个反对政府的声音"。1876年8月11日,英国议会下院对土耳其政府的暴行进行了辩论,迪斯雷利坚持捍卫土耳其的完整,确保英国的东方利益。他在辩论中说:"人们总是认为我们与土耳其政府保持了特别的联系,似乎我们就是他们特别的朋友,甚至认为我们支持他们的暴行。我不知道我们这样做的利益在哪里?我们事实上是土耳其苏丹的盟友,俄国也是,奥匈帝国也是,法国也是,还有其他的国家也是。在这个时候,我们的责任是维护英帝国。我们不会为了暂时相对的安宁和虚假的繁荣冒帝国生死存亡的危险。"[1]同年11月,迪斯雷利在市政厅的演讲中再次提到了"前所未有的帝国",并表示"为了帝国,英格兰不惜诉诸武力"[2]。

1877年,俄国向土耳其宣战。当俄国军队挺进君士坦丁堡时,形势忽然明朗:英帝国在印度边界和地中海都将面临俄国的挑战。4月,为了对付咄咄逼人的俄国,迪斯雷利建议英军占领达达尼亚海峡(Dardanelles),导致了保守党的分裂。殖民大臣卡纳温和外交大臣德比伯爵因反对迪斯雷利的东方政策宣布辞职。同时,迪斯雷利的政策也引起了"英国利益"和"英帝国利益"的争论:许多人认为,"英国利益"和"英帝国利益"常常是可以互换的,其感情上的特色远

---

[1] *Hansard*, 11 August 1876, vol. 231, 1145. Michael Willis, *Galdstone and Disraeli Principles and Policies*, Cambridge · New York · Port Chester · Melbourne · Sydney: Cambride University Press, 1989, p.87.

[2] G. E. Buckle (ed.), *The Letters of Queen Victoria*, Vol II, London: Murray, 1930, p.964.

远超过了它们的实际意义。①

东方问题出现后,自由党找到了攻击迪斯雷利的时机。1876年9月格莱斯顿发表《巴尔干的暴行和东方问题》的小册子,谴责土耳其的统治和保守党人的政策,在英国引起了巨大的反响,一个星期就卖出了4万册,月底已经达到了20万册。他写道:"有史以来,政治社会总是从反抗开始,人民反对不能容忍的政府和暴政,他们的行为不应该被视为一种罪行。"②格莱斯顿一直寻找攻击迪斯雷利的时机,但是,后者总是以敏锐的政治嗅觉回避前者的打击。在"东方危机"的问题上,格莱斯顿的攻击行动又慢了一拍。如夏农所指出的:"是大众鼓励了格莱斯顿,而不是格莱斯顿鼓励了大众。"③

在这场争论中,双方都利用了英国大众的帝国心理。1877年5月,格莱斯顿在议会关于东方问题的辩论中指出:"英国的利益是帝国得陇望蜀扩张政策的借口,帝国的扩张意味着国家的衰落和战争状态,印度就是帝国政策的典型。英国人先征服了印度,接下来就是为保卫印度的安全和稳定英国的统治。为此,英国到处声称任何国家在该地区不得有任何军事行动和妨碍印度航线的行为,于是就承担了过重的责任。"④格莱斯顿不愿意接受迪斯雷利的帝国政策,认为迪斯雷利不是在建立一个英帝国,而是在建立一个军事帝国。格莱斯顿认为:为了英国的利益,英国在俄土战争中必须保持中立,反对土耳其人违背正义和自由的原则。迪斯雷利的支持者则认为,

---

① Richard Koebner & Helmut Dan Schmidt, *Imperialism: The Story and Significance of a Political Word, 1840—1960*, Cambridge: Cambridge University Press, 1964, p.128.
② Robert Blake, *Disreali*, London: Eyre & Spottiswoode, 1966, p.598.
③ R. T. Shannon, *Gladstone and the Bulgarian Agitation* 1876, London: Macmillan, 1963, pp.110—112.
④ *Hansand*, CCXXXIV, 408—414.

保卫东方帝国是为了人类和文明的事业。①

尽管自由党对保守党的东方政策展开了一波又一波的攻击,保守党内部在迪斯雷利的鼓动下却逐渐形成了统一战线。1877年3月索尔兹伯里伯爵改变了先前的态度,他在给李顿勋爵的信中写道:"我感到被说服了——旧政策在某个时候是明智的——为了英国的利益扶植奥斯曼王朝现在已经不适用了。我认为现在是用直接的办法保卫帝国的时候了——领土的重新安排。如果我们再迟几年做这件事情,那么两件事必有一件就要发生:法国将可能恢复大国地位,嫉妒我们在地中海的扩张;德国将可能变成海军大国。无论发生任何一件事对我们来说都是挑战,更糟糕的是,还有可能使我们失去在君士坦丁堡的利益。我们现在重新安排帝国领土很简单,但是五年后就不可能了。"②

1877年11月,俄军占领了土耳其境内的阿德里安堡(Adrian Fort),并试图缔结和约。迪斯雷利处境尴尬,他只有两种选择:要么对俄国在巴尔干、土耳其海峡和爱琴海的行动保持沉默,要么违背民意单方对俄宣战。此时,英国人对待东方危机的态度非常明确,他们都不愿意卷入这场战争。如《北方时代》的编辑斯泰德在给格莱斯顿的信中所指出:"我们终于抓住比肯斯菲尔德③(Beaconsfield,即迪斯雷利)的尾巴了,我担心他是否把我们卷入同俄国的战争。一旦那样,他将成为第一个牺牲品。"④1878年3月3日,土耳其与俄国签订了《圣斯特法诺条约》(Treaty of San Stefano),俄国在巴尔干

---

①④ *Hansand*, CCXXXIV, 646,771.
② Letter from Salisbury to Lord Lyton, 9 March, 1877, see Lady Gwendolen Cecil, *Life of Robert, Marquis of Salisbury*, vol II, London: Hodder & Stoughton, 1921, p.130.
③ 迪斯雷利获封比肯斯菲尔德勋爵。

和亚美尼亚的扩张不仅得到了承认,而且通过对阿尔巴尼亚和保加利亚的控制,成为地中海地区的大国。

俄国在地中海地区势力的增强使迪斯雷利倍感事态的严重,认为地中海的均势已经被打破,英帝国的利益危在旦夕。他向议会建议,从印度派出紧急救援部队占领塞浦路斯,抗衡俄国对亚美尼亚的征服,保卫英国在波斯的利益。在力陈英国所面临的紧急状态后,在召集储备军,调动印度军队前往马耳他的事件中,再次使用起富有魅力的帝国语言。1878年4月8日他在上院宣布调动军队的决议时说:

> 我曾经考虑过,女王陛下的政府,无论由任何党派组成,都是帝国的保护者。这个帝国是我们祖先们经历千辛万苦才建立起来的。我尊敬的大人们,这是英国最重要的特点之一。我以为它在历史上是前所未有的。恺撒、查理曼都未能统治这样一个如此特别的领地。它的旗帜飘扬在许多的土地上;它的名字遍及五大洲。那里居住着不同种族、不同法律、不同宗教和不同风俗习惯的人民。他们有的用自由的纽带与我们相连,他们完全明白:离开宗主国的联系,他们的公民自由和自治政府就得不到保证;他们有的通过血缘、物质和精神与我们联系在一起,还有的通过军队的力量与我们相连,他们尊重这种支配力量,他们需要用它来保卫秩序和正义。这些群体都认同不列颠岛的支配。①

迪斯雷利向人们表达了他的帝国概念:帝国是由多宗教、多种

---

① T. E. Kebble, *Selected Speeches of Benjamin Disreali Earl of Beaconsfield, Vol II* London: Macmillan, 1882, p.177.

族和不同生活习惯的人们构成的,种族认同的帝国只是英帝国的一小部分;殖民地对英国政府的服从和尊敬是出于对自由和宪政的尊敬和爱护,与此同时,帝国的安全也需要以强大的军事实力为后盾。

就迪斯雷利调动军队的提议,英国议会下院进行了3天的激烈辩论。反对派认为,迪斯雷利的动议违背了"权利法案",亨廷顿说:"这是一个措施,它提出了这个国家与我们印度帝国之间关系的新问题。"①支持派与迪斯雷利一样大唱帝国的高调,接替卡纳温殖民大臣职务的迈克尔·希克斯·比奇爵士(Michael Hicks Beach)说:"事实向世人表明,我们召集帝国的力量是必要的"。②议会中的自由党和自由党统一派联手希望政府考虑印度人的感情和利益,提出既然印度军队用来为英国的外交政策服务,印度就应该享有合作者的同等地位,而不再是一个依附者。

在柏林会议(Berlin Conference)之前,迪斯雷利仍然在为其东方政策摇旗呐喊。1879年5月16日,迪斯雷利在上院发表的讲话中指出:"我们的目标是两面的,我们希望保持土耳其作为一个独立的政治实体,谈到奥斯曼帝国濒临灭亡是很容易的,当你面对这个实际问题时,所有活着的政治家都不能提供一个有效的办法。当奥斯曼帝国面临崩溃时,可能出现的一个结果就是长期的战争或普遍的战争,这就为保持奥斯曼帝国提供了足够的理由。如果我们坚持奥斯曼帝国是一个国家,我们总是要说加强它的办法是改善臣民的条件……"③

---

① T. E. Kebble, *Selected Speeches of Benjamin Disreali Earl of Beaconsfield*, Vol II London: Macmillan, 1882, p.179.
② Ibid., p.179.
③ Ibid., pp.213—214.

《圣斯特法诺条约》签订后,英国坚持该条约中的所有条款都必须经过审议,否则视为无效,同时派舰队驶入博斯普鲁斯海峡,威胁俄国的出海口。英国外交大臣德比因不能接受占领一个未交战国领土和可能导致与俄国战争的冒险而辞职。《圣斯特法诺条约》不仅加剧了东方危机,而且表明俄、英、奥三国中的任何一方都不能决定土耳其的命运。英国内阁的分裂严重影响了其外交政策的一致性,1878年3月底,索尔兹伯里出任外交大臣,英国结束了长期以来由于内阁的分歧而形成的动摇和不稳定。4月1日,他全面阐述了英国反对《圣斯特法诺条约》的立场,指出:俄国对近东地区的独占,是与英国在海峡、苏伊士运河、地中海和波斯湾的利益不相容的,英国必须立足于土耳其"寻求补偿",从而遏制俄国;保持土耳其在已经缩小范围内的领土独立;英国应从亚洲获得一处海军基地,以抵消俄国在亚洲取得的利益;英国将对土耳其进行实质性的保护。[1]为了表明自己的态度,英国在东方调兵遣将,7 000名印度远征兵被派到马耳他。另一方面,索尔兹伯里试图取得奥匈帝国的谅解:"我极不希望与奥匈帝国弄僵,迫使其投入到俄国的怀抱,但是,我担心俄国某个时候会出高价收买它。奥匈帝国的计谋是利用英国恐吓俄国。如果不能通过外交手段达到目的,奥匈帝国则试图把英国推向与俄国的战争,并在俄国不堪重负时,乘机敲诈。我感到,仅仅与奥匈帝国交涉仍然是危险的。在与俄国和解的希望没有完全消失前,宁愿避免这种风险。"[2]

事实上,英国面临的外交局面更为复杂:普法战争以后德国的

---

[1] Lady G. Cecil, *Life of Robert Marquis of Salisbury*, II, London: Hodder & Stoughton, 1921, pp.213—229.
[2] Ibid., p.258.

势力日益增强,自由党政府对大陆事务采取孤立主义的态度,德国乘机拉拢俄国和奥匈帝国,利用君主纽带把俄奥两个帝国团结在自己的周围,在欧洲大陆孤立法国,以取得欧洲霸主的地位。普法战争期间,俄国保持了"善意"的中立。为了回报俄国,德国在1871年的伦敦会议上帮助俄国取消了1856年《巴黎条约》中的黑海条款。此外,克里米亚战争后,俄国与英国在中亚和近东处于全面的对峙状态,从战略上看,俄国愿意与德国保持良好关系,保持西部边疆的安全。

德国与奥匈帝国能够在1866年的战争后重新走到一起也不是偶然的,德国没有急于吞并奥匈帝国境内的日耳曼人居住区,为保持与奥匈帝国的良好关系留下了后路,如德国驻奥匈帝国大使汉斯·冯·施魏尼茨所述:奥匈帝国的存在"纯粹应归功于我们的善意,因为我们愿意保持它的完整。奥匈帝国的完整对于欧洲的均衡甚至比奥斯曼帝国的完整更为重要"①。1873年10月,德国、奥匈帝国和俄国签订了"三皇同盟"(Dreikaiserbund)条约,规定:三方彼此磋商"某些特殊问题上的分歧","抵制来自任何方面的一切扰乱";在缔约国任何一方受到第三国进攻时,三国应商定共同的行动方针。"三皇同盟"的影响是双重的,一方面,这个保守主义的政治结构只是普法战争以后欧洲大国关系处于相互牵制状态的一种反映,俄奥合作是联盟的基础;②另一方面,"三皇同盟"也显示了德国在欧洲的领导作用,而从前操纵欧洲均势的只能是英国。

---

① A. J. P. Taylor, *The Struggle for Mastery in Europe, 1848—1918*, Oxford: Oxford University Press, 1954, p.212.
② 王绳祖主编:《国际关系史》第三卷,1871—1918,世界知识出版社1995年版,第11页。

1875—1878年的东方危机,造成巴尔干地区的动荡,直接影响到俄国和奥匈帝国的利益。奥匈帝国担心边境出现一个由俄国支持的大斯拉夫国家,从而阻止其向东扩张的道路,奥皇企图利用"三皇同盟"的框架,同俄国合作掌握巴尔干地区的事务;俄国则希望巴尔干各国摆脱土耳其的统治,从而取得控制君士坦丁堡和海峡地区的权利。为了达到各自的目的。俄奥建议由《巴黎条约》签字国组成一个领事团,对土耳其的冲突进行调停。1875年12月30日,六国政府向土耳其发出了照会:要求宗教自由,放松税收限制等。由于列强没有作出保证,起义者拒绝在土耳其兑现改革前放下武器。俄奥求助于德国,5月13日的《柏林备忘录》重申了照会的内容,只是在结尾加上了一个威胁性的保留:如果停火期满而未达目的,大国方面将采取进一步的行动。德国之所以愿意扮演调停者的角色,一方面,欧洲各国将视线从阿尔萨斯和洛林转移到东方,不愿意被俄奥冲突所牵连;另一方面,调停也表明德国国际地位的提高,德国已经成为欧洲大国公认的仲裁人。

《柏林备忘录》得到法国和意大利的同意,却遭到英国的抵制,因为奥斯曼帝国不仅是联系英国与亚洲的通道,而且是防止俄国南下地中海、西侵中亚的屏障。5月19日,英国在致各国政府的照会中指出,三皇柏林方案中,保留采取措施的权力有损于和平,没有正当理由要求土耳其政府接受。[1] 迪斯雷利拒绝《柏林备忘录》是为增进英国的威望和影响,试图为其确保大国地位独辟蹊径。为了破坏三皇同盟,迪斯雷利不惜与俄国妥协,以达成谅解。但是,俄土战争的爆发中断了英国的外交斡旋。

---

[1] E. Hertslet, *The Map of Europe by Treaty*, IV, London: Macmillan, pp.1464—1465.

英国怀疑俄国占领保加利亚的要求是觊觎君士坦丁堡,迪斯雷利鼓动内阁对俄采取强硬政策,认为英国对俄国威胁和干涉的程度将决定近东和平。① 俄国如果控制了君士坦丁堡,就能直接由叙利亚到达尼罗河口,切断经埃及往印度的航线,英国即使拥有制海权也不起作用。针对英国的反对,俄国声称绝无占领君士坦丁堡之意,占领保加利亚只是为保护基督教徒的安全。

在这样复杂的国际政治形势下,德国暂时成为解决纠纷的斡旋者。1878年5月31日,德国撮合英俄签订了《英俄协定》,该协定保留了《圣斯特法诺条约》的重要条款,英国在有争论的条款上保留了意见。针对俄国在土耳其的亚洲领土上取得的收获,英国又与土耳其签订了秘密条约。英国要求土耳其放弃塞浦路斯岛:"除非英国在靠海岸地区占有一个据点,否则不可能对叙利亚和小亚细亚施行保护、及时集结所需要的军队和战争物质抗御侵略。"②

1878年夏,欧洲列强在柏林举行会议,讨论由《圣斯特法诺条约》引起的有关问题。柏林会议是欧洲大国重新确认各国地位的一个标志,也是英国保证其国际地位的一个契机。英国首相迪斯雷利和外交大臣索尔兹伯里同时出席,迪斯雷利不遵循国际惯例,竟然用英语发言,表现了一种不妥协的态度。英国的意图是扩大《英俄协定》的成果,在保加利亚等问题上对俄国形成挑战;俄国是想获得比《英俄协定》更多的东西,保持数十年来纵横欧亚政坛的地位;奥匈帝国则希望欧洲会议授权其获得占领波黑的权利。

---

① Robert Blake, *Disreali*, London: Eyre & Spottiswoode, 1966, p.607.
② 王绳祖主编:《国际关系史》第三卷,1871—1918,世界知识出版社1995年版,第40—41页。

英国在巴尔干地区没有实际的利益,它关注两个方面的问题:第一,保证海峡协定不变,也就是保证英国的利益;第二,保证地中海通往印度的航线①,这是保守党帝国政策的精髓。英国认为俄国会从两个方向对该地区进行渗透:通过君士坦丁堡进入地中海,或从高加索到亚历山大里亚都对英国利益造成威胁。柏林会议对《圣斯特法诺条约》修改的结果是,以巴尔干山脉为分界线,把马其顿河与斯特鲁马河流域交给土耳其,并对土耳其在南保加利亚边界拥有驻军权等有关问题作了有保留的原则让步。② 1880 年 7 月 8 日,柏林会议取消了英国和土耳其的协议,英国获得塞浦路斯作为补偿,大英帝国的版图上又增加了新成员。

柏林会议重新分配了英、奥、俄三大国在近东的权力,达到了一种相对的平衡,尽管德国是该会议的倡导者,但是,迪斯雷利在会议上的姿态、俄国对英国作出的让步以及马耳他的新归属表明,英国仍然是欧洲的大国,其他国家不能轻易地忽视其存在。柏林会议上英国得到了"具有战略地位的塞浦路斯",迪斯雷利把这个收获不仅看成英国外交的一个伟大胜利,而且是保卫帝国利益的重要成果,他说:"柏林会议使我们躲避了一个责任,一个交给后继者以衰落帝国的责任。"③同时,他还自豪地表示:"女王陛下的舰队和军队都是一流的。英格兰自豪地发现,地中海布满了它的舰队,帝国军队招之即来,而且赋予纪律性和奉献精神。我们的帝国是自由、正义的

---

① Rene Albrecht—Carrie, *A Diplomatic History of Europe Since the Congress of Vienna*, New York·Evanston·San Francisco·London: Harper & Row, Publishers, 1973, p.175.
② 王绳祖主编:《国际关系史》第三卷,1871—1918,世界知识出版社,1995 年,第 46—47 页。
③ Rene Albrecht—Carrie, *A Diplomatic History of Europe Since the Congress of Vienna*, New York·Evanston·San Francisco·London: Harper & Row, Publishers, 1973, p.212.

帝国。"①索尔兹伯里则从商业的角度发表了对帝国的赞赏:"在一个短时间内,一些公共事务中的杰出人物不断地在说服你们,他们认为英格兰的过去是一个错误。英格兰的责任和利益应限制在内部的商业活动和资本的积累上,而不应该涉及对外政策。他们是一些轻视帝国的人们,他们反对殖民地,甚至在占领印度时喋喋不休地抱怨……历史一次又一次地证明,那些为了商业繁荣而放弃帝国的人将失去帝国和它的商业利益。"②

自由党领袖格莱斯顿对迪斯雷利的胜利不以为然,他从"和平和荣誉"角度批评了后者的帝国观。格莱斯顿说:欧洲的法律由于英国占领塞浦路斯以及与野蛮国家结盟的行为而被践踏,柏林会议对英国毫无意义,仅仅是迪斯雷利宣扬"有形版图"的一个象征性成果。索尔兹伯里关于帝国会议保证英国商业利益的理论是号召占领更大殖民地,以此增强人们的贪婪欲望。迪斯雷利政府政策的核心是"典型的用军事力量支持领土扩张",是不道德的行为,也是不正义的行为。

在攻击迪斯雷利"有形帝国"政策的同时,格莱斯顿继续表达了他的帝国理想。他重新强调了殖民地与宗主国联系的宗旨是自由的原则,是出于殖民地的自愿,不应带有任何的强迫性。他说:"我们宁愿与殖民地友好地分手,不愿强迫他们服从我们的需要。"感情仍然是宗主国与殖民地保持联系最重要的纽带,他说:"联系的实质不在于唐宁街的命令,而在于双方的感情、道德和社会同情。"在这

---

① Richard Koebner & Helmut Dan Schmidt, *Imperialism: The Story and Significance of a Political Word, 1840—1960*, Cambridge:Cambridge University Press,1964, p.141.

② T. E. Kebble, *Selected Speeches of Benjamin Disreali Earl of Beaconsfield*, Vol II, London: Macmillan,1882,pp.179—202.

个问题上,格莱斯顿认为,迪斯雷利调动印度的军队违背了印度人的意愿,忽视了印度人的感情,是典型的宗主国利益至上的原则。最后,宗主国与殖民地之间应该是平等的。格莱斯顿一贯反对英国政府把不同肤色人种的殖民地置于屈从的地位。他说:我们不希望波斯尼亚人的服从,不提倡获取塞浦路斯那样的殖民地,他们根本不可能成为大不列颠的一部分,他们有不同于英国人的伦理观念,他们永远都会认为:我们是主人,他们仅仅是外国人。① 格莱斯顿最后表示,英国目前应该做的事情是保持语言和思想上的谦逊,将平等的权利交给所有的国家和民族。②

格莱斯顿还在《英格兰的使命》中承认自由党和保守党的分歧:"在两党对这个问题(英格兰的使命)的争论上,有一个完全的一致看法:英格兰在世界范围内有一个伟大的使命,但是对于这个使命的实质仍然存在分歧。因为两党思想的形成不同,对殖民地的看法也分为两个方面。政党视野中的管理关系和政治从属的阴影,无论是国内还是国外,都竭力地将我们推向帝国主义……我们的观点仍然是:让它们繁荣到至极,如果它们最高的福利需要它们分离,我们宁愿它们友好地结束约束性的臣属。"③

对柏林会议的不同理解,使自由党对保守党帝国政策的攻击达到了一个高峰,《帝国主义》的作者科伯特·施密特这样评价了两党之间的争论:"格莱斯顿和迪斯雷利对帝国两个完全不同的解释,成

---

① Richard Koebner & Helmut Dan Schmidt, *Imperialism: The Story and Significance of a Political Word, 1840—1960*, Cambridge: Cambridge University Press, 1964, p.146.
② Ibid.
③ *The Nineteenth Century*, Saptember 1878, see Michael Willis, *Galdstone and Disraeli Principles and Policies*, Cambridge · New York · Port Chester · Melbourne · Sydney: Cambridge University Press, 1989, pp.94—95.

为意识形态战场的起点,这场辩论在以后的中洛锡安运动中得到了进一步的扩展和深入。"①

1878年秋,形势发生变化,格莱斯顿认为英国政府正走向"毁灭",提出现在是自由党联合准备新大选的时候了。经过党内的多次协商,格莱斯顿将目光投向了苏格兰的中心选区中洛锡安郡,格兰维尔也将该地区视为自由党聚集能量的地点:中洛锡安郡决战将是一个"进攻性的举动,一旦顺利,它将聚结极大的力量和能量,效果将是非常显著的"②。中洛锡安郡运动是自由党在大选之前进行了一场宣传和鼓动,格莱斯顿在三次演讲中,对迪斯雷利为首的保守党政府的帝国政策进行了尖锐的批评,同时,进一步表达了自由党的帝国理念,将两党的政策差异放在公众的视野中。如他所说:"政府的责任,特别在外交事务上是平息和稳定人们的思想,不是制造荣誉的假象,虚假的荣誉只能给公众带来灾难。(保守党)通过引导公众相信他们是世界上最优秀的,从而鼓励统治的和有害的精神。(我们认为)应建立一个原则——承认国家间的姊妹情谊、民族平等以及公共权力的完全平等。"③

格莱斯顿在第一个讲演中指出,英帝国的版图已经够大,英国需要承担的责任也已经太重,迪斯雷利建立更大的版图是过于贪婪的表现:"不是我贬低(帝国的)力量,相反,如果我希望打破保守党人的梦想,那些人总是告诉你们英国的力量之所在,有时他们说为

---

① Richard Koebner & Helmut Dan Schmidt, *Imperialism: The Story and Significance of a Political Word, 1840—1960*, Cambridge: Cambridge at the University Press, 1964, p. 147.
② E. J. Feuchtwanger, *Gladstone*, London: Macmillan, 1989, p. 190.
③ M. R. D. Foot (ed.), *Medlothian Speeches 1879*, Leicester: Leicester University Press, 1971, p. 37.

了威望，有时说是为了不断扩大的帝国，或者依靠跨越海洋的占有地。（我认为帝国）的力量在大不列颠，爱尔兰也包括在内。"[1]我们拥有了占世界1/4的领土和人口，"我们已经承担了世界上1/4人类的责任，难道还不能满足比肯斯菲尔德勋爵的雄心？它满足了威灵顿公爵（Duke Wellington）、坎宁先生（George Canning）、格雷勋爵和罗伯特·皮尔（Sir Robert Peel）爵士；它也满足了帕麦斯顿勋爵、罗素勋爵，后来也满足了德比勋爵。为什么不能满足——我不想在比肯斯菲尔德爵士和他的同僚们之间制造令人厌恶的区别……为什么现任政府阁员的野心得不到满足？"[2]

格莱斯顿认为，迪斯雷利利用帝国提高英国威望的做法完全是建立在军事手段上的行为，无道德可言。在斐济和南非，保守党都是通过战争赢得了帝国的版图："同样的行动出现在了南非，他们吞并了德兰士瓦的领土，那里居住着自由的欧洲人，基督教徒以及共和的社区……在这个只有8 000人有政治权利的地方，据说有6 500人反对英国的举动。"[3]此外，英国又与祖鲁人开战，获得了他们的领土，"不仅如此，我们似乎还将与祖鲁以北的酋长开战"[4]。"我们将阿富汗撕成了碎片，变成了悲惨的废墟，摧毁了和平和秩序，增加了东方世界的混乱……我们每一步的前进都必须依靠军事力量。"[5]对格莱斯顿而言，迪斯雷利所有重建"有形帝国"的行为都是"非正义"的行为，都是侵略行为，完全是为了追求虚无缥缈的帝国实力，试图

---

[1] W. E. Gladstone, *Political Speeches in Scotland*, Vol I, Edinburgh: Andrew Elliot, 1880, p.46.
[2] Ibid., p.47.
[3][4] Ibid., p.48.
[5] Ibid., pp.48—49.

利用帝国掩饰军国主义的本来面目。

在格莱斯顿的第二个讲演中,他继续攻击迪斯雷利的南非和阿富汗政策:我们的政策应该是"和平、紧缩和改革",但是"让我们来看一看南非,那些被我们称为野蛮人的民族,他们用赤裸的身体对付可怕的、经过改善的大炮以及现代欧洲科学武装起来的武器,保卫他们自己的土地。他们数以百计和千计地被打倒。但是他们并没有犯错,他们带着忠诚和勇敢为他们的爱国主义信念而战"①。

对于阿富汗,格莱斯顿认为,较之南非是有过之而无不及。他说:在阿富汗"我害怕你们会看到比祖鲁更悲惨的情景。关于阿富汗战争的进程,你们只能看到一些官方的记录,战争的许多事实都没有为英国公众所了解。……你们已经看到,去年冬天英国军队不时地攻击阿富汗的一个个村庄,结果几乎所有的村庄都被烧毁。我极力寻找这些部落灭亡的原因,但是,发现这些山区部落并没有得罪我们。我们追求未来政治的目的,选择在这些国家建立军事统治。"②

迪斯雷利对于阿富汗政策的公开看法是:"关于阿富汗人我们的困难是什么?对山那边发生的事我们得不到任何信息,不了解阿富汗将要做什么。我们所希望的是看得见,听得到。我们应该达到我们的目的,使埃米尔像其他文明国家一样向我们妥协。很多东方国家已经承认我们,他们的首都有我们的大臣和领事(这些都不是我们强求得到的),他们的小镇有我们的将军(保卫前线)。在阿富汗,我们必须扫除任何障碍,使我们在了解情况的基础上处理共同

---

① W. E. Gladstone, *Political Speeches in Scotland*, Vol I, Edinburgh: Andrew Elliot, 1880, p.91.
② Ibid., pp.91—92.

事务。"①毫无疑问,迪斯雷利阿富汗政策的目的是完全控制阿富汗,使阿富汗的统治者成为英国政府手中的一张牌,随时为英国的利益服务。在迪斯雷利的思维中,像阿富汗这样的国家与英国的关系,根本没有自由平等可言,它只能是英国东方政策的工具。

迪斯雷利要在阿富汗派大使、将军以及官员,但是,阿富汗不愿意,格莱斯顿给予了解释:"为什么阿富汗人嫉妒欧洲居民出现,我们却觉得很无辜?因为他们了解我们在印度的做法,一旦欧洲居民到来,我们不仅建立大使馆,而且将他们变成欧洲国家的工具,最终毁了居住国家的独立。……阿富汗人是什么人?他们像你们一样,也是自由的人,他们也像你们一样珍惜自由,他们像你们一样也会为自由献出生命……"。格莱斯顿对于阿富汗人捍卫自由的行动表示同情:为了保守党的目的,"1879 年 1 月,印度人和阿富汗人在山顶上作战,他们起来反抗,村庄被烧成平地;女人和孩子们的自然结果是被驱赶和流浪;被埋葬在雪地。这些事情依我看是恐怖到了极点……"②。

在第二次演讲的最后,格莱斯顿提醒人们:"记住这些野蛮人的权利(这是我们的称呼);记得这些悲惨家庭曾经的快乐;记住阿富汗山区冬雪天的圣洁生活,在神圣的上帝面前,他们与你们是一样的,是不可侵犯的;记住上帝用共同的血和肉将人类联系在一起,而且用爱的法律约束你们。爱不仅在这个岛上,也不仅限制在基督教世界,爱传遍了整个地球,它在不可限量的范围内拥抱最高贵的和

---

① T. E. Kebbel, *The Life of Benjamin Disraeli. Earl of Beaconsfield*, London: Cassell, 1907, p.244.
② W. E. Gladstone, *Political Speeches in Scotland*, vol II, Edinburgh: Andrew Elliot, 1880, pp.290, 294.

最卑贱的。"①

在中洛锡安郡的第三个演讲中,格莱斯顿表达了外交政策的原则:"先生们,我首先表明我所认为的正确的外交原则:(1)提高帝国的实力需要公正的立法和经济……经济强大是帝国实力和国家实力的基本保证,立法决定了国家的道德基础。(2)和平的祝福。(3)保持欧洲和谐,联合的欧洲可以防止任何国家的自私行为。"他说:"共同的行动意味共同的目的,欧洲大国联合在一起的目的是将共同的利益联系在一起。"(4)避免不必要的参与,"如果你参与的事多,不仅不能增加实力,相反降低实力,甚至消除了实力。你事实上是在削弱了帝国,不是增强帝国"。(5)承认所有民族的平等。"你同大多数民族(国家),平等对待,在语言、宗教和血缘上就有更密切的联系,在必要的时候从他们那里得到最强大的同情。……但是,如果你认为自己更加优越,比他们都优越,那么我要说,如果你愿意,你可以讨论你的爱国主义,但是你为了国家破坏了尊重别人的基础,事实上你伤害了你的国家。"(6)英格兰的外交政策鼓励热爱自由,"自由是建立在忠诚和秩序的最牢固的基础之上,个人性格发展的牢固基础之上,并且为人类最大程度的幸福"。②

在讨论外交政策的同时,格莱斯顿批评保守党政府的东方政策,认为该政策不能维持奥斯曼帝国的完整:"我们的大使们亨利·埃里奥特爵士(Sir Henry Elliott)和奥斯丁·莱亚德爵士(Sir Austin Layard)都认为维持奥斯曼帝国对于我们有至关重要的利益,结果土

---

① W. E. Gladstone, *Political Speeches in Scotland*, vol I, Edinburgh: Andrew Elliot, 1880, p.94.
② W. E. Gladstone, *Political Speeches in Scotland*, vol. I, November and December, 1879, Edinburgh: Andrew Elliot, 1880, pp.115—117.

耳其人认为既然我们有如此的利益,我们不仅不能保护它,而且将它引向与俄国的残酷的毁灭性的战争。"同时,该政策又不能得到斯拉夫人的信任:"我们对斯洛文尼亚(Slovenia)的行动使我们疏远了他们,我们的名字使他们厌恶。他们曾经愿意同情我们,愿意信任我们。他们是渴望自由,渴望自治的,没有侵略的念头,但是憎恨像俄国那样的专制帝国。……但是我们所做的一切将他们推向了俄国人一边。"①

中洛锡安的演讲是自由党挑战保守党的一场重要的战役,格莱斯顿利用这个机会再一次表明了自己的立场:帝国是国家联合体出于对英国文化的忠诚,在自由贸易的世界中分享经济利益。帝国的统治只能建立在英国和土著国家平等协商的基础之上。②因为"现在国家间已经建立起姊妹的情感,平等、独立,每个国家都建立在合法的保护之下,共同法律适用于每个国家,居住在它的境内,寻求管理自己的事务"③。

1886年大选之际,两党关于帝国政策的争论更趋激烈,11月迪斯雷利在伦敦市政厅的演讲中打出了"自由与帝国"的口号,格莱斯顿反唇相讥:"为了我们的自由,将帝国强加于其他的人类"就是你们所提倡的自由?中洛锡安郡的第二次演讲以后,自由党的支持率迅速上升,其议席上升到353席,爱尔兰民族主义也得到61席,保守党从351席下降到231席。有人把格莱斯顿的演讲称为"中洛锡安

---

① W. E. Gladstone, *Political Speeches in Scotland*, vol. I, November and December, 1879, Edinburgh: Andrew Elliot, 1880, p.121.
② Eugenio F. Biagini, *Gladstone,* London: Macmillan Press Ltd, 2000, p.85.
③ W. E. Gladstone, *Midlothian Speeches 1879*, with an introduction by M. R. D. Foot (1971), 3rd speech (27 Nov,1879), p.128.

的政治戏剧",结果是自由党再次成为执政党,新一轮的帝国未来又摆在自由党人的面前:继续执行"无形帝国"的政策还是认同保守党的版图帝国政策?

1868—1886年是格莱斯顿和迪斯雷利之争的20年,也是英国历史转折的20年,英国逐步丧失经济大国的地位。格莱斯顿和迪斯雷利政府在外交和帝国政策上的区别表现着这个时期英国历史的特点,格莱斯顿代表着自由党人的态度,迪斯雷利则是保守党外交和殖民地事务的典范。① 在保守党人看来,格莱斯顿的"无形帝国"导致外交政策的软弱,在普法战争期间放纵了德国的胜利,使英国丧失了操纵欧洲均势的能力,俄国利用这个机会,宣布克里米亚战争后签订的《巴黎条约》无效,进一步说明格莱斯顿政府外交上的无能。

与格莱斯顿不同,迪斯雷利采取了完全相反的帝国和外交政策,通过建立一个"有形帝国"提高英国的大国地位。在太平洋英国取得了斐济,在北非收购了苏伊士运河44%的股票,在印度为英国女王加冕为"印度女皇",在1880年柏林会议上英国取得了塞浦路斯,扩大了英国在地中海和直布罗陀海峡的优势。在阿富汗,保守党政府不惜卷入与阿富汗的战争,实现了挽救帝国的理想。总之,保守党的所有政策都是在完成1872年迪斯雷利演讲的承诺:"维护帝国的伟大"。

格莱斯顿一直是保守党的外交和帝国政策的反对者,他认为保守党追求的是侵略性的帝国政策,与"自由和志愿"的帝国联系背道

---

① L. C. B. Seaman, *Victorian England: Aspects of English and Imperial History 1837—1901*, London and New York: Methuen & Co., Ltd, 1973, p.207.

而驰。他甚至担心帝国会变成一个战争机器,正是这种军事的精神成为支撑迪斯雷利东方政策的动力。同时,迪斯雷利本人也经常将帝国的军事实力挂在嘴边,他认为数以百万计的人与我们联系在一起,就是因为军事的实力。从柏林会议回来后,他又说:"人们一定自豪地注视着英格兰,她的舰船覆盖在地中海上;人们一定骄傲地注视着英格兰,因为她的秩序和奉献,因为她的政府能够在帝国的每一个地方调动她的军队。"[1]

格莱斯顿和迪斯雷利是19世纪60年代后的风云人物,他们有着不同的理念,对于宗教有着不同的理解,对帝国问题显示出他们之间的不同之处。然而他们都是当时重要的政治家,他们的观点都代表当时一部分英国人的立场,因此都有很大市场。"无形帝国"和"有形帝国"看起来完全不同,实际上却是英帝国不同阶段上的各自表现。

---

[1] C. C. Eldridge, *Victorian Imperialism*, London: Hodder & Stoughton, 1978, p.116.

第三章　帝国政策的趋同

19世纪80年代以后,英国两党在帝国问题上逐渐达成共识,无论是格莱斯顿领导的自由党,还是索尔兹伯里领导的保守党,都积极建立有形帝国,以保持英国在欧洲乃至世界的霸权。如果说保守党的政策是迪斯雷利政策的延续,那么自由党则逐渐放弃"无形帝国"的理想,开始尝试通过扩大帝国的影响来维护英国的霸权。

自由党帝国政策转变并非偶然,首先,欧洲各国工业化的迅速发展给英国制造了更大的压力,英国只有与殖民地联手,才能增强其政治和经济实力。其次,帝国问题的书籍大量问世,各类作者从不同的角度阐述帝国的意义,舆论形成对帝国的认同。同时,各种民间协会加强活动,强化了国人的帝国情绪。再次,争夺殖民地成为欧洲各大国的一致追求,英国若维持"自由帝国"的政策显然不合时宜。最后,英国的外交孤立以及保护印度的需要,促使自由党向实用主义的帝国政策转变。

一、自由党帝国政策的转变

从1880年起,欧洲各国的殖民扩张进入了一个新时期。殖民地的商业利益和自然资源是宗主国经济的重要组成部分,殖民地的版图是宗主国强大的一种标志。如保罗·纳普伦德所述:"以前因为政治和经济的理由,我们忽视了一些领土,现在这些领土变得有用了。帝国和殖民问题成为19世纪最后20年的焦点。"[1]为了争夺新的殖民地,欧洲大国一方面抢先宣布一些未占领领土的宗主权,另一方面在资源丰富的地区展开激烈的竞争,以取得殖民帝国的最大优势,欧洲列强的疯狂争夺以"新帝国主义"冠名。

进入"新帝国主义"时期以后,欧洲列强几乎全部卷入对殖民地的争夺中。法国是老牌的殖民国家,由于各种原因,一度放弃了建立法兰西帝国的努力。19世纪下半叶,法国重新追求海外帝国,把扩大帝国版图作为与英国抗衡的手段。德国虽然曾经公开表示对殖民扩张不感兴趣,但是,随着英法殖民扩张的加快,它开始重新考虑殖民地对德国的重要性。从政治上看,德国在打败丹麦、奥地利和法国后,已经变为欧洲大国,海外帝国被视为标志;从经济上看,德国放弃了自由贸易的原则,促进了本国工业的增长,工业的发展刺激了对市场的需求,殖民地就是宗主国最好的市场。俄国继续在亚洲扩张,中亚逐渐成为俄国的势力范围;它还不断向印度进逼,直接影响英国在印度的利益。意大利尽管统一得较晚,但很快卷入到对殖民地的竞争之中。

但是,在各国强占殖民地的过程中,英国人已经捷足先登。英国的商人、传教士、代理人和冒险家的足迹遍布非洲等尚未被瓜分的区域,并且诉诸英国政府的保护权。如英国历史学家所述:"英国

---

[1] P. Knaplund, *Gladstone and Britain's Imperial Policy*, London: Talor & Francis, 1966, p.140.

目前面临的问题是把近东、埃及和苏丹与遥远的殖民地连成一片，同时与欧洲的竞争者加强在亚洲、非洲和南海的争夺。"①欧洲各国放弃自由贸易政策后增加了英国在外交、商业和工业上的压力，迫使它不得不重新考虑长期坚持的自由贸易和海外扩张政策。

1880年，一贯倡导"无形帝国"政策的自由党再次成为执政党。在对待殖民地问题上，该党领袖格莱斯顿仍然坚守他的理想。1881年10月，格莱斯顿在利兹发表演讲，重申母国与殖民地的母子情谊："在文明遇到困难和危险的时候，我们的殖民地可能出于感情来帮助我们，但是我们不能强迫他人的意志。我们要让他们感到帝国的所有部分都只有一个心脏，他们的脉搏一起跳动，他们会为国家的共同荣誉和利益做出贡献。"1884年，他仍然表示："在我的生命里，我认为拿掉殖民地脖子上的枷锁是正义、明智和必要的选择。"但是，新帝国主义的狂潮使他的帝国理想遭到重创，太平洋地区的新几内亚的归属问题就是对格莱斯顿传统帝国政策的第一个挑战。

19世纪50年代，欧洲列强将扩张的脚步迈到了太平洋地区，澳大利亚作为该地区的大国，对于法国人在南太平洋地区的活动给予了高度的警惕。一方面，澳大利亚昆士兰（Queensland）的甘蔗种植者需要太平洋岛屿上的廉价劳动力；另一方面，欧洲列强的入侵必然影响澳大利亚的安全。19世纪70年代初，为了自身利益的需要，澳大利亚政府敦促英国吞并斐济、萨摩亚（Samoa）、新几内亚（New Guinea）和赤道以南的太平洋群岛。但是，遭到英国政府的拒绝。80年代开始，澳大利亚政府提出愿意承担开发新殖民地的费用，该举

---

① P. Knaplund, *Gladstone and Britain's Imperial Policy*, London: Talor & Francis, 1966, p.140.

动是告诉英帝国政府,殖民地也要开发自己的殖民地。这个看似被动的敦促,实际上意义深远:一旦澳大利亚真正拥有了自己的殖民地,那么新殖民地与帝国应保持怎样的联系?帝国对于澳大利亚的权威又将怎样体现?澳大利亚和德国对于新几内亚的争夺,将英帝国推到了风口浪尖之上。

新几内亚是太平洋最大、人口最多的岛屿,其自然资源、人力资源以及战略地位吸引了欧洲列强的关注,也使它成为"吞并和反吞并斗争的中心"[1]。荷兰人最早来到新几内亚,并占领了该岛的西北部。18世纪,英国东印度公司的商人曾经宣布新几内亚为英国所有。1846年,皇家海军的上将尤尔(Yule)再一次确认了新几内亚的归属。1873年,莫尔斯比(Captain Moresby)上尉将英国的旗帜插在岛屿的东部,该行动遭到帝国当局的否认。直到19世纪80年代,欧洲列强认为该岛的更大的部分仍然属于没有归宿的领土,原住民的政治权利被彻底忽视。澳大利亚出于对资源和劳动力的渴望以及德国人在南太平洋地区的频繁活动,加速了吞并新几内亚的步伐。

1883年4月4日,澳大利亚的昆士兰以英国女王的名义占领了新几内亚和周围领土(东经141—155度)。虽然昆士兰的行动得到了澳大利亚政府的支持,但是在帝国政府内却引起争议:如果自治殖民地可以不经过帝国政府的批准占领领土,帝国政府就处于一种非常尴尬的位置:既担心帝国的权威,又担心要为殖民地的安全买单。

政治家们对待新几内亚的态度也不尽相同,1883年2月13日,

---

[1] P. Knaplund, *Gladstone and Britain's Imperial Policy*, London: Talor & Francis, 1966, p.99.

德比伯爵在给格莱斯顿的信中说:"新几内亚问题,或者是由于新几内亚引起的问题,已经演变为占领南太平洋岛屿的要求,这个问题很可能引起很多的麻烦。我听说,所有的殖民地只有一个要求:它们不能理解为什么它们不能及时得到它们所需要的东西……但是,我想我们不能长期抵制它们要做的事情,比如新几内亚。"①显然,德比同情澳大利亚的要求,甚至愿意给予澳大利亚人自己拥有殖民地的权利。

然而,自由党领袖格莱斯顿对澳大利亚的要求却不以为然,在征求了西太平洋高级顾问、斐济和新西兰总督阿瑟·戈登爵士(Sir Arthur Gordon)的意见后,1883年4月20日,他表示坚决反对英国对新几内亚的宗主权的干涉,同时,反对该岛成为昆士兰的一部分。他认为英国已经有足够的深色皮肤公民;新几内亚人也没有表示他们愿意成为英国公民的愿望;澳大利亚强迫原住民劳动,他们不公正的行为会导致战争和起义,昆士兰的吞并会增加帝国政府的管理费用,并增加帝国政府的责任。"总之,在殖民政策方面,殖民地政府将自己的政策强加给帝国政府是极其不合适的。"②

1883年5月19日,格莱斯顿在致德比伯爵的信中再次表达他的意见:"我想我们很快就会面对新几内亚问题。我希望我们能够拒绝昆士兰的要求,因为我想它的行动不值得信任,而且没有得到政府的授权。如果澳大利亚殖民地能够建立一个联盟之类的联合,我们就能更好地面对这个问题。他们必须对所要做的事情承担一

---

① P. Knaplund, *Gladstone and Britain's Imperial Policy*, London: Talor & Francis, 1966, p.102.
② Ibid., p.103.

些实质性的责任。我很遗憾地发现,我们已经吞并了一些附近的岛屿。"①

英帝国政府拒绝了昆士兰吞并新几内亚的要求,但是这个事情远远没有结束。澳大利亚政府继续提出由澳大利亚或英国政府吞并的要求,使英国政治家开始怀疑澳大利亚人的真正意图。1883年10月8日,戈登在一封信中表达自己的看法,认为真正推动吞并的人是昆士兰的甘蔗种植者和商人,"这两种人受到巨大的利益驱使,同时殖民地的每一个政治家都试图参与他们的利益。如果三方都能够达到目的,又不得罪其他社区,那将是一个不错的选择"。但是,戈登也十分清楚,澳大利亚人的利益必然建立在损害原住民的利益之上。因此,英国政治家担心经济利益必将演变为政治冲突,而英帝国政府也必然承担化解冲突的责任。这是英帝国政府不愿意看到的结果,因为"我们不可能放弃数千里之外的印度事务,而去管理新几内亚的事"②。

1883年12月7日,德比伯爵也给格莱斯顿写了一封长信,表达了他的态度:"如果任何大国在澳大利亚海岸和南美之间建立殖民地,澳大利亚的安全是得不到保证的。但是,这种假设是很难成立的,殖民地仅仅希望我们为他们而战。"③德比认为,澳大利亚的现状与吞并新几内亚毫无关系,澳大利亚只是太多地关注了自己的利益,从而增加了帝国政府的压力。格莱斯顿则是从新几内亚的角度出发,他在给德比的回信中写道:"没有得到被保护地人民的同意,

---

① P. Knaplund, *Gladstone and Britain's Imperial Policy*, London: Talor & Francis, 1966, p.104.
② Ibid., p.106.
③ Ibid., pp.107—110.

这种联系正常吗？……从一个更宽泛的意义上说，我宁愿把在新几内亚建立保护地视为一个荒谬的提议，持怀疑的态度。提议者为否定的表决准备了最充分的理由，如果不出现争论，最好让他们提出这样的问题。但是，如果我们批准了他们的提议，他们还会要求得更多。那样，我们就站在一个错误的地方。"①

新几内亚的同意与否是一回事，德国在南太平洋的扩张是另一回事。柏林会议上，英国代表罗伯特·米德告诉俾斯麦的秘书布希："英国殖民部在非洲倾向于同德国而不是同法国做邻居。"但是，英国的妥协态度并没有安抚俾斯麦，相反，他利用英国在 1884 和 1885 年的外交困境，开始在南太平洋大显身手。

1884 年 8 月 6 日，英国内阁就对新几内亚是吞并还是保护的问题进行了长时间的讨论，得出的结论是：必须承认并尊重原住民的权利。两天后，德国驻伦敦大使通知格兰维尔，为了保护德国在南海的贸易利益，决定对新几内亚的北海岸进行殖民。从此时起，新几内亚问题进入高层政治关注的领域。格莱斯顿本人无意把英国的宗主权扩大到新几内亚，而且也不支持以"鹊巢鸠占"的政策与德国竞争。1884 年 12 月 31 日，格莱斯顿说："在我的记忆中，我们对新几内亚的行动是出于保护海岸的需要……我们和德国人之间不存在偏见。"②1885 年 2 月 1 日格兰维尔写道："我们必须在新几内亚问题上与俾斯麦达成一致，可以避免语言上的妥协和被欺负的表象。但是，不容易达到共同的目标。"③

---

① P. Knaplund, *Gladstone and Britain's Imperial Policy*, London: Talor & Francis, 1966, p.109.
② Ibid., pp.113—114.
③ Ibid., p.114.

德国政府于 1884 年 12 月 9 日宣布新几内亚为德国领土,该决定把英国政府逼到一个进退两难的境地:要么得罪德国,要么引起澳大利亚的抗议。选择前者肯定会导致危险的后果,因为俾斯麦手中握着对付英国的王牌。英国在埃及的利益破坏了英国与法国的关系;1885 年初阿富汗前线出现危机,俄国威胁印度的大门;同时,英国还面临同苏丹的长期战争。因此,英国的外交困境使它再也没有实力与德国对抗。另一方面,俾斯麦表示,如果德国在殖民地占领的问题上能够有一个满意的结果,就不会给英国制造任何麻烦。①

两害相权取其轻,格莱斯顿政府只能得罪澳大利亚,用以安慰德国。1884 年 12 月 24 日,他在致德比的信中说:"毫无疑问,在这个问题上,我们必须小心行事,它为我们的殖民地敲响了警钟。柏林会议上,任何一种语言都在传递着一种同情。这种同情可能对我们占领埃及导致特别的不幸。"②新几内亚的争夺和归属问题成为格莱斯顿第二届政府帝国政策的风向标,它提醒自由党人:新一轮的殖民地争夺已经开始,同时殖民地本身不仅有了扩大领土的想法,而且具备了争夺殖民地的实力。在新帝国主义的形势下,自由党必须在继续坚持自由帝国的政策、还是改弦易辙中做出选择。

经过祖鲁战争和吞并德兰士瓦的事件后,南非问题仍然是国内外政治争论的焦点。德兰士瓦的布尔人仍然记得格莱斯顿在中洛锡安演讲时充满正义道德的言辞:"在德兰士瓦,我们的选择是最不明智的。我总是想说,这将使我们陷于一种尴尬的境地:我们将君

---

① Lord Edmond Fitzmaurice, *Life of Lord Granville*, ii, London: Longman Green and Co. 1906, pp.371—374.
② P. Knaplund, *Gladstone and Britain's Imperial Policy*, London: Talor & Francis, 1966, p.157.

主制下的自由公民变成了叛乱的公民,强迫他们接受公民权。但是,如果要达到这一目的,只能通过武力来完成。"①他还说,保守党政府吞并德兰士瓦的行动是"羞耻的"。因此,布尔人认为只要格莱斯顿成为英国首相,他们必定能获得独立和自由。

但是,格莱斯顿上任后,并没有履行诺言,南非形势的变化以及英国政府的决策改变了格莱斯顿的初衷。在吞并德兰士瓦3年后,英国居民和原住民都履行了各自的义务,自由党难以对前任的做法进行全盘的否定;同时,1854年英国放弃奥兰治自由邦以后,满足了自由邦巨大的赔偿要求,增加了政府财政负担,结果英国不但失去了奥兰治,而且又白白地送出了金钱。这个教训使自由党人不敢轻易许诺布尔人自由的权利;随着保守党帝国文件的正式面世,人们发现布尔人并没有完全反对英国的吞并,有的保持了沉默,有的甚至持欢迎的态度。鉴于这样的情形,格莱斯顿和他的同僚们认为,建立包括德兰士瓦自治政府在内的"南非联邦"是最令人满意的解决南非问题的方法。1880年,他说:"联邦是如此重要,它使其他任何事情黯然失色,我们政府的行动目标是建立'南非联邦'。"②但是,建立"南非联邦"需要合适的人选,经过再三的斟酌,弗里尔爵士脱颖而出,同年5月28日,格莱斯顿在致女王的信中说:"……保留弗里尔爵士的唯一机会是希望依靠他的能力在联邦事务中取得进展……"③他在7月29日的信中再一次表达了这个愿望:"内阁已经

---

① W. E. Gladstone, *Political Speeches in Scotland*, Edinburg: Andrew Elliot, 1880, I, pp.48—63.
② John Morley, *The Life of William Eward Gladstone*, iii, London: Macmillan, 1903, p.23.
③ Ibid.

作出决定,若'南非联邦'有所进展,将使他们与弗里尔爵士之间有一个更广泛的合作前景。"①

自由党的南非政策和布尔人的要求大相径庭,导致了布尔人的不满。英国人要求建立"南非联邦";布尔人在克鲁格(Paul Kruger)的领导下,决定反对英国的吞并政策,要求归还独立的权利。1880年5月10日,克鲁格在致格莱斯顿的信中说:"我们非常自信,总有一天,看在上帝的分上,帝国政府的权杖会回到那些追求英格兰光荣和荣誉的人们的手中,追求的方式应该是正义和美好的,而不是通过非正义的暴力行为。"②同时,布尔人还开展了要求独立的请愿活动,在原德兰士瓦共和国的8 000名选民中,有7 000人在请愿书上签了名。

布尔人在长期的等待中失去了耐性,开始拿起武器,反对英国的殖民统治。1880年12月,克鲁格宣布重建布尔共和国。南非的危机导致了自由党内阁的分裂,以福斯特为首的人道主义者坚持英国的殖民地统治建立在对南非原住民托管的基础之上,以亨廷顿和金伯利为代表的辉格派认为,英国的统治必须建立在帝国的威望和霸权的基础上,以格莱斯顿为首的激进派则同情布尔人争取独立的斗争。1880年2月,布尔人在马朱巴(Majuba)打败英国的军队,指挥官乔治·科利(George Colley)被布尔人击毙。尽管马朱巴战役是一场小规模的战争,但是,英国人不能承受战争的失败,"长久回荡

---

① John Morley, *The Life of William Eward Gladstone*, iii, London: Macmillan, 1903, p.23.
② Ibid., p.29.

在南非和英格兰上空的枪声"①惊醒了强大英帝国梦乡中的沉睡者。

马朱巴事件使自由党政府进退两难:放弃德兰士瓦意味着畏惧军事行动,保留德兰士瓦便违背布尔人意愿。在双方的让步下,英国政府与布尔人于1881年8月3日签订了《比勒陀利亚协定》(Convention of Pretoria):同意德兰士瓦独立,但是它必须承认女王的最高宗主地位,同时含糊不清地暗示了英国的宗主权。这一妥协似乎满足了自由党内部辉格派的要求,却为未来埋下了祸根,人们认为:"格莱斯顿政府保留了责任,失去了有效的控制权。"②由于布尔人反对承认英国的宗主权,1884年双方在伦敦又达成了新的协议,即《伦敦协定》(London Convention)。英国政府承认德兰士瓦布尔人使用"南非共和国"的名称,保留对德兰士瓦的外交控制权,但是,协议中不再出现"宗主"的字样。《伦敦协定》同时规定,德兰士瓦未经英国的同意,不得同奥兰治共和国以外的任何国家签订条约。德比伯爵在1884年3月17日上院的发言中指出:"我认为,无论德兰士瓦是保护地,或者承认英国的至高权威,事实上是某种控制力量的保留。当它有权与外国进行任何方式的谈判时,它才具备了宗主国身份……在《比勒陀利亚协定》中,我们虽然没有正式使用'宗主权'这个词,但我们保留了问题的实质。我们之所以避免使用这个词,是因为它既缺乏合法的定义,又容易引起人们的误解。"③

自由党的南非政策是出于"自由"和"帝国"两方面的选择:一方

---

① P. Knaplund, *Gladstone and Britain's Imperial Policy*, London: Talor & Francis, 1966, p.153.
② C. C. Eldridge, *Victorian Imperialism*, London: Hodder & Stroughton, 1978, p.155.
③ Lord Derby in the House of Lords, March 17, 1884, see John Morley, *The Life of William Eward Gladstone*, iii, London: Macmillan, 1903, p.25.

面,布尔人取得独立地位,表明了格莱斯顿对正义、道德的追求;另一方面,保持在德兰士瓦的宗主权体现了英国对帝国的需要。南非的富裕已经使它成为帝国王冠上的新明珠,而且还是解决英国人口过剩问题的新场所,如沃尔斯利(Wolseley)给比奇的信中说:"德兰士瓦矿藏丰富,已经被发现和尚未发现的黄金储藏证明了它的富有。这里人口稀少,布尔人社区结束的日子已经不远了,这将给英国大量的人口带来福音。从南非撤退难道不是我们鼠目寸光的政策?"①

此外,德兰士瓦的非宗主地位还有利于英国在南非拥有更多的殖民地。长期以来,布尔人的民族主义和试图控制南非的愿望威胁到英国的南非殖民地开普和纳塔尔。克鲁格为了摆脱英国的统治实现独立,并控制整个南非,将势力渗透到开普和纳塔尔的两翼,并在西南切断了开普的对外联系。通过纳塔尔和葡萄牙殖民地德拉戈阿湾,建立贝专纳(Bechuanaland)与外部联系的通道。布尔人的企图增加了开普殖民地的重要性,同时,苏伊士运河虽然已开通,但是由于土耳其形势不稳定,东方的航线显得非常脆弱。开普航线仍然是英国调兵遣将最有保证的航线,自由党政府当然不可能放弃开普殖民地;在英国人与布尔人作战之时,爱尔兰民族主义者的活动日益活跃,要求土地改革和自治的呼声不断,暴力事件时常发生。为了避免南非出现第二个爱尔兰,格莱斯顿不得不对南非做出让步。

阿富汗问题是自由党帝国政策必须面对的又一个挑战。自由

---

① Sir Garnet Wolseley to Sir Michael Hicks Beach Nov 13, 1879. see John Morley, *The Life of William Eward Gladstone,* iii, London: Macmillan, 1903, p.26.

党上台以来,政府准备从阿富汗撤军,将保守党执政时获得的区域交给新的阿富汗埃米尔阿布杜·拉赫。此时里彭勋爵(Lord Ripon)已经代替李顿成为印度的总督,他认为一旦政府从阿富汗撤军,英国和俄国在该地区的摩擦必然增加,不仅造成混乱,而且俄国很可能侵入印度。自由党政府为了满足各方的利益,与阿富汗达成了另一个妥协:英国承担保护阿富汗的责任;但是为了安慰党内的激进派,将战略地位重要的坎大哈省交给了阿富汗的埃米尔,其理由是为了"政治和政党的需要"①。

在新的交易中,自由党的政策又给自己带来不幸:承担责任,但是却不能控制阿富汗埃米尔的行动。1884年,俄国军队吞并了梅尔夫(Merv),并继续向中东推进,到达阿富汗和波斯之间未明确划定的边界。这时,埃米尔掌握了主动权。1885年3月,俄国军队和阿富汗军队在潘杰达(Penjdeh)遭遇,阿富汗请求英国履行保护阿富汗安全的责任,这一爆炸性的事件使自由党政府不堪重负。但是,后来俄国同意阿富汗控制重要的祖尔非卡(Zulficar Pass)要塞,才解开了自由党的困局。从1885年起,保守党人和自由党人都意识到保卫印度的重要性,都认为印度的西北边界的安全已经超越了政党的界限。为了保卫印度的安全和利益,格莱斯顿在第二届政府的后期效仿以前保守党在中亚的帝国政策。因此,历史学家称"它是一个根本的政策转变,其中内部的冲突和中东的政治形势起了一定的作用"②。

如果说与俄国的冲突出乎自由党人的意料之外,那么英国与奥

---

① C. C. Eldridge, *Victorian Imperialism*, London: Hodder & Stroughton, 1978, p.156.
② Ibid.

斯曼帝国关系的恶化就是精心设计的结果。在东方问题上，格莱斯顿一直激烈批评迪斯雷利的土耳其政策，特别反对英国占领塞浦路斯。但是，在南非的马朱巴战役以后，格莱斯顿认识到放弃是不明智之举。他一边从亚美尼亚撤回了陆军领事，一边举行海军演习，说服奥斯曼苏丹履行在柏林会议上的承诺，逼迫土耳其放弃了一些领土给希腊等邻国。格莱斯顿的用意十分明确：保护印度的通道，保证英国海军在地中海地区的霸权，与法国合作，维持欧洲的和谐。但是，格莱斯顿的欧洲和谐中没有德国，而俾斯麦（Bismarck）早有安排，他的计划中也没有格莱斯顿。俾斯麦与奥匈帝国、俄国和意大利签署了秘密协定，扼杀了格莱斯顿的和谐美梦。在理想和现实的强烈碰撞中，自由党不得不重新审视其外交和帝国政策。1882年，占领埃及的行动是其政策转变的一个重要标志。

二、占领埃及

埃及地跨亚、非、欧三大洲的交界处，不仅是沟通东西方的交通枢纽，而且具有重要的战略地位。19世纪，埃及是奥斯曼帝国辖内的一个半独立的国家，国际地位含糊不清，内部事务混乱。从1875年以来，外部大国特别是英国和法国干涉埃及政府的财政事务，由于埃及与奥斯曼帝国的特殊关系，奥斯曼帝国与外国的任何条约都适用于埃及，这些国家在埃及享受很多的特权，包括免税待遇等。这一时期，英国和法国都加强了对埃及的投资，同时，也增加了两国在埃及的竞争。

法国与埃及的贸易联系由来已久，而且整个地中海和中东地区都与法国有着频繁的经济往来。拿破仑战争以后,法国在埃及取得了特殊的地位,法国的金融家和大商人增加了对埃及的投资;1853年法国参加克里米亚战争也是为了保护东方的传统利益;法国建筑师斐迪南·德·莱斯普斯(Ferdinand de Lesseps)设计并主持了苏伊士运河的开凿;法语成为埃及的官方用语,巴黎新闻界称埃及是"法国的养女"①。

尽管英国与埃及的贸易联系建立得较晚,但是却后来居上,埃及对英国的重要性远远超过法国。首先,1869年苏伊士运河通航后,英国到达印度和远东又增加了新的通道:一条从北面的叙利亚沙漠到幼发拉底河,经波斯湾到达印度;另一条是由亚历山大进苏伊士运河和红海,到达印度。这些通道缩短了英国通往印度和远东的距离,不仅加快了货物的运输速度,而且为英国军队的调动提供了方便。据统计,1882年英国80%的海运品以及13%的对外贸易货物都是通过运河完成的。②其二,埃及的战略位置为英国保卫印度的安全提供了方便。早在1799年,邓达斯(Dundas)就说过:"埃及一旦被任何独立大国占领,英国的利益和环境都将遭受致命的损失。"③1877年,当俄国人向君士坦丁堡挺进时,英国人认为,如果俄国占领了君士坦丁堡和达达尼亚海峡,"我们就将失去保护印度的缓冲地带,该地带从海峡的东面延伸到西面,成为欧亚两大洲的分界"。同时,英国还将失去与中东的贸易,19世纪70年代以来,英国

---

① J. A. Williamson, *The British Empire and Commonwealth*, London: Macmillan, 1965, p.307.

② Ronald Hyam, *Britain's Imperial Century 1815—1914*, London: Palgrave, 1976, p.180.

③ Ibid., p.137.

和中东的贸易达到 3000 万英镑,一旦贸易中断,损失难以估量。因此,英国在中东的目的是控制黑海海峡,防止俄国的影响进入地中海地区,并将法国的势力赶出埃及。其三,奥斯曼帝国的衰落迫使英国在东方寻找新的落脚点来保护东方利益。如索尔兹伯里 1877 年所说:"我们必须通过一些领土的重新安排,进行直接的防卫。"[1] 格莱斯顿看重埃及是因为看重苏伊士运河,而苏伊士运河的利益就是英国在印度利益的保证。他说:"就印度而言,苏伊士运河是大国的中心纽带,它是世界道德、社会和政治的中心。""运河是关系到帝国利益的大问题。"[2]

毫无疑问,尽管埃及对英国有着特殊的意义,但是,不能成为英国占领埃及的理由,加上法国人利益的存在,英国不敢轻举妄动。值得注意的是,除了法国与埃及的特殊联系外,从 1838 年到 1881 年,在埃及的欧洲人口急剧增加,从 1 万人增加到 9 万人,他们从事棉花出口,投资银行、灌溉、土地以及交通等行业,使埃及的债务从 1863 年的 330 万英镑增加到 9100 万英镑,大量的合同"强暴了埃及的财政"。同时,19 世纪 60—70 年代,埃及赫迪夫伊斯梅尔(Khedive of Egypt Ismail,1863—1879)奢侈浪费、挥霍无度使埃及的财政濒临崩溃。埃及不仅负债巨大,而且还要偿还欧洲债权人高达 10%—20%的利息。[3] 埃及经济独立地位的丧失是政治独立丧失的前奏,如克罗默勋爵(Lord Cromer)所说:"埃及落到目前境地的根

---

[1] Ronald Hyam, *Britain's Imperial Century 1815—1914*, London: Palgrave, 1976 p.178.
[2] Ibid., p.180.
[3] Ibid., p.179.

源是财政。"①

英法两国的债权人为了保护自己的利益,决定通过"双重管制"来恢复埃及的偿付能力。根据这一安排,英国人担任了埃及财政收入和预算总监,法国人担任埃及财政支出总监。1878年,埃及在英法两国的强迫之下,建立了"欧洲人内阁"。埃及高利贷者努巴尔出任埃及首相,英国人利瓦尔·威尔逊任财政部部长,法国人德布里尼叶任公共工程部部长,两个部的副部长分别由意大利人和土耳其人担任,外籍部长拥有最终的否决权,他们全面控制了埃及的财政。1879年9月19日,英法两国达成一致:"两国政府必须使伊斯梅尔明白,他们不能容忍英法以外的国家在埃及的任何地区施加政治影响;如果出现这样的事情,他们会采取必要的行动。"②

1879年,土耳其苏丹受到列强的劝诱,逼令其臣属埃及伊斯梅尔退位,由其子图斐克(Tewik)继位。1880年《清算法》生效后的6个月时间里,一切似乎都非常顺利。但是军费不足,军饷发不出去,许多高级官员不负责任。同时,埃及人发现数以百计的外国人霸占着有利可图的职位,军官也产生了不满。1881年1月,埃及军队领导民族主义运动,要求驱逐外国人。运动的口号是"埃及是埃及人的埃及",埃及人既反对土耳其人对埃及的宗主权,又反对西欧国家干涉埃及的事务。1881年9月,伊斯梅尔失去了对局势的控制能力,外国人的利益受到巨大威胁。9月13日,格莱斯顿要求土耳其苏丹派军队干预,保证外国人的安全。土耳其出于种种考虑并未派

---

① Ronald Hyam, *Britain's Imperial Century 1815—1914*, London: Palgrave, 1976, p.179.
② Salisbury to Malet, September 19, 1879. Copy, Granville Papers, P. Knaplund, *Gladstone and Britain's Imperial Policy*, p.163.

出军队,埃及的民族主义情绪高涨。

对于埃及的民族主义,格莱斯顿有自己的看法,他认为尽管"苏伊士运河是印度和帝国中心的枢纽,帝国是道德、社会和政治权利的中心","运河是英国利益的大门",但自由的理念仍需得到尊重:"我对埃及人民族感情和政党的建立非常惊奇……他们要求人们尊重事实,尊重其未来的发展。'埃及是埃及人的埃及'是一种情感,我希望这种感情一直传播下去。我认为这是解决埃及问题的最好办法。"①

然而他又说:埃及正在发生的事说明,埃及的情形还没有达到埃及人管理埃及的程度,因为埃及合法政府已经不存在,"用暴力对付暴力是唯一的办法"。他因此主张对埃及采取军事行动,而在行动之前并未与法国商量。英国对埃及动武还有另一个原因——为了英国的声望,一些政治家认为如果对埃及的现状不作为,"不仅将损坏这个国家的声望,而且将损坏欧洲在东方的声望"②。

1882年5月20日,英国炮轰亚历山大港,随即占领了埃及,并逮捕埃及军队民族主义领导人阿拉比(Ahmed Arabi)。这以后,英法共管的局面就结束了,英国单独控制了埃及。对于共管局面的终结,格莱斯顿在9月29日的信中说:"在埃及问题上,双重控制是失败的,所以必须废除。"10月3日,他又说:"对法国而言,我们有权利说共管是一个失败,它为阿拉比提供了机会;对世界而言,他找到了发起抗议的理由,引起欧洲的骚乱,使我们付出了许多生命的代价

---

① Robinson and J. Gallagher, *Africa and Victorians*, Oxford: Oxford University Press, 1961, pp.96—97.

② J. S. Galbraith and A. L. Al—Sayyid—Marsot, ' The British Occupation of Egypt, another View', *International Journal of Middle East Studies*, 9(1978), pp.471—488.

和数以百计的钱财。所以我们不能与法国一起走得更远,这会使我们遇到危险。"①

英国占领埃及后,格莱斯顿一直考虑埃及的地位问题。一方面,土耳其苏丹缺乏管理埃及的能力;另一方面,格莱斯顿又不愿意让埃及脱离土耳其独立。1882年10月17日,他在给格兰维尔的信中说:"我反对建立独立于奥斯曼帝国的埃及,在这一点上我始终是保守的,我与你一样不是出于对它的爱,而是害怕其他国家抢占埃及。"② 1882年冬,格莱斯顿希望埃及问题国际化。但是,俾斯麦没有兴趣,英国的方案得不到任何国家的支持。这样,格莱斯顿就准备兼并埃及,使其成为英国的保护国。他想当然地认为:作为战争的结果,埃及将永远掌握在英国人的手中。

占领埃及对英国的影响是深远的,它使英国在与法国争夺北非的过程中取得最大的主动权;它确保了英国通往东方的航线,保证了英国债权人在埃及的利益。但是,占领埃及也给英国带来了外交上的困境,原先英法共享的资源,一下子为英国独享,英法从盟友变成了对手。1882年建立的德、奥、意三国同盟使英国孤立无援;而在英国国内,一贯反对殖民扩张的自由党成为帝国的扩张者,丧失了在欧洲的道德制高点。许多自由主义者以及帝国分离者都表达了不满的情绪,一方面,他们没有直接感受到国际竞争的压力;另一方面,在自由党重新执政以后,他们忽略了保守党的攻击,其代表人物约翰·布莱特甚至认为格莱斯顿占领埃及的行动简直比迪斯雷利政府更糟。

---

① Ronald Hyam, *Britain's Imperial Century 1815—1914*, London: Palgrave, 1976, p.188.
② Ibid., p.190.

占领埃及违背了格莱斯顿的初衷,他不得不在帝国利益和正义、道德之间做出选择,选择的结果是一个变化,他从一个"正义""道德"的象征转变为帝国的追求者,如他所说:"领土问题不能通过蛮横无理的途径来解决。我们不能用很小的代价来享有占领埃及的奢侈……我们在埃及的最初目标是将它作为北非帝国的一个落脚点,以它为中心向外围扩张……直到最终我们越过赤道与纳塔尔和开普相连,包括南部的德兰士瓦和奥兰治,或者在我们旅行的路上,我们还有可能吞并埃塞俄比亚和桑给巴尔。"[①]

占领埃及使英国在东方的利益得到了保证,但是,埃及的附属国苏丹却在这个时候爆发了起义,把自由党又推进一个新的困境。苏丹位于尼罗河上游,东面是红海和阿比西尼亚山,南面与乌干达和肯尼亚接壤,面积将近260万平方千米,境内种族混杂,有尼格罗人和阿拉伯人等。南部的原住民信多神教,但是北面伊斯兰教盛行,而沙漠、丛林和传染病则阻挡着欧洲传教士的步伐。19世纪中期,埃及人占领了苏丹,在伊斯梅尔时期,苏丹在埃及的控制下。

埃及统治时期,商人的欺诈、猎手和奴隶贩子的野蛮以及埃及行政官员的贪婪引起苏丹人对埃及人的仇恨。埃及政府任命的帕夏是苏丹的最高行政首脑,但是,帕夏敲诈勒索、追猎奴隶,激发了苏丹各阶层的不满。1881年穆罕默德·阿哈迈德(Mohammed Ahmed)自称先知马赫迪(Mahdi)起兵反抗帕夏的暴政,要求推翻埃及的统治。1883年1月,阿哈迈德占领了科尔多凡(Kordofan)和埃尔奥贝德(El Obeid),11月歼灭了由帕夏率领的一万多人的,缺乏训

---

① Ronald Hyam, *Britain's Imperial Century 1815—1914*, London: Palgrave, 1976, p.192.

练、装备不好的埃及军队。许多埃及官员被赶走或被杀死,而埃及自己的财政已经破产,派不出军队,根本不可能解决苏丹的问题。就在这个时候英国军队占领了埃及,于是苏丹问题成为必须解决的问题。1883年12月12日,格莱斯顿写道:"苏丹将使我们处于更多的危险之中。"①

1883年底和1884年初,马赫迪运动领袖奥斯曼·迪格纳率领的游击队在陶卡尔(Tokar)、新卡特(Sinkat)和萨瓦金(Suakin)威胁埃及军队,为了解围,一支由英国人率领的埃及军队被送到了萨瓦金,但是在1884年2月5日被歼灭。这次失败在英国国内引起轩然大波,从女王开始,各色人等都要求格莱斯顿政府派遣军队去解救萨瓦金。格莱斯顿则认为马赫迪运动是苏丹人争取自由和正义的行动,他说:"苏丹人民在正义的旗帜下,为自由而战。"②因此,马赫迪起义的初期,英国政府并没有采取行动直接进行干涉,而是听之任之。政府的不作为导致了下院的攻击,自由党内的激进派要求撤出,辉格派则要求占领苏丹。

此后马赫迪势力不断壮大,开始威胁埃及的安全,英国为了保护埃及,开始对苏丹采取行动。英国政府派希克斯(Hicks)将军去平息马赫迪起义,但遭到惨败,希克斯葬身沙漠。英军为了对付马赫迪付出了昂贵的代价,到1884年初英国政府决定放弃苏丹,并且派戈登(Gordon)负责撤离行动。戈登曾经在中国参与镇压太平天国运动,领导洋枪队。1874—1876年他任赤道苏丹总督,1877—

---

① P. Knaplund, *Gladstone and Britain's Imperial Policy*, London: Talor & Francis, 1966, p.216.
② John Morley, *The Life of William Ewart Gladstone*, London: Macmillan, 1903, iii, p.144.

1879年任苏丹大总督,作为殖民地的管理者和统治者,在英国享有很高的声望,格兰维尔说:"戈登是最合适的人选。"

1884年2月13日戈登来到喀土穆(Khartoum),他试图一举粉碎马赫迪运动,居然违背英国议会的指令,与马赫迪起义军进行决战,并且说:"让喀土穆外围的埃及军队去送死是不能抹去耻辱的。"2月29日和3月13日,戈登打败了马赫迪的军队,决定向西部的波波移动。

戈登的擅自行动使自由党内部出现了意见分歧,哈廷顿勋爵(Lord Hartington)认为:"政府在利用帝国的资源拯救埃及的军队时,并不承担任何道义上的责任。"对戈登的"不能抹去的耻辱"的说法,他提出了自己的见解:"在这一点上,戈登将军不见得比其他的任何人更具有权威性。"① 一些内阁成员支持哈廷顿的观点,对戈登的行动持反对的态度:"我不认为,无论将军们还是政治家们,在他们接受了一个绝望的请求后,就应该拿数以万计人的性命冒险,来拯救这个很难说能够获救的人。"② 但是,原先并不赞成戈登使命的伊夫林·巴林爵士(Lord Evelyn Baring,即后来的克罗默勋爵),改变了初衷,他说:必须给予埃及军队必要的帮助。维多利亚女王也支持戈登的行动:"纵使不为外人道,为了政府和国家的荣誉,也不应弃之不管。"

1884年2月9日,格莱斯顿评价戈登使命时说:他的"目的是

---

① John Morley, *The Life of William Ewart Gladstone*, London: Macmillam, 1903, iii, p.156.
② Ibid.

'开发领土',而不是为苏丹人的未来承担责任"①。格莱斯顿认为,出兵苏丹只是为了英国的需要,而不是考虑苏丹人的利益。如果戈登的行动能够取得实质性的进展,对英国未必是一件坏事。但是,这个行动将使英国付出很大的代价,最终能得到什么仍然是一个未知数。他说:"从实用的观点看,我很怀疑花费更多的物质、金钱,甚至在出现毁灭性的后果情况下改变苏丹的路线并不能为英国带来另一个埃及,而且也不可能建立一个共和国。如果远征不需要很多时间,而且不会留下痕迹,那将是最大的好处。"②

当戈登在喀土穆被围困,要求政府派兵增援时,内阁的不统一影响了自由党政府的决策。1884年4月23日诺思布鲁克在日记中写道:"内阁出现了巨大的分歧,考虑到支持戈登的费用问题拖延不下……我认为政府很可能瓦解。"③

格莱斯顿政府的迟疑确实有其难言之隐:埃及出现严重的财政赤字,整个1884年5月,格莱斯顿一直在为埃及寻找国际合作伙伴,希望得到贷款暂缓财政压力,但是未能如愿。英国占领埃及,加强了法国和德国的联系,两国开始在非洲和其他地区合作行动,俄国也在印度的西北部施加压力。英国被牵制在埃及事务中,根本无力承受欧洲大陆的任何压力。同时,英国在非洲和亚洲的优势受到冒犯,也无还手之力。

政府的迟疑导致戈登在1885年1月27日被杀;2月5日消息传

---

① P. Knaplund, *Gladstone and Britain's Imperial Policy*, London: Talor & Francis, 1966, p.238.

② Gladstone to Northbrook, May 28, 1884. see P. Knaplund, *Gladstone and Britain's Imperial Policy*, London: Talor & Francis, 1966, pp.238—239.

③ C. C. Eldridge, *Victorian Imperialism*, London: Hodder & Stroughton, 1978, p.161.

到英国,举国震惊,公众的反应几乎到了歇斯底里的地步。英国人群起指责自由党政府,将格莱斯顿指斥为"喀土穆的叛徒"和"杀人犯"。他们认为,自由党政府的行为就如"旁观妇女遭冷血谋杀,旁观孩子们被阿拉伯人叉在他们的矛上"①。一个议员甚至认为:"格莱斯顿的反基督教行为简直是世界末日来临的序幕。"②《纽约邮报》将格莱斯顿的名字看成"对任何英语国家的诅咒"③。人们把戈登视为英雄,说他死得其所,完成了自己的使命。1885年2月23日,保守党在下院提出了一个动议,要求政府恢复苏丹的秩序。自由党政府内部也出现不同的声音,诺思布鲁克在上院,福斯特和葛逊(Goschen)在下院表达了同样的态度:不能建立一个稳定的政府,仅仅打败马赫迪然后撤退毫无意义。激进派的领袖约翰·莫里则加入了批评政府的行列。④

但自由党又回到了政策的老路上,苏丹被放弃了;1885年6月保守党上台,也没有能够征服苏丹。如一个自由党议员所述:"侵略的热度似乎降到了最低点,不干涉的原则受到了下院两党议员的普遍赞同。"⑤但是,帝国的热情并没有消退,它在许多关于帝国的论著中被煽动起来,其中《英格兰的扩张》尤其受到推崇。

---

① *Pall Mall Gazette*, 11 Feb, 1885, see, Bernard Porter, *The Lion's Share: A History of British Imperialism 1850—1970*, Longman, London, New York, 1984, p.115.
② *Manchest Guandian*, 6 March, 1885. see, Bernard Porter, *The Lion's Share: A History of British Imperialism 1850—1970*, Longman, London, New York, 198, p.115.
③ *New York Post*, 7 Feb, 1885. See Bernard Porter, *The Lion's Share: A History of British Imperialism 1850—1970*, Longman, London, New York, 1984, p.115.
④ C. C. Eldridge, *Victorian Imperialism*, London: Hodder & Stroughton, 1978, p.162.
⑤ Ibid., p.163.

三、西利与《英格兰的扩张》

1883年,牛津大学现代史教授约翰·罗伯特·西利①(John Robert Seeley)出版了《英格兰的扩张》,使他成为帝国联合的代表人物之一,如博德森在《维多利亚中期的帝国主义研究》一书中指出:"正是《英格兰的扩张》的成功,而不是其他任何东西,使西利的后半生将促进帝国统一作为他的唯一目标。"②

作为历史学家,西利既看到英国面临欧洲的强大竞争,又为国内的人口膨胀所困扰,他试图从英国的辉煌历史中寻找摆脱困境的方法。通过对18、19世纪前半期英格兰历史的回顾,西利认为领土扩张就是英国历史发展的动力和方向。他将18世纪英国建立殖民地看成历史的特定标记,写道:"在我们的人口流散和国家扩张的现象中,我们看到一些特别的东西。我们似乎在不知不觉中一下子就拥有了半个世界,这一切都发生在18世纪。在占有殖民地的过程中,我们始终认为自己是大西洋上的一个岛国;我们没有改变自己

---

① 西利(1834—1895),伦敦大学拉丁语教授(1863—1869),1866年出版《试观此人》(*Ecce Homo*)一书引起公众的注意。在牛津大学讲授政治学的过程中,他表达了对政治和历史的理解,他的思想渗透在《英格兰的扩张》中。1871年,他与E. A. Abbot 合作发表《英国人的英国教训》(*English Lessons for English People*)。1878年,他独立完成《斯泰因的生活和时代》(*The Life and Times of Stein*)。1882年,他又发表了《自然的宗教》(*Natural Religion*),用理性的观念看待宗教。1884年起积极参加"帝国联邦协会"的活动;1887年发表了《乔治王和维多利亚时代的扩张》(*Georgian and Victorian Expansion*)。

② C. A. Bodelsen, *Studies in Mid-Victorian Imperialism*, London: Heinemann, 1960, p.151.

的生活方式;我们的移民也没有受到任何的影响。但是,我们的话语有时会暴露心里的想法——我们并不认为殖民地真正属于我们,原因很简单,当人们向我们询问英国的人口时,我们不会考虑到澳大利亚和新西兰。"①

西利通过对西班牙王位继承战争、奥地利王位继承战争、七年战争、美国独立战争、法国革命和拿破仑战争的回顾,展现了一个帝国诞生的过程。他认为英帝国的出现不是偶然的现象,而是英国强大的象征。英国在战胜了"更大的西班牙"、"更大的葡萄牙"、"更大的荷兰"和"更大的法国"以后,才成为唯一的殖民大国:"更大的不列颠"。

西利虽然对英国的扩张战果非常自豪,但是,他并不认同"英帝国"一词。西利认为"帝国"带有太多的军事色彩,使人们联想到"征服"、"控制"甚至"剥夺":"帝国似乎太暴力太专制,不适合宗主国与殖民地的关系。"西利提出,英国人建立的"殖民帝国"是英国领土的扩大,而不是支配与服从的利益关系。英帝国与罗马帝国和波斯帝国不同,不是建立在统治异族的基础之上。所以,他像迪尔克一样,更愿意把"英帝国"称为"更大的不列颠"。

在英法争夺殖民地的过程中,英国取得了完胜的战绩。西利特别分析了英国战胜法国,取得世界殖民地帝国霸主地位的原因。英法开战之前,法国拥有的殖民地在数量上略占上风。在美洲,法国控制了从密西西比河(Mississippi River)到圣劳伦斯河(Saint Lawrence River)的广大区域,北美几乎完全是法国的势力范围;在

---

① J. R. Seeley, *The Expansion of England*, University of California Libraries, 1883, p.17.

印度，法国占有的殖民地据点也比英国多。但是，双方经过在美洲、在印度和海上的交锋，英国不仅在军事上彻底打败了法国，而且还夺取了法国的海外领地。西利认为，英格兰的胜利得益于其地理优势：英国既是一个欧洲国家，又游离于欧洲之外。而法国的失败正是因为它是一个典型的欧洲国家，其地理位置决定了它必然更多地卷入了欧洲事务，分散了对外扩张的精力。西利说："法国总是在殖民扩张和欧洲霸权之间消耗精力，英国则不必为欧洲事务分心。"①"五个争夺新世界的国家都败于英国，不是由于英国具有最大的殖民地空间，也不是由于英国拥有领先的发明和创造力，而是因为英国未受到旧世界太多的羁绊。"②既然英国的辉煌是在欧洲以外取得的，"更大的不列颠"也是欧洲之外的版图，那么英国目前要加强自己的实力，就必须像18世纪那样，建立由海外联合的殖民大帝国，这样才能保住50年以来的世界霸权。

"更大的不列颠"对于英国的意义不仅在于版图，而且在于英国的利益。西利认为，殖民地为母国提供了源源不断的资源，而且为母国的产品提供了巨大的市场，这个稳定的市场将成为英国重建世界经济霸权的基础，英帝国的版图就是英国经济实力的保证。他提出，英国在19世纪80年代建立帝国联邦比18世纪的条件更加成熟，并具备了更多的可能性。他论证说：现代国家不是希腊的城邦和罗马的帝国，在古代，殖民是一种"自然殖民"，希腊殖民地与母邦分离如同自然现象，瓜熟蒂落、子大离别，殖民地一旦成熟就与母邦分离，独立成长。城邦的特点决定着殖民地一定要独立，按照希腊

---

① J. R. Seeley, *The Expansion of England*, University of California Libraries, 1883, pp. 106—107.
② Ibid., p.108.

人对城邦的理解,城邦就是国家,公民一旦离开城邦就离开了自己的国家,所以古代希腊从来就没有出现过像英国这样的移民。现代国家的演变扩大了人们对国家的理解,国家不仅是一个领土范围,也意味着国籍。具体地说,那些感到自己属于相同国籍的人民,应尽可能地在同一个政府的保护下生存。因此,一旦人们接受现代国家的概念,那些移民到尚未被占领的土地上的人并没有离开自己的国家。

在讨论母国与殖民地关系时,西利认为,双方的共同利益是建立帝国联邦的保证。① 英国与殖民地之间存在着双重的需要:殖民地需要英国财政、经济、军事和外交上的支持和保护;英国需要殖民地的原料和市场,同时把殖民地作为解决国内人口膨胀压力的一个场所,为英国的贫困者提供致富的机会。西利说:"抽象地考虑殖民地,它们不仅是英国的财产,还可能为英国的无地者提供土地,为处于困境的人们提供财富和荣华。"②"如果威尔特郡(Wiltshire)和多塞特郡(Dorsetshire)有乞丐,那么他们会在澳大利亚得到财富的补偿。当英国出现无产者时,殖民地就有财产在等待他们。"③为了母国的强大以及殖民地的繁荣,西利认为,共同的法律、共同的宪政和共同的宗教是至关重要的。

在论述了建立帝国联邦的必要性后,西利又谈到了建立联邦的可能性。他提出现代科学技术的发展加强了母国与遥远殖民地的联系,也为国家之间的联合提供了可能。这种可能性增强了英国的

---

① J. R. Seeley, *The Expansion of England*, University of California Libraries, 1883, p.74.
② Ibid.
③ Ibid., p.70.

外部压力,也增强了英帝国内部联合的迫切性。此前,帝国联合仅仅是一个乌托邦,数以千万里的地域距离和宽阔的海洋把母国与殖民地隔离开来,通信技术的落后,割断了母国与殖民地的频繁联系。随着蒸汽机和电的发明与应用,为帝国这个政治有机体的循环提供了新鲜血液,也使得人们重新开始考虑与殖民地的关系。① 他在《英格兰的扩张》中指出:

> 技术的新发明使更广阔的政治联系成为可能,建立在旧模式上的国家不再安全,失去其重要性,甚至沦为二流国家。如果美国和俄国在下半个世纪联合起来,他们最终将战败法国、德国这样老牌的欧洲国家,把他们变成二流大国。美国和俄国对英国也将使用同样的方式。如果英国人仍然认为他们是旧的大不列颠爱尔兰联合王国,那它仅仅是一个欧洲国家;但如果我们尽力将分散在世界各地的、不同国籍的、承认英王权威的国家联合起来,面对美国和俄国这样强大的国家组合,那将是一个很好的补偿。②

在大国联合的背景下,英格兰最好的对策就是将殖民地联合起来,将移民在外的人们视为英国公民,这样的帝国联合不仅可以从根本上解决英国的贫困问题,而且可以对付任何来自外部的战争。③ 在论证了帝国联合的可能性和迫切性后,西利呼吁:

> 我们不能再以为,英格兰是欧洲西北海岸的一个小岛;它

---

① J. R. Seeley, *The Expansion of England*, University of California Libraries, 1883, p.85.
② Ibid., p.86.
③ Ibid., p.308.

是拥有12万平方英里土地和3 000多万人口的大国。我们不能再以为,英格兰的历史就是威斯敏斯特的议会史,不在那里讨论的就不是英国史。当我们习惯了将整个英帝国的利益放在一起考虑,并把它们都称为英国时,我们在这里将看到一个联合的国家,这里是同根的人们,同样的血缘,同样的语言和法律,只是分布在不同的空间里。①

值得注意的是,西利的帝国联合与迪尔克的"种族帝国"观念不同,虽然他们都关注英国的未来和传统,但是,西利对国家的关注胜过了对种族的关注,认为种族毫无疑问是国家建立过程中的一个因素,但是绝不是最重要的因素。国家仅仅是一个人为的管理单位,英帝国的管理者(亦可以称为帝国主义者)应当提高管理国家的技巧,加强帝国间的联系,这才是英国政治家的正道。西利超越种族的帝国概念在印度问题上体现得最充分。

西利认为印度是英帝国不可分割的一部分,印度虽然不属于盎格鲁-撒克逊种族,又没有统一的宗教,但是印度仍然是帝国最重要的区域。欧洲人通常认为,一个国家应该有自己的名称,并有与之相对应的国民。西利却不以为然,他认为民族国家有很多的例外,国家与人口不完全是一回事。人口以特别的方式和特别的因素联合起来,主要的因素有:(1) 种族社区(群体);(2) 共同的利益以及组成单一政治体制的习惯;(3) 社区的信仰。如果说在种族和宗教方面印度不符合西利的标准,那么共同的利益则是为印度成为英帝国一部分的最重要的因素。

---

① J. R. Seeley, *The Expansion of England*, University of California Libraries, 1883, p.171.

西利认为，双方的共同利益不是出于经济的考虑，相反，英国在印度的利益微乎其微。他写道："在平常人的语言中，财产和政府这两个概念被混为一谈，并由此产生了无限的混乱。"①在印度问题上，英国先进文明驾驭落后民族的能力已经达到了登峰造极的地步，英国是在一种无意识的情形下占领印度的，"英国人的伟大事业中没有哪一件做得如此随意，如此偶然"②。这一行为恰恰是英国人在承担传播文明的责任，

从印度方面看，英国殖民是印度复杂政治、社会、宗教和文化的必然结果。印度的种姓制度隔离了不同社会阶层的联系，不同的种姓有不同的利益和不同的社会规范；除了社会等级的差异外，印度的宗教十分混杂。虽然印度是佛教的发源地，但是，佛教的影响已经被印度教所代替，更加麻烦的是，印度教中有太多不同的派别，相互之间的差异之大，几乎达到完全对立的地步。此外，德里苏丹统治时期，伊斯兰教又传播到印度，因此，不同的种姓和不同的信仰将印度社会撕成了碎片。英国殖民势力进入后，又将基督教带到印度，加剧了印度局势的混乱。西利认为，印度内部的分裂和落后强化了英国向东方传播先进文明的责任，他写道："英国与印度的联系不是依靠血缘，也不是依靠宗教和利益"，英国关注印度是为了给印度带去西方的文明，"结束印度的无政府状态"。他甚至认为，在英国和印度的利益之间，英国应该首先考虑印度的利益，"目前要考虑的是印度和英国的利益，在这两个国家中，无论是从领土范围，还是

---

① J. R. Seeley, *The Expansion of England*, University of California Libraries, 1883, p.212.
② Ibid., p.189.

从富裕程度上,对印度的考虑都必须优先于英国"①。"若因为印度贫困,我们便撤退,那将犯下最不可饶恕的罪过,导致最愚蠢的灾难。"②

《英格兰的扩张》强调了殖民地对于母国的作用。首先,英国与殖民地的关系不是东方式的政治联盟,而是建立在现代政治思考和工业发展基础之上的一种关系——联邦制和代议制的结合。这是最理想的政治联合,它不包含统治与被统治的关系,而是体现各自利益的一个代议制的联合。英国与殖民地的牢固关系,使移民感到他们仍然是英国的臣民,在感情上提升了帝国的高度。其次,殖民地可以成为英格兰过剩人口的输出地,大规模的移民将解决英格兰本土的乞丐问题。最后,当英格兰面临战争时,殖民地将对母国提供最大的帮助。西利对于英帝国辉煌的回顾,对于英国传播文明责任的宣传,激起了英国人对于帝国的感情,也满足了他们的种族自豪感。《英格兰的扩张》一出版,就成为最畅销的读本,《威斯敏斯特快报》认为,西利的著作是"新帝国主义"思潮的强大推动器,足以说明英国社会要求帝国联合的愿望是何等的强烈!

西利的主要理论可概括为:帝国的持续联合是英国人长期的梦想;殖民地应被视为英格兰完整的各部分,像约克和肯特一样;帝国的持续联合与成员国的紧密联盟是交通和联邦制度发展的结果;英格兰离开帝国会沦为三流国家。西利的理论完全不考虑殖民地居民的心理,当时,加拿大和澳大利亚已开始出现民族主义,这些地方提出了与宗主国利益不同的要求;殖民地建立关税制度,不仅限制

---

① J. R. Seeley, *The Expansion of England*, University of California Libraries, 1883, p.204.
② Ibid., p.207.

外国产品的输入,而且限制英国的产品。尽管交通的改进缩小了宗主国和殖民地之间的距离,但不足以表明,自治领的人会用同样的方法看问题。

四、弗劳德与《大洋国》

西利出版《英格兰的扩张》两年后,詹姆斯·安东尼·弗劳德(James Anthony Froude)出版了《大洋国,英格兰和它的殖民地》一书,为英帝国的联合和扩张再一次吹响号角。弗劳德是历史学家、传记作家,关注殖民问题。他在政治、社会、道德以及宗教问题上深受卡莱尔的影响,希望在英国殖民地看到一个更好的英格兰。弗劳德反对工业化,崇尚工业革命以前的生活方式,反对曼彻斯特学派的经济理论,提出殖民地是解决英国社会问题的唯一途径。他认为帝国联合最终必须建立在殖民地同意的基础上。

19世纪70年代,当自由党政府执行自由帝国政策之时,弗劳德开始发表文章,支持英格兰和殖民地的联合,反对殖民地的分离,反对"自由""志愿"的帝国政策。1870年的《弗雷泽杂志》第81期发表弗劳德题为《英格兰和它的殖民地》的文章,论述了殖民地与帝国联系的重要性。弗劳德将现存的帝国与英国的前殖民地美国进行了比较,认为现有殖民地的范围和资源都超过美国,对于母国具有极大的利用价值。他写道:"英格兰现在占领的殖民地并不比美国小,自然资源也不比美国少,而且它们还愿意保持与英国王室的联系。它们的富裕就是我们的富裕,它们的头脑和肢体就是我们的头脑和肢体。它们从荒野中开垦的任何一块土地都是英国的土壤,它们的存在增加了我们的稳定。"①

在殖民地对母国的实际功用中,弗劳德认为殖民地至少在贸易和移民方面为母国提供方便。他写道:"如果殖民地经营得好,它们会成为英国商品的输出地。同时,他们的忠诚,他们的母国情结都使他们明白在帝国中的价值。"②另一方面,殖民地有许多尚未开垦的土地,可以养活大不列颠和爱尔兰5倍的人口。殖民地现在什么都不缺,只是缺少种地的人。而英格兰现在有数以几百万能干的"闲人",他们在英国找不到工作,殖民地可以为他们提供大展身手的空间。③ 此外,殖民地移民对于母国的忠诚和眷念也是母国必须珍重的无形财富,这是一个国家强大的情感基础。

在谈到英格兰当时所面临的社会问题时,弗劳德指出,英格兰人对已经取得的成就过分自信,他并不认为英格兰的工业能够永远独领风骚,不相信英格兰能够永远拥有世界市场。同时,英格兰已经出现了严重的社会问题,他指出:工业化极大改变了英格兰的生活方式和习惯,也抛弃了英国人长久以来一直珍视的许多优秀传统。现在英格兰的现状是:政府不加干涉,教区教堂无所作为,慈善捐献无人提倡,教育不受重视。更为严重的是人们思维方式的改变,"人人都在湿滑的社会阶梯上向上爬,而且将'向上爬'看成一种社会责任。……商品越繁荣,人们的这种习惯思维越普及……人们在攀登的过程中,不能休息,不能停顿,也不能喘息……我们不能有

---

① James Anthony Froude, ' England and Her Colonies' in *Fraser's Magazine*, Vol. 81, (Jan 1970), pp. 1—16. See Peter Cain (ed.), *Empire and Imperialism: The Debate of the 1870s*, Indiana: St. Augustine's Press, 1999, pp. 27—28.
② Ibid., p. 28.
③ Ibid., p. 45.

任何闪失,否则我们的繁荣将随时化为乌有"①。

弗劳德还对自由党的帝国政策提出了批评,他认为执政党在吸收美国革命的教训、处理与殖民地的关系上矫枉过正,忽视了英格兰未来的发展,过分注重财政平衡和英格兰纳税人的利益,必将给英国带来难以弥补的损失。他写道:"如果殖民地愿意保持与我们的联系,我们不打算赶它们走;如果它们离开,我们既不抵制也不挽留。我们要让它们明白,无论是留还是走,它们都是它们未来的主人。它们实际上是自由的,自治政府必须自己承担责任,最重要的是它们必须保证不要对英国纳税人提出任何要求"②。

同时,他认为自由党的"自由帝国"的政策已经不合时宜,整个欧洲出现了联合的浪潮,许多国家都在利用政治和经济的手段来整合区域性的利益,建立强大的国家。他说:"现在已经不是分离的时代,世界范围的合并浪潮一浪高过一浪。普鲁士被德国取代,皮蒙特(Piedmont)被意大利取代。当我们讨论分离的时候,美国人正致力于维护联邦的完整。如果我们抛弃殖民地,至少它们有可能加入美国联邦,同样,美国人也不会拒绝它们。"③

《英格兰和它的殖民地》一文的结论就是,英国的当务之急不是放弃殖民地,而是应该建立与殖民地的密切联系,这对于扩大英国市场、疏散过剩人口以及解决英国的社会问题都有不可替代的作用。1870年的秋天,为了唤起民众对殖民地问题的重视,他又发表

---

① James Anthony Froude, 'England and Her Colonies' in *Fraser's Magazine*, Vol, 81, (Jan 1970), pp.1—16. See Peter Cain (ed.), *Empire and Imperialism: The Debate of the 1870s*, Indiana: St. Augustine's Press, 1999, p.43.

② Ibid., p.36.

③ Ibid., p.47.

了另一篇文章《再论殖民地》,从母国和殖民地的感情方面论述了殖民地存在的重要性,呼唤母国和殖民地的双重需要。

弗劳德提出,尽管英国的殖民地分散在世界各地,但是,英国永远是它们的家,它们对家的依恋不仅是它们海外创业的动力,而且是它们能够叶落归根的期盼。他写道:"人们对国家的依恋是出于对真正家的情感。男人打仗是为了家和家人。如果没有家,他和家人就没有栖身之处,只能到处流浪。"①弗劳德的"家观念"还与拥有和占领土地紧密联系在一起,他说:"一个人的财产如果仅仅用钱来表示,那么一张纸可以被带到任何地方。……只有土地是带不走的。任何国家土地拥有者的财富都是国家的财富,这样的国家土地财富越分散,国家就越稳定,因为每个拥有土地的人都与国家有关。"②弗劳德将个人利益与国家利益融合为一体,认为两种利益缺一不可;他指出英格兰人一直非常注意培养家庭情感和爱国主义的责任,但是,现在英国人淡薄了这种情感,相反,德国、意大利、西班牙甚至俄国都比英格兰更明白这个道理。为了维护英格兰的传统,英格兰人必须重新认识与殖民地的关系。

弗劳德对曼彻斯特学派的经济负担论也提出了自己的见解,认为他们的观点鼠目寸光,缺乏预见性。他写道:"现在有一个特别的学派,将殖民地看成负担。……他们认为离开殖民地,可以立即释放英国纳税人的负担,我们可以在国内雇佣我们自己人发展我们的制造业;政府也不再为保卫遥远分散的殖民地而烦恼;政府可以为

---

① James Anthony Froude, ' The Colonies Once More', in *Fraser's Magazine*, Vol. 82 (September 1870), pp. 269—287. See Peter Cain (ed.), *Empire and Imperialism: The Debate of the 1870s*, Indiana: St. Augustine's Press, 1999, p.51.

② Ibid.

国家提供廉价的、便捷的和当然的保护。……没有殖民地,我们的过剩人口可以疏散到外国。"①在弗劳德的眼中,这种理论是完全切断与殖民地的联系,以为没有殖民地,英国人会生活得更好。

关于殖民地的管理,弗劳德提出两项政策:一是"将它们看成帝国不分割的部分,作为扩大和增强实力的馈赠,在这些地方英国人像在家里一样可以得到土地";另一个政策"是教育他们自己管理自己"。②他认为虽然格兰维尔勋爵离开了殖民部,但是自由党的帝国政策并没有改变,新的殖民大臣金伯利的话语和格兰维尔如出一辙。格莱斯顿政府的殖民地政策是"削弱我们,而不是增强我们:殖民地是殖民地,我们是我们,花费任何代价开发殖民地和输出我们的过剩人口,都是浪费精力和我的钱财"③。弗劳德认为,自由党政府分离帝国不仅表现在口头上,而且表现在行动上。在新西兰贷款和开发加拿大自治领的迟缓态度上,表现得最为明显,因此,弗劳德总结说:"不是殖民地愿意与英格兰分离,而是目前的执政党在促进这种分离。"④

弗劳德认为格莱斯顿是柏拉图式的理想主义者。格氏将良好的道德基础看成是秩序井然的联盟的基础,他认为衡量一个国家的标准不是账单,而是人们的素质——谨慎、诚实、贞洁、敬畏上帝。⑤格氏还提出,一方水土,一方人,认为健康的身体和健康的心理只有

---

① James Anthony Froude, ' The Colonies Once More ', in *Fraser's Magazine*, Vol. 82 (September 1870), pp. 269—287. See Peter Cain (ed.), *Empire and Imperialism: The Debate of the 1870s*, Indiana: St. Augustine's Press, 1999, p. 54.
② Ibid., p. 55.
③ Ibid.
④ Ibid., p. 57.
⑤ Ibid., p. 59.

在自由的加拿大和新西兰的天空才能孕育。对于格氏的自由自愿的联合,弗劳德持不同的看法。

在联合和分离的选择上,弗劳德提出联合是出于双方共同的需要。一方面,殖民地幅员辽阔,资源急等开发,而且殖民地目前每年可以接受25万之多的人口。针对这个情况,1870年,英格兰的工人向维多利亚女王发出了请愿,表达了他们的实际需求。请愿书说,英格兰现在已经太过拥挤,人们在国内找不到工作,鉴于女王陛下拥有海外自治领,那里可以提供他们需要的生活空间和工作。他们请求女王不要听信那些要求分离殖民地的顾问的劝说,请求女王郑重宣布殖民地是帝国不可分割的一部分,英格兰将帮助那些愿意移民到殖民地的人。[1] 由此可见,联合的帝国是双方共同选择的结果,更是双方利益最大化的结果,正如弗劳德文章中的最后一句话所述:"唯一稳定的联合是对双方都好。"[2]

弗劳德的帝国联合主张并没有为自由党政府所接受,之后,他就开始游历英国殖民地和前殖民地。在访问了开普殖民地、澳大利亚、新西兰和美国后,1885年他出版了《大洋国,英格兰和它的殖民地》一书,论述了他对于殖民地的主要看法。如他所述:游记的目的"不仅是看看殖民地,而且是想听听人们对我们所感兴趣问题的解答"。《大洋国》从感情的角度阐述了帝国联合的可能性,弗劳德认为殖民地与英国的感情联系是深厚的,联邦宪法与前者相比微不足道。他对用"帝国"一词来表达英格兰和它的殖民地不以为然,提出

---

[1] James Anthony Froude, ' The Colonies Once More', in *Fraser's Magazine*, Vol. 82 (September 1870), pp. 269—287. See Peter Cain (ed.), *Empire and Imperialism: The Debate of the 1870s*, Indiana: St. Augustine's Press, 1999, p.59.

[2] Ibid., p.76.

"联邦"一词可以更好地表达宗主国和殖民地的共同自豪感和力量。他不信任政治家的智慧,同样不相信议会,认为政府不仅在爱尔兰问题上误入歧途,而且还试图把南非变成第二个爱尔兰。他谴责英国政府采取的自治政策,认为两党政府在这个问题上都应承担责任,他说:"他们把英国民族的集体遗产轻易地交给了殖民地政府,他们还告诉殖民地政府:你们能够自我生存之时,就是母国政府与你们分离之日。你们独立得越快,母国将越感到满意。"①

弗劳德认为,英国政府在殖民地建立自治政府,从殖民地撤军的政策都是对殖民地人民的不尊重,又是对英国人民的不公正。"由于侵犯北美13个殖民地权利,我们失去了他们。我们视其他的殖民地毫无价值,又将其抛在一边。分离的名义是友好,但是,从语调上我们可以断言这是对殖民地的冒犯,这一故意的行动不会受到欢迎。如果殖民地被迫离开我们,这种分离就不可能友好。同时,英格兰人也没有得到公正的对待。一个具有如此深远意义的政策应向英格兰人进行全面的解释,而不应该在未得到他们的同意时贸然行事。故意抛弃殖民地的行为对于政策的行使者是致命的。政府对于殖民地身份含糊不清的表达必然导致各方面的挑战。"②

在分析英国在殖民地建立自治政府的原因时,弗劳德指出,曼彻斯特学派的经济理论和英国成为世界工厂的现实是导致分离的最根本的原因,当时人们普遍认为:"帝国没有为我们带来任何东西,没有帝国,我们将节省军备费用,还可以避免对外战争的危险。剪掉苹果树上的赘枝,果实会更加丰茂。"③针对这种说法,弗劳德

---

① J. A. Froude, *Oceana*, London: Silver Library, 1886, p.6.
② Ibid.
③ Ibid., p.17.

说：人不仅依靠面包生存，精神和感情对人类的生存同样重要。在目前的情况下，母国与殖民地的关系主要依靠感情维持，"一个不讲感情的国家，面临的将是一个国家的危险"①。英国不仅应该是消费者、生产者和纳税人的组合，而且应该是感情维系的一个版图巨大的帝国。

弗劳德对工业化的英格兰非常担心，他说："一个国家的繁荣从长远看，要依靠个人的身心和体格的健康，工业社会不能提供这一保证。工业化造成了可怕的结果：绵延数里的小巷，每一间房屋都居住着双倍的人口，前面是肮脏的街道，后面是肮脏的庭院，阴沟里散发出臭气熏天的气味，厕所就在街道的角落处。人们看不到绿色的田野，闻不到鲜花和森林的清香，天空被煤烟和其他的东西污染。城市里除了音乐厅，没有其他的娱乐；除了酒吧，没有任何的休闲。成千上万的孩子们长成男人和女人，这种情况最终是否能够保证人类的正常繁殖？"②

工业化造成了英国城市的拥挤、空气污染、住房紧缺，影响了人民的身体健康，怎样才能解决工业化带来的难题？弗劳德认为，向殖民地移民是解决英格兰人口膨胀问题的最佳选择。与狭小的英格兰相比，殖民地资源丰富，土地辽阔，空气清新，阳光充沛。英国人迁徙到殖民地，才能呼吸到清新的空气，享受温暖的阳光，饱览生命的绿色，居住宽敞的住房，重新品味"快乐英格兰"。在维多利亚殖民地他看到了一个正在成长的乡绅阶层，并预测"在不久的将来会有更多的移民前往澳大利亚，他们在那里以自己的方式生活，不

---

① J. A. Froude, *Oceana*, London: Silver Library, 1886, p.91.
② Ibid., p.8.

再担心社会主义和不断增加的所得税"。

弗劳德还认为,殖民地将使英国在与欧洲大国的竞争中立于不败之地。他写道:"像我们这样的大国根本不可能将所有的财富建立在向邻国出售布匹和金属制品上。加拿大、澳大利亚、南非和新西兰是我们的一部分,随着人口的自由流动,我们可以以不变应万变。共同的精神使我们兄弟公民振奋,共同的利益使我们不畏惧任何国家的竞争。"①

此外,随着欧洲各国的工业化的发展,英国的竞争对手越来越多,殖民地是英国不沦为像荷兰那样三流国家的保证。最后,殖民地的分离违反了权利与义务的基础原则。国家存在的基础是国家与公民之间的权利与义务的平衡,英帝国与殖民地的公民间同样存在这样的关系。对于分离殖民地的做法,弗劳德认为:"值得怀疑的是,任何国家是否有权取消公民的权利?"②殖民者是英国的公民,他们与政府之间有着不可侵犯的双重责任。

既然殖民地对帝国有重要的意义,那么英国与殖民地之间究竟保持一种什么样的关系?弗劳德使用"联邦"这一概念。他认为英联邦是指在保留各地传统的前提下,用相同的法律,建立一个自由、平等的团体,其目的是保证人类的和平和健康,这是英国政府的责任。而且"大洋国"已经是一个现实,我们已经拥有了广大的海外领土,宗主国和殖民地的人民已经组成了一个大家庭,他们不愿意分离。至于目前殖民地不愿意在牺牲自由的基础上建立联邦,"这些不明智的计划只是某个政党利益的需要,注定要失败,必将被抛弃。

---

① J. A. Froude, *Oceana*, London: Silver Library, 1886, p.12.
② Ibid., p.332.

政治家为之奋斗的联邦是挽救宗主国和殖民地关系的最好选择"①。

尽管弗劳德对"联邦"寄予希望,但是,他认为一个由各地代表组成的常规联邦议会代替威斯敏斯特议会,并处理外交和殖民地问题的想法是荒谬的。世界上没有任何力量能够说服议会下院放弃一半的权力,而且它也不可能同意由殖民地代表处理殖民地问题。同时,弗劳德对建立商业联盟的建议也不抱幻想。他认为试图建立商业大洋国是无用的建议,"我相信……如果帝国联邦能够通过关税同盟建立起来,我们的等待将无尽头"②。

弗劳德认为建立帝国联邦最坚固的基础是"精神",如他所述:"精神的联盟使我们明白我们是一体的——分离意味着背叛……让分离之声像人民对待恐怖一样。联合已经存在,其形式需要等待适当的时机和环境。"③为了加强精神的联合,英格兰人应该停止对殖民地的抱怨,英格兰应向殖民地表明:它理解他们的感情,尊重他们的抱负。如果殖民地需要,帝国海军应满足共同的利益。

继《大洋国》之后,1888年弗劳德又出版了《西印度的英格兰人》,该书对殖民地政策的考察与《大洋国》的结论相似:谴责自由党的殖民政策,倡导将殖民地作为移民地,断言殖民地对于英国国家的重要性。

但同时,弗劳德提出西印度与移民殖民地澳大利亚、新西兰和加拿大不同,在那些地方,有色人种的人口要远远超过白人,而且他们是前奴隶的后代。因此,弗劳德原来认为的殖民地最有价值的东西——共同的精神——在这里不存在。欧洲的文明正在与黑人的

---

① J. A. Froude, *Oceana*, London: Silver Library, 1886, p.339.
② Ibid., p.222.
③ Ibid., pp.306—307.

野蛮相抗争,而且他断言,英属西印度最终将与海地一样陷入魔鬼崇拜和同类相残之中。如果将西印度变成自治领,将会出现黑人统治的政府。"英格兰的总督将发现,他正在主持一个由黑人组成的议会,他发表的演讲将出自黑人总理之口;这种情形能持续多久?没有一个英国绅士愿意看到这种形势。这两个种族是不平等的,他们不能融合。"尽管弗劳德没有公开提倡奴隶制,但他认为白人为主人、黑人为奴隶的家长制关系是最好的选择。至于让黑人自己管理自己,建立地方自治政府,弗劳德的评价是:"自治政府仅仅是漂亮的言辞,如果现实与理论一致,将导致政治和社会的混乱。事实上,现实与理论并不一致。拥有选票不能改变人类的个性,永远不能。"① 自治政府只适用英国人口占多数的地方,但是,在非白人人口为主的殖民地是失败的,而且总是失败。如果在印度尝试,将以失败告终。西印度的未来面临两种选择:英国在西印度采取专制统治或者让他们决定自己的命运。失去西印度对于英国物质方面的影响不大,但是,会使英国人大失颜面,表明我们不能保住父辈们奋斗的成果。

弗劳德的帝国主义带有强烈的保守主义和种族主义色彩,他对政治民主和议会政府深恶痛绝。他希望将殖民地变成不受自由主义思想熏陶的"净土",在那里保持过去的美德和理念。其次,弗劳德的帝国主义深深带有空想的烙印——"快乐的英格兰"移民满足于上帝的安排,虔信宗教,根本不关心挣钱的事——事实上,这仅仅是弗劳德的幻想,在现实中不存在。虽然弗劳德否认种族平等,但

---

① C. A. Bodelsen, *Studies in Mid-Victorian Imperialism*, London·Heinemann, 1960, p.196.

他是反对帝国分离的先锋人物,在1869—1870年之间,在谴责格莱斯顿"无形帝国"的论战中,弗劳德走在前面。同时,他积极倡导向殖民地移民,以解决国内的贫困问题。

无论是西利的英帝国,还是弗劳德的英联邦,都表达了一个愿望:英国的利益必须与殖民地的利益一致起来,只有共同的利益才能保持长久的联合。帝国或者联邦不仅是英国实力的一种有形保证,而且是盎格鲁-撒克逊精神的具体体现,让英国人感到自豪。这些宣传渲染着帝国的重要性,在英国人中激起强烈的帝国热情。

五、帝国联邦的设想

从16世纪英国建立殖民地开始,宗主国与殖民地的关系,特别是与移民殖民地的关系,一直困扰着英国和殖民地。许多概念如"帝国""更大的不列颠"都是宗主国的一厢情愿,当然,在这些移民殖民地的幼年期,它们愿意接受这些概念。但是,随着殖民地的成长,它们则希望用"帝国联邦""帝国联合"之类的概念来代替前者,新的概念一方面能代表宗主国的宗主地位,另一方面也能表达殖民地要求平等的心态。毫无疑问,在英国不断扩张和建立殖民帝国的过程中,宗主国和殖民地的需求不是同步的。在殖民活动的初期,殖民地过多依赖宗主国,英国仅仅将殖民地作为制造品的市场或者解决过剩人口的输出地,不愿意将之视为英国政治上不可分割的部分,同时,宗主国的优越心理使政治家们不愿意对殖民地和母国一视同仁。但是,19世纪80年代以后,随着英国经济霸主地位的丧失以及欧洲各国扩张步伐的加快,英国逐步地改变了对殖民地的传统看法,把帝国看成英国实力的象征,要求建立帝国联邦,以保证英国昔日的霸权。遗憾的是,经过 100 多年的发展,移民殖民地如澳大利亚、加拿大、新西兰建立自治政府以后,其经济得到长足的发展,而且地方政府受到民族主义的极大影响,它们对宗主国的需要已经不再强烈,希望与宗主国以平等身份进入帝国联邦。

由于英帝国从来没有制定一部正式的联邦宪法,殖民地与宗主国保持着半联邦式的松散联系。帝国的中心是英格兰,帝国的次中心是移民殖民地,帝国的利益在印度,帝国的边缘地带在非洲和加勒比。英帝国经历 19 世纪 50—60 年代的经济辉煌,也曾试图摆脱殖民地负担。但是,从 70 年代后半叶起,随着英国经济垄断地位的丧失和欧洲列强殖民争夺的加剧,殖民地不但不是负担,反而变成了帝国强大的后盾。因此,英国的政治家、帝国主义者、知识分子积极拉拢殖民地名流,再次发动了建立"帝国联邦"的新的努力。

建立"帝国联邦",大致可分为议会内、议会外和超议会三种方案。① 第一种方案是建立议会制的帝国联邦。在英帝国的历史上,从来就没有真正意义上的帝国议会,英国的威斯敏斯特议会决定帝国的事宜,殖民地没有参与权。在建立"帝国联邦"的活动中,出现了一些激进的主张,提出殖民地应该效仿美国各州的榜样,英国的威斯敏斯特议会相当于联邦议会,成为整个帝国联邦的中心和最高的权威,让各殖民地选举的代表进入帝国议会下院,殖民地的贵族进入英国议会的上院,由他们来制定整个帝国联邦的法律,决定联邦的内政、外交和国防政策,但仍然保留各殖民地的立法权。第二

---

① Ronald Hyam and Ged Martin, *Reappraisals in British Imperial History*, London: Macmillan, 1975, p.121.

种方案是建立议会外的帝国联邦,该方案希望回避英国议会下院改革的难题,通过建立以殖民地代表为基础的咨询机构,在处理殖民地问题上依靠"咨询议会"。但是,咨询议会有两个不能回避的缺陷,一是所有的议员都是任命产生,而非选举产生,他们很可能是一些利益集团的代表,不能真正代表殖民地的利益;二是咨询议会虽然有一定的影响,但没有实质性的权力,不能吸引殖民地的优秀人才。如泰勒(Tyler)所述:"殖民地的好人不会参加这个有影响但没有权力的会议。"[1]但是,议会外的帝国联邦设想导致了殖民地帝国会议的产生。第三种方案是建立"超议会"的帝国联邦。在宗主国和殖民地地方议会的基础上,建立一个由宗主国和殖民地代表共同出席的联邦议会,威斯敏斯特以及各殖民地议会都服从联邦议会。联邦议会不仅凌驾于英国议会之上,而且将宗主国的利益与殖民地的利益等同起来,该提议一出台就引发许多实际问题,如议会改革、殖民地地方议会的作用、属地与中央政府之间的关系等等。

议会内"帝国联邦"的设想开始于17世纪,早在1652年,巴巴多斯总督托马斯·莫迪福德(Thomas Modyford)就提出巴巴多斯派两名代表进入英国议会。1754年,北美13个殖民地试图成立奥尔巴尼联合议会,但以失败告终。随后,本杰明·富兰克林(Benjamin Franklin)要求英国议会"考虑"同意让殖民地代表进入英国议会,他的提议既成为一个有吸引力的观念,又成为联邦议会设想的补充。

七年战争使英国政府的财政不堪重负,英国议会作为公认的最高权威控制殖民地贸易,其中也包括殖民地的税收。为了缓解政府

---

[1] J. E., Tyler, *The Struggle for Imperial Unity 1868—1895*, London: Martin, 1938, p.978.

的财政压力，议会决定向北美13个殖民地征收印花税，引起了关于"无代表不纳税"的争论。英国政府认为，英国议会代表应在本土产生，而不是在帝国的任何地方。英国政府既不愿意满足殖民地的要求，又不愿意放弃殖民地的税收，冲突在所难免，最后，英国彻底失去了13个殖民地。

18世纪80年代到19世纪20年代，联邦的努力进入中断时期。一方面，美国独立使英国对殖民地产生恐惧心理；另一方面，20年的对法战争后英国取得许多新殖民地，建立起第二帝国，英国没有必要建立帝国联邦。1820年以后，"帝国联邦"思想进入一个新的活跃时期，这一时期，加拿大、澳大利亚各殖民地的联合、英国议会制度的改革以及宗主国权威与依附地之间的关系成为讨论的话题。在加拿大，1822年罗伯特·古尔利（Robert Gourlay）提出建立北美联邦，其代表进入英国议会；而约翰·比弗利·罗宾逊（John Beverley Robinson）则提出将北美殖民地分为6—7块，每一块派代表参加英国议会。1830年，澳大利亚出现了地方议会改革运动，威克菲尔德提出殖民地议会改革方案，要求取消衰败选区，增加新选区的议员代表，其目的是使殖民地议会更多地考虑殖民地的利益，同时，加速殖民地直接代表的产生。威克菲尔德最重要的建议是澳大利亚的新南威尔士应该在英国下院有一个议员席位。

在殖民地考虑帝国联邦的同时，英国国内也出现一些政治家，提出在威斯敏斯特议会设置殖民地的代表。1831年里士满公爵（Duke Richmond）建议在议会改革法案中增补殖民地议员一款。同时，约瑟夫·休谟引入了新的动议，提出为了帝国，英国议会必须增加19名殖民地议员。但是，他们的提议经过议会下院的讨论后，均遭到了否决。在这个过程中，围绕殖民地与宗主国的关系，主要有两种态度:第一种认为威斯敏斯特议会应接受殖民地的议员,成为真正意义上的帝国议会,一些接受了殖民地作为英国领土的人们认为,各殖民地应像英国的罗彻斯特或伯明翰一样拥有议员;第二种从商业利益考虑,认为殖民地可以以利益集团为代表,比如是东印度公司的一个部分,恰恰是这类观点,在客观上为殖民地地方政府的发展以及民族主义的产生起了推动作用。

建立"帝国联邦"之所以如此艰难,一方面是殖民地仍然不成熟,难以胜任政治责任,而一旦殖民地成熟了,独立意识又出现了;另一方面,英国也不愿意与殖民地处于平等的地位,而等到英国愿意的时候,殖民地又想脱离英国了。总之,19世纪20年代前,"帝国联邦"的设想主要是殖民地的要求,它们的目的是解决伦敦政府和当地治理之间的关系,殖民地对参与英国政治充满渴望,希望通过进入帝国政府为殖民地的发展取得发言权。

19世纪40年代,虽然帝国联邦的设想受到各种各样的阻碍,但是,各地区殖民地内部开始了联合的转机,加拿大联合首当其冲。起初上、下加拿大分治,是出于两方面的考虑,其一,用法国人的习惯和法律处理法国人的问题,能够减少管理上的麻烦;其二,殖民地领域太大,易于形成独立意识。但这种政策引起上、下加拿大的叛乱,在调查了骚乱的原因后,达勒姆勋爵提出建立加拿大联邦的建议。1864年,新斯科舍(Nova Scotia)、新布伦瑞克(New Brunswick)和爱德华王子岛(Prince Edward Island)加强联合,随后英方出面与各殖民地接触,经过艰难的谈判,在1867年,英帝国出现了第一个联合的自治领。在自治领内,自治领议会成为最高的权力机构,取得了自治领内部的立法权。

在西印度,英国长期采取殖民地分治的政策,尽管彼此距离很近，但是没有形成共同的社区利益和感情。但随着这些殖民地丧失经济上的重要性，出于维护利益的考虑，出现了联合的势头。① 背风群岛(Leeward Islands)首先建立共同的立法机构，相对于原来各岛的立法机构，共同的立法机构拥有了更宽泛的权力。向风群岛(Windward Islands)虽然组成共同的议会，但是在一个大总督的管理下，有一个上诉法院和其他形式的联合机构。1875年，所罗门先生(Mr. Solomon)提出一个15个西印度殖民地联合的计划，但是没有采取实质性的步骤。因此，西印度的联合只是小范围的，而且影响也十分有限。

印度是一个广大的地区，起初，马德拉斯、孟买和孟加拉三大管辖区相互独立，1773年、1799年和1833年的议会法案确立了孟加拉的首要地位，其他两个辖区被置于其总督的管理下。此后不断增强中央政府的权力，尤其在1857年的印度民族大起义之后，中央的权力不断加强。

澳大利亚联邦经历了艰难的历程，从表面上看，经济利益造成了各殖民地的敌对，但是，殖民地间的感情联系又不容忽视。1900年，澳大利亚各殖民地联合起来，在南太平洋形成一个强大的国家。澳大利亚联邦的权力不能与加拿大相比，中央政府不能否决各地立法，但是对一些重要事务有司法裁判权。联邦议会由参议院和众议院组成，两院代表都经过选举产生，前者与美国参议院十分相似，每个州有权选举6名参议员。高等法院审理在联邦宪法下出现的案件以及各州间因法律理解差异造成的案件。

---

① Paul S. Reinsch, *Colonial Government: An Introduction to the Study of Colonial Institutions*, London:Macmillan, 1924, p.254.

尽管殖民地的联合不断增加,但是,英国政府始终拒绝殖民地议员进入英国议会。原因包括:选举制度不完善,英国和殖民地都不满意;若殖民地进入英国议会,议员的薪资成为问题;殖民地与宗主国距离遥远,例如从悉尼到伦敦需要 50 天时间,议员们来往一次需要 4 个月。更重要的是,在英国人眼里殖民地人是外邦人,他们出现在英国议会,政党之间将出现不平衡。

于是,在 1853 年,格雷得出了这样的结论:"殖民地代表进入英国议会在行政上是有效的,但是在立法方面是不适合的。"① 同年,《威斯敏斯特报》也指出:"联邦计划使殖民地进入联邦,他们从此不再是殖民地,因为你们已经教会他们寻找相互之间的帮助,而不是寻求母国的帮助。只有使殖民地依附母国,他们才不需要联邦。"② 进入 19 世纪 60 年代,自由主义的思想在宗主国与殖民地的关系中占了上风。在这一时期,自由贸易的胜利减少了母国对殖民地的经济需要,同时,随着各殖民地的发展,特别是白人殖民地自治政府的建立,他们对母国的需要也不像先前那么强烈了,因此,帝国联邦的运动大打折扣,议会联合几乎被放弃。

19 世纪 70 年代后,建立帝国联邦的呼声再起,1871 年,詹金斯(H. Jenkins)出版《帝国联邦》,向人们发出警告:"联邦或者混乱!……我们不能回到过去,也不能原地不动:我们唯一的机会就是联邦。"马修斯(Mathews)也认为:英格兰和它的殖民地"必须靠得更近,否则就是分离"。扬(Young)在《帝国联邦》的前言中指出:"在殖民地成长的某一阶段,伴随大不列颠自治殖民地发展的有两个选

---

① Ronald Hyam and Ged Martin, *Reappraisals in British Imperial History*, London: Macmillan, 1975, p.127.
② Ibid.

择:联邦或分离。"甚至一些温和的帝国主义者,如福斯特和罗斯伯里勋爵(Lord Rosebery)都竭力支持帝国联邦。19 世纪最后 20 年,英国人的帝国观念发生了根本的变化,80 年代出现的"新帝国主义"进入人们的思想,戈尔德温·史密斯的分离主义被西利的《英格兰的扩张》所取代。值得注意的是,80 年代以后,英国对帝国联邦的需要超过了殖民地的需要,英国需要联邦增强实力,保持霸权。为了追求最大帝国的梦想,英国人把帝国主义诠释为"文明的使命"、"和平的政府"和"白人的责任"等。而殖民地则产生朦胧的独立倾向,不再甘心于依附的地位,与宗主国的平等成为殖民地的追求。

另一方面,当欧洲各国进入扩张殖民地的新时期,英国殖民地已经遍及全球:在南非,罗得斯建立罗得西亚(Rhodesia);在东非,英国的势力到达了乌干达;在西非,英国把尼日利亚建成了保护地;在亚洲,缅甸和印度尼西亚都被并入了英帝国。到 90 年代,英国已经有 11 个自治殖民地,领土为 1 800 多万平方千米,人口为 1 100 万;还有依附殖民地、保护地等,领土面积为前者的一半。[1] 在这种情况下,英国希望在帝国范围内建立共同的法律、执行共同的政策,使殖民地保持与帝国政府的完全一致。而殖民地在领土上的分散、政治上的杂乱和政策上的不一致使帝国"缺乏凝聚力"[2],因此,建立帝国联邦就成为英国政府关心的事。1891 年《泰晤士报》说:"帝国联合是摆在英国政治家面前的巨大任务,殖民地团结在我们的周围,我们就能站在世界大国的前列,离开殖民地,我们仅仅是欧洲的一个

---

[1] Harry Brown, *Joseph Chamberlain, Radical and Imperialist*, London: Longman, 1974, p.53.
[2] G. H. L. Le May, *British Supremacy in South Africa 1899—1907*, Oxford: Oxford U. P. 1965, p.19.

王国。"①

在英国学者著述、报刊大张旗鼓宣传帝国联邦的同时,政治家也不甘落后。1884年,一些著名人物组成一个超党派的组织"帝国联邦协会"(Imperial Federation League),吸引许多殖民地的政治家加入。协会的目的是通过宣传帝国联合来保证帝国的永久统一,并希望用新的立法和制度加强帝国联系。该协会的报告指出:"为了保证帝国的长久,某种形式的联合是必不可少的。"共同的立法和宪政应在尊重各地方议会的基础上形成,英国与殖民地之间应保持平等的关系:"联合的任何计划不得干涉地方议会的权利和地方事务,联合应有利于各国的利益和自我防卫。"但帝国联邦协会的民间性质决定了它不能履行联合的计划,也不能在共同宪政上有任何的建树,只能反映政治家对帝国联合的设想,它的作用也仅在于呼唤英国人和殖民地人的帝国感情,如罗斯伯里勋爵所说:"我们所企求的联邦,乃是英王所统治的各自治领间尽可能最紧密的联合,联邦和全世界的英国臣民的民族自由以及与生俱来的权利是相一致的,联邦是在同情心、在对外行动以及国际事务中的最密切联合。"②

帝国联邦协会从1884年成立到1893年解散,存在了10年,并在英国、加拿大、澳大利亚和新西兰设立了分支机构,为宣传和鼓动帝国联合做了许多工作。许多人对协会寄予厚望,1886年,乔治·波文爵士(George F. Bowen)出版了《英帝国的联邦》认为,帝国联邦通过共同的防御和共同的外交政策使帝国作为一个整体保持与各地的关系,殖民地出于对王室、语言、文学的共同尊重以及对未来的

---

① B. H. Brown, *The Tariff Reform Movement in Great Britain*, Oxford: Oxford U. P., 1943, p.88.
② 马里欧特:《现代英国》,商务印书馆1963年版,第125页。

共同希望,将为帝国联系做出更大的贡献。"离开了共同的帝国政府组织,殖民地的自治政府终将导致帝国的分裂。"①他预见将有更多的不列颠人居住在殖民地,如果他们在帝国议会和联邦会议没有发言权,就不会愿意与英国分担帝国的费用和危险。帝国议会和殖民地议会的分工,使英国下院不必为殖民地的立法分心。他认为对爱尔兰的妥协也在所难免,只是时间的问题。

帝国联邦协会的首任主席是福斯特,后来是罗斯伯里勋爵,参加者中有两党的公众人物。在帝国联邦协会第一次会议上,与会者首先讨论了帝国联邦的成员资格,认为保护地不在其列;非洲、亚洲的要塞和印度也没有被提到。为了避免殖民地的反感,会上没有涉及经济利益,也没有讨论外交、防卫以及帝国责任等重要问题。罗斯伯里和史密斯强调移民的重要性,提出澳大利亚和加拿大是两个理想的地方,"两个伟大的国家——帝国的一部分,如果他们充满感情地忠诚和奉献这个国家,向你们伸出他们的手,如果你不愿意顺应这个感情,将来一定遭到可怕的报复"②。

激进分子为迪尔克所提倡的盎格鲁-撒克逊种族帝国唱赞歌,说"盎格鲁-撒克逊种族终将成为世界的统治种族,我们需要做的就是与同种族的人们坐在一起,促进我们期望的事件"。有人甚至说:种族帝国的使命就是为"世界的和平、秩序和好政府的建立提供物质上的保证"③。

---

① Sir George F. Bowen, *The Federation of the British Empire*, London: Macmillan, 1886, p.5.
② *Imperial Federation*, Report of the Conference held 29 July 1884 at the Westminster Palace Hotel, London, p.37.
③ Richard Koebner & Helmut Dan Schmidt, *Imperialism: The Story and Significance of a Political Word, 1840—1960*, Cambridge: Cambridge University Press, 1964, p.178.

英国媒体对于会议的召开也持赞同的态度,《泰晤士报》强调,会议的召开标志着新帝国感情的兴起以及科布登主义的衰落。同时,"帝国主义"这个曾经臭名昭著的词语具有了新的含义:"几年前,帝国主义被理解为侵略主义和沙文扩张主义,不能为人们所接受。现在帝国主义再也不被贴上侵略性的流氓沙文主义协会的标签。"[①]

帝国联邦协会的活动很快传播到殖民地,殖民地则希望把自己的代表送进威斯敏斯特议会。但协会大多数人的态度是,不符合英国的政治传统。在讨论印度问题时,弗劳德和波文都认为印度不是联邦内的问题。波文提出,印度应成为英国的皇室殖民地,其居民在政治上成熟后,将取得英国公民的身份,就像罗马帝国对外邦人取得罗马帝国公民身份一样。1866年9月协会最后一次会议后,英国女王表示了对宗主国和殖民地联合的支持:"各方都有强烈的愿望用实际的办法使母国和殖民地走得更近,走向联合,这个联合将使帝国的每一个部分都联系在一起。"[②]从此,帝国主义者不再是一个羞耻的名称,帝国主义也成为一个褒义词,而不是贬义词。

在帝国联邦实质性的问题上,帝国联邦协会实际上是毫无建树。但是,它的作用仍然看得见:首先,帝国联邦协会的活动促进了英国王室对帝国联邦的认可。1884年,英国政府组织了一个博览会,展示各殖民地的产品、制造品和艺术品。1886年5月4日,维多利亚女王亲自主持了博览会的开幕式。英国桂冠诗人写下了帝国辉煌的美丽篇章:"从各岛屿、海角和大陆,子弟们已经装船起运,物

[①] Richard Koebner & Helmut Dan Schmidt, *Imperialism: The Story and Significance of a Political Word, 1840—1960,* Cambridge: Cambridge University Press, 1964, p.179.

[②] *Hansard*, 3rd ser. Vol. Cccix, col, 1350.

产海陆杂陈……制作精良见匠心,东方的光华耀眼明。"他呼唤帝国的联合:"过去的光荣同有份,我们岂终久分离？难道不要同甘苦,相依相靠永相亲？"①女王在致开幕词时说:博览会是"1851年阿尔伯特亲王所创始观念的动人的发展"。女王的新提法表明1886年博览会与1851年博览会的不同含义,前者是对曼彻斯特学派的赞颂,鼓励自由贸易,鼓励减少与殖民地的联系;后者则显示帝国的实力,是加强帝国意识的机会。为了进一步鼓励帝国热情,威尔士亲王建议,将博览会变为一个常设的机构,使它成为"表彰女王殖民地及印度帝国的艺术品、制造品和商业的一个帝国陈列所"②。

  帝国联邦协会的另一个成果是促成了第一次殖民地会议(Colonial Conference)的召开。1886年8月,帝国联邦协会派出一个阵容强大的代表团向女王请求召开一次由殖民地代表参加的正式会议,以便讨论"帝国各地共同关心的某些问题"。所有的自治领和皇室殖民地都在邀请的范围内,请柬上摘录女王的讲话,直接表明会议的意图:"我相信各方面都存有一种日益增强的愿望,希望用一切时机和方法使帝国各部分的联系更加密切起来。我已经授权同各主要殖民地政府交换意见,以充分考虑事关共同利益的问题。"③

  1887年6月21日是女王登基50年庆典,各殖民地的代表都应邀出席。在盛况空前的感恩仪式上英国向世人展示帝国的强盛和巨大凝聚力:在女王通过的大道上张灯结彩,两旁拥挤着欢呼的臣

---

① 马里欧特:《现代英国》,商务印书馆1963年版,第125—126页。
② 同上书,第127页。
③ 同上书,第128页。

民;随侍女王的除了她的全家,还有比利时、萨克森、丹麦和希腊四位国王,很多大公,欧洲每个王室的王子,以及盛装华服、珠光宝气的印度王公,殖民地和附属国的代表与外国代表。隆重的庆典表达帝国臣民的共同意识,大洋洲殖民地代表说:"我们希望从此以后,殖民地的政策能够被看成帝国的政策;殖民地的利益被看成帝国的利益;这些利益都将受到慎重的考虑。一旦人们认识清楚,就能够得到最坚决的维护。"[1]澳大利亚代表说:"坦率地说,第一次与开普、纽芬兰和加拿大的代表共同出席这个会议……我们作为英国的公民而无比自豪,我感到英帝国的人民都意识到必须保护它的利益,英帝国不会受到任何伤害。"[2]但是,不是所有的殖民地都与澳大利亚代表那样认同帝国的联合,事实上,殖民地认为现在是母国回报殖民地贡献的时候了。因此,建立帝国联邦的问题被排除在会议的内容以外。

虽说共同的感情是重要的,但更重要的是帝国和殖民地的利益,各殖民地政府都关心帝国内的商业和关税问题。1894年在加拿大渥太华召开的殖民地会议上形成了一个原则:帝国的属地不仅可以与母国保持相互的商业联系,而且属地之间也应拥有商业联系的权利;不符合该原则的条约应立即废除,帝国内的关税安排应优于对外国的关税。1897年,加拿大在关税方面获得了宗主国的优惠待遇。

帝国内的关税互惠以及帝国范围外的关税保护成为重要问题。1890年3月25日约瑟夫·张伯伦(Joseph Chamberlain)曾经说:"渴

---

[1] 马里欧特:《现代英国》,商务印书馆1963年版,第129页。
[2] Richard Koebner and Helmut Dan Schmidt, *Imperialism, The Story and Significance of a Political Word, 1840—1960*, Cambridge University Press, 1964, p.190.

望在帝国内建立一个真正的关税同盟,在同盟内实行自由贸易,同盟外对外国产品强行征收关税,殖民地将满意这一安排,而且也愿意考虑。"①张伯伦提出的关税同盟的细节包含:宗主国与殖民地,殖民地与殖民地之间的贸易互免关税;同盟外各地采取独立的关税政策;英国对外国的农产品征收高额关税,保护殖民地的利益。但帝国关税同盟很难实现,如澳大利亚总理埃德蒙·巴顿(Edmund Barton)所述:"宪政下的自由贸易在实践中是不可能的,因为大量的关税收入是必要的。我们的政策是保护,而不是禁止。就英国产品的优惠关税而言,尽可能地做到互利将是高兴的事。但是,这是一个需要谨慎考虑的问题。"②

关于帝国联合有三种主张:以张伯伦为首的联邦派追随西利,要求以共同的利益、情感纽带为基础,建立一个联邦式的帝国,其中包括美国。对此张伯伦说:"年轻的、充满活力的国家讲着英国的语言,怀着对法律和自由的热爱,由于这些情感,我不愿意承认美国是一个外国。"③以罗斯伯里为代表,提出建立一个不包括美国的不列颠联盟,尊重殖民地的立法、利益和要求,在宗主国和殖民地利益一致的基础上自由地联系。以迪尔克为首的第三派强调帝国的重要性,1890年迪尔克发表关于帝国问题的新作,在注意到盎格鲁-撒克逊种族扩张力量的同时,他对帝国联邦表示怀疑,认为殖民地代表出席帝国议会,最终只能毁灭帝国。他写道:"如果联邦建立在所有

---

① Paul S. Reinsch, *Colonial Government: An Introduction to the Study of Colonial Institutions*, London: The Macmillan Company, 1924, p. 263.
② Ibid., p. 264.
③ J. L. Garvin, *The Life of Joseph Chamberlain*, vol. II, London: Macmillan, 1934, p. 333.

殖民地平等的基础上,英国王室的力量将超越现存民主的力量。"①关于殖民地会议,迪尔克也提出了自己的看法,他认为会议不宜经常召开,如果殖民地的重要人物都来参加,他们又不愿意参加讨论联邦问题的会议,会议就没有意义。最后,迪尔克认为,关于建立总代理院的建议几乎没有可能性,各殖民地的代表只关注自己的事务,不会关心其他殖民地的事务。但是,他强调帝国存在对于不列颠和殖民地利益的重要性,因为未来世界将由盎格鲁-撒克逊人、俄罗斯人和中国人等不同种族的人所组成,没有任何单一种族能够主宰世界。因此,种族的重要性已经让位于国家,英帝国包含了世界上不同种族的人,占有了全球范围内最多的领土,英帝国应该是最世界性的国家。

迪尔克对欧洲局势深表失望:德国增加了军事建设;巴尔干出现了新的紧张局面,奥匈帝国和俄国在地域上出现剧烈的冲突。同时海上军备更新加速,迫使英国建造新等级的战舰。所以,英帝国的联合更加迫在眉睫。

罗斯伯里勋爵在1888年成为帝国联邦协会的主席后,也认同帝国联邦的防卫意义,他认为欧洲人在太平洋地区的争夺日趋激烈,澳大利亚的形势不容乐观。海上防卫必须现代化,海军防卫法案"将加强我们的安全感,双方的物质力量将保证殖民地和帝国的联合以共同保护帝国的利益。就帝国主义而言,我认为澳大利亚和不列颠必须联合"②。张伯伦也说"我相信殖民者都读过历史;如果读了,他们应该明白本世纪早期,这个国家与法国的每一场大战,每一

---

① C. W. Dilke, *Problems of Greater Britain*, London: Macmillan, 1890, pp.273—274.
② Richard Koebner & Helmut Dan Schmidt, *Imperialism, The Story and Significance of a Political Word, 1840—1960*, Cambridge University Press, 1964, p.189.

次威胁我们和平的争执都起源于我们某一个殖民地或伟大印度保护地的利益考虑,在这种情形下,我认为殖民地的利益与母国的利益同样重要,我们必须寻找到一个协调的防卫体系"①。

但帝国联邦的设想遭到强烈抵制,国内反对派认为殖民地一旦成为联邦的一员,英国的权威必然下降;自治殖民地已经取得了独立管理地方事务的权利,双方的合作只能建立在共同利益和相互忍耐的基础上。殖民地的独立意识则在增强,它们的经济自主性也不断强化。因此帝国联邦最终只是空想,经济上的关税同盟也不可能实现。

六、爱尔兰自治法案

爱尔兰问题一直困扰英帝国,自治法案的支持者被贴上了"帝国敌人"的标签,迪斯雷利在评价格莱斯顿的爱尔兰政策时说:"有一些人挑战这个国家帝国的特性,他们尝试了,但失败了。他们试图通过分离的方式削弱我们的殖民地。他们现在已经承认,分解联合王国的形式不能够完成他们的目的。"格莱斯顿的土地法没有能从根本上解决爱尔兰的土地问题,如西曼在《维多利亚时期的英格兰》一书中所说:"他的爱尔兰政策,在原则上遭到反对,在实践上受到拒绝,加剧了内政和外交政策的软弱,导致了贵族和乡绅的

---

① C. W. Boyd, *Mr. Chamberlain's Speeches*, London: Constable and Company Ltd, 1914, p.322.

不满。"①

1879—1882年间,农产品价格下跌,加上歉收导致农业危机,佃农拖欠租金或者根本无法缴纳租金,被驱逐的事件不断上升,爱尔兰地主和租地者之间的矛盾进一步恶化。鼓动暴力的"芬尼党人"与要求自治的爱尔兰议员联合行动,提出短期目标是保证佃农安全,长期目标是实行农民土地所有制以及爱尔兰自治。1879年迈克尔·达维特(Michael Davitt)创建了"爱尔兰土地联盟"(Irish Land League),在解释土地联盟的原因时,他说:"地主拥有法律,影响教会,占有依靠土地生存的人们的家。此外,地主还将自己的成员社会地位提高到一个优势地位上,看不起养活他们的人们。对付这样的敌人,我们有必要调动一切能够调动的力量……把农民驱逐出土地,造成农村大量的谋杀事件,地主们决定依靠土地,而不愿意接受格莱斯顿和福斯特先生的建议,他们是野蛮冲突的直接教唆犯,冲突已经付出了血的代价,爱尔兰的悲剧导致了土地改革。"②

因此,爱尔兰土地联盟的宗旨是保卫爱尔兰农民的利益,反对地主任意驱逐佃户,反对饥饿,"为了爱尔兰人民而保卫爱尔兰的土地"③。土地联盟的主席查尔斯·帕内尔(Charles Parnell)希望通过掌握爱尔兰民族主义运动的领导权,与英国政府抗衡。他领导农民暴动,支持土地革命,并与激进派和工会建立密切联系。为了帮助租地农民,土地联盟向地主提出"公平租金"的建议,如果地主不接

---

① L. C. B. Seaman, *Victorian England: Aspects of English and Imperial History 1837—1901*, London and New York: Methuen & Co., Ltd., 1973. p.238.
② Ibid., p.240.
③ E. J. Feuchtwanger, *Democracy and Empire— Britain 1865—1914*, London: Edward Arnold, 1967, p.157.

受，农民就拒绝缴纳地租。同时，对于农民被驱赶的现实，建议爱尔兰人不要购买驱逐农民的地主农场。①

面对爱尔兰的危机，自由党政府提出"补偿分配法案"，补偿被驱赶的佃户，但遭到上院的否决。1879—1882年，爱尔兰的暴力事件不断升级，地主受到打击。在3年的时间里，英国的报纸每天都出现农村暴力的报道，比如："星期二，可怕的愤怒消息抵达坎特克（Kanturk）……一帮蒙面的武装人群闯进了一个农场主的家中……将农场主拖到路上，然后狠狠地打他，割掉了他的耳朵。这种行为是农村暴行的特点，被打的人据说占有了被驱逐佃农的土地和房屋，蒙面袭击者原来是这个房子的主人。"②

对爱尔兰究竟是施加压力，还是实施安抚？这个问题导致自由党内阁分裂。爱尔兰大臣福斯特认为应该维护爱尔兰的秩序，为此英国政府采取了高压政策。但是，爱尔兰暴力事件更加频繁，夜间袭击地主的牲畜和房屋已经习以为常。为了缓和爱尔兰危机，1881年自由党政府推出了第二个《土地法》，该法的主要内容为：为爱尔兰租地者提供公平的租金，50年租地期限，自由出售土地，建立法庭审查租金。租地者只要交付了法庭规定的租金，任何人都不能驱赶他们。这个土地法的基础是公平租金、自由出售土地、固定租约期限，也就是所谓的"三F政策"。根据1880年贝斯博多勋爵领导的调查委员会的报告，原有的土地法保护地主，"使地主在丧失一种有价值的权利后，很快就得到恢复。地主要求较高的地租，如果佃户拒绝交付，他们会接到离开土地的通知，甚至连地主同意他以高地租

---

① R. C. K. Ensor, *England 1870—1914*, London: O. U. P. 1936, p.72.
② *Morning Post*, 9 October 1880.

继续占有土地的可能性都不存在。总之,佃户的屈从已远远超出不公平纳租的界限"①。

新土地法引起了不同的反响:辉格贵族认为,《土地法》是爱尔兰恢复秩序和法律必要的选择,但是他们又担心:"自由党的极端倾向是为了购买大众的支持,通过分配反对派的财产,达到自己的目的。"而且爱尔兰的土地政策还很有可能被运用到英格兰,使土地贵族的利益受到挑战。② 但是,与第一个土地法案一样,1881年的《土地法》并没有解决问题,佃农仍然被租金所累,不堪重负,随时可能被地主驱赶。

面对这样的形势,帕内尔施展高超的政治技巧,攻击法案的局限性,他说服爱尔兰议员反对土地法案,自己则在下院阻止法案的通过,继续要求租地农场主采取抵制的手段,公开宣称爱尔兰人不需要向英格兰地主交纳地租。他认为爱尔兰人的暴力会带来英格兰人的妥协,更多的暴力会带来更多的妥协。帕内尔的策略使格莱斯顿非常恼火,1881年10月他在利兹的公众大会上说:"如果在爱尔兰问题上还存在法律的一方和非法律的一方,文明的资源是不能被耗尽的。"帕内尔则把格莱斯顿描绘成一个"戴着面具的骑士,最后扔掉了面具,把爱尔兰置于火与剑之中"③。随后,帕内尔被捕,"爱尔兰土地联盟"被宣布为非法组织,成员受到监禁。

自由党激进派虽然支持安抚政策,反对高压,但是,在关键的时

---

① J. C. Beckett, *The Making of Modern Ireland*, London and Boston: Faber and Faber, 1981, p.275.

② Donald Southgate, *Passing of the Whigs*, London: Macmillan, 1962, p.376.

③ L. C. B. Seaman, *Victorian England:Aspects of English and Imperial History 1837—1901*, London and New York: Methuen & Co., Ltd, 1973, p.241.

候,他们不得不支持高压政策,赞成逮捕帕内尔,如张伯伦 1880 年 10 月给迪尔克的信中说:"帕内尔不希望用法律保证爱尔兰的公正,他们在这种情况下的呐喊是一个危险的行动。"①逮捕帕内尔并不能解决爱尔兰的问题,格莱斯顿还希望利用帕内尔的影响,帮助土地法案的通过。他同意释放帕内尔,其条件是平息爱尔兰的动乱,支持土地法。随后,英国政府颁布新的法律,保护佃户的利益,规定年租金达不到 30 英镑的佃户以及付不起租金的人,可以拖欠租金。

由于《土地法》、高压政策以及拖欠租金举措都不能从根本上理顺爱尔兰地主与农民的关系问题,从 1882 年起,格莱斯顿就开始寄希望于自治法案,当年他在给福斯特的信中写道:"就爱尔兰的地方政府而言……直到拥有承担责任的机构与我们一起处理爱尔兰的问题,我们现在的计划都来自爱尔兰人……这个单方的交易限制了我们,却没有限制他们…… 如果我们推迟计划,我认为危险就在前面……爱尔兰目前首要的问题就是修复地主与佃农的关系;下一步将使大不列颠从爱尔兰政府的重负中解放出来,从失望的冲突中解放出来,我们给了爱尔兰人(威斯敏斯特)议会代表的权利,没有用,还是抱怨,因为没有地方自治政府,爱尔兰的权力只有建立在自治政府的基础上,才可能有一个好的、健康的结果。"②显然,格莱斯顿认为只有爱尔兰自治才能摆脱目前的危机:

  在爱尔兰建立自治政府,好处不可估量。我们目前的爱尔兰政策,使我们被巨大的重负压得喘不过气来。我十分乐意在

---

① E. J. Feuchtwanger, *Democracy and Empire*, London: Edward Arnold, 1967, p.161.
② To W. E. Forster, 12 April, 1882, see Mathew, H. C. G. (ed.), *Gladstone Diaries* vol X, Oxford:Claredon Press, 1978—1994, p.238.

爱尔兰建立自治政府,在这个国家的任何地方实行这种类似自治政府的制度都不会给帝国带来任何的损害和不利。①

由于保守党人始终将格莱斯顿的爱尔兰政策视为分离帝国的表现,他在爱尔兰问题上就缩手缩脚。格莱斯顿的政策既要"继承迪斯雷利的帝国遗产",又希望用"分权和自治的管理方式"加强帝国的团结。1885年11月,他在给哈林顿的信中写道:"关于爱尔兰,正像我从前所说的一样,爱尔兰具有的一切应与帝国的团结相适应。"②1884年,他在下院的发言中说:"我们所能找到的最好的和最可靠的基础,是这个国家的感情、信念、声誉、力量和帝国的长治久安……"③

1886年4月8日,格莱斯顿正式向议会提出"爱尔兰自治法案"(Irish Home Rule Bill),该法案的基本内容为:在都柏林建立一个独立的爱尔兰议会(一院制议会),由爱尔兰的28个贵族和经过选举产生的75个议员(拥有75镑的财产)组成,任职期限为3年。爱尔兰议会应在英国议会的严格管辖下处理爱尔兰的事务;爱尔兰的立法机构不得制定有关陆海军、外交、国防和贸易等方面的法律;爱尔兰议员不再出席威斯敏斯特议会。在提出法案时格莱斯顿做了感情充沛的演讲,他提醒反对派:"在你们否决自治法案之前,不要只考虑眼前的利益,而应考虑长久的未来。"

但是,反对自治的力量出乎格莱斯顿的意料。早在1885年保守党人就提出了《阿什伯恩土地购买法》,根据该法,英国政府在爱尔

---

① 阎照祥:《英国政党政治史》,中国社会科学出版社1993年版,第270—271页。
② Hammond, *Gladstone and the Irish Nation*, London: Macmillan, 1938, p.404.
③ W. D. Handcock (ed.), *English Historical Documents* Vol XXII, p.316.

兰建立一个中心办公室，专门处理土地问题，政府有权提高土地价格，而购买的支付期可长达 49 年。保守党的目的是"善意扼杀自治法案"①。在自由党内部，辉格贵族不接受自治法案，认为格莱斯顿走得太远；张伯伦反对自治法案，认为爱尔兰议员若离开威斯敏斯特议会，最终将导致英国和爱尔兰的分离，并且又将造成"无代表不纳税"的尴尬局面。张伯伦提出，爱尔兰自治法案必须是联邦性质的，而不是分离性质的，尽管爱尔兰建立了自己的议会，他们还必须继续有代表出席威斯敏斯特议会，而且爱尔兰的立法权必须完全属于帝国议会，他说："爱尔兰可以有一个和安大略相仿的议会，而不能有一个如加拿大那样的自治领的议会。"他做了与格莱斯顿针锋相对的演讲：在都柏林建立立法机关会"摧毁威斯敏斯特帝国议会"，"允许爱尔兰自治则会搞乱整个帝国"。②

格莱斯顿则认为，帝国与自治领之间始终保持联系，自治领从来就没有要求分离，自治领一直是帝国的支持者和合作者。其他自治领的先例使格莱斯顿增强了在爱尔兰实行自治的信心，他在议会辩论中说："加拿大的榜样已经证明，自治领在任何方面都不会妨碍帝国的统一。人们关于自治损害统一的呼声早就有所闻，这种呼声在消失了如此长的时间后再次获得了活力。但是，目前自治是帝国统一的呼声，是一种对失误的纠正。"③

他试图说服内阁支持自治法案："我建议你们考察一下，在都柏林建立立法机构是不是爱尔兰人的愿望？是否实用？将爱尔兰作

---

① L. C. B. Seaman, *Victorian England: Aspects of English and Imperial History 1837—1901*, London and New York: Methuen & Co., Ltd, 1973, p.251.
② 阎照祥：《英国政党政治史》，中国社会科学出版社 1993 年版，第 273 页。
③ *Handsard*, Vol CCCV, p.586.

为帝国的特别事务是否合适?(我认为)这对三个王国中的任何一个都是公正的,对爱尔兰的每个社会阶层平等看待将有利于社会秩序和社会和谐,并将帝国的统一建立在持续的帝国权威和相互依靠的基础之上。"①

4月8日他在议会下院发表了三个半小时的演讲:

> 在过去的六个世纪中,爱尔兰的议会至少有五个世纪与我们是分离的,这是不容否认的事实。这种分离破坏了英帝国的统一吗?在整个18世纪毁坏了英帝国吗?这是一个具有深远意义的帝国的世纪,也是一个战争的世纪,在某种意义上它太耀眼了。在战争中,英帝国得以保持,得以扩大,贸易建立起来,海军达到鼎盛,当英格兰和爱尔兰的议会分离的时候,还需要别人告诉我在那种情况下不可能出现帝国统一吗?②

帕内尔作为格莱斯顿的搭档,也强调自治可以巩固帝国。他在关于爱尔兰问题的讲话中说:

> 我们可以看到事实,在与英国议会合并的85年不到的时间里……爱尔兰变得极其不忠诚,深深地不满。我们看到这种不满已经消失在英格兰殖民地的许多地方。……加拿大或澳大利亚某个殖民地的爱尔兰人看到一个不同于英国的统治,在很

---

① J. L. Hammond and M. R. D. Foot, *Glastone and Liberalism*, London: The English Universities Press Ltd, 1967, p.139.
② *Hansard*, 8 April 1886, vol. 304, 1045. Michael Willis, *Galdstone and Disraeli Principles and Policies*, Cambridge · New York · Port Chester · Melbourne · Sydney: Cambridge University Press, 1989, p.75.

大程度上他们变成了忠诚的臣民,变成了力量和共同体的动力。①

但是,反对自治的势力丝毫不为所动,索利兹伯里在保守党的宴会上谴责自治法案:

> 我们被要求放弃三分之一的爱尔兰居民、地主、受过教育的人、银行家、商人、学生以及各个阶层的人,他们保持了对联盟的忠诚,认为联盟会持久;他们发誓是英国的一个党派,并将之视为最大的荣耀;他们相信联盟是最伟大的安全保证,现在你(格莱斯顿)要放弃联盟,只能导致诅咒和毁灭……世界上还有其他国家需要帝国维持,它们仍然需要支持和帮助。任何时候当你想到要放弃与我们建立了几个世纪联系的爱尔兰,你就应该想想印度。我劝告你考虑后果,一旦爱尔兰人达到他们的目标,他们就会像被吸干的橙子被抛在一边……②

反对的另一个理由是对帝国的理解。很多英国人认为爱尔兰与加拿大不同,加拿大是英国的殖民地,爱尔兰是联合王国中的一个部分。爱尔兰自治意味着联合王国的分裂,联合王国作为帝国的中心就会受到削弱。

1886年6月8日,二读表决,以张伯伦为首的自由党统一派和保守党联手,共同反对自治法案,自由党从此分裂,开始了保守党近

---

① Parnell speaking at Wicklow, 5 Oct 1885, E. Curtis and R. B. MacDowell (ed.). *Irish Historical Documents*, 1943, pp.285—286.

② *The Times*, 18 February 1886. Michael Willis, *Galdstone and Disraeli Principles and Policies*, Cambridge · New York · Port Chester · Melbourne · Sydney: Cambridge University Press, 1989, pp.74—75.

20年的优势地位。最终，法案以 313∶344 票的弱势遭到否决。在新的大选中，自由党人遭到了致命的打击。格莱斯顿下野后，仍然以最大的努力争取人们对爱尔兰自治法案的支持，他在各种场合发表演讲，阐明爱尔兰自治是一个明智之举。1892 年大选，自由党以微弱的优势战胜了保守党，获得了 273 个席位，保守党为 219 席，反对爱尔兰自治的统一党获 46 席。格莱斯顿第四次出任英国首相，但他的地位相当不稳。

1893 年 2 月 13 日，自由党政府再次提出了爱尔兰自治的问题，议会认为这已经不再是原则的争论，最后达成共识：爱尔兰议会有权处理爱尔兰事务，但外交、防务和贸易事务除外。法案二读经过 12 天的辩论，以 43 票的多数通过。1893 年 9 月 1 日，下院三读爱尔兰自治法案，以 301 对 267 票的多数通过了法案。但上院速战速决，经过 4 天的辩论，9 月 8 日，以 419 对 41 票的多数将其否决。1894 年，格莱斯顿正式放弃爱尔兰自治法案。

爱尔兰自治法案的艰难历程表面上反映了两党帝国政策的分歧，实际上更体现了英国 19 世纪 80—90 年代的帝国危机。除了爱尔兰的特殊性，其他不同类型殖民地的管理也出现了不同的问题，英帝国正面临新的挑战。

第四章　帝国的管理与危机

　　经过18、19两个世纪的扩张,英国的殖民地遍及全球,英帝国真正成为"日不落"帝国。由于帝国的地理范围广、人口多、人种异、人们的宗教信仰不同,各地区对英国的作用不同,英国对其管理的方式也不同。如迪斯雷利所说:"恺撒和查理曼都没有统治过如此特别的一个领地,它的旗帜飘扬在不同的海域上,它在每个地区都有行省,那里居住着不同种族、不同宗教以及不同法律、习惯和风俗的人群。"霍布森将英帝国分为三种类型:"我们必须区分英帝国中的海外产业的三种不同类型:海外居留地、拓垦地、殖民地。有像澳洲那样的自治领,有像印度那样的商业贸易站与拥有地,也有航海与军事驿站,如好望角那样是因贸易的缘故而争得的航海与军事驿站。在帝国主义时代,所有这些产业的意义均随着政治管理的价值的转移而改变。"到19世纪末,英国的殖民地管理模式可归纳为以下几种:自治殖民地、皇室殖民地、印度殖民地、爱尔兰殖民地以及英国保护领。

一、自治殖民地

　　自治殖民地亦被称为移民殖民地或白人殖民地,顾名思义,自治殖民地的人口主要以白人移民为主,他们将宗主国的法律、习惯、宗教和文化传统移植到英国以外的海外自治领。到19世纪末20世纪初,英国的自治殖民地主要有加拿大、澳大利亚、新西兰和南非。[①] 自治殖民地一直被认为是帝国生存的关键,他们与母国具有同质性。在自治殖民地中,加拿大地域范围最广,但地广人稀。新西兰在19世纪40年代还处在幼儿期;南非的主要人口是原住民黑人,白人中荷兰移民和他们的后代两倍于英国移民。因此相形之下澳大利亚显得尤其重要,澳大利亚在50年代以后得到迅速发展,1851年当地的维多利亚殖民地还是一个很小的社区,10年后已经供应世界黄金市场的1/3,英国羊毛进口的1/6,容纳了整个澳大利亚人口的49%。1851年维多利亚的人口为7.7万人,新南威尔士为18.7万人;1861年维多利亚的人口为54万人,新南威尔士为35万人;而澳大利亚的全部人口十年间从43.8万人增加到116.8万人。[②]

移民殖民地的最大特点就是吸收宗主国的移民,澳大利亚对于吸收英国的过剩人口具有特殊的贡献,一直被认为是疏散排解宗主国压力的重要渠道,为母国提供了就业的场所,同时"为我国的制造商提供了有利可图的贸易机会"。移民一直受到英国政府的重视,特别是向澳大利亚移民。移民是英国政府19世纪后半期的一个重要国策,1851年到1927年,政府资助移民达到100万人。

在白人殖民地应采用何种政府形式,成为19世纪40年代帝国政策的焦点问题,一部分人提出仿效美国建立联邦,"美国是一个分

---

① 在人口构成上,南非是自治殖民地中的例外,原住民占人口的绝大多数,但白人具有绝对的统治权。
② Ronald Hyam, *Britain's Imperial Century 1815—1914*, London: Palgrave,1993, p.41.

散的各州围绕共和政府为中心的体制,我们的帝国也应该是一种分散的殖民地围绕英格兰世袭君主的体制"①。密尔则认为,自治政府比美国联邦更自由,殖民地与不列颠的联合是一种最简单的联合,但不是严格意义上的平等联合。

加拿大是英帝国的第一个自治领,最先获得自治的地位。从种族构成看,加拿大是一个不折不扣的白人殖民地,但是并非只有盎格鲁-撒克逊一个种族,还有人数众多的法裔。根据1763年的《巴黎条约》,英国从法国获得魁北克。英国决定在加拿大建立如同英属西印度一样的代议制政府,为了让法属加拿大人适应,任命了一个总督,建立了立法和行政机构,另设一个咨询院,邀请一些知名的法属加拿大人作为立法和行政院的顾问。1774年的《魁北克法》进一步调整了加拿大的政府管理,根据《魁北克法》第一款,建立由提名产生的行政院,成员在17—23人之间,从行政院抽出一个小组组成民事诉讼法庭。根据第二款,法属加拿大天主教人口的民法和民权得到承认,但刑事案件须采用英国的律法。天主教会征收什一税的权力受到保护;这些措施保证了法属加拿大人的忠诚。②

美国独立后,许多来自美国的移民进入加拿大,他们习惯于英国的统治形式,不满意《魁北克法》。为了同时满足英裔和法裔加拿大人的需要,1791年《加拿大宪政法》(Constitutional Act of Canada)出台,加拿大被分为上、下两个部分,各设一个总督,总督在由任命产生的行政院的帮助下执行政务。每省设一个立法机构,由提名的立法院和选举的议会组成。议会有权提出、讨论和提交议案,如果

---

① Ronald Hyam, *Britain's Imperial Century 1815—1914*, London: Palgrave,1993, p.43.
② W. D. Hussey, *The British Empire and Commonwealth*, Cambridge: Cambridge University Press, 1963, pp.155—156.

这些议案与政府的政策相悖,它们无权迫使总督和行政院接受,而提交伦敦做最终裁决。上加拿大(Upper Canada)采用英国民法,英国刑法在两省同时有效。上加拿大教会的土地用来维持新教牧师的生活,下加拿大天主教会可以征收什一税。①

1815—1850年加拿大人口迅速增加,新斯科舍和新布伦瑞克(New Brunswick)受到新移民的青睐,许多移民带来了自由和改革的理念。1791年的宪政法已经不能满足需要,下加拿大(Lower Canada)人抱怨政府官员大多为英裔人,而新移民则批评旧移民的"家族情结"以及控制荒地的特权。1791年的宪政法虽然规定了新教牧师的土地权利,但是,仍然为英国圣公会(Anglican Church)所垄断,其他的新教教会没有取得相应的权利。

下加拿大最复杂的问题是种族问题,议会主要由信仰天主教、说法语的法裔加拿大人组成,代表说法语的人的利益,但是,总督和行政院却为英裔加拿大人把控,双方很容易发生冲突。下加拿大议会在路易斯·约瑟夫·帕皮诺(Louis Joseph Papineau)的领导下,与总督进行了长期的斗争,1831年英国政府作出让步,给予各省议会财政支配权。1834年,下加拿大又要求建立选举产生的立法机构。但是1837年英帝国政府给予回应:加拿大既不能建立自治政府,又不能选举产生立法院。这一年,上、下加拿大都发生骚乱。英国政府派遣以达拉姆为首的调查团到加拿大考察,得出的结论是在加拿大建立自治政府。

1840年的《加拿大法》(Canada Act)将上下加拿大合二为一,建

---

① W. D. Hussey, *The British Empire and Commonwealth*, Cambridge: Cambridge University Press, 1963, p.157.

立了由一个总督负责的政府，设立一个立法院、一个选举产生的议会和一个行政院。上、下加拿大得到同样的代表资格。1847年，达拉姆的女婿埃尔金成为加拿大总督，1848年在加拿大建立自治政府。以后，新布伦瑞克和纽芬兰(Newfoundland)实行自治。

在自治政府建立20年以后，英属北美联合成为加拿大自治领。这个联合绝非偶然：1850年后，英国采取自由贸易政策，取消对殖民地的优惠。北美殖民地认为联合可以扩大彼此的市场，弥补失去宗主国市场的损失；同时还可以与近邻美国签订贸易条约，将产品输入更大的美国市场。交通的改善特别是铁路的建立，将英属北美各地连接起来，结束了各地老死不相往来的局面。同时，美国向西部扩展，已经扩大到太平洋沿岸，加拿大人感受到被美国吞并的压力。因此为了促成加拿大从海岸到海岸的联系，只有建立联邦才是出路。从英国方面看，加拿大的防卫问题使帝国政府不堪重负，1866年伦敦接受了在加拿大建立联邦的计划，新斯科舍、新布伦瑞克和魁北克都成为联邦的第一批成员。

1867年，《英属北美法案》生效，确立了加拿大的自治领地位。法案还规定了自治领与宗主国的关系：加拿大的法律必须以女王的名义签署，理论上可以被威斯敏斯特帝国议会否决；外交政策仍然由伦敦支配，对外的代表是英国大使。假如加拿大与外国签署贸易协定，最后必须由英国政府签署。加拿大的总督既是自治联合体的首脑，又是帝国政府的代表。1867年自治领成立之时，麦克唐纳曾提议建立加拿大王国，但是遭到英国政府的反对，坚持用"加拿大自治领"来表明其地位，既确认加拿大的殖民地身份，同时也说明它有管理自身事务的权利。加拿大的政府机构几乎是英国政府的延伸，总督在首相和内阁的指导下扮演君主的角色，上院是非选举的机构,如同英国的贵族院;真正的权力掌握在下院手中,就好像威斯敏斯特的平民院。虽然没有世袭的贵族,但是,加拿大政治家仍然可以从伦敦得到荣誉称号。

但是,加拿大的种族问题仍然是帝国的心头之患。虽然加拿大最初的移民是法国人,但是英国人认为自己是当仁不让的主人,他们通过征服获得了加拿大。到1897年,英裔人口超过了法裔人口一倍,联邦7个省中只有魁北克使用法国的法律,坚守法国的习俗。加拿大的国歌是英国的《天佑女王》;英裔加拿大人的住宅、家具甚至油画都是英国的风格。在加拿大的英国人居住地,特别是维多利亚和温哥华,人们保持着喝下午茶和打板球的习惯;警察的制服保持英国的传统。在每一个加拿大的城镇都有英国圣公会的教堂。

英属加拿大人的忠诚无可争议,但是150万法裔加拿大人的感情就比较复杂,他们是被征服者。七年战争后,法裔被允许保留他们的宗教、法律和习俗;自治领建立后,法语也成为官方语言;1897年加拿大甚至出现了法裔的总督。尽管一些受过良好教育的法裔在平等的基础上与英裔联合,法裔名流逐渐与英国社会名流相互往来,但是,法裔加拿大人毕竟是一个不同的族群,他们仍然保留了农业社会的生活习惯。在圣劳伦斯地区,农业村庄遍布,圣劳伦斯河两岸被一块又一块的耕地所覆盖。由于不实行长子继承制,土地被分成小块代际继承。天主教的尖顶教堂随处可见,诺曼式的庄园建筑点缀在法式农庄中。从圣劳伦斯河到魁北克和蒙特利尔,法裔村庄没有一点英国的痕迹;建筑是法式的,语音是法式的,气味是法式的,食品是法式的。在政治的沉默中,孕育着法裔加拿大的民族主义。

到19世纪90年代,加拿大还不是一个严格意义上的独立国家,它仍然是一个殖民地。但又不是普通意义上的殖民地,一方面它是英国的自治领,另一方面它自己管理自己。英国对加拿大的评价是:英属加拿大人自豪地分享英国这个超级国家的荣耀,但又不愿意承担帝国的责任。当英国政府要求加拿大派军队前往苏丹时,加拿大的麦克唐纳问道:"我们为什么要在这件糟糕的交易中浪费我们的人力和金钱?"法裔加拿大人从来没有认为他们是帝国的一部分,1890年莫瑞斯写道:"带着勇气,坚持,团结,努力,最重要的是我们对宗教和语言的奉献,未来一定是我们的,总有一天我们将是美洲天主教的法国。"①

澳大利亚殖民地开始于英国罪犯的流放,1788年阿瑟·菲利普船长(Captain Arthur Phillip)带领700多名罪犯在新南威尔士的杰克森港口登陆。罪犯的工作主要是筑路、建筑房屋和兵营。1815年后,英国每年大约有3 000—4 000名罪犯被送到澳大利亚,刑期7年、14年或终身不等。绝大多数的罪犯刑满释放后,不再回到母国,大多数人从事农业劳动,很少的人能跻身中产阶级的行列,极少的罪犯成为富裕的农场主。罪犯获得自由的途径有三种:第一,到期取得自由身份;第二,凭票释放;第三,有条件或无条件的宽恕。一旦取得完全的宽恕,便彻底恢复自由身份。

1820年以后,英国政府鼓励大规模向澳大利亚移民,菲利普总督敦促帝国政府派遣自由民从事农耕,建立自给自足的殖民地,从事贸易和农耕的新移民逐渐改变澳大利亚罪犯殖民地的名声。1820—1850年是澳大利亚殖民地迅速发展的时期,新移民大量涌入

---

① James Morris, *Pax Britannica: the Climax of an Empire*, Suffolk: Penguin Books, 1982, p.398.

内地进行土地的开发,建立了以养羊业为基础的农业经济。新南威尔士人口不断增加,移民开始向周边地区移动,1825年在东南部建立塔斯马尼亚殖民地(Tasmania)。1829年,新移民们在澳大利亚的西海岸建立天鹅河殖民地;19世纪30年代,在爱德华·吉本·威克非尔德倡导系统殖民的过程中,澳大利亚殖民地进入新的发展期,1836年南澳大利亚建立起来,吸引了大批移民。

自由移民不断增加,开始提出终结罪犯制的要求。1840年新南威尔士不再接受罪犯;1853年,塔斯马尼亚也不接受英国输出的罪犯;西澳大利亚缺少劳动力,从1849年一直到1868年仍然接受英国的罪犯。[1]

在罪犯制废除后,各殖民地逐渐建立代议制政府。1842年新南威尔士建立立法院,由36名成员组成,其中12名王室提名成员,24名经选举产生的成员。1842年代议制政府被推行到新南威尔士和塔斯马尼亚。1850年英国政府通过了澳大利亚殖民地政府法,将维多利亚与新南威尔士分离。法案给以上四个殖民地起草宪法的权力,但是必须从属于英国议会的立法。1859年,最后一块殖民地昆士兰从新南威尔士独立出来,立即获得了建立自治政府的权力,但是西澳大利亚直到1890年才获得自治的地位。自治政府的建立使澳大利亚殖民地走上了独特发展的道路,各地的发展均有一些共同的特点,其民主程度远胜于宗主国,例如实行无记名投票、成年男子普选权、议员领取薪金等。此外,由于经济发展的需要,开始实行保护关税。

---

[1] W. D. Hussey, *The British Empire and Commonwealth*, Cambridge: Cambridge University Press, 1963, p.173.

早在 1847 年,格雷伯爵为殖民部大臣时,澳大利亚联邦的计划就开始酝酿,直到 1880 年才真正付诸实行。各地经济利益的冲突、各地关税壁垒的建立导致共同国家感的缺失,但是德国和法国在南太平洋的扩张,却使人们认识到联合可以提高澳大利亚的防卫力量。1887 年殖民地会议上,澳大利亚同意支付英国驻扎在太平洋海军的部分费用;1895 年,维多利亚、塔斯玛尼亚和南澳大利亚建立联邦,新南威尔士仍然在外,昆士兰和西澳大利亚地位含糊。到 1900 年,澳大利亚联邦法使以上 6 个殖民地均加入联邦。联邦政府的最高首脑是英国女王,联邦有自己的参议院和代表院。总督是女王在澳大利亚的代表,联邦的权力扩展到防卫、外交政策、贸易、税收、移民等,其他的权力属于各省。但是,联邦的法律不能与英国的法律冲突,否则,英国法律有优先权。澳大利亚一直是英国过剩人口的输出地,但是,殖民地自身的经济利益超越了宗主国的需要,特别是澳大利亚关税制度的建立,使英国政府倍感失望。怎样处理与一个遥远的殖民地的关系,怎样避免相互的伤害,增加双方的利益,成为英国政府必须面对的难题。

澳大利亚的近邻是新西兰,17 世纪德国人最先到达这里,1769 年英国的库克船长宣布新西兰为英国属地,但未得到英国政府的支持。19 世纪初,新南威尔士的逃犯、商人和传教士到达新西兰,他们的贪婪恶化了其与原住民毛利人的关系。1839 年英国正式将新西兰置于新南威尔士政府的控制下。1840 年,威廉·霍布森(William Hobson)船长被派往新西兰,处理移民与毛利人的关系。2 月双方签订了条约,毛利酋长承认英国女王的宗主权;英国女王确认保护毛利人的土地、财产、森林、捕鱼权。但是,一旦毛利人出售土地,王室具有优先购买权。女王将新西兰的原住民置于她的保护下,使其享受英国公民的权利。① 条约在文字上保护了毛利人的利益,但是,也带来了后半个世纪无尽的烦恼。1840年英国议会法规定,在新西兰建立一个以总督为首的立法院,至少由6名提名的成员构成,总督和他的3名主要官员组成行政院。

1841年新西兰公司获得特许,开始在新西兰的北岛建立居住地。但是,由于原住民与女王的条约规定了女王的优先购买权,王室有优先购买权却没有钱购买,新移民有钱也愿意购买但没有优先购买权。为了缓解土地出售与购买权之间的矛盾,满足新移民的土地要求,在1842—1845年之间,新西兰总督弗兹罗(Fitzroy)放松了优先购买权的限制,允许移民直接购买原住民的土地。

但新的难题接踵而至。首先,殖民地政府希望从土地的出售和购买中获得一定的利益,补贴殖民地政府的费用,于是向原住民征收出售土地的高额费用,引起了原住民的强烈不满。他们为了报复殖民地政府的收税行为,袭击并摧毁了第一批居住地的房屋,不仅惊动了殖民地政府,而且使土地购买者受到了极大的损失。另一个难题是新移民和殖民地政府对新西兰的荒地和野地的所有权表示质疑,因为女王与原住民酋长的条约中对于这些土地的归属没有专门的条款。1845年,为了加强帝国政府的权威性,英国派乔治·格雷出任新西兰总督,他"开创了英属新西兰历史的新时代"②。

到任后,格雷首先镇压了毛利人的骚乱,稳定了新西兰的局面。同时,殖民地政府实行土地购买特许制度,凡是没有获得政府特殊许可证、直接从毛利人手中购买土地的,一律视为非法,违法者处以

---

① W. D. Hussey, *The British Empire and Commonwealth*, Cambridge: Cambridge University Press, 1963, p.177.
② Ibid., p.178.

高额罚款。由于南岛的原住民远远少于北岛,格雷大量购买了南岛原住民的土地权,使殖民地政府掌控了大量新西兰土地。1846年格雷在新西兰建立了居民行政法庭,帮助原住民解决与欧洲人的土地和其他纠纷。他还在新西兰建立了武装的警察部队,由欧洲人和毛利人共同参与。1848—1852年间,新西兰建立苏格兰的长老会和英国的圣公会,其使命主要是向原住民传教,对毛利人进行文化同化。

新西兰很快越过了皇室殖民地阶段,1852年新西兰宪政法引入了新的政府形式——联邦式。新西兰分为6个省,选举产生省议会,具有立法权。在联邦中心有两院制的大议会,上院由提名产生的议员组成,下院由选举产生的议员组成,1856年新西兰得以建立自治政府。

在英帝国的自治殖民地中,南非最为特别。荷兰东印度公司于1649年在南非好望角的北部建立要塞,为来往的荷兰船只提供给养。随后,荷兰人居住的范围和人口都不断增加。1658年第一艘奴隶船到达开普,"开普成为拥有奴隶的社会"[①]。1707年,荷兰人的社区超过了2 000人。但是在1795年英国人占领开普,1814年,英法条约确认了英国占领开普殖民地。

南非与新西兰、澳大利亚和加拿大不同,农业不能为殖民地带来繁荣,土壤、气候,特别是时常出现的干旱对农业特别不利,农作物咖啡、糖以及烟草种植都不理想,当地移民主要向来往船只提供食品以维持生计。从1820年至1860年,南非既不能吸引移民,又不能吸引投资。南非殖民者还面临布尔人(荷兰人的后裔)的竞争,布

---

① Simon C. Smith, *British Imperialism 1750—1970*, Cambridge: Cambridge Press, 1998, p.85.

尔人与英国移民的区别甚大：他们说荷兰语，信奉加尔文教，具有强烈的自我认同和种族优越感。双方的最大冲突应该在两个方面：其一，布尔人对于英国殖民者的强行进入深感不满；其二，英国利用当地原住民与布尔人的矛盾打压布尔人。① 1811—1812 年，英国殖民者在开普建立黑人巡回法庭，这是一个针对雇主对于黑人仆人的不公正待遇所设立的问询法庭，目的是打击布尔人的奴隶制。1815 年布尔人发动起义，被英国当局镇压。

1835 年南非总督本杰明·德班（Benjamin Durban）吞并了凯河（Kei River）和费西河（Fish River）之间肥沃的土地，原住民被驱逐；在英国殖民者的步步紧逼之下，1836 年底，布尔人开始离开开普，越过奥兰治河（Orange River）向北部的"空地"迁徙。到 1840 年迁徙的布尔人超过 6 000 人之多，布尔人的行动被称为"大迁徙"。布尔人迁徙是出于对英国管理的不满，布尔人领袖皮埃特·瑞提埃夫（Piet Retief）在表达布尔人的心声时说：英国政府应该"允许我们管理自己的事务，并在未来也不加干涉"②。

面对布尔人的迁徙，英国政府进退两难，一方面，英国试图将其权威扩大到布尔人新占领的地区；另一方面，又不得不考虑潜在的费用。英国军队起先在 1842 年占领了纳塔尔港，在 1843 年又吞并了瓦河（Vaal River）和奥兰治河之间的领土，称之为"奥兰治君主国"。1848 年乔治·凯斯卡特爵士告知在伦敦的上司，为了奥兰治

---

① 英国历史学家对这个问题的看法是，英国殖民者如此行事是出于宗教使命和慈善运动的需要。从宗教的角度看，上帝造人都是平等的，无论是黑人还是白人；从慈善的角度看，黑人成为布尔人奴隶的事实使他们更需要人文的关怀。

② Leonard Thompson, *A History of South Africa*, New Haven: Yale University Press, 1995, p.88.

君主国的安全,需要一支2 000人的军队和相应的经费,英国不愿意承担责任,于是就放弃了,这里就是后来知名的奥兰治自由邦。1846年,英帝国宣布放弃瓦河北部的德兰士瓦。

1854年乔治·格雷爵士成为总督后,反对前任的退缩政策,要求增加南非的欧洲移民,在南非建立联邦,但是由于费用昂贵遭到英国政府的拒绝。70年代以后,南非联邦的设想再次抬头,殖民地大臣卡纳温是联邦的积极支持者,他说:"联邦能改善殖民地的管理,降低各部门的费用,极大地减少对帝国政府金钱和军队的需要。"① 因此,1877年4月12日,卡纳温宣布吞并德兰士瓦,这次行动导致了布尔人的军事反抗,在1881年的马朱巴战役中英军大败。

新的自由党政府既受制于爱尔兰自治问题,又受到南非联邦的困扰,结果只有协调各方的利益。1881年在《比勒陀利亚协定》中,英国承认德兰士瓦"完全的自治地位,服从女王陛下的宗主权"。三年后,英国的宗主地位也没有了。1886年发现黄金,不仅保证了德兰士瓦的政治独立,而且增强了其经济实力。到19世纪末,德兰士瓦成为世界上最大的黄金供应地,年产量达到世界黄金产量的25%,德兰士瓦取代开普成为南非的经济中心。黄金吸引了大批欧洲新移民,特别是英国移民到来,被称为"外来者"。1896年,英国移民达到4.4万人,超过了德兰士瓦的布尔人。为了维持德兰士瓦的布尔人特色,布尔人歧视新的英国移民,否认他们的公民身份,不给予他们选举权。英国移民的权利问题导致了英国与德兰士瓦关系的破裂,当然英国更关心南非的经济利益,失去任何一块殖民地都

---

① Bernard Porter, *The Lion's Share: A Short History of British Imperialism, 1850—1995*, London: Longman, 1996, p.251.

"将减少我们在世界上的重要性,使我们遭到不能忍受的侮辱"①。因此,英国政府与南非布尔人的进一步冲突不可避免,而布尔战争将双方的冲突推向了顶峰。

总之,自治殖民地在政府的管理上基本都照搬了宗主国的模式,为殖民地日后的发展打下了稳定的政治基础。选举产生的议会是最高的立法机构,也是决定殖民发展的决策机构;殖民地政府是最高的行政机构,负责处理殖民地事务。外交、军事等权利仍然掌握在英国手中,这就是所谓的自治模式。但随着自治殖民地经济的发展、自身安全防卫的需要以及殖民地与宗主国之间关系的变化,殖民地的民族主义情绪逐渐滋长。英国政府不得不及时调整与自治殖民地的关系,以确保殖民地服从母国的利益。弗劳德曾期待:"这样的大帝国能让英国人自由地往加拿大、好望角、澳洲与新西兰移民,而不丧失他们的国籍和民族性,使他们在这些地方依旧有回家的感觉,犹如踏在英国的土壤上一样;同时,只要大英帝国存在一天,他就是英国的子民。"②但是这样的日子不会太长久,变化很快就出现了。

二、皇室殖民地

严格说来,皇室殖民地是指英国政府掌握其行政权和立法权的

---

① R. Hyam and G. Martin, *Reappraisals in British Imperial History*, Plymouth: Macmillan, 1975, p.88.
② J. A. Froude, *Oceana or England and her Colonies*, London: Silver Library, 1886, p.133.

殖民地。政府通过任命殖民地最高行政官员"总督",代表英王在殖民地行使权力。一般说来皇室殖民地有一个立法机构,总督对于立法机构制定的法律具有否决权;司法的权利也在总督的手中。皇室殖民地还有一个更宽泛的含义,它适用于所有没有获得自治地位的殖民地和依附地,除了保护地和委托地以外。①

皇室殖民地的总督拥有极大的权力,随着时间的推移,其权限不断修改。殖民地立法机构逐渐从完全由任命官员组成演变为任命官员和选举官员共同组成,最后完全由选举官员组成机构。行政权始终掌握在总督的手中,其行政权得到行政院的支持,总督还拥有任命殖民地官员的权力。殖民地立法机构的建立,最初是王室的"赐予"。殖民地的人口和土地范围对于其在帝国内的地位影响不大,英国根据各地的发展水平和适合程度给予殖民地不同的地位。由于皇室殖民地的立法机构组成不同,可将其分为以下几组:

(一)无立法机构的皇室殖民地:直布罗陀(Gibraltar)和圣赫勒拿(Saint Helena)。

(二)提名产生立法机构的皇室殖民地:

(1)以官方提名为主:福克兰群岛(Falkland Islands)、冈比亚、黄金海岸(Gold Coast)、香港、北罗得西亚(North Rhodesia);

(2)非官方提名为主:英属洪都拉斯(British Honduras)。

(三)半选举产生立法院的皇室殖民地:

---

① Manfred Nathan, *Empire Government: An Outline of the System Prevailing in the British Commonwealth of Nations*, London : George Allen & Unwin Ltd, 1928, p.131.

（1）提名占多数的：斐济、格林纳达（Grenada）、牙买加（Jamaica）、肯尼亚（Kenya）、背风群岛、圣卢西亚（Saint Lucia）、毛里求斯（Mauritius）、圣文森特（Saint Vincent）、塞拉利昂（Sierra Leone）、特立尼达和多巴哥（Trinidad and Tobago）；

（2）选举占多数的：英属圭亚那（British Guyana）、锡兰和塞浦路斯。

（四）完全选举产生下院的皇室殖民地：巴哈马（Bahamas）、巴巴多斯（Barbados）和百慕大（Bermuda）。[①]

英属西印度（British West India）各地都是皇室殖民地，在这里种植园经济曾一度繁荣，烟草、甘蔗和棉花源源不断地出口到英国和北美13个殖民地市场。但是，英国与法国在加勒比的争夺、1763年开始的七年战争，以及北美殖民地的独立，终结了西印度经济的黄金时代。从西印度的政治构建看，在外业主控制着殖民地的行政和立法机构，这些人不关心殖民地的事务，他们长期生活在英国，只关心自己的利润。如1810年向风群岛的总督埃里奥特（Henry Elliot）在写给利物浦伯爵（Earl Liverpool）的信中所述："留在岛上的白人居民，只有经理、监管、自学成才的律师和内科医生以及一些冒险家，其中缺乏资金和信用的占了绝大多数。从社会层次看，够资格的立法者、律师以及陪审员寥寥无几。个人和政党的利益使正义的天平发生倾斜，将立法权威的进程引向专制和不公正的权力

[①] Manfred Nathan, *Empire Government: An Outline of the System Prevailing in the British Commonwealth of Nations*, London : George Allen & Unwin Ltd, 1928, pp.133—134.

下。"①居住在英格兰的种植园主和西印度的商人联手,组成强大的政治联盟,他们花钱就可以购买英国下院的议员席位。在殖民地,他们可以对不利于其利益的立法采取行动,如1733年的《糖浆法》(Molasses Act)试图阻止英属西印度与法属西印度的贸易,经过英属西印度议员们的周旋,最终废除了这个法案。1764年的《糖法》(Sugar Act)保证英属西印度的糖可以顺利进入欧洲市场。

西印度的黑人都是奴隶,白人殖民者几乎全是英国人,后者不得不面对一些社会和经济问题。奴隶制的存在始终是西印度种植园主与母国自由平等理念冲突的根源,如埃尔顿爵士(Sir Elton)所述:"为福音运动打上了阴影。"②美国独立以后,西印度失去了美国这个大市场,种植园经济受到沉重打击,根据《航海条例》,西印度再不能向英帝国以外的市场出口产品。1849年废除《航海条例》,也没有为西印度带来福祉,自由贸易政策取消了西印度曾经享受的帝国优惠,种植园主抱怨不断,他们认为"这个地区已处在被英帝国开除的边缘"③。

1815—1833年间,西印度的种植园制度开始衰落。1807年以后禁止奴隶贩卖,但是外国船只不停地向西印度输送奴隶。种植园的劳动力大量减少,种植园主不愿意放弃自己的经济利益,奴隶的权利被剥夺。巴巴多斯在1816年,牙买加在1823年都爆发了大规模的奴隶起义。在经济方面,欧洲市场物价低落,殖民地生产成本提高,种植园主面临更大的财政困难,许多种植园主债台高筑。英国

---

① W. D. Hussey, *The British Empire and Commonwealth 1500—1961*, Cambridge: Cambridge University Press, 1963, p.234.
② Lord Elton, *Imperial Commonwealth*, London: Collins, 1945, p.359.
③ Ibid.

政府一度采取措施帮助他们渡过难关,如1822年的《殖民地贸易法》对旧的航海条例进行了修改,允许英属西印度的糖船停靠在外国的港口,并允许外国的船只进入西印度的一些港口。但是,1825年毛里求斯的糖进入英国市场,1826年又取得了与西印度同样的关税待遇,这就使西印度的甘蔗种植园倍受打击。

1833年,英国废除了奴隶制,西印度的奴隶获得解放。奴隶制废除后,前奴隶不愿意在原来的种植园干活,他们或购买土地,或开垦荒地,在牙买加和英属圭亚那,土地逐渐集中到黑人手中,新式的农庄生活开始代替旧的种植园制度。另一方面,世界各地的甘蔗种植以及欧洲甜菜糖参与竞争,英属西印度的圣基茨(Saint Kitts)、安提瓜(Antigua)、巴巴多斯、特立尼达不得不进行经济重组。但是,由于没有资金购买新的设备,在竞争中他们处于下风。

旧的以总督、行政院和议会为主体的代议制引起了质疑。19世纪中期后,西印度殖民地仍然保留着"斯图亚特时期"的政体模式——总督,提名的行政院、立法院,少数种植园主利用选举产生的议事会控制殖民地的财政。尽管选举制度已经成为西印度政治生活中的一个重要环节,但是选举人范围狭小,又使选举失去了其本质的意义。例如,在圣基茨岛,1856年有两万人口,但只有165人有选举权,其中47个投票人选举了22名议员。在牙买加白人和黑人共50万人,1863年只有1 800人有选举权。[①] 由此可见,选举只是白人自己玩的一个游戏,与黑人和有色人种根本毫无关系。在圣基茨和牙买加以外,巴哈马、巴巴多斯、百慕大、多米尼加、格林纳达、

[①] W. D. Hussey, *The British Empire and Commonwealth 1500—1961*, Cambridge: Cambridge University Press, 1963, p.245.

背风群岛、圣文森特和多巴哥的选举都存在同样的问题。

种植园主生活在以前的奴隶和寡头政府的夹缝之中,他们既害怕前黑人奴隶的任何反抗行动,又怀疑政府真正的管理能力。英国政府根本不考虑给予其自治的可能性。尽管如此,西印度的政治发展仍然缓慢向前推进,其中牙买加走在了前面。直到 19 世纪 20 年代,有色人种都没有得到公民权和政治参与权,"人数如此众多和如此富有的自由民,竟然完全被排除在政治权力之外,也就是不让他们继承这些英国臣民视为最有价值的遗产,这似乎使人特别难以容忍"①。但是经过与英国的斗争,牙买加议会在 1839 年 12 月通过了给予有色人种完全公民权的法案,使其享受和白人一样的权利、特权和利益。

早在 1836 年,牙买加人在选举法的决议中就表达了自治的愿望:"具有和享有与英国臣民同样的权力、特权和豁免权,这些是女王陛下的臣民们生来就有的无可置疑的权利;除非是人们自己通过在其议会的代表批准的法令,没有其他影响他们的生活和命运、他们的和平与幸福的法律或法令。"②1838 年,牙买加议会与英国政府产生了第一次正面冲突。英国政府颁布法律,规定牙买加总督接管殖民地的刑事机构,总督无须得到当地立法机构的同意就可以颁布法律。牙买加议会认为这是对牙买加宪法权利的侵犯,殖民地监狱属于地方事务,立法机构应该有管理监狱的权力。对于牙买加议会来说,这项法令是一个不能容忍的越权行为,英国政府和牙买加议会的冲突不期而至。面对牙买加的公开挑战,以墨尔本为首的英国

---

① 塞缪尔·赫维茨、伊迪斯·赫维茨:《牙买加史》,天津人民出版社 1979 年版,第 164 页。
② 同上书,第 204 页。

辉格党政府建议,终止牙买加议会5年立法权。但是,在英国议会的表决中,该决议仅以5票多数通过。

到1854年,一个更像责任制政府的形式在牙买加出现,作为总督的后盾的行政委员会结构发生了变化。原来的行政委员会成员基本上都是由总督任命,对总督唯命是从。新的做法规定,总督必须从议会挑选3人、从立法院挑选1人进入行政委员会,其目的是协调总督和议会之间的关系。但是,由于新行政委员会中的议会成员太少,对总督的决定没有根本性影响。

既然一般的改革不能改变西印度殖民地的现状,那么唯一的可能就是"只有大灾难才能带来变化"①。1865年10月,牙买加发生莫特兰海湾起义,起义者攻击法院,暗杀政府官员,牙买加总督埃尔镇压了起义,导致500人丧命,许多人致残,1 000多间房屋被毁。"一个建立在奴隶制基础上,或者建立在后奴隶制之上的社会,一直清楚意识到生活在灾难的边缘。许多白人社群相信,这个社会正走向深渊。"②对于埃尔的铁腕镇压,英国殖民大臣在致牙买加总督的照会中"祝贺他的精神、经历和判决"。当地的种植园主毫无疑问认为总督做得对,做得好。牙买加悲剧带来了一个严重的后果:牙买加宪法被取消。这使种植园主们惊恐万分,他们需要依靠强有力的政府,但又没有能力建立这样的政府。于是在1866年,牙买加议会投票终止牙买加议会,将权力交给英国王室。根据法律,女王对牙买加直接负责,设一个总督和一个立法议会,由6名官员和其任命的成员构成。牙买加政府的管理权回到了殖民部。"民主意味着黑人统

---

① Lord Elton, *Imperial Commonwealth*, London: Collins, 1945, p.360.
② Ibid., p.361.

治牙买加,行不通;寡头制意味着白人统治黑人,也不行。西印度政治发展和民主的进程又走回到原点。"①

西印度群岛的大多数殖民地都效仿了牙买加,接受了提名组成的政府,取消了政府中的选举成分。只有巴哈马、巴巴多斯和百慕大保留了旧殖民帝国时期的代议制政府。1865年以后,来自中国、法国、荷兰、西班牙和葡萄牙的移民不断增加,法律、职业和公务员都有各自种族的不同特点,黑人不再是西印度的主要问题。

三、爱尔兰殖民地

爱尔兰在英帝国具有特殊地位,但是,很难找到一个贴切的术语表达爱尔兰的身份,英格兰人认为爱尔兰是联合王国不可分割的一部分。英格兰与爱尔兰有共同的历史传统,遵守共同的法律,不仅领土相连,而且爱尔兰人有权进入威斯敏斯特议会,在联合王国内部,爱尔兰与英格兰、威尔士以及苏格兰具有同样的身份。但对于爱尔兰的爱国者而言,爱尔兰是一个单独的国家,爱尔兰人是一个独特的民族,他们有自己的语言、自己的信仰以及自己的艺术和灵感,他们是被压迫的民族,是英格兰殖民主义和帝国主义的牺牲品,从历史和文化的角度看,爱尔兰只是英格兰的殖民地。

爱尔兰议会和英格兰议会一样分为贵族院和平民院,但是,爱尔兰的权威是外来的,政府依靠军事力量维持统治。爱尔兰议会内部分为宫廷党和反对党,前者来自王室控制下的郡、城市和选邑,后

---

① Lord Elton, *Imperial Commonwealth*, London: Collins, 1945, p.362.

者则由英爱乡绅①组成。下院议员来自27个郡、36个城市和选邑，从范围上看所有的地区都有自己的代表。值得注意的是，多数议员无论是新来者还是老殖民者，都是英格兰出生或具有英格兰血统的人。此外，宗教信仰也是重要的因素，从1692年起，天主教徒不得进入议会，土生土长的爱尔兰人失去了政治权利。18世纪，爱尔兰议会提出独立制定法律和独自处理剩余税收的要求，但两个要求都遭到英国的拒绝。

美国独立对于爱尔兰的影响巨大，爱尔兰人对美国革命表现出特别的兴趣。一方面，美国有许多爱尔兰移民；另一方面，爱尔兰的情况与美国具有相似性。都柏林的报纸说："在同样的权威下，英格兰决定向美国征税，也会以同样的理由不经爱尔兰人的同意和爱尔兰议会的批准向爱尔兰人征税。"美国独立以后，英国于1782年放弃了对爱尔兰的立法权，但将爱尔兰的行政权转移到英格兰。"爱尔兰议会的权力在理论上是增加了，但是，在爱尔兰议会存在的18年间，它的权力事实上反而缩小了。"②

法国大革命时期，爱尔兰发生反抗英国的运动，试图与法国革命政府合作，摆脱英国的统治。英国在镇压了反抗运动后于1800年实行英爱合并，将独立的爱尔兰议会废除，爱尔兰议员进入威斯敏斯特议会，英国在爱尔兰设立行政机构，在都柏林主持爱尔兰的行政管理。对英国来说，合并是一个自然的过程，联合王国的政治体

---

① 英爱人（Anglo-Irish）是英国征服者的后代，14世纪的基尔肯尼法令规定，他们不能与爱尔兰人通婚，不能说盖尔语，不能有爱尔兰人的举止。从亨利八世开始，他们就占有爱尔兰的大多数地产，享受英格兰的政治特权，接受新教改革，在爱尔兰形成了英格兰式的社区，成为英格兰人和爱尔兰人之间的一个中间群体。
② J. C. Beckett, *A Short History of Ireland*, London: Hutchinson, 1977, p.119.

制延伸到爱尔兰岛;对爱尔兰来说,合并是英格兰的战略诡计:"英爱合并就是一个简单的设计,维护不列颠在爱尔兰权威的最后一根稻草。"① 不同的认知导致双方关系新的不和谐,如贝克特所指出:"两个国家的不完全合并是爱尔兰政治不稳定的征兆,而非原因。"②

除了政治上的分歧外,爱尔兰的宗教问题也长期困扰英格兰政府。在爱尔兰,新教徒和天主教徒几乎势不两立,新教的英爱人不愿进入天主教区域,就像伦敦上层社会不愿进入泰晤士河南的贫民区一样。与土地的关系形成两个对立的阶层——新教地主和天主教佃农。宗教冲突加剧了经济的分野,而族群区分使得问题更加严重,因此人们看到在爱尔兰存在两个明显对立的集团:新教的英爱地主和天主教的爱尔兰佃户。在爱尔兰人看来,土地是问题的症结,现存的土地制度既表现出英格兰对爱尔兰的政治征服,又表现出英格兰对爱尔兰的宗教迫害,因此土地改革既是经济解放,也是天主教解放。但是对爱尔兰地主来说,土地问题是一个简单的财产权问题,要求土地改革就是挑战财产权,一切攻击、限制、改变财产的行为都是无政府行为,都是野蛮和不道德的,对社会秩序造成破坏性影响。

在英格兰,社会的基本结构和经济的权力紧密联系,而且经济权力得到特别的尊重,因此,财产持有者的影响力很大。爱尔兰社会存在的原则是宗教,教会成为社会的中心、农民聚会的场所,同时也是发布公告的地方。这种宗教的裂缝(英格兰新教 VS 爱尔兰天主教)加剧了财产和民主的敌对,最终将英格兰的政治置于危险之

---

① Patrick O'farrell, *Ireland's English Question: Anglo—Irish Relations 1534—1970*, London: B. T. Batsford Ltd, 1971, p.67.
② J. C. Beckett, *A Short History of Ireland*, London: Hutchinson, 1977, p.132.

中。在英格兰,地主可以将他们的政治影响(投票权)通过慈善或强迫等手段强加给佃农。在爱尔兰,地主则不能。在天主教神父的支持下,佃农常常直接拒绝地主让他们投票的要求。佃农对宪政民主的追求使爱尔兰地主非常不安,也是农村骚乱的主要原因。"宗教的裂痕阻挡了爱尔兰地主的政治影响,他们反对宪政民主的发展,因为他们害怕宗教的影响会胜过他们对佃农的影响。"①

19世纪30—40年代,爱尔兰民族主义蓬勃发展,以丹尼尔·奥康奈尔(Daniel O'Connell)②为首的民族主义者要求"公正对待爱尔兰",实现爱尔兰宗教、政治和人权的平等。同时各种激进的爱尔兰民族主义团体开始出现,英国政治家也开始反思,合并究竟是否适应爱尔兰发展的需要,如福克斯所述:"我们不应该不考虑一个国家的情感、需要、利益和意见,而只是按照我们的偏见,为一个国家设立法机构。"1845年4月罗素在下院发表讲话,从平等的角度表达了对合并的意见:"我们敢对爱尔兰人说,我们一直在平等的精神上从事英爱合并吗?我们考虑爱尔兰人的利益如同英格兰人的利益一样?我们给予爱尔兰人同样的权利和特权了?我们在考虑爱尔兰

---

① Patrick O'farrell, *Ireland's English Question: Anglo—Irish Relations 1534—1970*, London: B. T. Batsford Ltd, 1971, p.117.
② 19世纪前期爱尔兰民族主义运动的主要代表。1775年生于爱尔兰,早年参加秘密组织"爱尔兰人联合会"。1801年爱尔兰与英国合并,但占爱尔兰人口多数的天主教徒却不得参与国家的政治活动。奥康奈尔热忱鼓吹天主教解放。1823年他参与组织"天主教协会"。1828年,在克莱尔郡竞选获胜,但当时的法律不允许天主教徒进入议会行使议员权利,激起爱尔兰人强烈的民族情绪,内战一触即发。迫于形势,威灵顿政府不得不于1829年通过"天主教解放法案",使数百万天主教徒获得平等的公民权利,奥康奈尔因而赢得"解放者"的称号。

问题的时候像考虑英格兰问题一样?"①罗素甚至认为应该"用爱尔兰的观念和爱尔兰的偏见统治爱尔兰,我相信爱尔兰政府管理越多,爱尔兰就越依赖英格兰"②。

1846—1849年的马铃薯饥荒最终割断了爱尔兰农民留恋土地的情感,饥饿迫使他们离乡别井,饥荒的延续也使许多爱尔兰地主出售他们抵押的土地。③ 英国政府拯救饥荒的措施不力,导致了爱尔兰民族主义情绪的高涨,人们对政府、土地和宗教问题的关注超过了任何时代。一代又一代的爱尔兰人通过暴力的或非暴力的手段,为自己的命运抗争,其结果都是失败。

随着不列颠给予海外殖民地自治权,促进了新民族的发展,但是对于爱尔兰,英国坚持在1800年合并的框架下行使爱尔兰政府的权力。由于新的、旧的怨恨和不满,特别是土地问题没有得到真正的解决,爱尔兰人并不愿意融入一个"外国人"的民族中,他们始终认为爱尔兰是一个国家,爱尔兰必须有自己的议会和政府。因此,自治成为19世纪后期爱尔兰人奋斗的目标。

自治运动的带头人是查尔斯·斯图尔特·帕内尔(Charles Stewart Parnell),1875年爱尔兰的议会收到帕内尔的劝说信,信中要求议员们利用议会为爱尔兰自治尽力,包括对政府的政策提出批评、不讨论爱尔兰以外的任何问题等,试图用简单的方式迫使英国政府就范。1877年,英国议会就爱尔兰自治问题辩论了26个小时,

---

① Patrick O'farrell, *Ireland's English Question: Anglo—Irish Relations 1534—1970*, London: B. T. Batsford Ltd, 1971, p.71.
② Peter Gray, *Famine, Land and Politics: British Government and Irish Society 1843—1850*, Dublin& Portland: Irish Academic Press, 1999, p.30.
③ R. H. Snape, *Britain and the Empire 1867—1945*, Cambridge: Cambridge University Press, 1945, p.62.

1880年一次新的辩论竟然持续了41个小时,结果议长不再愿意听取任何爱尔兰议员的发言,并用投票的方式解决问题。

在争取自治的同时,土地问题一直是困扰爱尔兰人的难题。1880年帕内尔成为爱尔兰土地联盟的主席。马铃薯饥荒导致爱尔兰连年歉收,英国以低价从美国进口粮食使爱尔兰农民的状况雪上加霜。租地费用居高不下,农民们付不起地租,又不能得到1870年土地法的保护,随时都有可能被驱赶。地主们明白牧场比之于耕地可以得到更好的收入,于是将付不起地租的农民赶出耕地,使耕地变成牧场,吸引新的佃户管理牧场。驱赶激起爱尔兰农民的暴力反抗,地主则用更极端的方式镇压,有些农民被打死。土地联盟为了阻止地主驱赶农民而提出新的改革纲领:公平地租,固定租期,自由买卖,其目的是将地主的土地逐步转移到农民手中。

土地联盟提倡非暴力抵抗,建议人们不购买驱逐农民的地主的土地,凡是购买这种土地的人在街上、在教堂、在集市都被孤立,没有人与他说话,没有人为他工作,庄稼腐烂在田地里无人过问,甚至其仆人都不敢取回邮局的邮件。抵制活动亦称杯葛运动(Boycott),相当成功,帕内尔力图将之限制在法律允许的范围内,但是,英格兰地主的利益受到了极大的损失,他们以土地联盟资金来源不当为理由(自治党和土地联盟的资金大多来自美国的爱尔兰人,帕内尔多次出访美国寻找资金支持),将该组织宣布为非法。

1880年自由党人再次上台,棘手的爱尔兰自治又重新提上议事日程。为了防止爱尔兰脱离联合王国,自由党政府首先宣布爱尔兰土地联盟为非法组织,同时,为了安慰爱尔兰农民,又在1881年颁布了新的土地法(Land Act of 1881)。该法规定在爱尔兰设立土地法庭,为农民规定公平租金,地主不得制定超出限制的租约,而只要农民按规定交付了租金,地主就不得剥夺其租地。但法律颁布后受到抵制,执行时遇到很大困难。而帕内尔和他的同僚则将土地联盟改组为"国家联盟"(National League),继续与英国政府对抗。英国政府将帕内尔关押在基尔曼汉姆(Kilmainham)监狱,却不能平息仍在发展的暴力活动。1882年,自由党政府与帕内尔在监狱会面,并签订了基尔曼汉姆条约(Kilmainham Treaty),帕内尔被释放出狱,帮助平息爱尔兰的混乱;英国政府则颁布第三个土地法案,将农民从地租的重压中解放出来。为了表明合作的诚意,英国政府向爱尔兰派出一位国务秘书弗雷德里克·卡文迪什勋爵(Lord Frederick Cavendish)。但是,值得注意的是,当卡文迪什到达都柏林的当天,爱尔兰的神秘组织就策划谋杀了副秘书伯克先生(Mr. Bueke),由此可见,爱尔兰针对英国政府的暴力行为丝毫没有减少。

1881年土地法颁布后,帕内尔领导的"国家联盟"开始为争取爱尔兰自治而努力。由于爱尔兰人在威斯敏斯特有自己的代表,在英格兰的两党势均力敌之际,爱尔兰代表对于任何一党的取胜都会起到关键的作用,因此,在争取自治的问题上,帕内尔无须考虑取悦于自由党或保守党,任何一个党支持自治,都会得到爱尔兰议员的支持。1885年新的大选之前,保守党领袖声称他们支持爱尔兰自治,以换取爱尔兰议员的支持。但大选的结果并不令保守党人满意,自由党人在下院比保守党多了82议席,而爱尔兰自治党则恰好得到82席。这样,自治党的地位就很关键了,它站在哪一边,哪一个党就可以执政。[1]

---

[1] R. H. Snape, *Britain and The Empire 1867—1945*, Cambridge: Cambridge University Press, 1945, p.163.

格莱斯顿在76岁高龄时第三次任英国首相,爱尔兰人是他第一次任首相就必须"安抚"的对象。经过反复思考,他认为真正改变爱尔兰暴力的办法就是给予自治。但是,"爱尔兰自治法案"的提出从上到下地分裂了自由党:自由党中的保守派以德文希尔公爵(Duke Devonshire)为首,从一开始就拒绝接受爱尔兰自治法案;以张伯伦为首的"自由党统一派"对自治法案持观望的态度。所以,尽管格莱斯顿进行了一系列的努力,他执政期间仍然不能为爱尔兰带来自治。

1895年到1906年保守党人长期执政,爱尔兰自治的要求完全被忽视。同时,帕内尔又爆出与下属妻子有性关系的丑闻,自治运动也因此而倍受打击。所以直到20世纪初,爱尔兰自治的目标仍然任重道远。

四、印度殖民地

18世纪70年代,印度2/3的领土在英国直接统治之下,1/3领土由600多个土著王公治理,每一个王公都配有英国印度政府任命的顾问。3亿多的印度人不仅分属不同的地域,而且被种族和宗教所分隔,严格的种姓制度又把他们分为不同的社会级别。但印度在英帝国内具有特殊的战略地位,其重要性体现在两个方面:第一,印度是阻止俄国南下的屏障,对于保护帝国在南亚和中东的利益有着十分重要的作用。第二,印度为帝国的防卫提供了大量的军队。1878年,印度军队第一次被迪斯雷利政府派往马耳他,开创了殖民地军队为帝国服务的先河。此后,印度军队在中国、波斯、埃塞俄比亚、新加坡、埃及和东非等地为帝国而战。索尔兹伯里勋爵说过：印度是英格兰在东方的兵营，拥有印度使帝国变成一个军事大国。[1] 除此之外，印度对于帝国而言有无与伦比的经济贡献，帝国政府从印度获取大量财富，如帕森斯所述："是印度经济的商业化所导致的经济机遇将英国吸引到南亚次大陆。"[2]1886年印度的所得税不仅维持了英印政府的开销，而且为帝国提供了财政上的帮助。"东印度公司每年付出8%—12%的收入，大约为2 000万英镑，弥补了英国与中国贸易的逆差。"[3]

在印度民族大起义之前，印度的管理权属于东印度公司。18世纪前半期，公司的发展达到顶峰，在印度有三个主要的基地：孟买、圣乔治要塞（即马德拉斯）和威廉要塞（即加尔各答），还有各式各样的依附地。东印度公司的收入主要来自土地和贸易，到1740年，印度出口到英国的产品有硝石、蓝靛染料、糖、辣椒、原丝、白布和棉纱，每年价值100万英镑，公司还通过有利可图的茶和咖啡等商品，将贸易活动延伸到欧洲。

从1774—1785年，东印度公司管理的特点带有明显的"东方风格"，公司与土邦王公几乎没有任何往来，只顾自己做生意；印度人仍然按照他们的宗教、法律和习惯生活。[4] 1785—1792年间，大总督康沃利斯勋爵（Lord Cornwallis）开始对印度殖民地的管理、税务以

---

[1] James Morris, *Pax Britannica: The Climax of an Empire*, London: Penguin Books, 1982, p.263.
[2] Timothy Parsons, *The British Imperial Century, 1815—1914*, New York & Oxford: Rowman & Littlefield Publishers, 1999, p.35.
[3] Ibid., p.38.
[4] Simon C. Smith, *British Imperialism 1750—1970*, Cambridge: Cambridge University Press, 1998, p.50.

及法律进行改革。在管理方面，康沃利斯禁止公司官员从事私人贸易，并以高额的薪水补偿他们的损失。土地税是康沃利斯面对的最大难题。印度是一个完全农业的社会，土地收入是公共财政的主要来源。印度的传统做法是：农民将收入的2/3交给柴明达尔，留下1/10自己使用，其余的交给政府。在英国人眼中，柴明达尔就是地主，但实际上，他们仅仅是世袭的收租者和管理者。东印度公司在获得土地所有权后，也利用柴明达尔征收土地税，但是税收量得不到保障。公司尝试了很多办法，由于缺乏对印度农村状况的了解，始终不能解决问题。后来，东印度公司成立了税收局，由东印度公司工作人员作为税收专员管理印度的23个收税区。在司法方面，主要的措施是提高大总督和行政院成员的司法权威，由他们负责处理刑事案件，并在4个区采取巡回法庭的形式。各区的法庭负责处理民事案件，同时司法服务机构开始出现，为巡回法庭和区法庭提供律师。

1793年以后，东印度公司的政治权力开始萎缩，商业特权也逐渐丧失，尽管直到1858年东印度公司的管理权限才完全解体，但实际上从1833年起，英国政府已经成为英属印度的真正统治者。[1]

19世纪，在自由主义的影响下，对于印度的管理有了新的思维。功利主义的代表人物密尔1818年发表了《英属印度史》，他认为管理印度的最好手段是法律："政府减少犯罪的最有效手段是运用法律消除弊端。"他也强调印度最大多数人的利益，认为只有英国人的直接管理才能满足绝大多数印度人的需要。马德拉斯总督托马斯·蒙

---

[1] W. D. Hussey, *The British Empire and Commonwealth 1500—1961*, Cambridge: Cambridge University Press, 1963, p.205.

罗(Thomas Munro)也说:"自由主义是提升任何种族素质的最有效的方式,我们应该相信,自由对印度人也应产生类似的效果。"①1833年马考莱也指出:"我们自由了,我们文明了,我们没有理由嫉妒将文明和自由的标准传给任何其他种族。"②他认为传播自由观念的方式是教育,西方教育将在印度造就一个"具有英国的品位、英国的道德、英国的表达和英国的睿智"的阶层。③

文化侵袭只是表象,其实质是通过印度人在文化上的认同,接受英国的政治统治,从而使英国在印度的利益最大化。如密尔在1832年所表达的:印度"王公们行使了我们留给他们的所有权利,不幸的是,他们不值得信任……我认为为了人民幸福最好的办法,就是将我们的政府延伸到这些地区"④。密尔认为,印度人还没有达到自己管理自己的时候,只有英国的管理,才能为绝大多数印度人谋幸福。1843—1856年戴尔豪斯统治时期,把目标投向了印度土邦王公的土地,因为他们的领地还不属于英帝国,只是接受英国人的保护。1849年,戴尔豪斯采取"缓流"政策,规定:未经英国总督的同意,禁止印度王公收养继承人。在土邦王公没有继承人后,土地自然就归英国统治者所有。"缓流"政策对英国来说,带来了他们渴望的后果:旁遮普(Punjab)、那格浦尔(Nagpur)、萨塔拉(Satara)、佳斯

---

① Ramsay Muir(ed.), *The Making of British India, 1756—1858*, Mancheste: Mancheste University Press, 1915, p.284.
② George D. Bearce, *British Attitudes towards India, 1784—1758*, Westport, Greenwood Press, 1982, p.179.
③ Thomas R. Metcalf, *Ideologies of the Raj*, Cambridge: Cambridge University Press, 1994, p.34.
④ Frederick Madden and David Fieldhouse (eds.) *Imperial Reconstruction 1740—1840: The Evolution of Alternative Systems of Government*, New York: 1987, p.246.

(Jhansi)和奥迪哈(Oudh)先后归属了英国。

文化的强制认同和赤裸裸的土地抢占导致印度民族大起义。起义使英国在印度的权威几乎崩溃,一个高级官员说:"印度的地方政府变成了碎片,就像一屋子散落的卡片。"[1]关于起义的原因,威廉·缪尔(William Muir)说:是政府与士兵的冲突造成了起义,"军队骚乱的特点是政府与士兵之间的冲突,不是政府与人们的冲突"[2]。这种说法显然太表面化了,没有解决什么问题。经济的原因更深刻,英国工业品入侵导致印度手工业结构解体,英国人打破了印度的手工业,摧毁了印度纺纱轮。[3] 除此以外,土地所有权也是重要的因素,印度土地所有者在英国严苛的税收制度下逐渐失去了土地,这些人也参与到起义的队伍中。

在镇压了印度民族大起义后,英国政府在1858年制定《印度政府法》(Government of Indian Act),规定英国王室接管英属印度的管理权,在伦敦设印度事务部(India Office)代替过去的监管部(the Board of Control)管理印度事务,同时还设立了监督这些机构的印度委员会(Council of India)。英印政府管理层也进行了调整,原来的大总督(Governor—General)被副王(Viceroy)取代;印度土邦王公在保证忠诚英国王室的前提下,可以保留王公的地位,1858年维多利亚女王承诺"尊重土邦王公的权利、尊严、荣誉像尊重我们自己的

---

[1] Judith M. Brown, *Modern India: the Origins of an Asian Democracy*, Delh and New York: Oxford University Press, 1985, p.82.
[2] Eric Stokes, *The Peasant Armed: The India Revolt of 1857*, Oxford: Clarendon Press, 1986, p.4.
[3] Neil Charlesworth, *British Rule and the Indian Economy, 1800—1914*, London: Longman, 1982, p.32.

一样"①,英方的统治不得干涉印度的宗教和社会习惯。但是,英国统治者坚信他们是印度的"主人",在他们眼中,印度是落后和愚昧的代名词,而英国人的责任就是引导印度从不文明走向文明。印度的权力越来越集中在英国总督的手中,他通过行政院控制印度政府,通过立法院制定法律。根据1862年的《印度参院法》(The Indian Councils Act 1862),两院增加了提名的非官方成员,虽然以孟加拉、马德拉斯、孟买和西北省份以及旁遮普为代表的各地也建立了各自的立法机构,但它们完全由殖民地官员和指定的非官方代表所组成。英国政府对印度的军队也进行了调整,大幅度减少军队中的印度人比例,1857年印度士兵为23.8万人,到1863年下降到14万人,而征兵地区也集中在相对忠诚的那格浦尔和旁遮普。

19世纪80年代后,印度对于英国的重要性更加突出,英国与印度的贸易稳定增长,印度的棉花为英国的棉纺织业提供了原材料,小麦和茶叶等商品也源源不断输送到英国市场,印度出口从2300万英镑增加到8600万英镑,到80年代印度占英国进口总额的19%;英国1/5的投资在印度。19世纪80年代以后,印度对于帝国的重要性随着欧洲列强瓜分非洲的力度加大而变得更加重要。印度成为英国最主要的投资场所:1870年英国对印度的投资为1.6亿英镑;1895年为2.7亿英镑;1900年为3.05亿英镑。② 同时印度军队也为英帝国做出很大贡献,他们随时服从帝国的调遣,并出现在任何需要的地方:1839年、1856年和1859年印度军队被派往中国,

---

① Simon C. Smith, *British Imperialism 1750—1970*, Cambridge: Cambridge University Press,1998, p.55.
② L. C. B. Seaman, *Victorian England: Aspects of English and Imperial History 1837—1901*, Methuen& Co., Ltd,1973, p.344.

1867年被派往埃塞俄比亚和新加坡,1878年去阿富汗和塞浦路斯,1885年去缅甸,1888年去埃及,1893年去尼亚撒兰,1896年去苏丹和乌干达,1899年被派往波斯湾和南非。寇松(Curzon)认为:印度为英国带来如此多的荣誉,以至于它是决定英国是一流还是二流国家的问题。梅奥(Mayo)说:"我们决定像太阳普照大地一样保有印度,我们民族的性格,我们的商业需要它,我们还有250万英镑投资在这个国家。"①

印度的劳动力是帝国的另一个资源。随着殖民地奴隶制的废除,劳动力的短缺成为殖民者最大的难题,在加勒比地区的特立尼达和多巴哥以及英属圭亚那(British Guyana)更为明显。从印度向外输出劳务起,到1838年,印度已经有2.5万人被输出海外;到1840年毛里求斯的印度劳工达到了1.8万人。19世纪,欧洲糖和咖啡的消费增加了对印度劳工的需求,1800年欧洲人的人均糖消费量为16.8千克,到1820年已经达到了34.8千克,咖啡的消费则增加了一倍。1858—1859年是印度移民的高峰,5.3万印度人移民海外,去毛里求斯和特立尼达的就达到了44 397人。因此,印度人利用热带的原材料为英帝国创造了无数的海外财富,同时,印度还是传播文明的前哨,它对英帝国有不可估量的价值,"它可以保持我们种族最好和最有力量的特点"②。英国人如果放弃印度就是放弃帝国的伟大,英国人如果失去印度就是失去钱财和尊严。

---

① Neil Charlesworth, *British Rule and the Indian Economy, 1800—1914*, London: Longman, 1982, p.53.
② Ronald Hyam, *Britain's Imperial Century 1815—1914: A Study of Empire and Expansion*, London: B. T. Batsford, 1976, p.213.

印度的重要性决定了帝国政府对其边境安全的重视，从19世纪30年代以来，阿富汗一直被视为印度安全的缓冲地带，这里最大的威胁来自俄国。1830—1880年，俄国军队从阿富汗向前推进了1900多千米，直逼印度。从1885到1884年，俄国沿梅尔夫和赫拉特方向又推进了960多千米。1884年，俄国占领梅尔夫，1885年3月俄国军队进攻阿富汗境内的潘杰达。俄国的压力改变了远东的形势，1896年俄国占领旅顺港，1900年俄国被日本打败，随后它改变扩张的方向，中国西藏和阿富汗成为新的目标，同时它对波斯进行渗透，英俄敌对的态势加剧了。

19世纪90年代，北部边境是保卫印度安全的前沿地带，成为各方利益的连接点，又是俄国最容易接近印度的地区。在以吉尔吉特（Gilgit）为中心方圆800千米的范围内，居民绝大多数是穆斯林，他们既承认英国的影响，又固守自己的习惯。印度总督埃尔金认为，一旦俄国派军队进入契夫拉尔（Chifral），并在白沙瓦（Peshawar）和克什米尔（Kashmir）之间驻扎军队，印度将背部受敌。所以，埃尔金建议打通并保卫迪尔大道，加强对契夫拉尔的防卫，减少吉尔吉特的驻军，保护印度的安全。尽管埃尔金的建议没有被自由党的罗斯伯里政府采纳，但是，1895年联合政府上台后重新予以考虑，同年8月，英国决定改善通往契夫拉尔的道路，导致了印度北方局势的改善。

在印度的内政治理上，里彭总督（1880—1884）为印度带来了一些实质性的变化。他的做法是：满足印度人的某些要求，在印度建立地方立法机构，希望利用接受过英国教育的印度人组织地方政府。他说："由接受过教育的当地人来管理政府，不会使政权落到我们的敌人的手中……他们不会对政府漠不关心，也不会做出愚蠢的决定,从而减少政治的危险。"①里彭还颁布《埃尔波特法》,授予印度籍的行政官员和司法官员对欧洲人的司法权,规定欧洲人必须在由一半欧洲人和一半印度人组成的陪审团中接受审判。格莱斯顿坚决支持《埃尔波特法》,认为该法体现了英国人的骄傲。同时,它给了印度人极大的鼓舞,刺激了印度民族主义的发展。

印度的民族主义者一般都是传统的高种姓,接受过英国教育。孟加拉的律师拉尔·马汉·高斯(Lal Mahan Ghose)的一席话表达了印度民族主义者的心态:"我们的知识增加了,我们个人和国家的信心也增强了,我们的雄心壮志得到激励。"②民族主义者批评政府公职多被英国人霸占,在1 200多名公务员中,只有60多名印度人;他们还批评政府的财政和军队预算,完全没有印度人的参与。

为了使印度真正成为印度人的印度,1885年12月28日,72名代表在孟买集会,组建了第一个印度人的政党——国大党(Indian National Congress)。国大党最初的成员都是孟加拉、马德拉斯和孟买受过良好教育的职业人员,他们要求印度人民与英国人"认真对话"。党的任务是发展并巩固国家感情,强调印度政治生活的统一性,并将不同的政治组织联系在一起。国大党的要求是温和的,但也表达了印度人参与政府管理的愿望,英国政府不得不考虑这些要求,在1888—1892年之间对印度的民族主义采取了让步的态度。1892年的《印度参院法》(Indian Councils Act of 1892)将选举原则引入政治体制,在中央和地方的立法机构中增加了印度代表。但这些

---

① Ronald Hyam, *Britain's Imperial Century 1815—1914: A Study of Empire and Expansion*, London: B. T. Batsford, 1976, p.232.
② Judith M. Brown, *Modern India: the Origins of an Asian Democracy*, Delh and New York: Oxford University Press, 1985, p.150.

代表中的多数仍然是任命的,而且总督有否决权。法案实行到省一级,"它确实使一小群能干的印度人进入了政治领域"①。

但英国的让步与印度人的要求相距甚远,印度民族主义者提出印度是一个国家,它有权建立自治的政府;他们认为英国治理印度的时代应该结束了,受过教育的印度人比英国人更适合管理自己的国家。在经济上,他们认为印度人应该发展自己的工业,而不是仅仅向英国提供原材料,由于印度被置于英国的自由贸易体系中,印度的棉纺织业根本无法与兰开郡的制造商竞争;因此,摆脱对英国的依赖,是建立印度民族工业的当务之急。

这些建议遭到1899—1905年任印度总督的寇松的否定,他认为大多数印度人还没有管理的意识,缺乏教育,不会写字,也不能读书,甚至不知道统治他们的是英国人。"印度人是农夫,没有政治抱负……国大党的计划和政策离印度的现实相距太远……他们的要求只符合极少数印度人的利益。……将代议制引进一个低阶段发展的国家,我认为是高阶层不成熟和不明智的想法。"②他认为种姓、宗教和习惯的差异使各社会群体缺少沟通,经常发生暴力,地主对农民进行严厉的控制,王公和领地臣民不愿将自己的生活暴露给公众,这些因素都使英国不能放弃对印度的管理,只有英国的管理可以带来和平、秩序和安全。③

---

① Ronald Hyam, *Britain's Imperial Century 1815—1914: A Study of Empire and Expansion*, London: B. T. Batsford, 1976, p.233.
② L. C. B. Seaman, *Victorian England: Aspects of English and Imperial History 1837—1901*, Methuen & Co., Ltd, 1973, p.347.
③ R. H. Snape, *Britain and the Empire 1867—1945*, Cambridge: Cambridge University Press, 1945, p.153.

由于印度仍然是一个农业社会,寇松侧重改善农村的状况:通过降低税收帮助农业经营者,建立乡村合作信用社保护农民免遭高利贷盘剥;1903 年建立印度农业部(Indian Agricultural Department)。① 此外,进一步发展农业灌溉系统并建设铁路,将其置于新建的工商部管理之下。

尽管这些政策得到普遍拥护,但是他的教育政策和分解孟加拉政策却遭到印度民族主义者的抵制和反对。寇松认为,印度的大学不是教育机构而是考试机构,1904 年的《大学法》(Universities Act of 1904)加强对大学分校的管理和控制,此举招致具有政治倾向的知识分子的谴责。此外,为了削弱民族主义势力,寇松将孟加拉分为东西两个部分。孟加拉东部人口多数是穆斯林,他们在印度是人口中的少数,此举被认为是对孟加拉人爱国主义的侮辱。

20 世纪初,英国对于印度的管理变得更加艰难,一方面,东方的觉醒和对西方霸权的挑战使印度人认识到西方并非不可战胜。印度中产阶级职业阶层追随 19 世纪自由主义的传统,考察欧洲的民族主义运动,要求印度自治;另一方面,以提拉克(G. B. Tilak)为首的激进民族主义者形成势力,他们拒绝接受西方文化,鼓励印度文化的复兴,并提倡用暴力手段推翻英国的殖民统治。在这两股力量的合力作用下,印度自治或独立只是时间问题。

---

① W. D. Hussey, *The British Empire and Commonwealth 1500—1961*, Cambridge: Cambridge University Press, 1963, p.298.

五、英国保护领

保护领是指被保护的国家或领土，这个概念在古罗马就已经出现。在罗马帝国时代，罗马人在占领一个城邦或国家以后，双方通常都签订一个表明关系的条约：被占领地区受罗马帝国的保护，但罗马不采取吞并措施，而保留其独立性。近代保护制度也得到国际的承认，是帝国主义扩张的结果。英国对于保护领的理解是：保护那些"不文明，没有机构"的地区。从法律角度说，被保护国不属于保护国的领土，保护国也没有理由干涉其内部事务，然而在事实上一旦英国宣布对一个国家或一块领土实行"保护"，英国就成为这个国家或这块领土的"太上皇"。被保护国不是英国的自治领，被保护地居民也不是英国臣民，被保护国的外交关系控制在保护国手里。

詹金斯爵士说："虽然英国的保护地不包括在英国自治领内，但是，它的外交关系却在英国国王的控制下，所以这个政府不能与外国建立外交联系，外国也不能与之建立外交关系。"英国上诉法庭法官肯尼迪勋爵也说："被保护国的一个共同特点就是除非保护国同意，它不得独自处理外交联系。保护领制度将罗马法中的'完全拥有'排除在外，尽管这种状态不完全令人满意，但对于被保护的国家而言，它被说成是'领土的宗主权'。对保护国而言，他们保护的是一个外国。保护领的居民，无论土生土长还是移民都不是保护国的公民。"因此，"被保护国变成了一个半主权的国家，因为保护国为了履行国际法规定的责任，为了保护被保护国臣民的需要，有时至少在一个受到限制的范围内不得不进行一些责任性的干涉"①。因此，尽管从理论上说被保护国保留着独立的身份，但事实上是受保护国控制与干涉的。

19世纪70年代起英国和欧洲列强在全世界争夺"势力范围"，打着保护弱小部落的旗号，争取最大的扩张可能性。通过控制"势力范围"的外交权，逐渐掌控其部分或全部司法权，英国最终就把"势力范围"变成了保护地。

随着保护范围的扩大，英国政府于1890年出台了《外国司法权法》，规定"通过条约、协定、赠予、使用、默许或者其他的法律手段获得的领土，女王陛下在这些外国享有司法权"②。法案第16款解释道："在这个法案中，'外国'指的是女王陛下'自治领'以外的国家；'外国的英国法庭'是指建立在女王陛下自治领以外国家的法庭；'司法'包括司法权限。"③根据这个法令，英国对保护领行使司法权就有了法律的依据。保护领的司法权通过英国政府任命的保护领专员来行使，保护领专员分为"居住专员"和"高级专员"，居住专员是下级官员，其权力常常被限制在一个保护领内；高级专员相当于殖民地的总督，其管理范围通常包括几个保护领，如南非殖民地高级官员拥有管理三个保护领的权力。

在实践中，英国不仅控制保护领的外交、司法，而且管理其内部

---

① Manfred Nathan, *Empire Government: An Outline of the System Prevailing in the British Commonwealth of Nations*, London : George Allen & Unwin Ltd, 1928, pp. 140, 141.
② Frederick Madden, *Imperial Constitution Documents, 1765—1952: A Supplement*, Oxford: Basil Blackwell, 1953, p.88.
③ Ibid., p.90.

事务，被保护地区的权力一般只保留在纯粹属于内部的事务上，如调节内部纠纷等。19世纪末到20世纪初，英国在非洲、亚洲以及太平洋地区的保护领及管理体制如下：

非洲：

阿散蒂（Ashanti）和黄金海岸，各设一名总专员；①

塞拉利昂和冈比亚（Gambia），分属塞拉利昂和冈比亚殖民地政府管理；

索马里（Somalia），专员管理；

乌干达（Uganda），总督管理；

肯尼亚，高级专员管理；②

东北罗得西亚（North East Rhodesia）、尼亚萨兰（Nyasaland）西北罗得西亚（West East Rhodesia）和巴罗茨兰（Barotseland）③，南罗得西亚（South Rhodesia）④，巴苏陀兰（Basutoland）和贝专纳均为驻扎专员管理；

尼日利亚保护领⑤和尼日利亚殖民地，由总督和总司令管理；

埃及保护领，有名义上的本国政府。

---

① 隶属于黄金海岸总督。
② 肯尼亚以前包括在前东非保护领内，1923年7月被吞并成为肯尼亚殖民地。肯尼亚保护领包括了前自治领的桑给巴尔，有一居住专员在此，上司是肯尼亚总督，他也是保护领的高级专员。
③ 四个保护领后来合并，成为北罗德西亚殖民地。
④ 皇室殖民地，先由英国南非公司管理，殖民部任命了一名居住专员协助，南非公司任命的负责人和居住专员都隶属于南非高级专员。
⑤ 先前的南尼日利亚和北尼日利亚合二为一。

亚洲：

马来亚（Malaya）联合保护领；①

婆罗洲（Borneo）保护领；②

柔佛（Johore）保护领。③

西太平洋：

除了斐济、新南威尔士、昆士兰和新西兰以外的所有西太平洋岛屿，主要有汤加群岛（Tonga）、萨维奇岛（Savage Island）、班克斯托雷斯岛（Banks and Torres Island）和新赫布里底群岛（New Hebrides）等，由斐济总督任西太平洋保护领的高级专员。

亚洲和太平洋地区的保护领的内政是独立的，英国政府不干涉其内政，如果保护领的内政出现问题，英国政府将由代理人或高级专员出面帮助保护领政府解决。非洲保护领通常由总督和居住专员直接管理，他们控制保护地，如同控制皇室殖民地一般，管理人就像殖民地的总督一样，拥有保护领内政的全权，他"实际上是一个专制君主，隶属于英国殖民部，在保护领行使行政和立法权"④。在皇室殖民地，总督虽然对殖民部负责，但是其权力几乎不受限制，因为

---

① 英国政府与马来的森美兰州、霹雳州、雪兰莪州和彭亨州签约，派驻居住专员，在海峡居住地高级专员的领导下行使外交权和司法权。

② 包括文莱、北婆罗洲、沙捞越，也在海峡居住地高级专员的领导下。但是，北婆罗洲和沙捞越的内部事务由英国政府管理，文莱由英国北婆罗洲公司管理。

③ 马来半岛最南部的一个国家，内部独立，受英国保护。

④ Manfred Nathan, *Empire Government: An Outline of the System Prevailing in the British Commonwealth of Nations*, London: George Allen & Unwin Ltd, 1928, p. 151.

殖民部需要依赖他的报告做决策。

保护领最突出的问题是土地之争,也就是原住民的土地归属问题。这个问题的实质是原住民是否仍然拥有土地的所有权?土地会因为租借、转让、买卖或赠送改变归属性质吗?英国如何处置保护领的土地?其他外国势力是否可参与到土地争夺之中?

南非公司与祖鲁国王洛本古拉(Lobengula)的土地之争具有代表性。1888年10月30日,洛本古拉将其领土内的矿产开采权交给罗得斯。罗得斯是南非公司的合伙人,该公司于1889年获得皇家特许。1890年,南非公司派先遣部队占领马绍纳兰(洛本古拉的领地)。1891年洛本古拉又将其管辖范围内的农场、城镇、建筑工地以及牧场以赠予和租借的形式让给了另一个人利普特,并同意利普特在适合的时候获得唯一代理权。此举引起了南非公司的不满,一场牵涉到土地、矿场和资源的冲突引起了洛本古拉、南非公司、利普特三方的争执。由于洛本古拉与罗得斯的协议,英国殖民部认为南非高级专员有权在马绍纳兰行使全部权力(包括司法权),他将马绍纳兰的土地权益交给了南非公司。

1893年洛本古拉发出处理马绍纳兰土地所有权的照会,南非公司派军队攻击,洛本古拉只有出逃。在原住民与英国人的土地纠纷中,英国政府偏袒英国公司,在马绍纳兰的问题上,萨姆纳勋爵说:"不仅南非公司插手,王室军队也插手,贝专纳的边境警察都到了。真正了解真相的人会毫不犹疑地说,一旦南非公司征服马绍纳兰,并用宪法加以治理,那么,公司的征服就代表了王室的征服。"[1]

---

[1] Manfred Nathan, *Empire Government: An Outline of the System Prevailing in the British Commonwealth of Nations*, London : George Allen & Unwin Ltd, 1928, pp. 153 - 154.

英国殖民者与原住民对于土地所有权的理解存在很大分歧,原住民没有"个人拥有"的概念,对他们来说,土地属于集体,而不属于个人。在处理土地的问题上,英国人认为只有通过法律才能最终决定土地的归属,因此在1907年发布了王室土地法令:一旦殖民者与原住民发生土地纠纷,特别在牵涉到第三方权益的情况下,殖民当局有权没收产生纠纷的土地,并规定将被没收土地的1/3归还原住民,2/3归还受益人。高级专员处理土地纠纷的权力来自英国的法律,如《外国司法权法》。虽然在法律面前没有解决不了的问题,但英国法律是为英国殖民利益服务的,因此得不到原住民的认可。

第五章　帝国的辉煌与衰落

19世纪的最后10年,是英国与欧洲列强争霸的10年,也是英帝国登上辉煌顶峰的10年。19世纪中期,英国经济独领风骚,自由贸易政策使英国拥有了世界市场。70年代以后,由于欧洲各国完成了工业革命,以及建立关税壁垒,英国不仅失去了技术上的优势,而且失去欧洲以及殖民地的市场。英国经济结构的对外依赖性使其逐渐丧失了世界经济霸主的地位,在欧洲各国的奋力追赶下,国际格局呈现出多国争霸的局面,英国的"光荣孤立"政策也使其在国际事务中势单力薄。

为了保持大国的地位,英国政府把英帝国视为实力的来源,花费更多的精力加强与殖民地的联系,不惜代价参与瓜分非洲的帝国主义行动,与法国、德国、比利时以及葡萄牙在北非、西非、东非和南非展开了一轮又一轮的争夺,最终英国取得了最大、最好的份额。1898年布尔战争爆发,帝国显示出潜在价值,各殖民地和自治领派军队参战,给予宗主国极大的支持。但是,英帝国走向辉煌的顶端也是其走向衰落的开始,布尔战争带来的一系列后果导致了英帝国的根本变化——向英联邦过渡。

一、内忧外困的英帝国

19世纪70、80年代,英国的经济发展面临欧洲的竞争,但是,当时英国在战争、外交以及帝国扩张方面的成功并没有给政治家带来太大的压力;进入90年代后,经济发展的滞后和外交上的孤立使英国的上空布满了阴霾。面对强大的欧洲竞争,英国的经济实力与保持霸权的愿望越来越不对称,它不得不更大范围地利用殖民地资源,其结果是资源越来越少,责任越来越大,如波特所述:英帝国"就像一只靓鸟蓬起羽毛显示它的支配力"[①]。

19世纪90年代,欧洲各国经济发展速度加快,英国工业技术不仅相对落后,而且管理方式和资金投向都不利于经济的发展。尽管英国对外贸易的增长仍然达到23%,但是,德国作为欧洲经济发展的黑马,把英国远远地抛在后面。同时,法国经济也出现快速增长的势头,其实力几乎与英国比肩。荷兰和比利时的对外贸易增长速度更快,1880—1890年进出口增长率分别达到了137%、170%和33%、56%。英国的进口增长20%,出口则出现负增长。见下表:

[①] Bernard Porter, *The Lion's Share: A Short History of British Imperialism 1850—1970*, London: Longman, 1977, p.119.

欧洲贸易①　　　　　　　　　　　　（单位：百万英镑）

国别	出口			进口		
	1880年	1900年	增长%	1880年	1900年	增长%
英国	223	191	−15	441	523	20
法国	139	164	18	201	180	−10
德国	142	231	63	136	293	107
荷兰	53	144	170	71	107	137
比利时	47	77	56	67	89	33

英国的大宗商品如棉纺织品和羊毛的出口也出现下降的势头，1875年大宗商品的出口占全部出口产品的35%，1900年仅占27%；英国的钢产量相继被美国和德国超过。虽然英国仍然是世界上最大的生产国和贸易国，但是其领头羊的地位已无情地被取代了。

1880—1913年部分国家的产品出口额占世界总出口额的百分比②

国别 \ 年份	1880年	1899年	1913年
英国	41.4	32.5	29.9
法国	22.2	15.8	12.9
德国	19.3	92.2	26.4
美国	2.8	11.2	12.6

英国经济优势的丧失导致原来的贸易平衡被打破，发达国家特别是欧洲各国和北美市场的准入难度加大，进口的产品越来越多，出口的产品和数量越来越少。在1870—1879年间，对欧洲和北美的

---

① W. Woodruff, *Impact of Western Man: A Study of Europe's Role in the World's Economy 1750—1960*, London: Macmnillam, 1966, pp.314-331.

② B. W. E. Alford, *Britain in the World Economy Since 1880*, London: Longman, 1996, p.42.

进口为8 180万英镑,出口为3 340万英镑,再出口为470万英镑;1900年增加为2.416亿英镑,1.19亿英镑,4 190万英镑;1909年分别又下降为1.518亿英镑,3 610万英镑和2 400万英镑。① 到90年代后期,英国的进口超过出口50%。② 英国的贸易逆差一方面要通过海外投资的利息来弥补(90年代世界范围内的经济危机影响了各国的对外投资,利用投资来补偿已经不再现实);另一方面,必须利用帝国内的贸易关系。英国殖民地如加拿大、澳大利亚和印度仍然与宗主国保持频繁的贸易联系,新建立和开发的殖民地也为弥补宗主国的贸易逆差做出了应有的贡献,特别是亚洲和非洲的一些国家,如表中所示:

联合王国内的贸易额(年平均)③　　　　　(单位:百万英镑)

年份	赤道以南非洲			亚洲		
	进口	出口	再出口	进口	出口	再出口
1870—1877	8.3	6.9	0.8	52.6	37.4	2.0
1880—1889	8.6	8.8	0.9	56.4	47.9	2.6
1890—1899	9.4	15.0	1.3	45.7	48.3	1.6
1900—1909	12.3	25.8	2.2	55.7	71.0	1.8

殖民地吸收了英国全部出口额的33%,而殖民地的进口额只占总进口额的22.3%④,然而英国仍然不能摆脱长期形成的贸易逆差。为了进一步利用殖民地市场,英国不得不调整其产品结构,导致了

---

① Mitchell and Dean, *Abstract of British Historical Statistics*, London: Longman, pp.318-319.
② Ibid., p.283.
③ Ibid., pp.318-319.
④ W. Schlote, *British Overseas Trade from 1700 to 1930*, Oxford: Blackwell, 1952, p.163.

自身经济的不均衡发展。90年代,英国的利益与60年代相比已大相径庭。英国依靠外国市场吸收其产品,依靠外国供应商提供生产原料和奢侈品,甚至生活必需品,一个"高度特殊的经济"已经形成——高度地依赖,丧失了生产销售的独立性。19世纪后半期,英国生产的棉织品远远大于国内市场的需要,而且原料要依赖进口,如果恰巧供应商中止贸易,英国将面临生存危机。"当其他国家也对世界贸易产生兴趣时,它对英国就不再是什么奢侈品,而只剩下一点点。"①

值得注意的是,尽管90年代英国已经丧失世界经济霸权的地位,但仍然奉行自由贸易的原则,加重了经济的负担:其他国家的产品可以自由进入英国,而英国的产品不能够自由进入其他的国家。随着各国经济的发展,英国的经济形势进一步明朗:在自由贸易的推动下,外国产品像潮水般涌进英国敞开的大门。1900年,英国进口已经达到60年代的两倍。② 英国的支付手段已不再是有形贸易的收入,而是转向无形贸易——保险、银行和其他行业。到1890年,英国无形贸易的收入也不能弥补贸易赤字,唯一的办法是通过改进生产技术和设备增强产品的竞争力。但是,英国经济的恶性循环已经形成,工业落后导致资本外流,资金外流导致工业的落后。

英国经济的困境使政治家不得不把眼光投向不发达地区,试图将它们变成剩余产品的销售市场和资金的投资场所。不发达地区对英国的重要性表现在三个方面:第一,不发达地区经济滞后,需要

---

① Bernard Porter, *The Lion's Share: A Short History of British Imperialism 1850—1970*, London: Longman, 1977, p.140.

② Bernard Porter, *The Lion's Share: A Short History of British Imperialism 1850—1970*, London: Longman, 1977, p.283.

大量的资金投入,英国可以提供它们缺少的资金。19世纪90年代,英国资本的92%投向欧美以外的市场,其中一半投向亚洲、非洲以及大洋洲。第二,从贸易上看,不发达地区需要更多的进口产品,而他们由于技术落后,不能提供有竞争力的出口产品,恰恰弥补了英国的贸易逆差。第三,不发达地区还没有建立起保护市场的关税壁垒,英国可以远离欧美国家的高额关税,把前者变成英国的"自由市场"。因此,扩大英国的海外领地的重要性已经一目了然,英国不仅需要维持现存的帝国,更需要新的帝国领土。

英国经济发展的停滞还对英国的政治产生了不可低估的影响。其一,为了维护帝国版图,英国承担了过重的财政负担。殖民地市场是英国所渴望的,殖民地的安全也是英国必须保证的。印度北部边界的安全一直是英国政府关心的问题,强大的俄国随时都有可能在中亚采取任何行动,中亚边界的变化直接威胁印度的安全。为了印度,英国不可避免地要与俄国发生冲突,"在这样的冲突中我们不得不为生存而战"。南非的富裕不仅影响英国移民与原住民的关系,而且布尔人的敌对情绪时刻威胁其安全,同时,其他的欧洲国家也想在南非获得利益,保护南非是英帝国不愿意推卸也不能推卸的责任。占领埃及使英国得到了北非市场,但是,在海外殖民中的过多收益,导致了法国和德国的敌对,降低了英国的国际声望,"巨大的帝国拥有一个比世人所见的更脆弱的外表"[①]。

其二,英国海军力量削弱,削减了英国的整体实力。英国依靠强大的海军建立了庞大的殖民帝国,1588年英国战船战胜西班牙的"无敌舰队",显示了巨大的威力;1814年纳尔逊打败拿破仑,标志着

---

① A. Lamb, *The Macmahon Line*, London: Roufbedge, 1966, p.59.

英国的海军具备了称霸海上的能力,英国的胜利无一不与海军联系在一起。保卫帝国需要强大的海军,1894年乔治·汉密尔顿勋爵说:"大不列颠和外面世界的海上交通是如此重要,简直就如人类的呼吸道对于他们的生命一样。"①1899年,英国政府制定了发展海上力量的"双强标准"——英国海军力量必须超过任何两个欧洲国家之和。但是,由于财政的原因以及造船需要时间,加上德国拼命追赶,英国自制定标准以来,从来就没有达到这样的标准。

其三,光荣孤立造成外交困境。1871年德国统一以来,英国一直奉行光荣孤立政策,认为不需要与任何一个欧洲国家建立同盟关系,利用英国的经济和帝国优势,就能够操纵欧洲的均势。随着世界范围力量的变化,德法联合或德俄联合的迹象都相当明显,英国政治家对之深感不安。1899年罗斯伯里勋爵说:"一个小岛……孤零零位于海的北面,被仇恨、被嫉妒以及被许多世界大国的称霸野心所注视,在那些依靠百万人设防的国家中是如此孤单。"②1894年,张伯伦针对英国的光荣孤立政策向英国议会提出了质疑:"你们长期保持孤立,难道你们能说在某个时候不可能遇到三个大国联合起来反对你们?"③比他们更早担心英国孤立的是维多利亚女王,1893年她说:"俄德之间可能的联合会证明将对我们的力量产生灾难性的影响。"④孤立的帝国"被剥夺了武器,双手被束缚在身后,裸露的咽喉暴露在帝国的锋利屠刀之下"⑤。

---

① A. J. Marder, *The Anatomy of British Sea Power*, London: Punam, 1940, p.84.
② R. R. James, *Rosebery*, London: Weidenfeld & Nicolson, 1963, p.412.
③ J. L. Garvin, *The Life of Joseph Chamberlin*, II, London: Macmillam, 1934, p.302.
④ A. J. Marder, *The Anatomy of British Sea Power*, London: Punam, 1940, p.194.
⑤ Ibid., p.377.

英国将怎样扭转这样的经济、政治和外交的困境？政治家们给出的答案是——加强与殖民地的联系，争夺更多的土地，建立更大的帝国。

二、社会达尔文主义

19世纪后期是社会达尔文主义在欧洲流行的年代，所谓"社会达尔文主义"是赫伯特·斯宾塞（Herbert Spenser）①将自然界的进化理论运用到人类社会的一种学说。他在《第一原理》中探索了世界上一切运动的规律，认为这是一种"力"的结果：世界上的一切运动都是由现象背后一种不可知的"力的持久性"所决定的，在"力的持久性"作用下，存在一种普遍综合的规律——物体和运动不断的再分配。这一规律主要由进化和分解构成，进化是物体的集结与伴之而来的运动；分解是运动的吸收与物体的分散。在运动过程中，当物体的集结和分化达到平衡时，由于外界的影响又受到破坏，于是新的集结与分化又开始，如此周而复始。由于"力的持久的作用"以及集结与分化这两种对立力量的普遍共存，进化本身就是按均衡的方式进行的，最终必然导致普遍的和谐与平衡。

他将这种"普遍的和谐与平衡"引申到人类社会的发展过程中，对人类社会最终将以渐进和平方式达到完全的理想境界充满了信

---

① 赫伯特·斯宾塞（1820—1903）出生于英国德比郡，曾任英国金融经济周刊《经济学家》副主编，19世纪50年代发表了一些论述进化论的专著。人们将斯宾塞的社会进化论定义为社会达尔文主义，事实上，他的理论在达尔文的《物种起源》之前就已出现。

心。斯宾塞认为,在达到理想社会之前,人类社会必须经过两个阶段:第一,军事社会阶段,为了对付外族的竞争,必须保证国内安定。第二,工业社会阶段,随着外部竞争的消失,国家内部的个人经济竞争出现,国家功能发生相应的变化,为捍卫个人的利益而存在。①

英国正处于从军事社会阶段向工业社会阶段的过渡时代,英国既存在与外族的竞争,又存在国内的个人生存竞争。他将生存竞争、自然淘汰的生物学原理运用到英国的社会中,认为在与外族和个人的竞争中,胜利的一方将获得生存的权利,而失败的一方则被淘汰。他在《社会学研究》中,提出了著名的社会有机体理论——社会与自然万物一样是具有结构和功能、并进行分化和发育的有机体。他总结了生物有机体和社会有机体的相同之处:都会生长发育,随着体积的增大,结构不断分化;在结构分化的同时,伴有功能的分化。组成有机体的各部分是相互依赖的,有机体整体的生命不同于构成整体的单元的生命。在大灾难中,整体的生命可以毁灭,而单元的生命不会全部毁灭。如果没有灾难,整体的生命比单元的生命更长久。就国内的个人竞争而言,他在《社会静力学》一书中指出:"在整个自然界,我们可以看到有一条严格的戒律在起作用。这条戒律有一点残酷,可它也许是很仁慈的。在一切低级动物中,持久的普遍战争状态使许多高尚的人大惑不解;归根到底,这却是环境所允许的最慈悲的规定。当反刍动物因年龄而丧失了其生存成为乐事的活力时,被一些食肉动物杀死,比起苟延因虚弱变得痛苦的残生而最终死于饥饿,其实好得多。"②

---

① James G. Kewnedy, *Herbert Spencer*, Boston: G. K. Hall & Co., 1978, pp. 93 - 99.
② 赫伯特·斯宾塞:《社会静力学》,商务印书馆 1996 年版,第 143 页。

人与其他生物一样也存在生存竞争,所以人"必须发展应用的能力,必须在智力方面进行这样的改变使之适合于它的新任务,而最重要的是,必须获得为将来大的满足牺牲眼前小的满足的能力"①。为了人的健康生存,他反对慈善事业和济贫法,指出慈善业"绝对地鼓励了轻率、无能的人的繁殖……妨碍了有能力、有远见的人的繁殖",这将给后代留下不断增加的"灾祸"。② 他得出了这样的结论:"在某一特定人口中,依靠别人恩赐生活的人数幂愈大,依靠劳动生活的人数目必然愈少,困苦必然愈大。"③

斯宾塞是激进的个人主义者,他将达尔文的"自然选择"和"适者生存"的理论运用到古典经济学家对马尔萨斯理论的争论中,证明维多利亚时期英格兰社会的个人竞争是天注定的,是进步的唯一保证。④ 法国人维克托·贝拉德认为,英国人已经将社会达尔文的信条运用到帝国主义的框架中,他说:"现在似乎正是适当的时候,英国社会学家们的某种思想已经进入国家骨髓。他们说:'自然告诉我们在竞争的世界中,最强大的和最繁荣的是以牺牲邻居弱者为代价的。'英国人在这个信条上攀登,他们认为该信条与最新的科学发现是保持一致的,特别是与伟大的思想家达尔文以及其信徒的最新理论是一致的,最重要的是,他们感到竞争还与种族的特性保持了一致,这个信条缔造了英国帝国主义思想的框架……"⑤

斯宾塞的生存斗争是个人在社会中的经济竞争,该论题很快引

---

① 赫伯特·斯宾塞:《社会静力学》,商务印书馆1996年版,第145页。
② 同上。
③ 同上书,第148页。
④ Herbert Spencer, *The Man Versus the State*, London: Watts, 1892, pp. 65 – 72.
⑤ Bernard Semmel, *Imperialism and Social Reform: English Social-Imperial Thought 1895—1914*, London: George Allen & Unwin Ltd, 1960, p.29.

起了争论。如果竞争仅仅在个人之间进行,那么群体之间,部落、国家、种族之间是否应同样以竞争促进进步和发展?斯宾塞的以个人竞争为基础的社会达尔文主义者在80年代受到了以新集体主义精神为基础的社会达尔文主义者的挑战,后者的代表人物是本杰明·克德(Benjamin Kidd)和卡尔·皮尔森(Karl Pearson)。

克德在1894年发表《社会演进》一书,他认为英国社会已经进入集体主义时代,个人竞争必然为群体竞争所取代。不同的社会群体具有各自的共同利益和要求,他们的个人利益已经成为群体利益的一部分。他所指的"群体间的竞争",主要指不同行业之间的竞争、不同种族之间的竞争以及不同国家之间的竞争。

在论述不同行业群体的竞争时,克德以英国工人为例,认为工人阶级作为群体出现时,个人的作用和能量已经融进了群体的力量之中。他写道:"工人开始发现作为个体的他已经消失,成为一个阶级中的一员,他通过组织而要求平等权利的时候,就更具有力量。"[1] "社会已经被阶级组织成一个大军营,其目的就是相互征战。"[2]

19世纪的社会发展将生存竞争提高到最高效率,更多人在平等条件和平等机会中参与生存竞争,将来"在进步中完成演进的过程,是将所有的人带进竞争的生活之中,不仅在政治平等的基础上,而且要在社会平等机会的基础之上"[3]。他认为斯宾塞的个人主义在反对国家干涉中已经失败,将来国家仍然要干涉社会事务,"最终将使工人们在平等的基础上参与生存竞争"[4]。

---

[1] Benjamin Kidd, *Social Evolution*, London: Macmillan, 1894, pp.2-3.
[2] Ibid., p.11.
[3] Ibid., p.227.
[4] Ibid., p.234.

关于不同种族间的竞争，克德与斯宾塞一样强调种族的优势，认为白人是先天的优秀种族。在国家和种族的竞争中，盎格鲁-撒克逊种族更有机会取得胜利，"在北美大陆，在澳大利亚平原，在新西兰和南非，这个强大种族的代表们最终可以取得完全的占领"，因为这个种族"诚实地致力于对劣等民族的人道主义原则"。①

最后，克德讨论了不同国家间的竞争。在生存竞争中，国家的强大需要具备以下品质：尊重，能量，决断，勤奋，精力集中，思想简单，为责任而奉献，高度的智慧发展，提高社会效率，增加知识和理性，并且避免危险。

卡尔·皮尔森与克德一样，也认为生存竞争是群体的竞争，人是群体的动物，这是他们生存的本能。②真正高级的竞争不是个人之间的竞争，而是部落与部落、种族与种族之间的竞争，因为人的同情心以及种族和民族的感情支配个人的行为，这比从自然供需关系产生的经济力量更加强大。③ 所以，在群体中应该支持"最适合者"，从而保持整体社会在世界竞争中的生存。④ 在选择上，首先是身体的选择，带有很多生物学的机制。生存的竞争就是承受，非常深度的承受，但是，承受意味着进步。皮尔森的思想强调了种族的优越论，认为劣等种族必须承受，必须被奴役。在新的瓜分非洲的狂潮中，社会达尔文主义为欧洲各国的争夺奠定了理论基础——竞争是必

---

① Benjamin Kidd, *Social Evolution*, London: Macmillan, 1894, p.234.
② Karl Pearson, *National Life from the Standponit of Science*, London: Macmillan, 1905, p.49.
③ Ibid., p.55.
④ Karl Pearson, 'The Moral Basis of Socialism', see *The Ethic of Free Thought*, London: Macmillan, 1901, p.305.

然的,竞争是生存的手段。竞争的具体表现就是扩张,在竞争和扩张中,胜者获得最大的利益。

三、"新帝国主义"的共识

扩张的主体是民族国家,民族主义起着相当大的作用,因此民族主义的极度膨胀是"新帝国主义"的另一个主要因素。19世纪后十年,英国几乎所有的帝国主义者都受到社会达尔文主义的影响,张伯伦、罗斯伯里、寇松、米尔纳(Milner)和罗得斯(Rhodes)等都认为,保留并扩大帝国事关英国的存亡。种族优越论是社会达尔文主义的基本出发点,优秀的种族必定战胜劣势种族,白人有天生的统治权。1890年,罗斯伯里在《泰晤士报》上写道:"我们这样的帝国,首要条件是帝国的种族——一种生机勃勃、勤奋向上、勇猛无畏的种族。其心智健康使它在世界的范围内永远处于不败之地。适者生存是当代世界颠扑不破的真理。"[1]罗得斯在南非的扩张中也极力鼓吹种族优越论:"我们恰巧是世界上最优秀的人民,我们拥有正义、自由、和平的最高理想。我们居住的范围越大,人类将越美好。"[2]张伯伦在1895年发表的讲话中说:"我相信,不列颠种族是世人所看见的最伟大的统治种族。"[3]

---

[1] B. B. Gilbert, *The Evolution of National Insurance in Great Britain*, London: M. Joseph, 1961, p.72.
[2] Faber, *The Vision and the Need-late Victorian Imperialism Aims*, London: Faber, 1966, p.64.
[3] J. L Garvin, *The Life of Joseph Chamberlain*, III, London: Macmillan, 1934, p.27.

与罗得斯的帝国观念相比,寇松的帝国观念更有现实性。他认为占有新的殖民地是为了旧殖民地的安全,在世界范围内的争夺让英国得到最大的份额,为了保全既得的利益,就必须加强对殖民地外围的保护,保护的范围越大,原来的殖民地就越安全。为了保护印度的安全,英国就必须获得阿富汗、波斯、阿拉伯和泰国,使这些地区成为印度的缓冲地带;为了埃及的利益,英国必须获得乌干达;为了南非的利益,英国必须取得赞比西河。因此,殖民地版图的扩大不仅是英国海外市场的需要,也不仅是争夺霸权的需要,而且是保护既得利益的需要。

尽管英国的帝国主义者们大肆渲染种族优越论,但是,他们更加明白英国当时所面临的国际环境和竞争压力。如果英国希望在与欧洲大国的竞争中取得生存,就必须采取措施开发新市场。"在半文明和不文明的国家中我们无所畏惧,如果这个努力会给帝国和政府带来责任,对我们的国家来说将是值得的。"罗得斯把帝国扩张与英国人的生存联系在一起,殖民地就是为"面包和黄油"而战:

> 为了把4000万联合王国的公民从内战中拯救出来,我们的政治家必须寻找新土地解决人口过剩的问题,必须寻找新市场,为我们的产品打开销路。正如我常说的,帝国是面包和黄油的问题。如果想避免内战,就必须成为一个帝国主义者。①

殖民地扩张对于其他欧洲国家的重要性一点也不亚于英国。德国统一后,其经济力量迅速提升,但是在占有殖民地方面仍然是后来者,德国认为这与它的大国地位不相称,急于通过殖民地的扩

---

① B. Semmel, *The Rise of Free Trade Imperialism*, Cambridge: Cambridge U. P. 1970, p.16.

大扩展自己的影响,同时为本国的工业品寻找市场。法国作为一个老牌的殖民帝国,不甘心自己在争夺殖民地中的失败,希望通过争夺新殖民地重振帝国的雄风,因此在19世纪后期再一次走进争夺殖民地的行列。其他的欧洲国家如比利时、荷兰、葡萄牙等也要在新一轮的争夺中夺取更多的地盘。在争夺的过程中,"成功就是一切","强权即是公理",利益高于一切,如托马斯·霍布斯(Thomas Hobbes)所说:"虽然新帝国鼠疫对国家来说是个坏东西,但它对国内某些阶级和某些行业来说却是个好东西。巨额的军备开支,耗费巨大的战争,对外政策方面的严重风险和麻烦,大不列颠国内政治和社会改革的停顿,虽然给国家造成极大的损害,但符合某些产业和行业的当前的商业利益。"①有产者的行为模式也转变成公共事务的原理与法则,而完成这种转变的传导器就是民族主义。在"国家利益至上"的原则下,整个民族卷入帝国主义事业。

帝国主义政策为帝国主义国家带来了经济效果,国家把大笔的金钱花费在军舰、枪炮、陆海军装备和军需上,在发生战争或战争爆发时获取巨额利润;发行新公债和造成国内外证券交易的重大波动;为士兵和海员以及在外交和领事机构中提供更多的岗位;增加国外投资,为某些出口商获得市场,为代表某些英国家族的行业提供保护和帮助;为工程技术人员、传教士、投机的开矿者、农场工人和其他移民提供工作……。在殖民主义扩张中似乎每一个人都得到了好处,正是在这个过程中,形成了"种族主义的意识形态",如汉娜·阿伦特所述:"意识形态是一种奠基于单一议论上的体系,它有足够的魅力吸引与说服大多数人;同时也有足够的广阔度容纳当代

---

① 刘克华选译:《1870—1914年的英国》,商务印书馆1987年版,第137页。

一般生活的各种经验与处境……它声称自身掌握着'开启历史之门的钥匙',能解答所有的宇宙谜题,或者认定自己是一项知识,能透视隐匿着的、统驭自然与人类的宇宙法则。"①从这个意义上说,"新帝国主义"得到了欧洲各国的普遍支持,并为有产者的利益服务,如霍布斯所说:"帝国主义连同它的战争和它的军备无疑是促成大陆国家的债务日益增加的原因,虽然英国无比的工业繁荣和美国的远离欧洲,在最近几十年内曾使这两个大国得以逃避毁灭性的竞争,但是它们不受竞争影响的时期已经过去;这两个似乎完全投身于帝国主义的国家,将越来越屈从于披着拥护帝国的外衣和爱国的外衣的放债人阶级。"②

如果说欧洲国家的民族利益有助于"新帝国主义",那么被征服国家的民族主义必然就成为一个反抗和抵制的力量。当一个国家征服另一个国家,并企图将之吞并时,往往很难赢得被征服民族的认同。正相反,任何一个民族国家展现出征服的姿态,恰恰激励被征服民族的意识以及掌握自主权的渴望,这正是摧毁帝国的最大动力。从这个意义上说,帝国主义扩张的顶点正是帝国主义走向衰落的开始。

19世纪90年代,英国面临的主要问题集中在亚洲和非洲。从南非、东非、埃及到中东,从东南亚沿印度边界到中国,英国利益涉及如此广博地区,反映了这一时期帝国政策的特点:第一,维护现存帝国的利益,如在印度和埃及;第二,争夺有经济价值的区域,如在南非;第三,在自由贸易的旗帜下,争取更大的市场。

---

① 汉娜·鄂兰:《帝国主义》,台北:联经出版事业公司1991年版,第52页。
② 刘克华选译:《1870—1914年的英国》,商务印书馆1987年版,第142页。

英国在亚洲的竞争对手首先是俄国,英国可以牵制俄国的地区是东方的两个古老的帝国,即奥斯曼土耳其和中国。英国希望保持两个帝国的完整和中立来抗衡俄国在东方的扩张。在近东的土耳其,英国利用欧洲均势达到了目的。90年代英国在这里采取"闪避"政策;在远东的中国,英国仅仅希望在自由贸易的原则下,保持其贸易利益。寇松曾这样说过:"东方是英国的特殊利益之所在,我们希望在那里保持和创造吸收我们工业品的新市场。"但是,80年代以来,英国在中国的地位日益受到欧洲其他国家的威胁,欧洲各国特别是德国不断进入中国市场,卷入与中国的贸易。德国甚至打破惯例,通过外交领事和大使搞到中国的订单,英国在中国的贸易利益逐渐被欧洲列强所分享。1895年中日战争后,中国的外债不断增加,成为列强争夺的势力范围。俄国势力主要在中国的北方;法国的势力在南方;德国取得了山东;英国的利益在长江流域。英国对于列强瓜分中国采取了听任态度,原因有三:第一,中国的吸引力正在下降,与南非的金矿和钻石矿相比,不值得花费太多的精力。第二,中国远离英国本土,即使英国占据了中国,也没有足够的力量来保护其市场;而俄国在东方拥有长期的利益,一旦英国在东方采取任何实质性的行动,必然有与俄国发生冲突的风险。第三,印度在英帝国中占有最重要的地位,英国一方面需要扩大印度的外围,以保证现存的利益;另一方面,英国为了印度航线的畅通,必须保证苏伊士运河的安全,北非的利益要大于中国。

19世纪80年代起,非洲成为欧洲列强争夺的焦点。1882年英国占领埃及,打响了在非洲扩张的发令枪。1884年7月,德国抢在英国之前将西非的多哥、喀麦隆变成自己的殖民地,随后又使东非的坦噶尼喀接受德国的保护。对此,英国在尼罗河三角洲扩大势力范围,以阻止德国和法国的渗透。法国在尼罗河中、上游建立了新的殖民据点;而比利时国王则利用欧洲列强之间的矛盾,在刚果建立了殖民地。

为避免各国利益的冲突发展到白热化,1884年11月15日至1885年2月26日,英国、法国、德国、美国、俄国、奥匈帝国、葡萄牙、西班牙、丹麦、瑞典、比利时、土耳其等国在柏林召开国际会议。柏林会议主要解决了两个问题:第一,刚果的归属,列强同意刚果归比利时国王利奥波德二世所有,但同时规定,刚果河流域和附近地区包括利奥波德二世的领地为自由贸易区,而且可以自由通航,使刚果河流域成为列强分享的势力范围。第二,提出所谓"有效占领",意指任何国家对非洲的占领,不应仅凭文件和地图来确定,必须由该国官员和军队实行实际占领,并通知柏林会议的缔约国。"有效占领"是一种新型的殖民占领形式,过去,老牌殖民国家通过传教士、贸易公司等活动,或者与当地酋长签订条约,而与非洲一些地区建立了联系,将其纳入殖民体系;但是,这些活动与国家没有关系,国家既没有派遣军队进行占领,也没有派政府官员对这些地区进行直接统治,英国就是这种情况的典型。所以"有效占领"是对英国的重大挑战,柏林会议(Berlin Conference)实际上是列强瓜分非洲的总动员,它试图在利益均衡的前提下对非洲进行新一轮的分割。

柏林会议以后,各国在非洲的扩张计划变得更加具体:英国要建立"从开普到开罗"的非洲帝国,为了完成这一计划,英国的任务是占领南非的两个布尔共和国、林波波河(Limbobo River)和赞比西河(Zambesi River)之间尚未被占领的土地,即后来被称为南罗得西亚的地方;占领赞比西河与坦噶尼喀湖(Lake Tanganyika)之间的尚未被占领的领土,这块土地后来被称为北罗得西亚。此外,乌干达、东苏丹以及埃塞俄比亚也被视为英国必须拥有的范围。

法国想建立一个统一的"法属非洲",其计划是将新占领的土地与原法属领土连成一片:占领东苏丹与中苏丹以及埃塞俄比亚的部分领土,将西苏丹与红海海岸连接起来;占领中苏丹的乍得湖周围地区,将法国在阿尔及利亚与撒哈拉沙漠的殖民地同下刚果与乌班吉河畔(Ubangi River)的殖民地连接起来。同时,法国也想夺取乌干达,向东扩展在赤道的领地。

德国的计划是把西南非洲与德属东非连成一片,为了达到目的,德国必须取得北罗得西亚和南罗得西亚,把两个布尔人共和国变成德国的保护国;占领刚果南部,甚至占领葡萄牙殖民地莫桑比克的北半部。为了连接喀麦隆与东非,德国一面希望索取乍得河和沙里河(Shari River),另一面想占领乌干达与东苏丹南部,借以向西扩张在东非的殖民地。

欧洲列强在非洲的扩张计划都具有双重的作用,一方面取得在非洲的最大利益,将各自的殖民地连成一片;另一方面,阻止敌人的行动和成功。各国在非洲的计划必然发生冲突,英国若要实现"开普和开罗"计划,占领东苏丹是必不可少的环节,必然破坏法国的"从东到西"的计划。若英国获得乌干达,必然打乱德国的东非计划;而占领两个罗得西亚,又会使德国的计划破产。在这种情况下,列强在非洲的激烈争夺是不可避免的,而实力最强的,必然得到最大的利益,获得最大的成功。

欧洲各国的非洲计划表明,柏林会议是德国、法国等列强向英国殖民地霸权挑战的宣言书。首先,刚果河的归属阻止了英国从北非南下的脚步,英国不能随心所欲地扩大在刚果河流域的范围;其次,"有效占领"的规定使英国长期以贸易网络控制的非洲区域受到限制,英国在非洲的既得利益将面临列强的挑战;最后,德国在南非的计划与英国的计划正面碰撞,英国不得不对付来自三方面的竞争——德国人、布尔人和南非土著。为了保护已有的利益,扩大英帝国的版图,英国投入更多的精力与其他欧洲列强争夺非洲。

四、争夺非洲

葡萄牙是最早与东非建立联系的欧洲国家,其目的是"控制印度洋的贸易和香料地区"①。整个15世纪,葡萄牙人在西非扩大了贸易范围,将黄金、象牙、奴隶带到了好望角,然后到达了非洲的东海岸。当时欧洲技术水平低下,处于手工业生产阶段,物质资源的缺乏限制了海外移民,葡萄牙人的殖民活动以贸易为基础,只在非洲沿海地区建立了许多殖民要塞据点。

到1509年,葡萄牙人取得对东非沿海的控制权,加强了与印度的贸易,在印度洋拥有贸易霸权。此后,法国、荷兰也在东非进行奴隶贸易,并将东非变成印度洋的奴隶贸易中心。18世纪末,英国开始将注意力瞄向东非。此时,英国的工业革命改变了生产方式,解放了生产力,土地已经不是人们赖以生存的唯一手段。生产的发展,促进了贸易,也扩大了对海外市场的需求,英国逐渐进入自由贸易的帝国主义时期。

1798年英国以反对奴隶贸易为由,强迫当地的土著酋长奥曼停止与荷兰和法国的贸易,如英国历史学家所述:"为了建立战略上的

---

① K. Ingham, *A History of East Africa*, London: Longman, 1966, p.6.

良好关系,英国在印度洋的西半部,毫不犹豫地展开了反对奴隶贸易的运动。"①在奥曼的帮助下,英国于1810年获得了法国在东非的占有地,重新命名为毛里求斯,法国失去了东非的领土和贸易机会。19世纪初,从摩加迪沙到德尔加多角(Cape Delgado)之间的整个东非沿海为马斯喀特的塞义德·塞德(Syyid Said,1806—1865)教长所控制。19世纪上半叶,英国的势力逐渐渗透到桑给巴尔。

在1790—1860年期间,"英国对于奴隶贸易的态度包含着意识形态、政治和经济力量的平衡,使人们不得不重新思考殖民主义的概念"②。到19世纪20年代,英国政府并没有试图在东非海岸建立居住地,私人的贸易活动是殖民的主要方式。

在自由贸易的年代,东非作为自由贸易的场所,很快就遭到了其他帝国主义国家的染指。1833年,美国人与东非桑给巴尔苏丹签订了商业条约,允许美国人进行港口贸易,只需交纳5%的关税,并同意建立领事馆。1839年,英国与桑给巴尔也签订了商业条约,巩固了现存的外交关系,重申了自由贸易的原则。1847年法国、德国先后都与桑给巴尔签订了条约。尽管美国、德国和法国都与东非建立了贸易联系,但是,英国的利益并没有遭受太大的损失,除了美国外,"所有国家带到东非的商品都是英国生产的"③。

到19世纪50年代末,美国成为东非最大的贸易国。1859年桑给巴尔的进出口贸易额为166.4598万英镑,到1879年增加到220万英镑,其中的3/7是棉纺织品,其中美国为9.5万英镑,英国为6.7

---

① K. Ingham, *A History of East Africa*, London: Longman, 1966, p.23.
② D. Wadada Nabudere, *Imperialism in East Africa*, London: Zed Press, 1981, I, p.8.
③ K. Ingham, *A History of East Africa*, London: Longman, 1966, p.76.

万英镑,英属印度为 6.7 万英镑,美国成为东非贸易的领头羊。①
1879 年,德国迅速赶上英国。英国与桑给巴尔的贸易包括印度商品,1879 年,印度出口到桑给巴尔的贸易额为 25.2 万英镑,印度从桑给巴尔进口的贸易额为17.6万英镑,其中一半都是从英国到孟买的转口贸易。②

除了商人的活动外,英国传教士在东非也起了一定的作用。1878 年,一名苏格兰商人(本人也是传教士)开着蒸汽船来到那沙湖区,他一方面干涉奴隶贸易,另一方面提供较好的贸易条件,并鼓励当地人种植烟草和咖啡。"他们做得如此成功,为英帝国增加了新的区域,1890 年东非成为英国的保护地。"③值得注意的是,商人和传教士的行为都属于个人行为,没有得到政府的帮助。"这些先驱不顾他们的生命安全,把资金投向一个遥远的国度……进行了各种试验,并且获得了丰厚的回报。他们的工作为政府采取正确的政策提供了基础。"④

英国与德国在东非的争夺从 19 世纪 50 年代起初现端倪。此时,英、德都开始了"勘探"东非的竞赛。英国旅行家伯顿和斯皮克在 1857—1858 年到达坦噶尼喀湖和维多利亚湖(Lake Victoria)的南岸。1859—1865 年,德国旅行家德肯来到桑给巴尔,对东非进行勘探。同时,英国人利文斯顿也从南方到达东非内地,考察了 14 年之久。1860 年,德国旅行家罗舍尔和利文斯顿几乎同时"发现"尼亚

---

① R. Coupland, *The Exploitation of East Africa*, London: Faber and Faber, 1968, p. 320.
② Ibid., p.321.
③ L. C. A. Knowles, *The Economic Development of the British Overseas Empire*, London: Gerorge Routledge & Sons, 1924, p.170.
④ Ibid., p.171.

萨湖(Lake Nyasa)。

同年,英国人斯皮克和格兰特到达尼罗河的源头。1873年,英国以反对奴隶贸易为借口,以武力胁迫桑给巴尔苏丹巴加什(1879—1888)同英国签订了一系列协定,使英国在此获得一些利益,如开办轮船、邮政业务等。19世纪80年代,桑给巴尔名义上独立,实际上由英国势力操纵。

进入19世纪80年代,随着新帝国主义时代的来临,欧洲各国展开了瓜分欧洲的斗争。英国在帝国议会召开后彻底改变了对殖民地的看法:殖民地的产品展览被安排在帝国的首都,英国的资金也迅速流向殖民地,英国移民受到政府的鼓励,移民不再是"离开文明"的放逐行为。随着自治殖民地放弃自由贸易,自由贸易经济逐渐为垄断经济所替代,资本主义进入新的发展阶段——帝国主义时代。资本不断集中,中小企业被大企业兼并,垄断银行和垄断企业主宰各国的经济。占有殖民地成为各国垄断集团生存的基础,无论是旧殖民地还是新占领的殖民地都在为帝国主义的国家利益服务,"被殖民地国家不仅从经济上,而且从政治上成为帝国主义国家完整的一部分"[①]。当英国需要更多的市场时,它就需要更多的殖民地。

德国人在东非的探险活动一直持续到19世纪80年代,1884年10月,德国殖民地协会派卡尔·波得进入坦噶尼喀东部沿海地区,溯瓦尔河而上,到达乌萨加腊,同乌萨加腊的各部酋长签订了12个条约,并在东非沿海索取了15万平方千米的保护地。1885年3月,德国宣布对坦噶尼喀实行"有效占领"。同时,将殖民地协会更名为

---

① D. Wadada Nabudere, *Imperialism in East Africa*, London: Zed Press, 1981, I, p.13.

"德国东非公司",并取得特许,获得在该地区的特权。1885—1886年,德国在东非的势力进一步扩大,引起了英国的嫉妒。

英国"东非公司"一方面派人前往东非内陆探险,强迫一些非洲部落签订接受英国保护的条约;另一方面,怂恿桑给巴尔苏丹抗议德国占领属于他的统治地区,德国根据"有效占领"的原则,置之不理。

19世纪80年代,英国在与德国对东非的争夺中始终都处于被动的地位,原因如下:第一,外交上的困境,英俄在争夺东方利益的过程中打得难解难分,为了防止俄国在东方策划新的行动,英国希望得到德国人的帮助。1885年格兰维尔勋爵写道:"一旦与俄国交战,我们将不得不拍德国、法国和土耳其人的马屁。"[1]同时,英国占领埃及后,不仅恶化了与法国的关系,而且加深了对其他欧洲国家的依赖,英国并没有取得对埃及的完全占领,直到1904年,英国还不得不与欧洲其他国家分享管理埃及财政的控制权。因此英国不得不对德国的活动礼让三分,以免增加英国管理埃及的难度。比如,格莱斯顿就说过,俾斯麦之所以在1884年伦敦会议上反对英国占领埃及,是因为英国没有对德国在西南非洲的扩张给予支持。因此,在埃及问题上"与德国的密切合作"成为英国外交政策的重要考虑。[2]

第二,英帝国当时不堪重负。19世纪70年代末、80年代初,英国为了保卫印度以及建立南非联邦而卷入了一系列的战争,如阿富

---

[1] W. L. Langer, *The Diplomacy of Imperialism 1890—1902*, Harvard U. P., 1979, p.313.

[2] Agatha Ramm(ed.), *The Political Correspondence of Mr Gladstone and Lord Granville (1876—1886)*, Oxford: Oxford U. P. 1963, pp.246, 309.

汗战争、镇压埃及民族主义运动、祖鲁战争以及第一次布尔战争等，消耗了大量的人力和物力。政府担心争夺新的殖民地引起新的战争，导致国内不满。另一方面，由于英国经济逐渐被德国赶超，英国政府对于与德国争夺殖民地信心不足，面对德国的挑战有点力不从心。

这样，英国于1886年与德国签订了《英德东非条约》，双方规定桑给巴尔苏丹的领土范围为鲁伍马河（Ruruma River）与朱比河之间的土地，以南为德国的势力范围，以北为英国的势力范围。同时，英国承认德国占领肯尼亚境内的威图以及通向出海口曼达湾的走廊。

由于英德两国在东非属地的南部边界没有确定，1886年的《英德东非条约》并没有从根本上解决英德在东非的纷争。1889—1890年，德国人卡尔·彼得斯率军从威图（Witu）出发，由肯尼亚进入乌干达，诱使乌干达国王签订保护条约。德国企图从威图起经乌干达到坦噶尼喀，连成一个属于德国的环形地带，阻止英国从蒙巴萨进入维多利亚湖，切断英国与尼罗河上游的联系。但是，乌干达是尼罗河的源头所在，对于英国有着特殊的重要性，是开普—开罗计划的必经之地，英国人不会轻易放弃。1889年，英国占领了乌干达和维多利亚湖以西地区。德国为了得到赫尔戈兰岛（Helgoland），急于同英国修好，双方于1890年7月1日签订了再次瓜分东非势力范围的《赫尔戈兰条约》。根据该条约：德国放弃威图和乌干达的保护权，承认英国对桑给巴尔、乌干达和肯尼亚的保护；英国承认德国占领坦噶尼喀、马菲亚岛（Mafia Island）、卢旺达和布隆迪；同时把它在北海的赫尔戈兰岛让给德国作为补偿。

从英德争夺东非的过程看，德国分三个步骤获得了在东非的利益。首先,派遣探险队进入东非的内陆地区,对付不羁的酋长;其次,在欧洲商人和传教士的必经之地建立军事据点;第三,建立民事的殖民统治代替初期的军事管制。德国人在争夺中得到很大利益,但是英国人也没有完全丧失在东非的影响。按照"有效占领"的原则,英国获得威图和乌干达,控制了上尼罗河的东非北部地区,阻止了德国人进入尼罗河流域,巩固了英国在埃及和苏丹的地位。英德对东非的瓜分如英国首相索尔兹伯里所说:"这个协议的结果是,在维多利亚湖和埃及之间将不会有与英国势力相抗衡的欧洲竞争者。"

为了控制埃及,就需要控制尼罗河,尼罗河是埃及的生命河,也是埃及的象征,控制了尼罗河就等于拥有了埃及。伊夫林·巴林曾经说过:"任何一个拥有尼罗河上游的大国,仅仅因为地理位置的力量,就可以控制埃及。"[1]由此可见,失去了尼罗河就失去了埃及。同时,埃及又是苏伊士运河的所在地,苏伊士运河是欧洲通向印度的最方便、最快捷的通道,而印度在英帝国中享受特殊的地位,不仅是英国工业原料的产地,而且是英国税收的重要征集地,同时又是英国国际地位的保证,因此,苏伊士运河是印度的生命线。1905年印度总督寇松说:"只要我们保留印度,我们就是世界上最伟大的国家;一旦失去印度,我们将沦为三流国家。"同时,苏伊士运河的归属还将影响英国在南非的实力,以及英国海军在大西洋和印度洋的优势,争夺尼罗河流域就是保卫东方帝国。英国政治家对该地区的政策是,先保持其中立,然后使它归附英国,如索尔兹伯里1897年所

---

[1] R. E. Robinson & J. A. Gallagher, *Africa and Victorians*, London: Macmillan, 1961, p.285.

述:"对我来说这是留给我们的唯一政策。"①

英国占领埃及以后,埃及的地位非常微妙,它既不是殖民地,又不是正式的保护领,它名义上仍然是奥斯曼帝国的属地,其最高领主是土耳其苏丹。② 但是,埃及的内政事务全都掌握在英国官员手中,他们的首要任务是恢复埃及的偿付能力。如威廉·格里高利爵士(Sir William Gregory)所述:"我们同情尼罗河流域不幸的农民国家,然而我们被迫成为强迫他人做苦力的管理者,将可怜人身上的每一个皮亚斯特(古代西班牙货币)都逼出来,为了股票持有人的利益。"③

英国占领埃及的代价极其昂贵。首先,英国在苏伊士运河的利益导致法国的妒忌,1892年法俄同盟,加强了法国在地中海的力量。1888年—1898年尼罗河源头之争成为英国、法国、德国、比利时和意大利之间的一场国际竞赛,而英国不得不向欧洲列强妥协。1890年7月,英国割让赫尔戈兰给德国,换取了德国对英国占领乌干达和尼罗河上游的认可。1891年3月,英国通过对意大利占领埃塞俄比亚的认可及提供红海马萨瓦港口开放,得到了同样的回报。尼罗河以南被承认为比利时国王利奥波德(Leopold)的个人财产,而法国又得到刚果河以西的法属刚果。1894年6月,英国的罗斯伯里政府宣布乌干达为英国的保护地;同年5月,比利时承认英国对南苏丹的保护。通过竞争和妥协,英国保证了在尼罗河河谷的优势,法国对此非常不满。1887年,法国与英国共享埃及的企图失败,法国对英国

---

① K. Bourne, *The Foreign Policy of Victorian England*, Oxford: Oxford U. P., 1970, p.285.
② Lawrence James, *The Rise and Fall of the British Empire*, London: Abacus, p.272.
③ Ibid., p.273.

的旧恨新仇交织在一起,遂希望通过占领苏丹将英国的势力逐出埃及,于是双方的冲突在所难免。

1894年,法国说服比利时国王利奥波德在他的占领区内为法国留出一条路,以便接近尼罗河地区。对此英国毫不示弱,1895年3月,爱德华·格雷(Edward Grey)在议会说:如果法国对尼罗河流域的秘密行动是事实,英国将之看成"不友好的行动"。法国对于英国的反应不予理会。它试图在上尼罗河对英国发起挑战,①如果成功,将迫使英国撤出埃及,或者两国分享在埃及的权力。1897年3月让-马尔尚(Jean-Baptiste Marchand)率领163名官兵向尼罗河上游挺进,于1898年7月到达法绍达(Fashoda)。

当时,英国军队正在镇压苏丹的马赫迪运动。1898年9月2日,英军在恩图曼(Omdurman)附近的平原上打死起义军1.1万人,打伤1.6万人。就在英军与马赫迪军队激战的时候,法军已到达法绍达;英军在基钦纳(Kitchener)指挥下于9月19日才到达。基钦纳随即向法方提出法绍达属于英国和埃及,并交给法国人一个书面的抗议。双方军队在法绍达对峙了两个多月,随时面临战争的危险。由于英军的数量优势,并有海军驻扎在地中海地区,法国不得不让步。1899年3月英法签订协定,规定尼罗河和刚果河的分水岭为双方在苏丹地区殖民地的分界线。通过这项协定,英国获得尼罗河从源头到河口的权益,它对埃及和苏丹的控制得到承认;法国则巩固了在西非的帝国,并获得从东部的达夫尔到西部的乍得湖的中苏丹。

从表面上看,这是英国在非洲的一次胜利,但这是向欧洲列强妥协的结果,英国在与其他欧洲列强在非洲的争夺中没有取得明显

---

① Lawrence James, *The Rise and Fall of the British Empire*, London: Abacus, p.281.

的优势，它无论在经济上，还是在外交上都不足以单独与其他欧洲国家相抗衡。如果要达到自己的目的，妥协才是最明智的选择。

从 15 世纪 30—80 年代，葡萄牙海员最先到达刚果河流域，他们的贸易据点使欧洲与西非的直接商业联系建立起来。葡萄牙的势力范围相当于现在的西南尼日利亚、塞内加尔、塞拉里昂和黄金海岸。葡萄牙本身不是制造业国家，它的商品几乎没有价值，主要是金属器皿、金属链珠、铁和其他金属品。西非的黄金、象牙、胡椒和可可豆以及奴隶为葡萄牙人带来了滚滚的财源。

16 世纪 30 年代，英法商人开始在西非海岸展开活跃的贸易活动，他们的冒险基本上是个人行为，到 1598 年，葡萄牙人仍然是在西非土地上落脚的唯一欧洲国家。17—18 世纪西非海岸被分为上下几内亚：从布莱诺角到塞拉里昂属于上几内亚，塞拉里昂到喀麦隆属于下几内亚。下几内亚又被分为谷物海岸、象牙海岸、黄金海岸以及尼日尔三角洲的奴隶海岸。

除了葡萄牙外，欧洲其他国家也逐渐意识到西非是连接印度洋的通道，从这里人们可以去远东获得财富、声誉和实力。此后，荷兰人步葡萄牙人的后尘，来到西非从事贸易。从 1650 年起，大西洋的奴隶贸易竞争加剧，除了英、法、荷、葡的奴隶贸易者和商人外，瑞典、丹麦等国的商人也加入西非的奴隶贸易中。欧洲在西印度的种植园主和奴隶贸易商后来居上，他们与英、法、瑞、丹麦以及荷兰人展开了激烈的竞争，纷纷建立贸易公司，并获得政府特许，垄断奴隶贸易。英国的"皇家冒险公司"（Royal Adventure Company）于 1660 年获得政府特许，1672 年更名为"皇家非洲公司"（Royal Africa Company）；法国的"西非公司"（West Africa Company）也于 1672 年获得政府特许。

在 1640—1750 年间，许多欧洲国家都在西非海岸建立要塞和贸易据点，但是，各国为了扩大贸易份额，因奴隶贸易发生冲突，致使贸易据点的主人不断地变更。在争夺大西洋奴隶贸易主导权的斗争中，英法摧毁了荷兰；随后进入了英法的长期争夺。1713 年法国代替荷兰取得了上几内亚的控制权。英国在战胜荷兰后，建立起在黄金海岸的优势。荷兰则夺取了葡萄牙的贸易据点。

1637—1720 年，欧洲各国交战不断，西非的黄金海岸几经易手。1763 年七年战争后，英国获得了法国在西非上几内亚的贸易据点，将西非原有的范围与冈比亚联合，使之成为皇家殖民地塞内-冈比亚。通过战争英国成为西非真正的主宰，在 1780 年中期，至少 1/3，甚至 1/2 的大西洋贸易掌握在英国商人的手中。当时法国的年贸易额为 2.5 万英镑，葡萄牙为 2 万英镑，其他国家的总和为 1 万英镑，英国为 3.8 万英镑。1798 年，英国的贸易额达到了 5 万英镑。[1]

18 世纪中期到 19 世纪中期，欧洲各国纷纷去西非内陆探险，传教士是探险的先驱。1806 年，英国的"教会传教社"到达塞拉里昂，该社的主要任务是传播基督教。随着西印度殖民地奴隶贸易的废除，英国在对塞拉里昂殖民的过程中，把废除奴隶贸易作为其目标之一，并释放了 400 多名奴隶。

冈比亚和黄金海岸一直是英法争夺的焦点区域。从 1808—1872 年，英国没有对西非进行直接的殖民统治，其原因在于当时的英国政治家执行"无形帝国"政策，尽可能避免直接占领土地，以减少政府对殖民地的开支。同时，"小英格兰"思想流行，人们认为殖

---

[1] J. D. Fage, *A History of West Africa*, Cambridge: Cambridge University Press, 1969, p.78.

民地越小越好。此外,反对奴隶运动方兴未艾,西非贸易的主要内容是奴隶贸易,这种贸易与英国国内的舆论趋势不相适应。尽管在西非从事贸易的商人和传教士要求英国政府给予支持与保护,但政府并没有采纳他们的建议,对商人和传教士的活动听之任之。

19世纪初,奴隶贸易衰落,英国的竞争者失去了对西非的兴趣。葡萄牙继续从事奴隶贸易的欲望被挫败了,西非海岸的葡萄牙商人纷纷转向巴西。荷兰和丹麦的商人得不到政府的帮助,于是不得不退出西非的竞争。至此,英国成为唯一在西非进行商业和传教活动的欧洲国家。

拿破仑战争结束后,法国商人急于恢复在西非的活动,造成了英法在西非长达一个多世纪的冲突。法国因失去美洲和亚洲的大部分殖民地,希望从非洲得到补偿。1809年英国切断了法国西非要塞与塞内加尔的联系。1817年,法国重建对塞拉里昂北部的统治,又在塞内加尔和冈比亚建立贸易据点。1838—1865年,法国加强在下几内亚的活动。1843年在阿西尼(Assini)和大巴萨姆(Grand Bassam)建立贸易据点,并重新占领威达哈要塞。此后的20年,法国在西非的影响不断扩大,其扩张的范围几乎延伸到象牙海岸。在奴隶海岸,普罗图纳夫、康夫诺(Cofonu)和阿纳科成为法国的保护地。1854—1865年,法国以塞内加尔为据点向西非内陆和卡萨芒斯河(River Casamance)进发,但1870年的普法战争阻挡了法国的前进态势。

19世纪70年代中期,法国的军人和政治家重新燃起了对西非的希望,试图建立从西非跨越撒哈拉的庞大帝国。70年代末,法国从塞内加尔内陆出发,进入尼日尔河水域,与当地的酋长签约;同时又向刚果河流域挺进。英国害怕法国获得大片西非腹地,遂将黄金海岸、塞拉利昂和冈比亚作为自己的势力范围；法国控制尼罗河上游，阻止尼日尔北部和苏丹西部沿尼罗河相连接。1885年，柏林条约使英国的势力范围从黄金海岸延伸到尼日尔。

19世纪的最后20年，法国加快了在非洲扩张的步伐，占领了从塞内加尔到尼罗河之间的大片领土，并获得从阿尔及利亚到乍得河的广大土地，而这些占领地又与几内亚海岸的贸易据点连成一片。同期，德国取得了多哥（Togo）和喀麦隆。

1884年柏林会议以后，"有效占领"原则推动了英、法、德在西非的扩张。1890年，欧洲列强在比利时的布鲁塞尔又一次召开国际会议，决定将"有效占领"的原则应用到非洲内陆地区。1879—1898年法国和德国开始向西非内陆推进。柏林会议和布鲁塞尔会议使英国商人和传教士在西非海岸建立的贸易据点失去了法律意义，除了英国政府已经实施实际管理的地方外，其他地区都成为法国和德国争夺的范围。

当柏林条约的签字国离开柏林后，德国的官员已经到达喀麦隆，他们在西非的黄金海岸和奴隶海岸频频活动，很快与喀麦隆签订条约，将其置于保护之下。1885年后，英国商人和传教士在喀麦隆的行动受到了德国政府的限制，大多数英国人决定离开。

为了防止德国人在尼日尔河三角洲采取同样的行动，英国人加强了从多哥到喀麦隆之间的海岸保护。法国采取了与英国同样的方式巩固其在西非海岸的据点。1871年，法国曾撤回在象牙海岸的驻军，1886年恢复了对该地区的直接控制。法国还与利比里亚和黄金海岸的酋长们进行谈判，1877年，法国在获得科纳克里的同时，对塞拉里昂和葡属几内亚之间的领土进行有效占领。1893年，法国建立了法属象牙海岸和法属几内亚。在奴隶海岸，1878年，法国在波特纳夫建立保护地，1882年重建之。1885年，法国将这些有效保护地延伸到阿纳科（Anecho），与德国的多哥为邻。1893年法国宣布保护阿波美（Abomey）。1883年，盖列安尼上尉占领了尼罗河上游的巴马科（Bamako），几年后取得了几内亚和廷基索河（Tinkisso River）；1890年法国占领塞盖（Segue）、卡塔（Kaarta）和马西纳（Macina）；在尼日尔河谷，1894年占领廷巴克图（Timbuctu），1896年占领富塔哈隆（Futa Jalon）。同时，沃尔特河（Volta River）上游和象牙海岸也被法国保护。

法国在西非的活动范围主要在尼日尔周围，德国在多哥，英国人于1880年进入阿散蒂。1888—1889年，英国与法国平分黄金海岸，前者在沿海地区，后者向内陆推进。1896年英国将阿散蒂置于保护下，1898年从阿散蒂向北延伸，1902年该地与英属黄金海岸连成一片。随后，英国向内陆推进了400千米，取得相当于当今尼日利亚地区的有效占领。

1861年，英国在拉格斯岛建立殖民据点，1885年，英国宣布对油河（Oil River）进行保护，1893年这里成为尼日尔海岸保护地（Niger Coast Protectorate）。但是，约鲁巴兰地区不断的战争使拉格斯和内陆之间的贸易很不稳定，其原因是伊巴丹（Ibadan）与阿贝奥库塔（Abeokuta）之间的竞争。前者希望用军事力量建立通向海岸的贸易通道，并且进行自由贸易；而后者以及南部的其他地区要求保护他们与内陆的中介权。英国商人在拉格斯的利益主要是橄榄油和热带产品，这些产品在市场的价格都很低。通过谈判，1888年约鲁巴兰成为英国的保护地。1890年，英国继续向内陆进发，1892年占领了伊杰布奥德（Ijebu-Ode）。1893年，伊巴丹和阿贝奥库塔成为英国的保护地；1896年约鲁巴兰以南的伊洛林（Ilrin）为拉格斯政府所控制。

80年代前,法国在西非的势力范围主要在几内亚、象牙海岸;英国在黄金海岸(加纳)、尼日利亚和冈比亚以及塞拉里昂。法国建立了32个商业据点,英国建立了34个。1890年英法签订条约,英国承认法国占领马达加斯加,法国同意英属尼日利亚的东北边界与乍得湖相连。法国占领的地区还包括阿尔及利亚、塞内加尔、西苏丹以及撒哈拉沙漠地带,对此法国感到非常满意:我们"没有付出任何重大的努力,没有花费任何探险费……也没有签订一个条约……我们劝诱英国人承认……阿尔及利亚与塞内加尔应当贯通起来,连成一片,政治上进入乍得湖看来很重要"[1]。法国在西非的"有效占领"区域比英国的大四倍,由此建立一个从地中海到几内亚湾、下至刚果河、跨越尼罗河上游到红海的大帝国。英国也获得很大的收益,虽然占地范围不大,但都是西非最富饶的地区。

西非的尼日尔是英国商业利益最集中的地方,英国政府对于这一地区给予了特别的关注。19世纪70年代末80年代初,英国政府委托特许公司管理该地区的事务和贸易。1879年,乔治·坦伯曼·戈尔迪(George Taubman Goldie)成立公司,但是并没有取得实质性的成果,因为"在卖方市场除了人为的、政治的手段,是难以取得垄断的"[2]。戈尔迪为了达到垄断贸易的目的,从两个方面采取措施:一方面禁止非洲土著首领向其他的国家出售棕榈油,另一方面希望英国政府占领该地区。1882年,为了获得政治上的支持,他说服自由党内政大臣阿伯代尔勋爵(Lord Aberdare)任董事会主席。但是,

---

[1] 王绳祖主编:《国际关系史》第三卷,世界知识出版社1995年版,第113页。
[2] Bernard Porter, *The Lion's Share: A Short History of British Imperialism 1850—1970*, London: Longman, 1980, p.106.

柏林会议规定对尼日尔盆地进行监管，破坏了戈尔迪的计划，于是向英国政府申请特许、取得贸易垄断权成为唯一的出路。特许公司是英国对外扩张的常用手段，东印度公司就是一个典型，特许公司的最大特点就是垄断殖民地的贸易特权。由于19世纪英国执行自由贸易原则，垄断权大多被废除，但是在殖民地问题上并非如此，而保守党比自由党更倾向于支持英国在非洲的扩张。

1886年保守党上台，戈尔迪的公司获得了政府特许，更名为"皇家尼日尔公司"(Royal Niger Company)。公司的职责是管理西非的法律和秩序，按照与非洲统治者的条约行事。尽管柏林会议禁止对该地区实行贸易垄断，要求尼日尔的贸易对所有的国家开放，但皇家尼日尔公司取得了在西非的征税权，这就压制了其他国家在该地区的贸易竞争。从1886年到19世纪末，皇家尼日尔公司一直控制该地区的棕榈油贸易，并将其势力延伸到尼日尔河三角洲的尼日利亚。80年代以后，英法从沿海向内地扩张，双方势均力敌。1887年英国宣布凡与公司签订条约的地方都是英国的保护地，同时，公司用胁迫和欺骗讹诈等手段，强迫尼日利亚地区的许多酋长签订了400多个保护条约，承认公司对他们的保护。1893年英国宣布成立"尼日利亚海岸保护国"，皇家尼日尔公司成为保护地的代理人。由于贸易的重要性，英国首相索尔兹伯里说："这个国家的利益就是皇家尼日尔公司的利益。"[①]

除了取得贸易经营权外，皇家尼日尔公司还在与法国、德国的抗衡中起了非常重要的作用。洛克加是该公司的基地，它的总部设

---

① Gwendolen Cecil, *Life of Robert Marquis of Salisbury*, Ⅳ, London: Hodder & Stoughton, 1921, p.203.

在阿萨巴(Asaba)。1891年该公司取得了阿萨巴和阿卡沙(Akasha)之间一块狭长地带,阻止了德国和法国向尼日尔三角洲扩张。1893年,法国占领了与尼日利亚相邻的达荷美(Dahomey),尼日尔公司的利益受到威胁,双方在尼日尔边界上发生冲突。皇家尼日尔公司无力与法国武装力量抗衡,英国政府出面干预,张伯伦甚至提出"不惜动用武力"①。英国历史学家波特认为:这是一场令欧洲兴奋的游戏,但非洲人迷惑不解:"他们发现自己像被两个嫉妒的求婚者争来争去。"②1898年6月14日,英法两国在巴黎签订了划分西非势力范围的协议。协议规定:英国获得冈比亚、塞拉里昂、黄金海岸和南北尼日利亚;法属西非包括塞内加尔、马里、几内亚、象牙海岸和达荷美。通过条约,英国控制了西非的三条主要河流——冈比亚河、沃尔特河和尼日尔河下游,而且英属西非无论在经济、人口数量、富饶程度等方面都大大超过了法属西非。

尼日尔问题在满足英国的前提下得到了解决,至此,90年代以来英法在非洲的长期争夺渐趋平稳,英国可以腾出手来,集中力量去处理比尼日尔重要得多的南非问题。

五、布尔战争

19世纪80年代以来,南部非洲成为英国、德国和布尔人争夺的中心。1877年,英国兼并德兰士瓦,行政长官谢普斯通竭力夸张说

---

① J. L. Garvin, *The Life of Joseph Chamberlain*, III, London: Macmillan, 1934, p.221.
② Bernard Porter, *The Lion's Share: A Short History of British Imperialism 1850—1970*, London: Longman, 1980, p.166.

祖鲁王拥有大量军火和强大的军事组织，是对南非英国人统治的最大威胁，英国必须吞并之。英国驻南非高级专员、开普总督弗里尔接受谢普斯通的建议，于1878年12月向祖鲁王塞特瓦约(Cetewayo)发出最后通牒；要求他在30天内解散祖鲁军队，遭到拒绝。面对这一无理要求，塞特瓦约紧急动员万人组成的军队，积极应战。

1879年1月11日，英军入侵祖鲁王国，7 000名正规军、7 000名在纳塔尔征募的非洲士兵和1 000名移民志愿兵参加战斗。1月22日拂晓，祖鲁军队突袭在依圣德瓦那山下宿营的英军，几乎全歼1 600名士兵，只有极少数逃脱，英军遭到了自克里米亚战争以来的最沉重打击。但是，在另一条战线，英军击退了祖鲁军队对纳塔尔的进攻，7月摧毁了祖鲁的都城乌郎迪(Ulundi)。此后，英国害怕祖鲁人东山再起，蓄意挑起祖鲁人的内部争斗。祖鲁南部的塞特瓦约与北部土著部落两败俱伤，祖鲁北方并入德兰士瓦，南部并入纳塔尔。

祖鲁东北侧的斯威士兰人一直与英国人和布尔人保持着良好的关系。但是，由于巨大的经济利益的驱使，英国人并没有放过斯威士兰人。白人农场主、采矿人、商人和其他形形色色的人携带猎犬、香槟等礼物面见酋长或朝臣，让他们在各种各样的契约或文件上签字。到1889年斯威士兰的所有土地、矿藏、财产和权利都归白人所有。当斯威士兰人一无所有时，德兰士瓦政府决定兼并斯威士兰(Swaziland)，英国人不愿布尔人独吞该地，与布尔人进行了一系列的谈判。1890年，斯威士兰、德兰士瓦和英国代表组成三方"临时执政委员会"，斯威士兰为德兰士瓦和英国共管。1895年，德兰士瓦与英国达成协议：德兰士瓦取得对该地区的控制权，英国兼并斯威士兰沿海的 1/3 地区。布尔战争后,英国在斯威士兰另立一个单独的殖民地。

此后,英国政府在南非一直采取谨小慎微的政策,但是,随着南非经济价值的提高,钻石、黄金和各种矿藏的发现使南非成为欧洲列强争夺的焦点;另一方面,英国政府尽管没有积极开发南非,但是,英国个人在南非的经济活动一直非常活跃,同时,传教士也带动了英国人在南非的贸易。

开普殖民地的政治由寡头控制,根据 1853 年的规定,该地居民只要年收入达到 25 镑就可以获得选举权,而不分种族和肤色。① 但是,到 1890 年,人口的自然增长以及吞并班图地区改变了黑人与白人的人口比例,非洲人口增加了 4 倍,白人只增加了 2 倍。尽管财产资格阻止了大多数非洲人成为选民,但是,黑人的选票在很大程度上还是影响选举结果。1892 年"选举和投票法"提高了财产限制,从 25 镑增加到 75 镑。同时,登记时要求申请人通过教育考试,使一批收入较低的白人农民获得了选举权。法案执行的第一年,3 348 名非白人被剥夺了选举权,白人选民增加了 4 506 名。

1886 年,德兰士瓦境内的威特沃斯兰德(Witwatersrand)发现了新的金矿,快速致富的欲望吸引了大批的外国淘金者,其中绝大多数是英国人,他们带来了布尔人所缺少的技术和设备。淘金热的高涨以及人口的迅速增加加快了城市的发展。新城约翰内斯堡(Johannesburg)拔地而起,一跃成为南非最富裕和最繁华的城市。德兰士瓦经济地位的变化导致了与英国殖民地利益的冲突。1887

---

① Bernard Porter, *The Lion's Share: A Short History of British Imperialism 1850—1970*, London: Longman, 1977, p.163.

年,金矿发现后的第二年,德兰士瓦的税收达到了63.7万英镑,使它具有足够的实力考虑建造通向德拉瓜湾(Delagoa Bay)(葡萄牙东非殖民地)的铁路,或者在祖鲁建立属于自己的港口。而港口和铁路的建设势必影响英国在德兰士瓦的铁路和税收,因为德兰士瓦的铁路建设将打破英国开普殖民地垄断南非运输的局面。英国铁路运输量减少不仅使政府损失了一笔铁路收入,而且大大减少了关税的收入。加上德兰士瓦政府极力摆脱英国的保护,所以在90年代后半期,在德兰士瓦的进口贸易中,英国占的份额迅速减少,而其他国家所占份额则迅速增加。

为了阻止英国占领整个南非,1893—1894年,德国资本家在政府的支持下,承担修筑比勒陀利亚(Pretoria)到德拉瓜湾的铁路。该铁路将成为德兰士瓦连接印度的通道,从而降低布尔人对英属殖民地港口的依赖。同时,德国也好控制德兰士瓦的贸易。另一方面,德国为了扩大在南非的利益,积极与布尔人修好。德国人宣传日耳曼人与布尔人同属条顿种族,和布尔人"亲如兄弟";在经济方面,1884年德国同德兰士瓦签订了商约,1886—1896年间,德国对德兰士瓦的出口从每年30万英镑增加到1 200万英镑,10年中增加了40倍。[1] 1894年秋,两艘德国军舰访问德拉瓜湾。1895年1月德皇生日那天,德国领事在比勒陀利亚庆祝"德布友好"的宴会上说,德国是"德兰士瓦忠实的朋友",并对布尔人国家的独立地位表示关切。德兰士瓦总统克鲁格将德国当成保护伞:"我知道我将来可以依靠德国人……我们这个小小共和国仍然在列强中慢慢前进,而且

---

[1] 斯曼诺维奇:《帝国主义对非洲的瓜分》,世界知识出版社1962年版,第103页。

我们相信,如果他们中有一个想踩我们的脚,另一个将设法加以阻止。"①与此同时,德国还增加了对德兰士瓦的投资,控制了布尔人国家的军火供应。德国人与布尔人的亲近使英国政治家异常担心。1894年,英国殖民部表示:"每一根神经都应该紧张起来,防止另一场令人蒙羞的南非战争。"德国的东西非洲计划与英国的开普—开罗计划水火不容,前者的胜利意味着后者的失败,反之亦然。

为了控制南非,英国首先利用德兰士瓦境内英国移民对布尔人政治垄断的不满,造成德兰士瓦境内的政治冲突。淘金热使德兰士瓦面临新问题:移民到德兰士瓦的英国人大大超过了原有的布尔人,他们的纳税额占整个税收的9/10。英国移民认为,他们在经济上的贡献与政治权利不相对应,布尔人的议会中甚至没有英国移民代表。特别是19世纪90年代制定的新法律,规定在德兰士瓦境内居住满14年的外国人才享受选举权,加深了英国移民对布尔人统治的反对。布尔人对此做出的解释是:德兰士瓦难以保证黄金的长期繁荣,如果矿工超过布尔农民,前者一旦突然离去,将导致其国家负债累累,所谓"地下留下一个个的坑,债务由永久的居民来承担"。英国人认为他们不能忍受政治上的无权地位,布尔人却对英国人的大量涌入极为仇视,他们不感谢黄金开采带来的大量财富,相反愿意保持传统的生活方式。正如威廉森所说:"在那致命的年代里,不同的政府可以共存于南非,但是,两种不同的社会制度难以在一个国家共存。"②

德兰士瓦与英国殖民地的关系是非常微妙的:一方面,德兰士

---

① 西克·安德烈:《黑非洲史》,第一卷,下册,上海人民出版社1973年版,第789页。
② J. A. Williamson, *A Short History of British Expansion*, London: Macmillan, 1927, p.227.

瓦处于英国利益的包围中,北部是罗得斯的特许公司,南部是开普殖民地,英国人可以随时切断它的出海口;另一方面,布尔人希望保持自己的独立性,永远不臣服在英帝国的卵翼之下。由于布尔人顽强抵抗,加上两种不同的社会制度,英国要取得布尔人的控制权变得越来越难,而罗得斯则决定利用英国移民的不满策动暴动。

1895年12月29日,在罗得斯策划下,南非公司经理利安得·斯塔尔·詹姆森(L. S. Jameson)率领470人组成的武装部队,带着机枪和大炮,从贝专纳出发,侵入德兰士瓦,企图推翻德兰士瓦政府。保罗·克鲁格(Paul Kruger)派遣600人的布尔人军队与英国人作战。布尔人利用他们对于当地地形的熟悉,将英国军队包围在克鲁格斯多普的小山谷,打死134名英国入侵者。次年1月2日,詹姆森被俘,约翰内斯堡的内应间谍也被逮捕,罗得斯吞并德兰士瓦的阴谋破产。

詹姆森袭击事件使英国政府内外交困,1896年1月2日,德国政府向英国发出了一份抗议照会,表示决不容许改变德兰士瓦的现状,同时质问英国政府怎样处置破坏国际公约的"武装匪徒"?更让英国政府不满的是,1月3日,德国皇帝威廉二世给德兰士瓦总统克鲁格发去了贺电,祝贺他"依靠本国人民而不求助于友邦,成功粉碎了武装匪徒的入侵"。尽管英国把德国的举动视为一种挑衅行为,但是,欧洲舆论和国人的愤怒都迫使罗得斯1897年辞去南非总理的职务,同时,以张伯伦为首的殖民部也受到了重创。当时反对帝国扩张的人,对于发生的事说出了这样的话:

> 1896年1月9日——德国皇帝已经打了电报给克鲁格表示祝贺,似乎激起英国人巨大的愤怒。在过去这六个月里,我

们竟同中国、土耳其、比利时,阿散蒂、法国、委内瑞拉、美国和德国这么多国家发生了激烈的争吵。这是一个创纪录的成绩,如果它不能使不列颠帝国崩溃,那就没有什么能使它崩溃了。就我自己来说,我对这一切感到高兴,不列颠帝国对世界上现有的小民族来说是一部最大的制造灾难的机器——这并不是说我们比法国人或意大利人或美国人更坏些,我们还没有那么大的积极破坏能力——但是我们是在一个广大得多的地区里进行破坏的,而且进行得更成功。我很希望看到英国丢掉它的全部国外的殖民地。在伊丽莎白女王在位的日子里,在那些我们在不列颠诸岛之外没有一片领土的"阔绰日子"里,我们比现在过得更好,更受人尊敬,也更千百倍地值得尊敬。殖民地的流氓行为正在侵蚀我们,在弱小民族中压制自由的习惯正危害我们。我很希望看到它的结束……①

詹姆森袭击事件产生了与酝酿者设想相反的结果:不但未能削减克鲁格的力量,相反加强了布尔人对付英国行动的信心;英国人不仅不能使布尔人妥协,反而使他们更有耐心。布尔人已经深刻地认识到,只有战争才能保证共和国的存在,否则只能成为大英帝国的一部分,不仅失去资源和文化,而且要失去独立的地位。

1899—1902年的布尔战争是英国在"新帝国主义"狂潮中最大的行动,它绝不是一个偶然的事件。首先,19世纪60年代以来,英国政府一直试图在南非建立一个类似加拿大自治领的联邦,随着政党政府的不断更迭,这一计划始终是扩大英帝国的一个重要组成部分。从地理方面看,英国在南非拥有开普和纳塔尔殖民地,罗得斯

---

① 刘克华选译:《1870—1914年的英国》,商务印书馆1987年版,第133页。

侵占了罗得西亚,英国人的势力已经从南、北、西三面包围布尔人的共和国,大有将其吞并之势。英国人和布尔人对于1884年的《伦敦协定》有不同理解,导致双方存有芥蒂。英方认为,在《伦敦协定》下,英国仍然是布尔共和国的宗主;布尔人则不愿意认同英方的解释,条约中没有出现宗主的字样,他们否认英国的宗主国地位,认为自己是独立的国家。在英国人咄咄逼人的外交攻势下,布尔人深感势单力薄,加上害怕祖鲁人反抗,一直试图与英国妥协。而英国也没有完成军事部署,也想借助谈判迫使布尔人屈服。因此,双方于1889年5月和8月先后进行了两次谈判,都未能取得满意的成果。

然而德兰士瓦的黄金资源使英国的扩张主义者寝食难安。1895年,约瑟夫·张伯伦出任殖民大臣时,德兰士瓦境内威特泰特斯兰河畔金矿的开发改变了德兰士瓦进行面貌。开发金矿利用的是外国资本和劳力,其中大部分来自英国,约翰内斯堡的外国人必须向布尔人政府纳税,但是,布尔人拒绝给予他们政治权利。为了保护英国移民的权利,英国政府认为必须吞并布尔人国家,而布尔人国家则不愿意与英国人合作,认为国籍复杂的金矿工人是对布尔农民的威胁,罗得斯的南非公司总有一天会吞并布尔共和国。布尔人与德国的亲密关系以及德国人控制德兰士瓦的贸易导致了英国人的强烈不满,德国的插手不仅为布尔人提供精良的武器,而且给予他们道德和国际舆论的支持。德国的经济力量可以帮助德兰士瓦进行基础建设,布尔人会在德国的影响下不断壮大,这必将增加英国建立南非联邦的困难。

詹姆森袭击事件以后,英国政府与克鲁格进行了长达3年的谈判,收效甚微。布尔人共和国已经成为英国政府手中的"烫手山芋",既想去拿,又害怕受到伤害。1897年3月,艾尔弗雷德·米尔纳（Sir Alfred Milner）爵士成为南非高级专员，他对南非充满了信心，在给张伯伦的信中写道："只有在德兰士瓦实行改革，或者发动战争，才能使英国在南非摆脱政治窘境，此外别无良策，目前在德兰士瓦实行改革的希望比以往任何时候都小。"①米尔纳认为，解决南非问题的唯一出路是战争，但是，由于詹姆森袭击事件造成的恶劣影响，英国不得不顾及国际舆论和国人对于战争的态度，不到万不得已不敢贸然行动。

英国政府继续寻找谈判机会，在新一轮的谈判中，英国要求在德兰士瓦居住5年以上的公民获得选举权，并重新提出宗主权的要求。双方谈判无果而终，克鲁格已经非常清楚地意识到，所谓英国公民的政治权利和宗主权都是借口，英国要的是德兰士瓦。谈判的过程也是加紧备战的过程，英国不断向南非调兵遣将；布尔共和国则拨出大量资金，从欧洲购买武器弹药，并聘请欧洲教官训练士兵。1898年德兰士瓦与奥兰治自由邦成立"联合会议"，联合起来共同抗击英国的侵略。1899年4月，米尔纳爵士授意德兰士瓦的英国侨民给维多利亚女王写了一封申冤信，要求她保护英国臣民的利益。同年6月，米尔纳和克鲁格在布隆方丹（Bloemfontein）就保护侨民权益问题进行最后一次谈判。英方在谈判的同时，抓紧时间从海外调遣军队。1899年9月克鲁格告诉米尔纳，可以考虑把侨民申请德兰士瓦公民权的居留期限从14年减为5年，但要求英国不再对德兰士瓦提出宗主权要求。受到国内舆论的影响，英国在答复中说："……女王陛下政府认为南非共和国政府的答复是消极的，或者是非决定性的……女王陛下政府保留对目前形势予以重新考虑、并采取相应的

---

① 温斯顿·丘吉尔：《英语民族史》，第4卷，南方出版社2004年版，第263页。

最后解决手段的权利。"①双方继续备战。1899年10月9日布尔人发出了最后通牒,要求英国停止向南非增兵,撤退6月1日以后到达南非的军队,将一切有争议问题付诸外交仲裁。10月10日,张伯伦命令米尔纳拒绝南非提出的条件。10月11日,德兰士瓦和奥兰治共和国向英国宣战,布尔军队越过边界。

战争爆发后,布尔人投入的兵力是英国的两倍,达到了3.5万人,他们拥有德国制造的大炮,骑兵使用曼利彻枪和毛瑟枪,枪法精准。几个星期内,布尔人从几个方向包围了东边的莱迪史密斯(Ladysmith)以及西边的马弗京(Mafeking)和金伯利。在尼克尔森克,英军两个营的兵力被布尔人包围,并缴械投降;在纳塔尔边界的莱迪史密斯,乔治·怀特爵士率领的1万英军受到围攻;在马弗京,由巴登-鲍威尔上校指挥的一小股部队受到佩特·克龙耶(Piet Cronje)指挥的数倍敌军的包围;在金伯利,塞西尔·罗得斯本人和大批平民陷入重围。此时,英国一面遭受着战争的失败,另一面不得不承受国际舆论的谴责。

在承受了战争第一阶段的失败后,英国开始了第二回合的战斗,向南非派出新的援军。德兰士瓦总统克鲁格一直希望有一个单独控制的出海港,纳塔尔山口外围的德班港就成为他争夺的目标,交战双方在战争初期都把力量集中在这个地区。德班港由一条铁路与德兰士瓦连接,而且该铁路比通往开普的铁路短,便于控制。如果克鲁格控制德班港,德兰士瓦的关税、运费和其他许多问题都将迎刃而解。

---

① Bernard Porter, *The Lion's Share: A Short History of British Imperialism, 1850—1995*, London: Longman, 1996, p.268.

雷德弗斯·布勒(Sir Redvers Buller)率领的英国援军到达南非后被分成三路：布勒率领一个师保卫纳塔尔；另外一个师去解金伯利之围；第三个师前往开普的东北部地区。在12月9—15日，三个师在不同的地点同时向布尔人发动进攻，结果均以失败告终，英军武器和人员损失惨重。面对英军的军事行动，布尔人保住了纳塔尔的科伦索火车站，守住了通往金伯利的莫德河。布尔人不仅守住自己的阵地，而且攻入英军占领区。这一周被英国人称为"不祥的一周"，布尔人歼灭了2500名英军士兵，并缴获了12门大炮。

战争初期的失利出乎英国人的意料之外，一方面，英国人的轻敌导致了备战不足，如战争开始时，英国的军队数量与布尔人相比就处于劣势；另一方面，尽管英国派出了精良的部队，但是，对布尔人武器装备和作战条件缺乏了解，所谓知己不知彼，失败是必然的。但是各自治领的表现极大地鼓舞了英国人，加拿大、新西兰、澳大利亚等地都派出军队支持。

英国政府重新遣将，曾在阿富汗战争中名声大振的弗雷德里克·罗伯茨勋爵(Lord Frederick Roberts)被任命为新的总司令，以镇压马赫迪运动闻名的赫伯特·基钦纳任参谋长。新的英军指挥部将布尔人的两个首都——布隆方丹和比勒陀利亚——作为先后攻击的明确目标。同时，布尔人的错误判断又为英军的新行动提供了有利的条件。克龙耶认为，英军的主要目标是金伯利，他把大部队调到金伯利以南几英里的马格斯方丹，在那里修筑工事，以逸待劳等候英军。金伯利确实是罗伯茨的目标之一，与克龙耶判断不同的是，英军没有从正面进攻，而是采用了迂回战术。罗伯茨派遣富兰奇将军远途包抄金伯利，1900年2月15日，富兰奇解金伯利之围；此时，克龙耶背部受敌，不得不放弃工事，向东北方向撤退。2月

27日,基钦纳从正面进行猛烈的攻击,克龙耶率领4 000人投降。

从此,战局急转而下,第二天布勒解莱迪史密斯之围;3月13日,罗伯茨到达布隆方丹,六个星期后,继续向德兰士瓦进军。5月10日,罗伯茨强渡沙河,两天后攻占克龙斯塔德(Kroonstad)。5月17日,防守马弗京的部队得到英国骑兵的援救,5月31日进入约翰内斯堡,6月5日攻克了比勒陀利亚,马弗京在被围217天后被解围。5月24日英国宣布吞并奥兰治自由邦,9月1日又宣布吞并德兰士瓦。1900年11月,罗伯茨离开比勒陀利亚,将指挥权交给了基钦纳勋爵。

此时,英国似乎已经胜利在望,尽管欧洲各国一致谴责英国在南非的行为,但英国国内的报纸和舆论都支持政府,补充兵力源源而至,财政、医药和其他各项援助也都随之而来。进而,反对南非战争的自由党又陷入了分裂,1902年,前自由党领袖罗斯伯里利用他在自由党中的影响,与阿斯奎斯(Asquith)等组成一个自由帝国主义的派别(被称为亲布尔派),痛斥这次"非正义的战争",指责英国将军在战争中采取的"野蛮方法";支持战争的"右翼"领袖是坎贝尔-班纳曼(Campbell-Bannerman)。

然而布尔人却没有屈服,南非战争仍在继续。布尔人从来没有在政治权威面前屈服过,过去是如此,现在也不例外。英国人占领了他们的城市和铁路,这不足以成为他们放弃战争的理由。他们利用一望无际的大草原,利用星罗棋布的农庄和居所,利用自己对地形的熟悉和了解,特别是对自己家园的热爱,将战争继续下去。虽然布尔人已经没有能力与英军正面作战,但是,他们利用熟悉的地形与英军开始了游击战,如基钦纳所说:

这些人并不是经常以民兵的姿态出现,在他们未奉号召出动前,往往回到他们的田地上,像安分守己的居民一样过活,或许还以粮秣、牛奶和鸡蛋接济最临近的英国驻防军……目前他们显然已经全体出动,因而他们忽然之间显得人数很多,并一有机会就勇敢自信地进行活动。由于地面广袤,所以布尔人来去自如,更由于非常机动,所以能够乘隙袭击没有充分警惕的任何哨站。每一个农庄都是他们的一个情报机关和供应站,因此几乎无法保卫他们或擒获他们。①

英国军队被布尔游击队搞得疲于奔命,部队一批又一批进入南非,武器装备源源不断,骑兵、骑步兵、炮兵、工兵以及帝国义勇兵,连同大批重炮、马匹、野战炮和机关炮等大量到来,但是英国的胜利却遥遥无期。布尔人同英国人进行了数次互有胜负的局部战斗,在战争中又坚持了一年零五个月。英军中精通游击战术的专家对布尔人也无计可施,基钦纳不得不采取两种方法并用的战术:"防卫体系",就是指修建防御工事、营塞、陷阱和戍地等;"围堵策略",如基钦纳的传记作家乔治·阿瑟所写:"我们的计划是……肃清境内的一切敌对的布尔人,把他们一步步地驱向由天然形势或人造障碍物所形成的一个个包围圈之中——把他们拦入或围入一隅或袋形地带——迫使他们通过水泄不通的一条狭径,走投无路。"②

1901年2月英国军队开始在纳塔尔实行焦土政策;同月,基钦纳打败了进攻开普殖民地的游击队。2月底,英布谈判,布方要求赦免开普殖民地的反英人员,但遭到了英国南非高级专员米尔纳的反

---

① 马里欧特:《现代英国:1885—1945年》,商务印书馆1963年版,第164页。
② 同上书,第165页。

对,他得到英国政府的支持(英国政府希望彻底打败布尔人,使他们根本不能讨价还价)。

"防卫体系"和"围堵策略"效果不佳,而且要花费太大的代价,纳塔尔的"焦土政策"成为唯一奏效的办法。布尔共和国境内被扫荡一光,人烟绝迹,田庄被毁;未收割的庄稼被付之一炬;牛羊被运走;妇孺被关进集中营。许多碉堡在铁路沿线被建立起来,各地筑起围栏,然后也沿着围栏修筑更多的碉堡。在这样被围起来的地区,游击队难以行动。英国采取这个方法,理由是游击队身穿便衣作战,分不清谁是战士、谁是平民。只有实行大规模监禁,把支持他们的家庭成员都关起来,才能制服他们。但是,英国人找不到建立集中营的理由,也无法为集中营的恶劣条件辩护。到1902年2月,集中营里已经死了2万多人,占其总人数的1/6。集中营的真相被揭露后,英国国内把它指责为"野蛮人的手段"。但是1902年3月23日布尔人终于求和了,4月12日英布双方代表在弗里尼欣(Vereeniging)会晤,米尔纳提出了数项和谈条件:布尔游击队和武装公民放下武器,缴出全部战争物资,终止对英军的抵抗,并承认英国国王为其合法主权者;宣誓效忠的布尔战俘会被释放;布尔人的人身自由和财产不受侵犯;除了违反战争惯例的行为外实行大赦;定英语为官方语言,但在学校和法庭可以使用南非荷兰语;尽快用民政体系代替军事管理;条件成熟时在南非建立代议制自治政府;英国将协助布尔人重建农场,向受损失的农场主和布尔人提供300万英镑的补偿;以及剥夺布尔军队主要指挥官的公民权。这些内容中,除了确认英国的宗主国地位外,其他条款都不能体现它是战胜者,这表现出一种新的时代精神:任何民族都是不可战胜的,即使英国在最强大的时候,也不能用自己的意志来代替另一个民族的意志。

从表面上看，布尔战争标志着英国在19世纪80年代到20世纪初的殖民扩张中达到了顶峰：英国取得非洲北部的埃及，在西非获得最富裕的地带，在东非取得了桑给巴尔、乌干达和肯尼亚，在南非不仅占领罗得西亚，而且吞并了两个布尔人共和国。英国实现了纵贯整个非洲大陆的开普—开罗计划。在帝国主义瓜分非洲的狂潮中它得到最大最好的份额，成为最大的胜利者。在经济方面，随着世界上最大的兰德金矿被英国把持，英国得以控制全球经济命脉。来自南非的黄金使得伦敦迅速成为全球金融业和黄金交易的中心。

但布尔战争却是英国殖民霸权衰落的起点：参加布尔战争的英国部队达到45万人，其中正规军在25万以上，伤亡军官1 072名、士兵20 870名，耗费金钱2.22亿英镑。① 然而巨大的人力、物力和金钱的花费并没有征服布尔人，他们更像是胜利者。这在心理上给英国人带来巨大的压力，尽管英国最终占领了布尔人共和国，但是，它所造成的创伤是难以愈合的。英国音乐厅中的爱国主义旋律变成了悲哀的伤感："布尔人夺走了我的父亲"回荡在人们的心头。

布尔战争几乎改变了英国人的帝国观念，早在1899年战争爆发之前，就已经有人预见到战争对于帝国的不良影响，威尔弗雷德·布朗特曾说：战争必将埋葬帝国。他在日记中写道："战争将成为英帝国棺木上的第一颗钉子。"②在布尔战争爆发的1900年，人们对帝国的感情是复杂的，他们既对帝国存在希望和幻想，又认为吞并布尔人共和国与英国自由的理念不相吻合。在当年的大选中，保守党

---

① 马里欧特：《现代英国：1885—1945年》，商务印书馆1963年版，第167页。
② A. P. Thornton, *The Imperial Idea and Its Enemies*, London: Macmllan, 1959, p.109.

人竭力宣传投自由党人的票就是支持布尔人,大选结果是自由党仅获得了 186 个下院议席。但是,支持自由党人与支持保守党人的人数差距却不太悬殊,分别为 210.2 万和 242.8 万人。虽然战争表面上保存了帝国,甚至扩大了帝国,但是帝国的扩展却永久地停止了,人们再不会为帝国的扩张激动不已,相反,他们深刻地认识到帝国被过重的负担拖垮了,它再不能为更多的扩张支付成本。

其次,布尔战争改变了世界对英国的看法。布尔战争爆发后,法国和德国对英国做出了新的评价:英国不仅是一个霸主,而且是一个不称职的霸主。英国的国家地位降低了。原先,人们认为英国可以善待小国,小国的权利和利益有一席之地;1899 年后,欧洲人改变了他们的看法,认为英国以前的立场仅仅是虚伪,布尔战争就是最好的解释。欧洲人认为布尔战争是一场欧洲人对欧洲人的战争,英国人以大欺小。如桑顿所说:"欧洲的帝国文化从来对野蛮的种族无良心可言,刚果和喀麦隆的归属就是无可争议的事实。但一个欧洲大国对付另一些欧洲人,像英国人对付布尔人却似乎是个不祥的征兆:如果英国感到有必要在国际关系上采取普鲁士主义,每一个欧洲国家迟早要效仿它的榜样。"[1]

再次,英国在外交上日显孤立,布尔战争使英国真正发现了自己的孤单。英国似乎正选择一条与权利、公正相违背的道路,被欧洲人称为"穿上了俾斯麦的旧衣服"。为了摆脱孤立状态,抗衡俄国,保护英国在远东的利益,1902 年,英国放弃了"光荣孤立"政策,与日本签订了"英日同盟"。虽然"英日同盟"让英国找到了合作者,

---

[1] A. P. Thornton, *The Imperial Idea and Its Enemies*, London: Macmllan, 1959, p.113.

但是,放弃"光荣孤立"正是英国实力削弱的表现,单纯依靠自己的力量已经不足以抗衡欧洲大国的竞争了。

最后,布尔战争削弱了帝国内部的联系。在布尔战争中,殖民地派出了3万人参战,澳大利亚出兵15502人,新西兰为6129人,加拿大为5762人,他们在战争中起了重要作用。但是,殖民地的裂痕已经十分明显,作为英国的殖民地,他们卷入英国与南非的战争是否值得?民族主义正在各殖民地滋长,如索尔兹伯里所说:"对我来说,没有比试图强迫让帝国各地的各种力量进入一个共同的安排之中更危险,它们不愿意承认从属地位,对于这一安排的反应只能是:他们在支持一个旧国家。"[①]

当殖民地的政治经济得到迅速发展的时候,各地都不愿意以附属或依附的地位保持与英国的联系,要求独立地位、要求自我管理的欲望越来越强烈,英国逐渐丧失控制整个帝国的实力。英国对于殖民地的保护已经转变为以自我防卫为主,因为一方面英国已经没有保护这么多殖民地的能力,另一方面,他们将帝国看成了"白人的负担",英国无论从财政上,还是从感情上都不可能为殖民地再做贡献;殖民地本身的发展与英国的要求发生冲突。英国自从建立殖民地以来,一直注重殖民地的经济贡献,殖民地的税收、贸易、航运和市场都是帝国政府最看重的。但是,当殖民地的人民实行自我管理后,他们就不可能完全保持与宗主国的一致。他们需要保护自己的市场,发展民族工业,他们不愿意向英国的产品完全自由地开放。在英国与欧洲列强争霸的过程中,殖民地是否愿意单方面做出贡献

[①] Edward Grierson, *The Imperial Dream: The British Commonwealth and Empire 1775—1969*, London: Collins, 1972, p.156.

已经是一个疑问。

1901年、1907年澳大利亚和新西兰先后成为自治领。澳大利亚联邦(Commonwealth of Australia)和各组成邦之间的权力分配，不是仿照加拿大的先例，而是取法美国：将某些权利委托给联邦，其余的权力则由各邦政府保留。上院的组成也模仿美国，各邦不拘大小都派六名代表进入上院。修改宪法须经过两院的同意(或经一院通过两次)并须经过大多数邦和整个联邦中的大多数选民的批准。行政方面则效仿英国的内阁制度。接着，更多的殖民地取得自治的地位，英帝国逐渐向英联邦转变。

可以说，布尔战争既是英帝国的高峰，又是帝国衰落的开始。

第六章　帝国主义的不同解释

19世纪最后20年,欧洲列强在亚洲、非洲和太平洋地区争夺势力范围以及殖民地的斗争,将帝国主义的狂潮推向了高峰。英国出现了歌颂帝国、服务帝国以及扩张帝国的帝国主义者,如吉卜林、张伯伦和罗得斯等,他们在不同的地方用文字、用政策、用行动诠释着帝国主义的不同含义。同时,世界范围帝国主义的理论解释层出不穷,以霍布森和列宁为代表的经济解释在学术界经久不衰。第一次世界大战以后,帝国主义的解释出现了多元化的现象,菲尔德豪斯的政治解释后来居上,成为经济解释的最大挑战者。外交和策略的解释从局部国际关系角度对帝国主义进行考察,提出帝国主义是均势的需要。此外,社会学、心理学以及宗教的观点也为帝国主义的解释增添了新的角度。

一、吉卜林的"神话"帝国主义

约瑟夫・鲁德亚德・吉卜林(Joseph Rudyard Kipling)是19世纪末20世纪初英国诗人和作家,吉卜林在印度度过了童年和青年时代,并且在英国接受教育,有明显的"英印人"的特色。由于生活在欧洲列强疯狂扩张的年代,他为帝国主义唱赞歌,作品带有明显的帝国主义和种族主义色彩,其中最著名的是《肩负起白人的负担》,对帝国主义进行诠释,被誉为"创造帝国主义神话的作者"。

吉卜林首先提出帝国主义是国家荣誉的体现,所谓国家荣誉就是追求"伟大"和"权力"。19 世纪 80 年代后,欧洲列强正是通过对殖民地的争夺,表现各自的"伟大",显示各自的"权力"。在"伟大"和"权力"的争霸中,吉卜林认为没有任何政治结构比大英帝国更有意识地建立起殖民地,在统治管理所有的异地民族中更具有传奇的鼓励力量。他在《第一位水手》中,把不列颠人描绘成独一无二的、具有成熟政治意识的民族,世界上只有这个民族真正注重法律,能担负起促进人类福祉的重任。不列颠的责任在野蛮和落后部落的陪衬下更显突出。他写道:"你将赢得整个世界,而别人并不关心你怎样赢得;你将把持整个世界,而别人并不了解你如何把持;你将会把整个世界扛在背上,而别人看不得你如何扛它。然而,既不是你,也不是你的子嗣会从规模如此小的工作里获得任何代价,除了那四件伟大的礼物——一件是大海,一件是风力,一件是太阳,另一件是负载着你的船只……因此,当你赢得这个世界,把持这个世界,将整个世界扛在背上——在陆地上,在大海里,在苍穹下——你的子嗣将时常拥有这四件伟大的礼物。他们将会心智聪慧,有远见;言语沉着,有力量;手腕粗壮,有作为。只要花费极少的力量,即可自敌人处赢取巨硕的战利品。……它们将会成为一种保障,保卫那些通过大海,抵达有秩序之境地的人们。"[①]

在追求不列颠力量和伟大的源泉时,吉卜林从宗教中获得灵

---

① 汉娜·鄂兰:《帝国主义》,台北:联经出版事业公司 1991 年版,第 126 页。

感,认为英格兰人对上帝的信念使他们获得了特别的青睐和恩典。1893年吉卜林发表了《英格兰人之歌》,表达英格兰人的心满意足:

> 我们的命运是公正的,我们的遗产是丰盛的,
> 谦卑吧,我们的人民,在你们的欢笑中敬畏,
> 因为主,我们的上帝,是至高的,
> 祂无所不能,
> 祂为我们打通了地球顶端的出路。
> ……
> 你们遵守法律——易于顺从——
> 清除地上的邪恶,行驶在路上、桥上和要塞上,
> 你们要使每个人相信,
> 祂在播种的地方必定收获,
> 通过我们人民的平安,使他们知道,
> 一切都是我们侍奉上帝的缘故。[1]

吉卜林的诗歌不仅将基督教文化视为帝国主义的一个重要方面,而且将文化看成帝国主义权力的来源,两者相互映衬,帝国主义必须表现权力,显示权力,运用权力,反过来,权力又为帝国主义服务——回报上帝的恩典。那么权力帝国主义与文化帝国主义的载体是什么?雷内·莫尼尔给予了回答:权力帝国主义与文化帝国主义都来自一个原则的灵感——种族纯洁的概念。[2] 种族纯洁具有宗

---

[1] T. S. Eliot, *A Choice of Kipling's Verse*, London: Faber And Faber Ltd, 1941, pp. 87 - 88.
[2] Rene Maunier, *The Sociology of Colonies: An Introduction to the Study of Race Contacted*. by E. Lorimer, see Robin W. Winks, *British Imperialism*, New York·Chicago·San Francisco·Toronto·London: Holt, Rinehart And Winston, 1949, p. 69.

教的和世俗的双重含义,在宗教的概念中,种族纯洁带有"上帝选民"的优越感,引申到世俗的含义就是"至高"的种族。这样,宗教的"神圣"与世俗的"至高"联系在一起。白人的肤色就是神圣和至高的最好说明,白色代表纯洁。只有纯洁的种族才能胜任上帝的使命,才能成为统治者。吉卜林在《肩负起白人的负担》一文中,将他的种族帝国主义思想展现得淋漓尽致:

> 肩负起白种人的重任——
> 送出你们养育的最优秀人物——
> 嘱咐你们的子孙离乡背井,
> 去为俘虏们的需要服务;
> 去伺候骚动不安的野蛮种族——
> 那愠怒的人群,你们新复活的,
> 半似儿童,半似恶魔。
>
> 肩负起白人的重担——
> 要耐心加以忍受,
> 掩盖恐怖的威胁,
> 也不让骄傲流露;
> 用坦率和简单的语言,
> 要讲得百倍清晰,
> 你是为了寻求别人的利益,
> 为别人的好处效力。
>
> 肩负起白人的重任——

> 这些不流血的残酷斗争——
> 填饱那饥饿的嘴巴,
> 让疾病不再发生;
> 当你的目标接近完成,
> 这目标是为了旁人追寻,
> 要留神懒惰和异教徒的愚蠢,
> 使你的全部希望化为泡影。①

吉卜林将白人和其他种族进行对比,其结果不言而喻:白人优秀、忍耐、奉献、智慧、承担责任,其他的种族野蛮、幼稚、懒惰、任性、不知好歹。毫无疑问,灵魂的纯洁以及血缘的纯洁为"至高"打下了基础,白人因为美德是纯洁的,所以被赋予统治非白人的负担。这样,种族的概念又与社会等级混杂在一起,白人是当然的"统治者",其他种族就是"被统治者"②。双方的权力与义务的关系就此形成:白人的使命是终结混乱和野蛮,不惜冒任何风险,不惜牺牲生命和财产,满足于完成任务后的回报。在种族标准的衡量下,白人的责任是礼物,是力量。③

事实上,吉卜林在印度的经历,使他在种族问题上充满了优越

---

① Rudyard Kipling, *The Five Nations*, London: Methuen and Co., Ltd, 1907, pp. 79-81. 见刘克华选译:《1870—1914年的英国》,商务印书馆1987年版,第130—133页。
② 这不是吉卜林的创意,最早提出优秀种族统治论的是英国作家卡莱尔,他在《英雄与英雄崇拜》一书中,不仅强调种族的优越,而且强调社会阶层的差异,也就是说,白人统治其他种族合情合理,但是,白人也分为不同的等级,也有统治与被统治之分,君主是最高的等级,最优秀的一类。
③ John Buch, 'The Imperial Responsibility', Robin W. Winks, *British Imperialism*, New York·Chicago·San Francisco·Toronto·London: Holt, Rinehart And Winston, 1949, p. 67.

感。1895年,他在给吉莱斯皮牧师的信中写道:"出生和成长在白人中间是我的运气,当我意识到每一个白人的至高责任时,聆听他们的话语教导,良心始终亏欠法律。白人的政府用科学的武器武装,他们用并不完善的拯救教条和道德法典震撼其他种族。他们憎恨其他种族的习惯,侮辱他们的神,这一切对我来说是残酷的。"①

但是,吉卜林对其他种族的恻隐之心并没有改变对帝国主义者们的推崇和赞赏,从迪斯雷利到张伯伦,从印度官员到罗得斯,他都竭力歌颂。首先让我们看一看吉卜林与迪斯雷利之间的默契。1891年吉卜林在《英格兰国旗》一文中提出了这样的问题:"他们知道英格兰什么?谁知道英格兰要干什么?"

> 世界风,请回答!他们来回呜咽——
> 他们知道英格兰什么?谁知道英格兰要干什么?
> 小巷长大的穷人,他们被蒸、被熏,他们自夸,
> 他们抬起头,痛苦地扛着英格兰的国旗!②

1892年,迪斯雷利的水晶宫演讲对吉卜林的问题给予了最默契的回答:"这个问题没有意义,实际上就是:你是否满足于一个建立在大陆原则上的、舒适的英格兰,随时听天由命?或者你是否希望一个伟大的国家,一个帝国……不仅得到这个国家的尊重,而且获得了世界的尊重?"③吉卜林在他的诗歌中也给出了答案:贫民区长大的普通英格兰人正将英格兰的国旗插向世界的每一个角落,他们用卑

---

① Rudyard Kipling, *The Day's Work*, London: Penguin Books, 1988, p.19.
② Robin W. Winks, *British Imperialism*, New York · Chicago · San Francisco · Toronto · London: Holt, Rinehart And Winston, 1949, p.59.
③ Rudyard Kipling, *The Day's Work*, London: Penguin Books, 1988, p.11.

微的身体,竭尽全力张扬迪斯雷利所宣称的"获得世界尊重的国家"。

吉卜林还对印度殖民地的英国官员进行了评价,认为他们是古代传说的"屠龙勇士",狂热地前往遥远奇异的地方,面对异域纯朴的民族,替他们屠杀无数的毒龙。他们成长在和平宁静、举止适度的英国,在英国接受教育,并熟悉两个不同的民族,及它们各自拥有的语言、传统、迷信和偏见。他们从维多利亚女王面前的士卒,变成了有蛊惑力、高贵的人物,保护弱小民族的英雄——屠龙勇士。吉卜林笔下的"勇士"承载着英格兰白人的责任,他们首先屠杀印度人的魔鬼撒旦——龙,然后将文明、法律和拯救等传播到印度人中间。因此,"屠龙勇士"的使命不仅是世俗的,而且是上帝的。

在张伯伦离任殖民大臣,竭力推行帝国特惠制的时候,他遇到了极大的挑战。帝国特惠制度的建立是以提高外国食品的进口税为代价,对英国人来说,他们必须在食品消费中花费更多的钱。改革者打出了许多诱惑性的口号,威斯敏斯特议员们心有余悸,老百姓也很难接受。尽管如此,张伯伦不仅得到统一自由党人的支持,而且也得到学术界如伦敦经济学院的赫文斯教授的声援。吉卜林在《事情与人》一诗中给张伯伦高度的赞赏,说他"将神谕破成两半","在沙漠中探索","他引领他的灵魂、他的事业和他的团体","他的身上捆绑着帝国,他掌控帝国计划",等等。①

1902年,宣扬"扩张就是一切"的罗得斯去世,吉卜林写了《葬礼》,对于罗得斯的帝国主义行动给予高度评价,说他是上帝的"造

---

① Rudyard Kipling, *Things and the Man*, In menoriam of Joseph Chamberlain, see Bernard Semmel, *Imperialism and Social Reform: English Social-Imperial Thought 1895—1914*, London: George Allen & Unwin Ltd, 1976, p.83.

物",他的来是"大能"降临大地,他的去是"大能"回归上帝;罗得斯具有超群的视野,高瞻远瞩,在帝国建立的过程中不仅是探险者,更是领路人;罗得斯为英帝国而生,也为英帝国而死。①

总之,吉卜林的帝国主义思想是建立在优秀种族和社会等级的基础上的,白人集人类所有的优秀品德、优秀法律、优秀管理于一体,自然成为统治的一类,教化的一类;在白人建立的国家中,英格兰最善于扩大殖民地,最善于管理殖民地,英格兰拥有最优秀的帝国主义者,无论在政府部门,还是在拓展殖民地的第一线,他们当仁不让地承担了白人的责任,成为优秀种族中的优秀代表。除此以外,吉卜林还支持扩大殖民战争,提倡用优秀种族的暴力行动摧毁野蛮种族,通过暴力的手段推进文明进程。他对帝国主义高度颂扬,用诗歌创造了帝国主义的"神话"。

事实上,在吉卜林所处的时代,英国最需要一个帝国,当英国在经济发展以及海外扩张中遇到欧洲列强的巨大挑战时,帝国不仅是英格兰的市场和原料产地,而且是新财富的发源地;同时,帝国也是英格兰军事力量的重要补充。吉卜林对于张伯伦和罗得斯的称颂,使他成为英格兰利益最大化的吹鼓手。此外,吉卜林深受种族优越论的影响,将盎格鲁-撒克逊视为最优秀的种族,迎合了大众的心理。所谓"白人的负担"完全是自欺欺人的说法,忽视了自治领和殖民地的利益需要。吉卜林的帝国主义是宣扬英国国家利益的帝国主义,是褊狭歧视的帝国主义。

---

① Rudyard Kipling, ' The Burial', see *The Five Nations*, London: Methuen and Co., Ltd, 1907, pp. 63 - 64.

二、张伯伦的实用帝国主义

约瑟夫·张伯伦①是工业家的代表,在伯明翰的市政改革中崭露头角。随后进入政府内阁,一度担任殖民大臣。张伯伦的帝国主义不仅体现在言论中,而且表现在行动上,他是一个言行一致的帝国主义者。张伯伦的帝国观念可以概括为:帝国是英国的政治遗产,帝国是宗主国与殖民地的情感依附,帝国是英国的经济后盾。

殖民地是英国的历史遗产,是先辈们留下的宝库,后辈必须尽最大努力继承遗产,并发扬光大。张伯伦说:"我们的祖先几个世纪前流血、争斗,毫不退缩,他们并没有为我们子孙留下更多的要求,如果我们不能守住他们的遗产,我们将感到羞耻。"②帝国是祖先的遗产,是英国历史的传统,是英国伟大的见证,是英国取之不尽的财富。张伯伦认为,英国从16世纪的殖民探险开始,走上了帝国扩张之路。整个18世纪,英帝国不断扩大,成为日不落帝国。大西洋一角的岛国在世界各地都有自己的殖民地,各地都使用英国的语言,模仿英国的政治管理,执行英国制定的法律。因此,无论是继承传

---

① 约瑟夫·张伯伦(1836—1914年),英国商人、社会改革家、激进派政治家。19世纪末英国著名的帝国主义者,出生在伯明翰,曾任该市市长,因推行城市的社会改造一举成名。1876年以自由党人的身份进入英国议会,80年代中期提出"非权威的改革计划"。1886年因反对爱尔兰自治法案退出自由党,造成了该党的分裂。1895年人保守党人索利尔兹伯利任首相时,张伯伦出任联合内阁中的殖民大臣。他积极倡导帝国的联合,在南非的詹姆森案件中被指控为同谋,1902年以后极力宣传帝国关税特惠计划。

② Harry Brown, *Joseph Chamberlain, Radical and Imperialist*, London: Longman, 1974, p.54.

统,还是为了英国未来的生存,保留帝国都是后人的唯一选择。

在保留殖民地遗产的同时,帝国的存在还是英国与殖民地的深厚情感的见证,帝国的巨大版图不仅是英国的荣耀和自豪,而且是英格兰优秀种族的责任。张伯伦说:"帝国的概念究竟是什么?我们已经不再将自治殖民地视为我们的依附地,占领的感情已经被亲缘的情感所取代。我们谈到并想到他们的时候,都将他们看成我们的一部分——英帝国的一部分。尽管我们被分散在世界各地,但是有着亲缘的联系、宗教的联系、历史的联系和语言的联系,大海似乎成为连接我们的见证。"① 张伯伦在谈到非白人殖民地时,认为英国人在这些殖民地承担着更多传播文明和促进繁荣的责任:"英帝国不仅只有自治殖民地和联合王国,它还包括更大的区域,在热带地区拥有更多的人口,那里没有很多的欧洲移民,原住民比白人居民多得多。同样的变化也发生在这里,改变了我们以前的种族帝国的观念。在这些殖民地,占领的情感也被另一种情感所取代——责任的情感。我们感到我们统治这些领土的合法性将通过两项指标加以证明——我们是否增加了他们的幸福以及我们是否促进了他们的繁荣。我保证我们的统治一定会,而且已经为他们带来了安全、和平以及相对的繁荣。"②

帝国在张伯伦心目中是分层次的,首先是种族帝国,他赞同迪尔克的观点,甚至认为美国仍然是英帝国的一部分。他说:"一个年轻,富有朝气的国家,讲着英国的语言,像英国人一样热爱自由和法

---

① Speech at the Annual Royal Colonial Institute Dinner, Hotel Metropole, March 31, 1897. Charles W. Body (ed.), *Mr. Chamberlain's Speeches*, Vol II, London: Constable and Company Ltd, 1914, p.2.

② Ibid., pp.2—3.

律。我不情愿将美国视为外国。"①澳大利亚、新西兰和南非的自治地位与他们的种族是相称的,他们配得上自我管理的权利。自治殖民地与母国的关系已经上升到新阶段:母国政府基本上不要在这些领土上花费投资,如保卫其安全和养活殖民地官员等,换言之,自治殖民地已经自给自足,而且他们还能为母国政府提供急需的帮助。

第二个层次是非自治殖民地,他们的人口大多数都是当地人,文化传统、法律习惯都与宗主国不同,政治和经济发展水平相对缓慢,仍然需要帝国政府的支持和援助。不过他们是帝国未来的希望:"当我们割断与那些伟大依附地的联系时,你们有人相信这个岛上拥挤的人群能够生存一天吗?他们现在需要我们的保护和帮助,他们是我们天然的市场……如果帝国缩小到联合王国的范围,像一些人期盼的那样,我们至少有一半的人都得饿死。"②

最后一个层次是正在或将要被征服的保护地,不管使用何种方式,英国都应不惜代价,不惜成本,获得新的殖民地。

如果说政治传统和感情依附是保持帝国的重要因素,那么殖民地的经济价值也不容忽视。长期以来,英国与殖民地的关系从来都是经济上的联合,政治上实行相对自由的管理。从重商主义到自由主义时期,帝国与殖民地的贸易一直是英国经济保持优势的最大市场。殖民地还为帝国提供了大量的原料,对于保持英国制造业的优势也起了关键的作用。进入19世纪70年代以来,英国的经济霸权受到多重挑战,殖民地的扩张也受到了阻遏,英国货物已经被德国、

---

① J. L. Garvin, *Life of Joseph Chamberlain*, London: Macmillan, 1932, Vol. III, p.333.
② William L. Langer, *The Diplomacy of Imperialism, 1890—1902*, Vol I, New York: Afred A. Knopf, 1935, p.77.

美国等迅速发展的国家挤出许多国家的市场。为此,张伯伦决定加强在殖民地的工作,寻找其他国家在英国殖民地推销产品的样本,将其赶出英国的殖民地市场。① 除了商品市场外,殖民地也是英国投资的最好场所。1881年5月,张伯伦在"全国公平贸易协会"成立大会上号召说:"开发我们帝国的资源,将英国的资金、技术和工业投向我们的自治领,而不是那些商业上与我们敌对的国家。"②

张伯伦的帝国理念不仅停留在话语上,而且践行于行动中,他积极倡导英国与殖民地的联合,把帝国建成一个统一的政治实体。他主张扶植西印度殖民地,支持争夺新殖民地的帝国主义战争,倡导建立帝国特惠制。

19世纪70年代末,当英国的经济优势受到挑战时,帝国联合的思想逐渐抬头,不仅涌现出许多要求帝国联合的思想家,而且出现了一些帝国联合的民间组织。为了实现帝国联合的理想,张伯伦利用女王登基60年的庆典,把殖民地的代表聚集在一起。1897年各殖民地的总理被邀请参加庆典,庆典的场面之大、仪式之隆重、持续时间之长,表明它完全是"帝国式"的庆典。罗斯伯里勋爵上书女王时说:"在我们看来这是全国感情的崇高体现,是深厚的、热情的、坚定的和忠诚的象征。这种忠诚将一直围绕在陛下的宝座周围,并年复一年与陛下春秋俱增,直到它渗透帝国的每一个遥远的角落和遥远的臣民。"③克里顿主教在他的"有节制"的备忘录中,也将庆典与

---

① Robert V. Kubicek, *The Administration of Imperialism: Joseph Chamberlain at the Colonial Office*, Duke University Press, 1969, p.59.
② R. Koebner, 'The Concept of Economic Imperialism', *Economic History Review*, 2nd ser, 11, No. 1, 1-29.
③ 马里欧特:《现代英国:1885—1945年》,商务印书馆1963年版,第137页。

英帝国联系在一起。他写道:"这个圣典是帝国伟大、帝国团结的一个意味深长的表现,这种表现不但对于英国和各殖民地同样是一种启示,而且激起了整个欧洲的惊慕之情。"①

在殖民地会议召开前,张伯伦已经与殖民地的总理们进行了非正式的会晤,讨论了帝国联合的问题。但是受到邀请的代表心情异常复杂,新西兰的代表公开反对帝国的联合;澳大利亚塔斯马尼亚的代表爱德华·布拉登勋爵(Lord Edward Bratton)则认为,帝国会议很有必要;加拿大代表劳里(Lourie)认为,加拿大满足于现在与帝国的关系,言外之意是帝国联合没有必要。但是,总理们的复杂心情并没有使张伯伦感到失望,也没有动摇他实行帝国联合的决心。在第二次殖民地会议的致词中,他公开表达了建立帝国联合的设想:

> 我认为在自治领和母国之间的确需要设立一个咨商机构,现在我把它作为一项个人的建议提出来,成立由各殖民地全权代表出席的帝国大会议,应该是可以办到的……倘使这样一个会议能够成立,它会立刻变得非常重要,并且显而易见还会发展成为更伟大的事业。它一定会逐步发展成为我们一直向往的联邦会议。②

张伯伦的鼓动并没有激起殖民地代表们的热情,他们的表态仍然是:"联合王国与殖民地的关系,在现行的条件下是令人满意的。"他们没有召开帝国大会的愿望,不希望与英国建立帝国议会。第二

---

① 马里欧特:《现代英国:1885—1945 年》,商务印书馆 1963 年版,第 133 页。
② George Bennet, *The Concept of Empire Burk to Attlee, 1774—1947*, London: Adam & Charles Black, 1962, p.167.

次殖民地会议的结果是,代表们同意张伯伦提出的定期召开殖民地和联合王国代表会议的提议,以便讨论有关的共同利益。虽然结果十分勉强,而且殖民地定期会议并没有成为帝国联合的桥梁,但是,张伯伦对帝国的联合仍然坚持不懈。

如果追求帝国联邦的努力是一个失败,那么,张伯伦在殖民大臣任内确实做了一些工作,对促进殖民地的发展起了积极的作用。首先,改善殖民地卫生状况,提高当地的健康水平。1895年张伯伦上任不久,委托英国皇家学会组成调查委员会,调查祖鲁的刺舌蝇的侵扰情况。经过专家们的实地调查,找到了奢眠病的原因,明确了苍蝇给牛羊带来的危害,使非洲的第一大瘟疫得到了防治。同时,他首次在殖民部设医药顾问一职,在医药顾问帕特里克·曼森(Patrick Manson)的倡议下,开展对热带作物的研究,并于1899年在伦敦建立了"伦敦热带药物学校",随后其他城市也纷纷效仿。他还鼓励皇家学会成立疟疾研究委员会,专门研究印度和非洲的疟疾,导致了殖民地历史上的第一次灭疟疾运动。

其次,帮助殖民地发展生产,摆脱危机。19世纪末,英属西印度群岛的蔗糖生产遭到多重竞争。加勒比海地区的古巴改进了生产技术,降低了成本,其蔗糖产量迅速超过英属西印度;自由贸易政策以后,英国也不再把西印度的蔗糖作为进口的唯一选择;欧洲生产甜菜糖又能满足欧洲市场。这些因素使一贯依靠单一作物生存的西印度殖民地雪上加霜,西印度的经济陷入绝望的境地。

1897年,张伯伦责令组成皇家调查委员会,寻找西印度摆脱困境的方法。该委员会的报告指出,西印度经济衰退的根本原因是单一作物制度和种植园经济,摆脱困境的方法是改善西印度的经济结构,推行农民所有制,改善交通状况,实行多种作物制度,特别是种植热带水果,满足欧洲市场的需要。在报告的指导下,张伯伦开始在圣文森特和多米尼加推行农民所有制的尝试,并把他们的经验推广到其他地区。为了推行多种作物制度,帮助当地人接受先进的种植技术,张伯伦还在西印度建立农业部门,其官员和技术人员穿梭于加勒比各岛,讲授农业课程,传授农业技术。

最后,改善西印度群岛的交通,加强各地的联系,促进地方市场的形成。加勒比地区各岛之间缺乏交通联系,影响了与外部世界的交换和交流,改善交通成为改变经济的一个重要方面。英国政府1899年通过法案,为加勒比地区的交通建设提供低息贷款,利息仅为2.25%。牙买加获得了11万英镑的贷款修建铁路,使内陆与海岸连接起来,为香蕉种植和销售提供了方便。该法案还为汽船航线提供资助,使西印度的水果能打开英国和美国市场。张伯伦说:"这是一个伟大的政策。……如果这个国家不愿意将剩余的资金投放到殖民地的发展中,我看它们的未来就没有希望……"①同时,1899年的法案不仅适用于加勒比海地区,而且适用于非洲的一些地区。例如,西非的黄金海岸和塞拉利昂都得到了英国政府的低息贷款和15万英镑改善港口建设的费用。在张伯伦"开发殖民地财富"计划的帮助下,1917年英属西印度恢复了偿还能力,不仅增加了殖民地的经济自信,而且也为英国商品储备了市场。

改善殖民地医疗条件,引进先进的生产技术,重组生产方式以及向殖民地提高贷款等举措确实是张伯伦"建设性帝国主义"的创举,但是,张伯伦支持用暴力争夺殖民地,并将之看成"文明工作"和

---

① Bernard Porter, *The Lion's Share: A Short History of British Imperialism, 1850—1995*, London: Longman, 1996, p.189.

"国家使命"。① 张伯伦承认战争导致生命和财产的损失,而且给殖民地带来更大的创伤,但在"保护生命财产安全以及促进殖民地的发展上,不可能不破鸡蛋孵化出小鸡,对于荒凉非洲几个世纪的野蛮、奴役和迷信必须利用暴力加以摧毁。如果将我们取得的成果与我们付出的代价相比,你会非常庆幸,我们目前因远征而取得了尼亚萨兰、阿散蒂、贝宁和努佩,远征可能付出了生命的代价,但是,一个人的生命换来 100 个人有所得,而且人民文明和繁荣的进程向前迈进了",因此这是"伟大的任务"、"伟大的责任"和"伟大的荣耀"。②

张伯伦对战争的态度足以解释他在布尔战争中的表现,也解释了人们为什么将他视为詹姆森暴动的幕后策划者,有人甚至将南非战争称为"张伯伦战争"。③南非战争爆发不久,英国军队遭到惨败,金伯利、莱迪史密斯和马弗京被布尔人包围。1899 年 12 月 8 日,张伯伦在都柏林的三一学院发表演讲:"情况现在对我们非常不利,但是,我们这个国家从来没有因为不好的运气而动摇过,过去我们一次又一次地遭遇对手,现在我们也将这样。我已经够老了,仍然记得过去黑暗的日子——克里米亚战争的日子和印度叛乱的日子,我希望我们现在正在最黑暗的时候,黎明就在眼前。"④

为了取得战争胜利,张伯伦向英帝国各殖民地发出呼吁,要求他们为母国做出贡献。在他的推动下,澳大利亚、新西兰以及印度

---

① Colonial Institute Dinner, Hotel Metropole, March 31, 1897. Charles W. Body (ed.), *Mr. Chamberlain's Speeches*, Vol II, London: Constable and Company Ltd, 1914, p.3.
② Ibid., p.4.
③ Denis Judd, *Radical Joe,: A Life of Joseph Chamberlain*, London: Hamish Hamilton, 1977, p.216.
④ J. L. Garvin, *Life of Joseph Chamberlain*, London: Macmillan, 1932, Vol. III, p.526.

等地都派出军队参加英国对布尔人的战争。一直对英国政府不满的法裔加拿大总理劳里也暂时收起了敌意,同意派一个一千多人的军团到南非作战。张伯伦在给加拿大总督明托勋爵(Lord Minto)的信中说:"我相信加拿大和其他殖民地的行为将给英国留下最新的印象,他们的行动将促进帝国的紧密联合。"①

布尔战争以后,张伯伦带着帝国联合的愿望来到南非,1903年在约翰内斯堡发表演讲说:"现在我们再也听不到将分离殖民地作为目标的政治家,殖民地也在回应我们的情感。他们放弃了地方保护主义,他们急于表白他们是光荣帝国的一部分,他们随时准备承担责任,并享受特权。现在这种精神已经存在,我更希望它持续存在下去。"②但张伯伦显然过于乐观了,就在布尔战争结束后不久,英帝国就开始了解体的过程,而且南非的离心倾向益发严重。

为了维护帝国的统一性,张伯伦鼓吹建立帝国特惠制,以便从商业交往方面加强帝国间的联系,并帮助英国摆脱经济困境。1896年,他提出帝国最大的利益是帝国贸易,并且认为防卫和商业是密切相连的。他说:"如果这个国家的人民和殖民地的人民用实际行动推动帝国统一,他们必须从商业开始。"③张伯伦认为建立商业联盟有其可行性:德意志帝国通过建立关税同盟实现了国家统一,德

---

① J. C. to Minto, 26 Oct, 1899, in J. L. Garvin, *Life of Joseph Chamberlain*, London: Macmillan, 1932, Vol. III, p.533.
② Chamberlain's Speech, 'As One Nation', Wanderer' Hall, Johannesburg, January 17, 1903, Charles W. Body (ed.), *Mr. Chamberlain's Speeches*, Vol II, London: Constable and Company Ltd, 1914, p.109.
③ Speech at the Canada Club Dinner, London, March 25, 1896. George Bennet, *The Concept of Empire Burk to Attlee, 1774—1947*, London: Adam & Charles Black, 1962, p.317.

国的做法是英国的榜样:"我们有德意志帝国这样的先例可以借鉴。那个帝国是怎样产生的呢? 诸位都记得,最初它是从两个大邦国结成关税同盟开始的,逐渐吸引其他的邦国,于是,那些邦国为了商业的目的——加入关税同盟之中。他们成立了一个议会或联合议会来管理商业问题。在他们的商业合作中,民族目的和政治利益逐渐显露出来,这样,他们以纯商业基础和商业利益为起点,继续发展,最终形成了统一的维系德意志帝国的基础。"①

当然帝国特惠制(Imperial Preference)的最终目的是帮助英国摆脱危机:"这个国家的形势使政治家和敏锐的观察家们十分焦虑,除了政治形势紧迫外,商业的竞争更加严峻,帝国关税的压力,出口奖励的压力,补贴的压力,都变成英国沉重的负担。"②因此为了摆脱重负,张伯伦提出加强帝国内部的经济联系,作为对抗美、德、法等国家商业竞争的手段:"目前孤立的帝国四面受敌,我们必须寻求自己人的帮助。我们必须加强内部的联系——感情、同情和利益……如果在掌控中我们不能抓住机会,在权威中不能控制自己的贸易,我相信我们将面临灾难。"③

当时,德、法、美、意、俄为了保护本国市场,都建立了保护关税制度,而英国却坚持自由贸易的原则。张伯伦意识到英国必须建立关税保护制度了,否则英国将失去市场。他希望把整个帝国建成一个关税同盟,帝国内实行贸易特惠,而对帝国外实行统一的高关税

---

① George Bennet, *The Concept of Empire Burk to Attlee, 1774—1947*, London: Adam & Charles Black, 1962, p. 328.
② Speech at Brimingham, 16 May 1902. George Bennet, *The Concept of Empire Burk to Attlee, 1774—1947*, London: Adam & Charles Black, 1962, pp. 327 - 328.
③ Ibid., p. 328.

政策。这样既可以保证英国工业品的销售市场，又可以让殖民地提供廉价的食品和原料。为此他提出首先在食品方面设立关税，这样可以让殖民地提供英国市场所需要的食品，同时对其他国家进行报复，"将关税作为清除外国倾销品的净化剂"[1]。

从殖民地的市场吸收能力看，在1881—1900年间，英国殖民地的购买力增加了17%，但是英国对这些地区的出口减少了1%。1901年，外国出口到英国自治殖民地的商品价值达5000万英镑，而1881—1900年间澳大利亚、加拿大、印度以及英属南非进口的英国商品却大幅度下降了。1901年，英国对外贸易为5.92亿英镑，对殖民地的贸易只有2.1亿英镑。[2] 在帝国市场内，英国正在失去其主导立场。正是看到了这些问题，1903年5月15日张伯伦第一次宣布支持关税改革和帝国特惠制。他的具体计划是：除了玉米外，所有的进口粮食（包括面粉）一律征收每夸特2先令的进口税；除了咸肉，所有进口的肉类和奶制品征收5%的进口税；对外国制造品征收平均10%的进口税。这个计划可以达到三个目标：保证殖民地食品进入英国，通过特惠制绑住帝国，为英国的制造业确保市场。[3]

但是，关税改革和帝国特惠在自由统一党内引起分歧，温和派提出了三个质疑：必须考虑整个国家人民的态度，必须考虑殖民地是否愿意接受，必须考虑英国的工人阶级是否愿意为面包和肉付出更多的钱，以及他们的工资和养老金等问题。

---

[1] Denis Judd, *Radical Joe: A Life of Joseph Chamberlain*, London: Hamish Hamilton, 1977, p.241.
[2] Ibid., p.244.
[3] Bernard Semmel, *Imperialism & Social Reform*, London: George Allen & Unin Ltd, 1960, p.92.

张伯伦认为帝国特惠政策是一个长期受益的计划,需要超远的眼光,尽管英国人现在必须为进口的食品交税,但是,日后殖民地的资源和市场将提供更大的回报,这是一个短期阵痛与长期受益的问题,是一个芝麻和西瓜的问题,因此不能只顾眼前,要向前看。1903年6—10月,张伯伦马不停蹄地到处游说,为帝国特惠制做宣传,他说:"自由进口已经摧毁了这个国家的大宗产业之一——糖工业,它事实上是可以保住的。自由进口也摧毁了农业……农业是这个国家最大的行业。糖没有了,丝绸没有了,钢铁受到威胁,羊毛也受到威胁,棉花也即将没有了。我们还能支撑多久?这些行业以及依赖其生存的工人就像田地上的羊群,他们一个又一个被领出去杀掉。他们这些剩余的人没有互相联合……补救在哪里?我们应该要求一些保护措施,像其他文明国家一样。"[1]

10月,张伯伦在纽斯卡尔谈到小麦和谷物短缺的问题时,再一次表达了对帝国特惠制度的支持,他认为在没有征收进口税的情况下,同样会导致高价面包的出现,因此,食品的短缺与税收毫无关联:"供应不足只有一个补救的方式,就是增加供应的资源,你吁求殖民地,他们就会回应,不需要任何的刺激和鼓励。他们将向你们提供永不衰减的、永远足够的供应。"[2]

尽管张伯伦到处奔走,游说帝国优惠的好处,却仍然不能实现他的帝国联合梦想,原因是他忽视了殖民地人正在形成的民族感情。移民为了生存,逐渐适应了新的土地,尽管他们保持了宗主国的习俗和传统,却逐渐形成新的认同。例如,加拿大的移民来自不

---

[1] Denis Judd, *Radical Joe: A Life of Joseph Chamberlain*, London: Hamish Hamilton, 1977, p.252.
[2] Ibid.

同的国家——法国和英国,他们在共同的土地上弥合了两个族裔的差异,在相互尊重的基础上形成了加拿大国家。在与德国的竞争中,澳大利亚也出现本土意识,宗主国考虑的是帝国与德国的关系,澳大利亚考虑的却是它自己的利益。换言之,当殖民地需要母国的时候,母国只维持松散的关系;当母国要求联合时,殖民地已经没有这样的要求了。

经济利益是一个更重要的因素,殖民地不可能永远满足于向宗主国提供原料、接受宗主国的工业品,它们希望充分利用自己的资源,建立自己的市场。澳大利亚在所有的殖民地中,首先对宗主国采取关税保护,随后加拿大为了对付美国商品的倾销,保护市场和国家的生存,也执行了保护民族工业的关税政策,麦克唐纳把它称为"国家政策"。由此可见,殖民地与宗主国利益的不一致已经十分明显,而且任何一方都不愿意妥协:英国不愿意放弃殖民地市场,因为它是英国强大的保证;殖民地不愿意永远成为宗主国的市场,因为它是发展和生存的障碍。

当两种利益失去平衡时,张伯伦仍然对殖民地的"忠诚"坚信不疑,他认为帝国联合可以提高整个帝国的实力,使英国永远立于不败之地。张伯伦的一厢情愿是英帝国的无奈选择,帝国的梦想已经离英国人越来越远。有趣的是,英帝国的出现是英国谋取海外利益的结果,而英帝国的失败却是殖民地人民寻求利益的结果。我们是否可以这样认为:一种民族主义造就了英帝国,另一种民族主义摧毁了英帝国。

三、罗得斯的扩张帝国主义

塞西尔·罗得斯(1853—1902)出生在英国赫特福德郡的一个牧师家庭,17岁前往南非。南非金伯利金矿的发现使他很快致富,所以他是殖民冒险家的典型代表。罗得斯是帝国主义的鼓吹者,罗得西亚以他的名字命名,南非的罗得西亚大学亦以他命名。历史学家理查德·麦克法兰称他为"不可或缺的南非与大英帝国历史的参与者,其地位如同乔治·华盛顿或亚伯拉罕·林肯之于美国历史……19世纪末的南非历史,大部分都由塞西尔·罗得斯书写"[1]。罗得斯获得如此评价并非偶然,在欧洲列强瓜分非洲的行动中,罗得斯为英国的扩张加足了马力。他不仅使自己获得了丰厚的回报,而且为英国在殖民争夺中取得最大最多的份额做出巨大贡献。他是帝国主义时代最引人注目的帝国主义分子。

罗得斯在南非的行动诠释了帝国主义的实质——扩张,"扩张"具有政治和经济的双重含义:在政治上意味着统治、同化被征服的民族,在经济上意味着占领更多更大的市场。值得注意的是,扩张的功能完全是单向的,扩张是一个强迫认同和强迫接受的过程,法律、政治、文化、宗教全方位的强加,结果是帝国主义国家的思想、观念以及利益的全面扩散,除了人的肤色不能改变之外,他们要改变一切,占有一切,如罗得斯所说:"英国应该占领整个非洲大陆、圣

---

[1] Richard A. McFarlane, 'Historiography of Selected Works on Cecil John Rhodes (1853—1902)', *History in Africa*, Vol. 34, 2007, pp.437-446.

地、幼发拉底河流域、塞浦路斯岛、整个南美、所有尚未被占领的太平洋诸岛、马来群岛、中国以及日本沿海";必要时"可以发动战争",因为"扩张是保有世界的唯一选择"①。

罗得斯的扩张帝国主义建立在种族优越论的基础上,他相信盎格鲁-撒克逊人命中注定要成就伟业,他说:"我们恰巧是世界上最优秀的人民,我们拥有正义、自由、和平的最高理想。我们居住的范围越大,人类将越美好。"②在临死前他仍然说:"我坚持我们是世界上第一种族的说法,也坚持我们占地越多、越有利于人类的说法。"罗得斯希望大英帝国成为一个超级力量,所有以英国人为主流民族的国家,都是帝国的成员,当中包括加拿大、澳大利亚、新西兰与开普殖民地,这些殖民地在英国国会都应占有席位。罗得斯始终认为,美国仍然是英帝国的一部分,而且是非常重要的一部分,在罗得斯的心目中,美国人就是盎格鲁-撒克逊种族的后裔,他们不仅继承了优秀种族的品德,而且把英国的文明发扬光大,并传播到世界各地。美国的发展见证了盎格鲁-撒克逊种族的优越和伟大,美国如果仍然保留在英帝国的版图内,英帝国将不可战胜。他相信,世界最后会由英国、美国与德国统治,并会带来长久的和平。他的种族优越论与吉卜林的白人的负担互相呼应,为他的扩张帝国主义奠定了理论基础。

既然英国是"全世界光明的源泉、和平的中心",就应该充分释放它的能量,将其光芒照耀在任何一块能够照耀到的地方。1877年

---

① J. G. Lockhart & C. M. Woodhouse, *Rhodes*, London: Hodder & Stoughton, 1963, pp.69-70.
② Faber, *The Vision and the Need-late Victorian Imperialism Aims*, London: Faber, 1966, p.64.

他写道:"世界几乎已经被瓜分完毕,余下的部分正在被瓜分、征服和殖民化之中。可惜我们不能到达夜间在我们头顶上闪烁的星星那里,如果可能,我就要并吞那些星星!"

在充满种族优越感的另一面,罗得斯面对联合王国的未来时又表现出极端的忧虑和担心,他希望疏散急剧膨胀的人口,为工业品扩大市场:"为了使联合王国4 000万居民避免内战,殖民主义政治家应当占领新的领土,安置过剩的人口,为工厂和矿山出产的商品找到新的销售地区。我常常说……要是你不希望发生内战,就应当成为帝国主义者。"帝国的扩张直接影响到联合王国的生存,帝国问题是"黄油和面包的问题"。因此,罗得斯大声疾呼:"你们的贸易范围在整个世界,你们生命活动的舞台不在英格兰,而在整个世界。"①

1889年10月,英国颁布特许状,授权以罗得斯为首的"英国南非公司"(British South Africa Company)对中南非尚未被占领的地区进行殖民统治,公司的活动范围"限制在英属贝专纳以北到葡萄牙自治领的西北部"。事实上,英国政府对于公司的北部范围是没有限制的,特别是葡萄牙人的势力范围,为英国南非公司的扩张提供了有利的条件。在取得特许的基础上,为了得到政府的更多支持,罗得斯以公司股份为诱饵拉拢了一些贵族加入该公司,如阿伯康公爵(Duke Abercorn)、法伊夫公爵(Duke Fife)、吉福德勋爵(Lord Gifford)等人,利用他们在政府中的影响力为英国南非公司服务。

英国南非公司的章程主要包括两个方面的内容:第一,冠冕堂皇地规定了公司的目的:促进贸易、商业、文明以及殖民地政府的良

---

① Faber, *The Vision and the Need-late Victorian Imperialism Aims*, London: Faber, 1966, p.175.

好运作；促进当地土著的归化，尽可能地消灭奴隶制度，增强殖民地人的财政能力。第二，规定公司与英国政府的关系：一旦公司与殖民地的酋长或是任何外国政府或公司发生纠纷，必须服从殖民大臣的裁决；对于殖民地的信仰、立法和奴隶制等问题，必须执行殖民大臣的指示；向英国政府提供年度的收支和税收账目；除了公共设备、铁路和供水外，公司不得实行垄断。公司章程对于殖民地的土地和财产问题一字未提；此外，由于公司吸收了一些有影响的贵族，政府把监督的责任部分地放在他们手中，而这些贵族对于殖民地的管理和贸易根本不感兴趣，他们只是从公司提供的股票中捞钱。因此，英国南非公司拥有"绝对的自由"。

英国政府的支持和南非公司的雄厚经济实力为罗得斯在南非的扩张提供了保证。根据特许状规定，英国南非公司的北部疆界不受任何限制，换言之，公司可以任意向北方扩张。罗得斯的目标是在这里建立白人殖民地，但是最大的障碍是布拉瓦约(Bulawayo)的国王洛本古拉。此前，英国南非公司没有自己的代表，罗得斯派詹姆森用来福枪引诱洛本古拉，但是，后者既不放弃，也不确认。

洛本古拉软硬不吃的态度使罗得斯决定用暴力解决问题，他选择了两个年轻的冒险者实施其计划：一个是"贝专纳探险公司"(Bechuanaland Exploration Company)的经理弗兰克·约翰逊(Frank Johnson)，另一个是美国军人莫里斯·希尼(Maurice Heaney)少校。双方于1889年12月签订协议：由他们组织500人向布拉瓦约发起进攻，或谋杀洛本古拉或将洛本古拉作为人质带回；罗得斯则给他们15万英镑和10万英亩土地作为回报。但是，希尼醉酒泄露了行动计划，罗得斯不得不暂时放弃。虽然这次武装袭击无果而终，但是它为1895年的"詹姆森袭击事件"(Jameson's Raid)埋下了伏笔。

詹姆森事件极大影响了罗得斯的形象,然而他对洛本古拉的领土要求没有改变。既然暴力方式不能达到目的,欺骗还得继续。由于洛本古拉非常需要来复枪,当新的谈判代表弗朗西斯·汤普森(Francis Thompson)到布拉瓦约后,洛本古拉同意接受十来个白人在他的领地上挖矿,双方签署了条约。另一方面,罗得斯为了吸引更多的南非英国人来到洛本古拉的土地,给予每个愿意迁徙的人每天 7 先令 6 便士,迁徙后承诺每个人可以得到 300 英亩土地以及 15 块土地的淘金权。① 汤普森的承诺难以兑现,170 多人一下子涌向洛本古拉的土地。而且根据条约,公司可以为采矿采取一切必要的行动。洛本古拉后来才意识到条约的本质,企图毁约,但英国政府不予理睬。1890 年 2 月,洛本古拉同意白人穿过他的土地前往马塔贝莱兰(Matabeleland)和马绍纳兰(Mashonaland),从此,马绍纳兰成为英国南非公司活动的中心。

此时,罗得斯将目光转向赞比西的北部,此举有两个目的,一是希望找到金矿,二是让这个地区变成白人的居住地。由于英国南非公司掌控矿产权和土地权,可以向其他公司出售矿藏和土地,让他们来开采矿藏、开办工矿企业,但是,50％的利润必须归英国南非公司所有。罗得斯的商业经营为南非公司带来了滚滚财源,如弗林特所述:"公司就像一个引擎在积累财富。"②他的举动不但增进了他自己的利益,还扩大了英国的利益:阻止葡萄牙人、德国人乃至布尔人向中非发展。

比马绍纳兰更远的地方是尼亚萨兰——今天的马拉维

---

① John Flint, *Cecil Rhodes*, Boston & Toronto: Little Brown and Company, 1974, p.130.
② Ibid., p.131.

(Malawi),苏格兰的传教士早就在这里开展传教活动,随后,苏格兰的"非洲湖公司"(The African Lakes Company)也在这里从事商业活动,但奴隶贸易导致公司破产。这时,葡萄牙人公开声称尼亚萨兰是他们的势力范围,并控制了赞比西河的入口。为了获得尼亚萨兰,罗得斯与"非洲湖公司"的哈里·约翰逊(Harry Johnson)合作,罗得斯出资帮助破产的公司重整旗鼓,约翰逊同意将尼亚萨兰以西的土地和矿藏让给英国南非公司作为回报。约翰逊的评价是:"他是英国人,但不是一个利己的帝国主义者,他致力于将尼亚萨兰变成英国的保护地,而不关注公司的利益。"[1]但是,双方的合作并没有带来实质性的后果,1894年,英国外交部控制了尼亚萨兰的财政,罗得斯与约翰逊的合作并没有使他取得尼亚萨兰的控制权,但南非公司取得了东北罗得西亚。

南非的西北部是黄金和铜的重要产地,1890年,罗得斯的南非公司又开始了新的扩张,其目标是通过巴罗茨兰(Barotseland)向西北的加丹加(Katanga)延伸。除了巨大的经济利益外,德国从南非西部向北部推进,将直接导致英德的竞争。同时,比利时刚果自由邦也提出了领土要求。当时,巴罗茨兰的莱旺尼卡国王(King Lewanika)正处于内忧外患之中,外部受到葡萄牙人和刚果的阿拉伯奴隶贸易商的威胁,当地的对手恩德比利(Ndebele)也不是省油的灯,国内的情形不容乐观,他曾在1884年被推翻,在1885年又恢复王位。莱旺尼卡在内外交困中开始寻求英国的保护,他认为"女王的保护伞能够为巴罗茨兰带来国内和国外的和平"[2]。

---

[1] John Flint, *Cecil Rhodes*, Boston &. Toronto: Little Brown and Company, 1974, p.132.
[2] Ibid., p.134.

从 1887 年起,莱旺尼卡国王敦促法国传教士弗朗西斯·科伊拉德(Francois Coillard)联系英国,直到 1889 年科伊拉德才写信寻求英国的保护。英国外交部收到莱旺尼卡的要求后,把任务交给了罗得斯的特许公司,并将其视为英国在赞比西北部扩大领土范围的行动。莱旺尼卡是一个谈判高手,他希望与英国女王的政府谈判,而不是与一个特许公司谈判。英国首相索尔兹伯里为了消除莱旺尼卡的疑虑,要求南非最高官员亨利·洛赫爵士(Sir Henry Lock)写信给莱旺尼卡,保证他能够得到英国的保护,而罗得斯的特许公司得到了女王的充分信任。在英国南非公司与莱旺尼卡的谈判中,后者提出每年 2 000 英镑的补助金,同意将土地和矿藏的垄断权让给公司,但是,不包括他自己人居住的地方。他还要求公司保证其土地、牲畜、城镇和制度的安全。[①] 南非公司答应了莱旺尼卡的要求,这样,巴罗茨兰在十几年时间里成为英国南非公司属下的一个地区,其政治地位难以确定。

英国南非公司在南非北部的扩张得到英国政府的默许,一方面,它的利益与政府保持一致;另一方面,政府不愿意承担更多的财政负担以获得南非的利益。因此,政府对于罗得斯的做法睁一眼闭一眼,在与欧洲列强争夺利益的过程中,英国政府没有花费太多,而是利用罗得斯的个人财富和野心得到了较大的利益。这一时期,英国南非公司与政府的合作处于双赢的阶段。

在南非的南部,从金伯利到索尔兹伯里要塞的通道有 2500 多千米之长,贝专纳和洛本古拉的国家是必经之地,交通成为主要问题。对于英国南非公司来说,在东非海岸葡萄牙人控制的莫桑比克

---

① John Flint, *Cecil Rhodes*, Boston & Toronto: Little Brown and Company, 1974, p.135.

(Mozambique)的贝拉(Beira)建立一个港口是最好的选择,这里离索尔兹伯里只有不到600千米。早在19世纪初,葡萄牙人宣布莫桑比克内地的所有权,英国政府又承认了葡萄牙对莫桑比克海岸的拥有权。但是,这些事实都不能阻止罗得斯的行动,他决定侵犯葡萄牙的领地获取这些利益。

葡萄牙人在莫桑比克的殖民也是通过特许公司,新建立的莫桑比克公司从政府获得了广泛的权力,推动从内地到海岸的活动。1888—1889年,葡萄牙人关闭赞比西河对付尼亚萨兰的英国人,同时宣布控制希雷河(Shire River)和尼亚萨湖(Lake Nyasa)。莫桑比克公司在安德雷德的领导下,向贡古哈纳(Gungunhana)国王的领地加扎兰(Gazaland)和位于马绍纳兰边境的马尼卡(Manica)推进。1889年10月前,英国南非公司还没有获得政府的特许,英国首相索尔兹伯里决定用外交和武力威胁,平息葡萄牙人的竞争。1890年8月,罗得斯公司的先遣队到达马绍纳兰,此时,索尔兹伯里和葡萄牙人达成协议:尼亚萨兰为英国所有;马尼加、赞比西河的南部为葡萄牙人所有。葡萄牙人保证在贝拉和马绍纳兰之间建立一条铁路,使蓬圭河(Pungwe River)正常交通。条约被罗得斯称为"倒霉的条约",为了达到他的目的,罗得斯无视英国政府与葡萄牙政府的条约,命令代理人迅速推进,并一度取得实质性的进展,剥夺葡萄牙人在莫桑比克的殖民地,只留给他们一两个海岸港口。

罗得斯在莫桑比克的成功得益于非洲原住民的支持。位于莫桑比克南部的加扎兰势力很大。加扎兰人的祖先是祖鲁人,19世纪初已经建立起军事性质的国家,在19世纪的大部分年代其势力比葡萄牙人大得多。尽管葡萄牙人通过协议或条约得到了土地,但是葡萄牙人必须向加扎兰纳贡。1885年,贡古哈纳登上王位,同年,葡萄牙人声称取得保护。但是,由于签订条约的是皇室代理人,而非国王,恰恰成为贡古哈纳不承认葡萄牙保护的借口;同时,贡古哈纳不断受到葡萄牙的压力,1887年以后,他几次派特使到纳塔尔,争取与英国联合或者得到英国的保护,这为罗得斯取代葡萄牙人的殖民地提供了有利条件。

另一个吸引罗得斯的原因在于,贡古哈纳的领土范围甚大,内陆的小国和部落都要向其纳贡,而且他还控制从德拉瓜湾到赞比西河的海岸线。如果英国南非公司与贡古哈纳合作,莫桑比克的大部分领土都将控制在英国手中。1890年10月,英国南非公司以1000支来复枪、2万发子弹以及一年500英镑的补助金与贡古哈纳达成保护协议。1891年2月18日,英国南非公司的武器已经被卸在说好的港口,贡古哈纳得到了需要的东西,兑现了1890年10月的承诺。

马绍纳兰的东部,靠近蓬圭河的地方,有一个叫马尼卡兰(Manicaland)的地方,国王是马塔沙(Mtasa),葡萄牙人认为马塔沙是贡古哈纳的封臣,不是君主,没有与之签订保护条约。罗得斯一方面为了扩大在莫桑比克的势力,另一方面害怕如果英国在贡古哈纳的土地上站不住,他可以从马尼卡兰向贝拉推进,利用葡萄牙人的失误,与马尼卡兰的马塔沙国王签订保护条约。1890年,英国南非公司以每年100英镑的代价获得了马尼卡兰的矿藏和土地权。[①]当英国人将这一消息通报葡萄牙后,引起了强烈的抗议。11月,马尼卡兰情形不再是条约的问题,而是演变为军事占领。在这场战争

---

① John Flint, *Cecil Rhodes*, Boston, &Toronto: Little, Brown and Company, 1974, p.140.

中，英国南非公司失败，葡萄牙取得胜利。1891年罗得斯组织新的干涉活动，由250个白人组成的一个团体沿蓬圭河而上，切断马尼卡兰与索尔兹伯里的通道。3月13日，当约翰·韦洛比爵士（Sir John Willoughby）率领的这批人将要到达贝拉时，与葡萄牙的两艘战船相遇。韦洛比以葡萄牙人侮辱英国国旗为由，拒不服从葡萄牙将军的命令，继续前进。15日，葡萄牙人发出警告：如果英国人继续前进，他们将首先开火。韦洛比无视警告，向上游前进，葡萄牙人紧随其后，并开枪警示，韦洛比被迫投降。在开普和伦敦，韦洛比的投降被认为是极大的耻辱，罗得斯建议政府用武力打开从莫桑比克到索尔兹伯里的通道，但英国未采纳。

马尼卡兰的事件还没有结束，1891年5月出现了更多的暴力行动。葡萄牙的一批学生志愿者来到莫桑比克，与葡萄牙军官指挥的非洲士兵一起，向马尼卡兰的内陆推进，意图是将英国海门上尉领导的一支英国军队赶出马塔沙的领地马塞奎斯，但是，英国南非公司守住了马塞奎斯。这些行动使两国政府之间的关系越发恶化。1891年6月11日双方签订条约：马塔沙的马尼卡兰大部分由英国控制，而贡古哈纳的加扎兰属于葡萄牙。在条约签订后，罗得斯仍然利用诡计引诱贡古哈纳，许愿更多的补助金，组织白人居民进入。但最终因罗得斯失信，贡古哈纳付出了惨重的代价。1895年，他被葡萄牙军队废黜随后流放。

1895年，英国南非公司在政府的支持下，吞并了赞比西河和林波波河之间以及以北的广大地区，包括今天的津巴布韦、赞比亚和马拉维的全部领土，这些地区都用罗得斯的名字命名为"罗得西亚"。这里蕴藏着丰富的金矿，是实现英国"两开"扩张计划的中间环节，具有重要的战略意义，罗得斯实现了1888年在成立钻石开采垄断组织时的愿望:"我们应当永远记住,南非问题的实质在于把开普殖民地扩大到赞比亚河",以便打通从开普敦到开罗的内陆通道。关键的一着是占领马绍纳兰,"如果我们能得到马绍纳兰,我们就抓住了非洲的天平"。这样,英国从南、北和西三面包围了布尔人的德兰士瓦和奥兰治。

　　罗得斯一边建立罗得西亚帝国,一边将开普殖民地的命运掌握在手中,1890年7月,他成为开普殖民地总理。控制开普与侵占罗德西亚是相辅相成的,如弗林特所述:"如果他没有取得对开普殖民地的政治控制,特许公司就不可能成功;如果开普出现一个敌对的总理,或者出现一个反对党致力于抵制特许公司,罗得斯在北部的计划必然化为泡影。"①开普殖民地是南非公司扩张的基础,公司的铁路是开普铁路的延伸。罗得斯取得开普的统治权后,实现了财富与政治的结合:财富促进政治权利的获得,政治权利为他带来更多的财富。

　　稳定开普后,从1892年到1894年,罗得斯致力于经济上对德兰士瓦进行渗透:将开普铁路延伸到约翰内斯堡;建立殖民地和布尔国家之间的关税同盟。1894年底,罗得斯认为,用武力推翻克鲁格政府的时机已经成熟,但是,詹姆森袭击事件的失败摧毁了罗得斯的政治生命。不过罗得斯至少实现了他的半个梦想:在开普与开罗之间连起一条红线,通过这条红线"连结领土、优化管理、加快军队应变速度、有益于移民、促进贸易"②。

　　罗得斯的扩张帝国主义顺应了英国在殖民地争夺中的需要,对

---

① John Flint, *Cecil Rhodes*, Boston&Toronto: Little Brown and Company, 1974, p.157.
② Ibid., p.141.

罗得斯而言,扩张是永无止境的,关系到英国的生存,也关系到他个人财富的增长,英国政府重视他的财富,大臣和贵族也看重他的财富,他不仅用财富增加了财富,还用财富获得了权力和声望。有了财富,他可以进行无限制的扩张,如勒拉姆所述:"他对追求权力与财富有着相同的渴望。"①他将帝国主义的扩张视为获得权力和财富的工具:财富把他带上了英国的政治舞台,也实现了他追求权力的梦想。英国历史学家波特说:"罗得斯利用他的财富获得了大臣们的青睐,大臣对他的青睐部分是由于他通过财富得到了权力。"②财富和权力的相互缠绕,形成了罗得斯独特的政治和经济关系理论。他认为在19世纪90年代,南非的资本主义应该成为支持英帝国的一股力量,③因为资本家并不介意在何处致富,只要当地政府和英国政府不进行干涉,他们便不会轻易离开。但是,资本家与当地政府协调关系却需要帝国政府的支持,这时,帝国力量对资本家的重要性就显现出来。一旦英国的资本家失去帝国政府的保护,他们就失去了力量;相反,如果有帝国政府的保护,他们就能创造更多的财富。因此,罗得斯认为,权力和财富是不可分割的:财富是取得权力的条件,权力可以保证更多的财富,在英帝国主义发展高峰的时刻,尤其如此。

---

① Faber, *The Vision and the Need-late Victorian Imperialism Aims*, London: Faber, 1966, p.64.
② Bernard Porter, *The Lion's Share: A History of British Imperialism 1850—1970*, London: Longman, 1977, p.169.
③ 西克·安德烈:《黑非洲史》,第一卷,下册,上海人民出版社1973年版,第781页。

四、霍布森和列宁的经济帝国主义

19世纪末20世纪初,霍布森和列宁的帝国主义理论最为经典。他们从经济的角度考察帝国主义,并将垄断的后果上升到政治的高度,预见了帝国主义的必然走向。霍布森认为资本主义国家生产过剩、财富分配不均以及消费不足导致了大量剩余资本的产生,几个势均力敌的帝国主义国家为了商业和金融利益互相竞争,其手段就是控制他国的制度与生活。帝国主义在追求私利的过程中,政界权贵、冒险家、大公司代理人、投资者等结成联盟,同时奉行军国主义和官僚政治,具有掠夺性和寄生性,是现代民族国家最突出的危险。

列宁对于剩余资本的阐述从马克思的剩余价值理论出发,论述工业资本家和金融寡头联手控制政府政策的过程。列宁认为资本主义分为不同的阶段,帝国主义是资本主义的最高阶段,也是资本主义走向灭亡的前兆。帝国主义的特点是垄断,相同行业组成垄断联盟,不同行业也组成垄断联盟;垄断加剧了资本的聚积,银行在其中起关键作用。垄断资本在追求最大利润的过程中引发欧洲大国瓜分殖民地市场的狂潮,使资本主义进入帝国主义时期。

约翰·阿特金森·霍布森(J. A. Hobson)是英国著名经济学家,在帝国主义最疯狂的年代,他通过对英国经济发展趋势的分析提出了他的帝国主义理论,认为帝国主义是现代资本主义经济畸形发展的结果,受害者正是创造财富的社会底层劳动阶层,社会改革是铲除资本主义弊端以及消灭帝国主义的唯一选择。

霍布森在《帝国主义研究》中,对帝国主义产生的原因进行了解释。首先,帝国主义是剩余资本追求更大利润的手段。剩余资本从哪里来?霍布森解释道:过量生产是导致剩余资本产生的第一个原因,"制造商的过量生产,剩余资本在国内没有好的投资项目,迫使大不列颠、德国、荷兰、法国将越来越多的经济资源投放到他们的自治领地,为了得到新的区域而推动政治扩张政策"[①]。第二个原因是资本主义社会的财富分配不均,利润落到少数人的手中。"在一个经济社会里,分配与需要从来没有建立固定的联系,但是,分配确实由一些因素决定,这些因素使一些人的消费能力大大超出他们的需要,而另一些人则缺少消费能力满足身体的基本需要。"[②]第三个原因是国内消费不足,人为地限制了工业在国内的扩张。对普通社会阶层来说,为了应付随时出现的经济危机,他们节省支出,增加了银行的资金流进。为了得到更高的利润,大企业家和金融寡头联手,利用他们控制的剩余资金竭力追求海外市场高利润的回报。

其次,帝国主义是国家间竞争的必然结果。19世纪70年代以来,英国的殖民地和保护地迅速增加,霍布森认为英国海外殖民地的扩张与经济利益相辅相成。当英国的领土扩大到1 231多万平方千米、人口达到8 800万的时候,英国海外投资的回报也从1862年的1.44亿英镑增加到1892年的16.98亿英镑。同时,对外贸易的增长也从另一个角度证明了海外竞争的必要性。1870—1875年,英国对外贸易为6.36亿英镑,1895—1903年达到8.68亿英镑,而平均政府开支也从0.63亿英镑增加到1.56亿英镑。霍布森的结论

[①] J. A. Hobson, *Imperialism: A Study*, London: George Allen & Unwin Ltd, 1968, p.80.
[②] Ibid., p.83.

是：大不列颠的现代外交政策是一场争夺有利可图的投资市场的斗争。① 1870 年普法战争之后,德意志帝国开始寻找海外领地,希望建立殖民帝国。在以后的 15 年,德国获得了将近 260 万平方千米的海外领土,人口 1 400 万。② 法国在 1880—1900 年间获得的领土为 900 多万平方千米,人口达到 3 700 万。③ 帝国之间竞争加剧的另一个原因是已有的殖民地正在建立保护关税制度,母国产品同样受到各种限制;只有在欠发达地区建立新的殖民地,才能使大不列颠开辟新市场。④

再次,政府与少数利益集团相互利用,决定了政府政策的方向。为了暂时缓解国内的矛盾,英国政府致力于满足少数利益集团的需要。一方面,"一个又一个国家采用机器生产,采取先进的工业管理,使生产者、商人和金融家越来越难以得到利润,他们越来越依靠政府吞并和保护欠发达地区,来保护他们的利益"⑤。另一方面,"某些高度组织起来的商业势力压倒软弱分散的社会势力,必然迫使国家屈服于他们的压力"。政府的主要工作变成了:通过用英国国旗代替外国国旗来增加国外投资;为出口商获得市场、并为在这些制造业中代表某些英国家族的行业提供保护帮助;为工程技术人员、传教士、投机的开矿者、农场工人等提供工作。因此,"帝国主义的

---

① J. A. Hobson, *Imperialism: A Study*, London: George Allen & Unwin Ltd, 1968, p.53.
② Ibid., p.20.
③ Ibid., p.21.
④ C. C. Eldridge, *Victorian Imperialism*, London and Sydney and Auckland and Toronto: Hodder & Stroughton, 1978, p.126.
⑤ J. A. Hobson, *Imperialism: A Study*, London: George Allen & Unwin Ltd., 1968, pp.80 - 81.

经济实质就是运用他们的政治实力从国家拿出钱,改善投资,打开资本投资新天地,为他们的剩余产品寻找有利可图的市场"①。

政府与利益集团联合,使"整个国家的商业利益从属于那些非法控制了国家资源并用它来谋取私利的某些局部势力的利益"②。剩余资本投资在海外的铁路、矿业、造船、种植业、军事工业以及外国、殖民地的公共安全等方面,使他们收益丰富,也就是说,从帝国主义中不仅捞到好处,而且在工厂主中培养了坚定的帝国主义理念。

分享帝国主义利益的不仅是工业家、银行家和海外投资者,军职人员也是获利者:"他们无论就其信念和专业兴趣都是帝国主义性质的,陆海军每一次增加都扩大了它的人数和政治力量。通过向中上层阶级开放,取消在军队里购买军职的做法,大大扩充了这个帝国感情的最直接的培育者的队伍。军职人员在职业上的影响,还得到了为其子孙在军队中寻找职业的贵族和富有阶级的同情和支持。"③

帝国主义也使英国的文官在海外寻找到更好更多的机会,印度的文官以及殖民地和保护国中的官职和半官职人员,在每一次扩张中几乎都能得到好处,他们的子孙至少有了成为大农场主、种植园主、工程师或传教士的机会。印度的高级官员查尔斯·克罗斯韦特爵士在讨论英国与缅甸的关系时作了恰当的概括:"真正的问题是谁去同他们做生意以及我们怎样才能保证他们中间的多数人获得

---

① J. A. Hobson, *Imperialism: A Study*, London: George Allen & Unwin Ltd, 1968, pp.96 - 97.
② Ibid., p.99.
③ Ibid., p.101.

成功，以便为我们的商业找到市场，同时也为那些现在多余的人，我们的孩子找到职业。"①

帝国主义造成了严重的经济后果和社会问题。第一，扩大海外市场依靠坚船利炮，紧接着强行与欠发达国家签订条约。帝国主义最直接的结果是导致英国军工部门的畸形发展，政府支出的2/3用于海军和陆军建设及偿还军备债务，"一英镑政府支出中仅有6先令用于教育和社会服务方面"②。国家把大笔的金钱花在军舰、枪炮、陆海军装备和军需品上，在发生战争警报时增殖巨额的利润。军事的需要也带动了相关产业的暂时繁荣，如马匹、运货车、马具、粮食、服装；英国曼彻斯特、谢菲尔德和伯明翰竞相在新市场上推销纺织品和五金器皿、发动机、机床、机械、酒精和枪炮，千百万英镑流入辅助行业。但是，一旦帝国主义的扩张停止，英国即将面临巨大的灾难。除了军工产业外，其他的相关行业同样遭受巨大损失。

第二，帝国主义导致英国人心理自欺。在帝国主义争夺的年代，霍布森敏锐地观察到英国人的心理问题，他写道："帝国主义最大的危害是国人的心理状态，它使人习惯于欺骗，失去了自我反省和自我批评的能力。"③所谓自欺，就是柏拉图所描绘的"心里的谎言"——一个自己不知道自己是谎言的谎言。英国人对于帝国的崇拜以及积极推行扩张都是自欺的行为。在追溯自欺产生的原因时，霍布森指出："帝国主义给人们心理上带来的远不止这些，还有两个主要因素：用含糊和装饰性的概念定义事件的习惯和能力；另一个

---

① J. A. Hobson, *Imperialism: A Study*, London: George Allen & Unwin Ltd, 1968, p.103.
② Ibid., p.95.
③ Ibid., p.211.

是天生的或后天培养的断章取义的能力。如果大不列颠清楚地认识到目前表演的动机和结果,她就应该认识到自己对于目前的状况根本无能为力。那些误导不列颠的人首先误导了他们自己。……帝国主义以误传的事实和力量,通过利益集团和个人的精心策划、刻意渲染,歪曲历史的本来面目。"①

第三,帝国主义的"文明使命"掩盖了剥夺落后种族资源的实质。在帝国主义国家争夺势力范围的过程中,确立了两个基本原则:白人国家对"低等"种族的干涉是合法的;干涉不能交给私人企业或个别的白人。"如果这些原则被承认,白人政府就可以控制低等种族的政治和经济,换言之,现代帝国主义具有无条件的合理性。"②合理表现在三个方面:(1)对低等种族干涉的基本目的是维护安全,促进和平,而不是为了自己国家的特殊利益;(2)干涉是为了改善和提高被控制国家人民的素质;(3)由文明人类代表组成的机构来决定以上两个目的是否达到。英国政治家都在这样说,比如罗斯伯里说:"为了人类的美好,英帝国是最知名的穿针引线者。"索尔兹伯里说英帝国施加影响是为了世界的进步;但是,这些说法都是为了掩盖掠夺的事实。"黄金、白银、钻石、红宝石、珍珠,所有可以携带的、持久的财富都被人们用冒险、欺诈和暴力方式获取。……从俄斐到宝山,从奥里诺科河到阿散蒂、金伯利、克郎代克河、德兰士瓦以及马绍纳兰都是同样的故事。与贵重金属相比,早期人们看重的锌和铜是不太危险的冒险,机器生产时代人将煤炭和铁当作宝

---

① J. A. Hobson, *Imperialism: A Study*, London: George Allen & Unwin Ltd, 1968, p.211.
② Ibid., p.232.

贝，但是，对于帝国主义而言，黄金一定是最有吸引力的中心。"①

就帝国主义时期英国面临的社会问题，霍布森说，英国面临三个主要问题：生产过剩、消费不足以及分配不均，而最大的问题是分配不均。因此，解决方案是缩小分配不均现象，一个相对公正的财富分配将减少剩余收入，扩大国内消费市场，吸收被迫投资国外的产品和资金。分配不均导致消费不足，消费不足导致经济停滞，降低了利息，增加了失业，造成经济的恶性循环。为了缩小分配不均现象，他提出给下等阶层提高工资，改善他们的工资条件，提高一个国家的私人和公共消费水平，为英国经济的扩张提供国内的刺激。一旦剩余资本减少，帝国主义就将变成累赘，因为帝国主义就是这种错误制度的产物。

在霍布森的帝国主义理论的基础上，1916年列宁在瑞士写下《帝国主义是资本主义的最高阶段》一书，提出帝国主义是资本主义经济发展到一定阶段的结果，垄断是帝国主义最本质的特点。在资本主义经济里，"垄断"指少数资本主义大企业为了获得高额利润，通过相互协议或联合，对一个或几个部门商品的生产、销售和价格进行操纵和控制。垄断是资本家追求最大利润的结果，其手段有：改进生产技术和管理方法，实行生产的专业化和协作，提高劳动生产率；大企业凭借经济优势排挤和吞并中小企业，使生产资料、劳动力和劳动产品日益集中于自己手中。同时，金融资本与工商业资本结合，加速资本集中，从而推动生产集中。生产和资本的集中发展到一定程度，就意味着企业数目减少，生产和销售都集中在几个或

---

① J. A. Hobson, *Imperialism: A Study*, London: George Allen & Unwin Ltd, 1968, p.247.

几十个大企业手中,他们互相协商,决定商品价格。

列宁认为,资本主义的垄断经历了30年的积累时期,可以分为三个阶段:(1)1860—1870年这十年是自由竞争发展的顶点,垄断组织还只是一种不明显的萌芽;(2)1873年危机后,卡特尔得到发展,但卡特尔在当时还是一种例外,并不稳定,仅是一种暂时现象;(3)在19世纪末经济高涨和1900—1903年的危机中,卡特尔成为全部经济生活的基础,资本主义转化为帝国主义。①

虽说垄断是资本主义的普遍现象,但是,不同的国家具有不同的垄断特点。关于英国的垄断,列宁引用了赫尔曼·利维在《垄断,卡特尔和托拉斯》中的一段话:"在大不列颠正是企业的巨大规模和高度技术水平包含着垄断的趋势。一方面由于集中的结果,每一个企业必须投入大量资本,因此,新企业在必要资本方面面临着越来越高的要求,这就使新企业难以出现;另一方面,每个新企业要想与那些大企业并驾齐驱,就必须生产大量过剩产品,而这些产品只有在需求异常增加的时候才能销售出去,否则这种产品过剩会使价格跌到无论对新工厂或垄断同盟都不利的程度。"②由此列宁说:"英国和那些有保护关税,促进卡特尔的国家不同,在这里,企业家、垄断同盟卡特尔和托拉斯,多半是在相互竞争的主要企业的数目缩减到'一两打'的时候才产生的,集中对产生大工业垄断组织的影响在这里表现得非常明显。"③

除了生产集中外,银行资本和工业资本融合,在金融资本的基

---

① 列宁:《帝国主义是资本主义的最高阶段》,人民出版社1964年版,第15页。
② 同上书,第13页。
③ 同上。

础上形成金融寡头,凭借强大的经济实力控制资本,控制政府的内外政策,促进了垄断的形成。列宁写道:"银行最基本最原始的作用就是为中间人提供支付服务,它们将被动的资金变成主动的资金,将资本变成利润。它们从各种渠道收集资金,并投放给资本家自由支配。随着银行发展及其集中于少数机构,银行就由中介人的普通角色发展成为实力极大的垄断者,它们支配着所有资本家和小业主几乎全部的货币资本,以及本国和许多国家的大部分生产资料和原料产地。为数众多普通的中介人变成极少数垄断者,这种转变是资本主义发展成帝国主义的基本过程之一。"①

随着银行资本越来越多,分行和支行也在逐渐增多。"1910年,英格兰和爱尔兰已经有7151家分支行,四家最大的银行拥有400多家分支行,另四家银行各拥有200家分支行,还有11家银行各拥有100多家分支行。"②银行表面提供了共同记账和共同生产分配,但是实质上,生产分配绝非"共同",例如,私下里,它与大资本的利益保持一致,特别与那些最大的垄断资本,在大众贫困的条件下运作,在整个过程中农业的发展滞后于工业的发展,在工业部门,重工业从其他工业部门榨取到更多的利润。总之,银行运作的结果是加剧了垄断,列宁引用了舒尔茨-盖弗尼兹的一段话:"随着银行的日益集中,一般可以发放贷款的机构也减少了,这就使大工业更加依赖少数银行集团。在工业和金融界联系密切的情况下,需要银行资本的那些工业公司活动的自由受到了限制。因此,大工业带着错综复杂的感情看待银行的日益托拉斯化(联合成或转变成托拉斯);的确,

---

① 列宁:《帝国主义是资本主义的最高阶段》,人民出版社1964年版,第23页。
② 同上书,第26—27页。

我们已经多次看到各大银行康采恩开始成立某种协定,某种限制竞争的协定。"[1]因此,银行发展的最新成就也是垄断。

垄断的目的是为了取得利润的最大化,在垄断资本主义时期,欧洲各国已经从输出商品转化为输出资本,在国外市场使"钱生更多的钱"。典型的、旧的资本主义特点是自由竞争,出口商品,而资本主义最高阶段的典型特征是垄断,出口资本。在资本主义商品生产达到最高阶段时,"各个企业,各个部门和各个国家发展的不平衡在资本主义制度下是不可避免的。英国比其他国家更早成为资本主义国家,到19世纪中期,已经采取自由贸易,企图成为'世界工厂',由它供给各国产品,这些国家则供给它原料作为交换。但是,19世纪最后20年,这种垄断被破坏了,因为当时有许多国家用'保护'关税来自卫,发展成了独立的资本主义国家。到20世纪开始时,我们看成已经形成另一种垄断:第一,所有资本主义发达的国家都有了资本家的垄断同盟;第二,少数积累了大量资本的最富的国家已经处于垄断地位。在先进的国家出现了大量的'剩余资本'。"[2]

资本主义国家的竞争导致商品经济高度发达,世界市场的容量也造成了发达国家拥有"超丰富的资金",但是,随着资本主义的发展,剩余资本不是用来改善人民的生活水平,因为这将意味着资本家利润的下跌,而是将剩余的资本出口到落后的国家。在这些落后国家,土地廉价、工人工资低、原料便宜,再加上缺少资金,资金投资一定能挣到比在自己国家市场上更多的利润。到第一次世界大战前,三个主要资本主义国家英国、德国和法国海外投资额达到1 750

---

[1] 列宁:《帝国主义是资本主义的最高阶段》,人民出版社1964年版,第33页。
[2] 同上书,第53页。

亿—2 000 亿法郎之间。按 5% 的低利率计算,这笔款额的收入每年会有 80 亿—100 亿法郎。①

既然海外投资能够带来高额利润,那么投资区域就成为资本主义国家争夺的焦点。欧洲三个大国英国、法国和德国,海外投资的重点各不相同。英国海外投资的基本对象是殖民地和前殖民地(美国),这种投资方向与英国拥有最大版图的殖民地有关。法国的投资主要集中在欧洲,最主要的形式是通过政府贷款进行投资,对俄国的投资最多。德国属于第三种类型,对欧洲和美洲的投资各占一半。

由于在争夺殖民地的过程中英国走在了最前列,到 19 世纪 80 年代,随着欧洲主要资本主义国家投资市场的饱和,工业化的步伐加快了,剩余产品更多了,积累的资金更丰厚,争夺海外市场就成为必然的结果。在新一轮的竞争中,大国对尚未明确势力范围的地区进行了明确的划分,同时,各国运用自己的实力对一些势力范围进行了重新的瓜分。1876 年以后,欧洲各国的殖民地迅速扩大,六个大国(英、法、德、俄、美、日)的殖民地从 4 000 万平方千米增加到 6 500 万平方千米。因此,列宁认为,资本主义在转向垄断资本主义时,一定与瓜分世界的斗争联系在一起。

列宁归纳了帝国主义的五个基本特征:(1)生产和资本的集中发展到这样的高度,以致造成了在经济生活中起决定作用的垄断组织;(2)银行资本和工业资本已经融合,在金融资本的基础上形成了金融寡头;(3)和商品输出不同的资本输出具有特别重要的意义;(4)瓜分世界的资本家国际垄断同盟已经形成;(5)最大的资本主

---

① 列宁:《帝国主义是资本主义的最高阶段》,人民出版社 1964 年版,第 54 页。

义大国已把世界上的领土瓜分完毕。① 列宁认为,帝国主义的特征是资本主义进入腐朽和垂死的标志。

从列宁对于帝国主义的分析,我们可以得出这样的结论:经济的就是政治的——资本主义的迅速发展,导致了帝国主义的后果。如他所述:"最新资本主义时代向我们表明,资本家同盟在从经济上分割世界的基础上,形成了一定的关系,与此同时,与此有关系的是,各个政治同盟、各个国家在领土上分割世界、争夺殖民地、'争夺经济领土'的基础上也形成了一定的关系。"②

因此,资本主义制度濒临灭亡,扩张引起的战争必须由全世界被压迫的工人阶级的革命来制止,消灭资本主义制度是无产阶级的历史使命。在帝国主义疯狂的年代,资本主义经历着危机:资本主义国家内部的矛盾——生产社会化和生产资料私人占有之间的矛盾更加尖锐,资本主义国家之间的矛盾——争夺殖民地的斗争如火如荼,两种矛盾交织在一起,资本主义正面临着严峻的挑战。俄国十月革命就是在资本主义危机的历史时刻发生的,它开创了社会主义的新时代。

列宁关于帝国主义是"垄断资本主义"的理论首先是吸取了马克思的"剩余价值"论,即资本家通过压榨产业工人获得高额利润,发财致富,成为资本主义的主宰力量。其次,列宁还从霍布森"财富分配不均"导致"少数利益集团决定政府走向"的观点中得到灵感。列宁自己关于垄断的解释在于,他提出银行资本和工业资本的结合,加深了"垄断"。值得注意的是,列宁认为"垄断"决定了帝国主

---

① 列宁:《帝国主义是资本主义的最高阶段》,人民出版社1964年版,第77—78页。
② 同上书,第65页。

义国家争夺势力范围,争夺市场,其代价是弱小国家的被瓜分、被占领、被市场化;而霍布森则认为,资本主义国家"国内消费不足"以及"剩余资本"增多导致了在国外的竞争。列宁和霍布斯同样从经济的角度解释帝国主义,却产生了不同的解决问题的方式:前者是用暴力的方式推翻资本主义制度,解放被压榨、被欺辱的民族;后者则是希望通过社会改革手段改变财富分配不均的状况,增加国内消费。事实上,两种方式都有一定的实用性,只是适应的国家不同而已。

五、帝国主义的政治和战略解释

20世纪60年代,牛津大学历史学家菲尔德豪斯(D. K. Fieldhouse)在《历史经济评论》上发表了题为《帝国主义:历史地理的修正》的文章,提出殖民主义是政治野心、国际竞争以及欧洲复杂局势造成的后果。他断言,帝国主义原则上是一种政治现象,由此开辟了帝国主义政治解释的视角。

菲尔德豪斯首先回顾了欧洲400年的殖民史,认为殖民的动机非常复杂,大致可分为两大类:经济动机和政治动机。如果说经济动机是欧洲殖民的出发点,那么政治动机就是无心插柳柳成荫的意外所得。欧洲人最早的殖民活动是为宗主国建立有利可图的贸易,最典型的是建立商业基地,与当地统治者签订某种条约。但是,在没有商品可以贸易的地方,占领就成为意外的收获,如加勒比地区的糖岛、东方的胡椒岛、北美的皮毛产地以及秘鲁的银矿等。19世纪前,欧洲还没有剩余资本,投资仅仅限制在贸易方面,资本出口在这些经济活动中不能发挥作用。因此,从欧洲的扩张开始,经济的作用并不十分明显,许多殖民地更是政治和军事竞争的成果,而不是追求利润的结果。①

在论述帝国主义的政治特点时,菲尔德豪斯将英法在18世纪的殖民争夺,与19世纪后20年欧洲列强瓜分非洲的帝国主义行为进行了比较。他认为,18世纪是英国与法国争夺殖民地最激烈的时期,同时也是欧洲的大国政治确立的时期。"帝国政策是大国政治的一种反映;争夺在美洲和印度的霸权,争夺海上通向东方的战略基地,都是政治而非经济竞争的结果。"②例如,英国在加拿大的取舍上,更多考虑了殖民地的军事安全和国家威望,较少地考虑其经济价值。

如果说18世纪的扩张带有政治色彩,那么1870年以后帝国政策的政治性更加明显。其原因在于:1815年以来到19世纪末,帝国的管理与早期的殖民产生了断裂,前后不能用同样的政治和经济标准进行衡量。美国独立以后,英国获得了新殖民地,开始了帝国的重建(第二帝国)。在自由贸易原则的主导下,英国经济领先世界,整个世界都是英国的市场和原料产地,殖民地对于英国的经济几乎没有贡献。另一方面,殖民地在英国的外交中同样不起重要作用。英国的海军优势使英国成为当时的超级大国,只有法国和俄国还有抗衡的能力。同时,英国的经济优势和海军霸权也保证了殖民地的

---

① D. K. Fieldhouse, '"Imperialism": An Historiographical Revision', *Economic History Review*, 2d ser., XIV, Dec 1961, pp. 187-209, see Robin W. Winks, *British Imperialism*, New York·Chicago·San Francisco·Toronto·London: Holt, Rinehart And Winston, p.44.

② Ibid., p.44.

安全,除了太平洋、近东以及印度边界受到一些威胁外,其他地区几乎固若金汤。

70年代前后的帝国政策是一个连贯的过程,英国、法国和俄国持续扩张领土,尽管1840—1870年英国处于反帝国主义的时代,然而其扩张的步伐并未停止:香港成为具有特殊作用的贸易基地,澳大利亚内部的扩张导致了昆士兰殖民地的形成,英属哥伦比亚是同美国竞争的结果。在印度的前沿地带,旁遮普、信德、贝拉尔、奥德、下缅甸相继被兼并;在开普殖民地,贝专纳、格里夸兰和德兰士瓦陆续成为英国的势力范围。事实上,在此期间,英帝国一直在寻找扩张的机会。① 但是菲尔德豪斯认为,这些地区并不是一种扩张政策的结果,而是军事安全、管理效率以及在现存殖民地前沿保护原住民需要的结果。这一时期的扩张与早期扩张一样,处于权力真空地区的扩张速度总是比较慢,只有当他们遇到一些不能改变的政治或地理障碍时,他们才会加快脚步。同样,1870年以后殖民地的扩张类型和形式并没有什么不同,都是在殖民前沿的扩张。因此,19世纪后期的帝国主义仅仅是几个世纪前开始的持续。

对于霍布森关于帝国主义的经济解释,菲尔德豪斯认为,即使"经济帝国主义"存在,也需要国内政府政治上的支持。商人既需要殖民地内部的政治安全,又需要殖民地外交的稳定,才能得到真正的利益,两个条件都必须由宗主国的政府提供保证。② 菲尔德豪斯

---

① D. K. Fieldhouse, '"Imperialism": An Historiographical Revision', *Economic History Review*, 2d ser., XIV, Dec 1961, pp. 187 - 209, see Robin W. Winks, *British Imperialism*, New York·Chicago·San Francisco·Toronto·London: Holt, Rinehart And Winston, p.45.

② Ibid., p.46.

认为,第一个条件可以通过与代理国家签订条约、保证机会平等、合理税收、必要时通过武力来取得;第二个条件需要在承认共同利益、维护公平竞争和反对垄断经营的前提下取得,如果出现问题,在不损害国际关系的基础上寻求外交途径解决纠纷,以维持地区的利益平衡。

19世纪初,帝国追求的是富裕而非安全,经济利益代替了政治的需要。然而,19世纪末,经济和政治的平衡再一次被颠倒。在新的形势下,帝国的政治利益取代经济利益,其特点是国家安全优先,强调军队的力量和国家的威望。1870年以后,欧洲局势发生了深刻的变化,德国打败了奥匈帝国和法国,实现了国家统一,这种以战争求统一的做法一直持续到1914年。德法之间对于阿尔萨斯和洛林的争夺,形成了欧洲均势的两个中心。为了增加自己的实力,双方最关心的问题都是拉拢盟友,德国为了防止法国反扑,法国则尽可能报复,欧洲所有的国家都卷入了两国的均势争夺中。①

新的均势形成后,政治家又将军事实力视为国家的伟大标准,出现与18世纪相似的政治形势,因此殖民地再一次成为实力、财富以及地位的象征。当时欧洲大多数政治家都不反对占领殖民地,问题是占领值得还是不值得。俾斯麦非常清楚,非洲和太平洋地区对于德国的原材料供应、移民以及贸易都没有什么价值,但是,这些地方能够为德国提供海军基地,一旦成为德国的势力范围,可以做德国外交上讨价还价的筹码,更重要的是它们对于提高德国的国际威

---

① D. K. Fieldhouse, ' "Imperialism": An Historiographical Revision', *Economic History Review*, 2d ser., XIV, Dec 1961, pp. 187 - 209, see Robin W. Winks, *British Imperialism*, New York·Chicago·San Francisco·Toronto·London: Holt, Rinehart And Winston, p.47.

望具有重要的作用。1884—1885年,德国在西非、西南非洲和新几内亚开始了政治帝国主义的行动。①

俾斯麦在英法争夺埃及、法比争夺刚果时,表面上是一个旁观者,事实上并不尽然。在埃及问题上对英国的容忍,是希望从英国得到补偿。另一方面,德国希望法国明白,目前对英国的支持并不是对法国的敌对,而且德国正在酝酿对付英国的行动。菲尔德豪斯认为,在瓜分非洲的狂潮中,英国是"最勉强"的,如果保持现状就意味着在非洲争夺中失败;如果竭力占领,冲突和纠纷将层出不穷。但是英国仍然选择了后者,用菲尔德豪斯的话来表述:新政治力量具有极大的传染性。②

总之,菲尔德豪斯认为,帝国主义的动力来自两个方面:促进宗主国贸易的需求以及政治和军事的竞争,其中政治的因素居于首位,经济处于从属地位。他指出,1870年后欧洲各种联盟的建立都表明均势再一次成为国际关系的操纵力量,这种新的政治格局使新重商主义具备了新特点:在关税保护的前提下,强调国家的力量和应对战争及民族自足的能力。1884年,俾斯麦建立殖民帝国的行动使殖民地成为国际竞争的一部分,在正常的竞争中,政治家们对复杂的政治形势长袖善舞,始终控制主旋律,而商人、投资人和投机者仅仅是舞台上的跑龙套角色。从殖民地的角度看,帝国主义被视为欧洲政治斗争在边缘地区的延伸,因为欧洲的均势十分微妙,任何

---

① D. K. Fieldhouse, '"Imperialism": An Historiographical Revision', *Economic History Review*, 2d ser., XIV, Dec 1961, pp. 187 - 209, see Robin W. Winks, *British Imperialism*, New York·Chicago·San Francisco·Toronto·London: Holt, Rinehart And Winston, p.48.

② Ibid.

一方都不能进行主动的行动，所以只有在殖民地才能够打破外交的僵局，改变均势的平衡，以图增加国家的威望，并促进未来的经济发展。①

帝国主义不仅是一个政治口号，而且是满足民众心理的具体行为。菲尔德豪斯写道："前进政策已经再不是几个外交家的博弈，也不是小集团的压力，而是数以百万的人将帝国视为一种信仰。"②因此，殖民地成为一种心理需要，帝国主义是大众歇斯底里的财产，政治家在这种不能控制的压力下，持续地筹集最后的力量承担白人的"负担"。如埃尔德里奇所述："帝国主义成为一种社会现象，其根源是由于政治的事实——侵略式民族主义的后果。"③

罗宾森（Ronald Robinson）和加拉格尔（John Gallagher）在《非洲与维多利亚时代》一书中对帝国主义的行动进行了策略上的解释，指出19世纪最后20年欧洲列强瓜分非洲的行动，表明了帝国政策与经济政策鲜明的差异——"国旗没有追随贸易和资金，资金和贸易也没有追随国旗"④。尽管欧洲社会和经济发展导致的竞争可能是帝国主义的推手，但是，英国在新帝国主义的行动中带有战略考

---

① D. K. Fieldhouse, '"Imperialism": An Historiographical Revision', *Economic History Review*, 2d ser., XIV, Dec 1961, pp. 187 - 209, see Robin W. Winks, *British Imperialism*, New York·Chicago·San Francisco·Toronto·London: Holt, Rinehart And Winston, p.49.

② Ibid.

③ C. C. Eldridge, *Victorian Imperialism*, London and Sydney and Auckland and Toronto: Hodder & Stroughton, 1978. p.135.

④ Ronald Robinson, John Gallagher, with Alice Denny, 'A Synthesis of Views and a Challenge for the Future', from *Africa and the Victorian: The Climax of Imperialism in the Dark Continent*, New York: St. Martin's Press, see Robin W. Winks (ed.), *British Imperialism*, New York · Chicago · San Francisco · Toronto · London: Holt, Rinehart and Winston, p.115.

虑。首先，在欧洲的影响下，埃及政府的垮台在这个过程中起了主导的作用，70年代末已越过"非正式帝国"的顶峰，而非洲的危机无论从帝国还是从国际竞争的角度看都值得关注，英国把北非的埃及和南非的开普连成一片，"形成一个单一简单的帝国主义方式"。其次，18、19世纪的扩张具有历史根源和世界范围的分流，这一过程包含帝国建构和帝国的破裂双重特点。所谓"建构"指英国式的制度的建立和英国法律的实行；所谓破裂，一是指殖民地跟不上宗主国的脚步，帝国失去存在的价值；二是指殖民地不堪宗主国给予的不平等待遇，"主动离开了银河系"——这两种情况都有可能将英国拖入瓜分非洲的狂潮之中。再次，非洲虽然没有太大的经济价值，但是具有战略意义，它是联系欧洲、地中海和东方的纽带。最后，国家在各方利益中起仲裁和支持作用。

当时英国正面临复杂的国内外形势：第一，80年代的议会改革使成年男子获得了普选权，"民主"政治已经来临；第二，欧洲的变化迫使英国做出反应，以求力保大国的地位；第三，白人殖民地的自治虽然减轻了英国的负担，但双方的关系却逐渐疏远；第四，英国在印度的扩张始终未停，但民族主义力量正在兴起，与英国所谓的传播"文明"正面相对。在如此复杂的背景下，参与瓜分非洲完全是一种战略上的冒险之举。而且在非洲扩张的行动中，英国主要以贸易公司、特许公司和个人的身份进行活动，这些活动对英国政府有不同的要求：西非的商人呼唤政府保护；乌干达和尼亚萨兰传教士和反奴团体呼吁政府吞并；埃及的股票持有人要求政府拯救他们的投资；南非的帝国主义者要求建立政府。伦敦政府在平衡非洲的局势中主要考虑的问题是道德、信仰、政府责任、社会秩序以及国际关系的需要。

为了保证开普—开罗计划能够实现,英国政府决意在南非建立自治政府,一方面为了保护帝国的影响,另一方面为了东方印度的安全。占领埃及以后,英国继续扩大在北非的影响,将势力范围延伸到东非、尼罗河上游和西非地区。英国政府前进战略的选择是一个多世纪积淀的结果,无论利用权力控制贸易,还是利用贸易加强权力,都有一个基本出发点:不列颠的力量在印度,在于在东方占有优势。[1] 虽然在战略方面非洲不可与亚洲相比,但是一旦非洲的形势影响亚洲,必然引起英国政府的高度重视。因此,占领非洲是为了保卫东方。罗宾森和加拉格尔的结论是:迫使英国政府向非洲推进的不是1871年德国的胜利,也不是利奥波德的兴趣,不是传教士和商人的竞争,也不是1881年法国占领突尼斯,而是埃及卡迪夫的倒台。[2]

瓜分非洲的帝国主义行动,为欧洲列强的均势博弈提供了相对安全的场所,也是欧洲争夺边缘,保护中心的自我安慰——牺牲外围,确保中心完整。这是欧洲列强的共识,也是帝国主义本性的表现。

尼古拉·曼萨(Nicholas Mansergh)则从欧洲国际关系角度解释帝国主义,他认为19世纪70年代后,欧洲大陆的均势发生了根本的变化,德国和意大利统一,其地位也随之上升,成为欧洲均势中的大国,德国并且与英国、法国形成三国鼎立的局面。但是,由于德国

---

[1] Ronald Robinson, John Gallagher, with Alice Denny, 'A Synthesis of Views and a Challenge for the Future', from *Africa and the Victorian: The Climax of Imperialism in the Dark Continent*, New York: St. Martin's Press, see Robin W. Winks(ed.), *British Imperialism*, New York · Chicago · San Francisco · Toronto · London: Holt, Rinehart and Winston, p.118.

[2] Ibid., p.119.

长期分裂,从来没有重视殖民地问题,因此新一轮竞争开始后,德国必须花大力气弥补殖民地的缺失。

欧洲人一向认为殖民地是经济发展的加速器,如泰勒指出:"英帝国的真谛是商业冒险和工业成功,但他们(德国人)却认为相反,大不列颠的繁荣和财富是因为帝国的存在。德国寻求殖民地建立在一个简单的逻辑之上:给德国殖民地,德国将与英格兰一样繁荣。"① 因此,欧洲领导人在争夺权力的斗争中,更多考虑的是政治而非经济,大陆国家向外扩张并不是目的而是达到目的的手段。②

在曼萨看来,德国放纵法国吞并突尼斯,是为了求得德法和解的可能性;另一方面,德国非常清楚,意大利对突尼斯并不甘心,德国此前已经表示了对意大利的支持。因此,在突尼斯问题上,德国是鱼和熊掌兼得,而且离间了法国和意大利的关系。

曼萨说,北非不仅是法国和意大利的竞争场所,也是英国的传统利益所在。况且,迪斯雷利在收购苏伊士运河后,俾斯麦就认为此举"具有特别的重要性","就像一条脊椎将头和后背连接起来"。1876 年英法在埃及建立双重控制,如索尔兹伯里说:"你要么放弃,要么垄断,要么分享":"放弃"意味着法国挡住东方的航路,"垄断"意味着战争临近,所以英国选择"分享"。③ 1882 年阿拉比事件时法

---

① A. J. P. Taylor, *German's First Bid for Colonies 1884—1885*, London: Macmillan, 1938, p. 4.

② Nicholas Mansergh, 'Diplomacy, Strategy and Imperialism', from Nicholas Mansergh, *The Coming of the First World War: A Study in the European Balance, 1878—1914*, London: Longmans, Green &. Co. Ltd, 1949, see Robin W. Winks(ed.), *British Imperialism*, New York·Chicago·San Francisco·Toronto·London: Holt, Rinehart and Winston, p. 99.

③ Ibid., p. 97.

国撤退,由于德国表示不干涉埃及事务,英国轻易占领了埃及。1883年1月格兰维尔对俾斯麦表示感谢,说明德国的立场非常重要:"我们非常感谢俾斯麦亲王,德国政策的友好态度对于我们帮助很大,让我们腾出手来占领埃及是德国的好意。我们非常清楚在这个特别的时候,如果俾斯麦选择干涉,他就能阻止我们占领的列车。"①

由于格莱斯顿政府并未吞并埃及,只是将其作为附属国,因此英国在北非的地位并不稳定。法国对英国的独占怨恨不已,随时想将英国赶出埃及。俄国虽然在尼罗河流域没有利益,但是,敌视英国在地中海东部加强势力。英国外交上的窘境成为俾斯麦利用的王牌,德国的要挟又加剧了英国的被动。

德国希望英国在保证德国西部安全、防止法国入侵上做出承诺,但是,英国并不愿意付出这个代价,而是想与法国和解。在殖民地问题上英国拥有最大的殖民地,成为法德共同的敌人。英国不愿意对德妥协,德国转而发展与法国的关系。1885年俾斯麦执行新政策,为建立德国的殖民帝国奠定了基础。

曼萨指出1885—1889年是瓜分非洲最激烈的时期,与前几年的竞争不同,在俾斯麦和索尔兹伯里的努力下,英德之间的合作要多于竞争。英国对尼罗河安全的考虑对非洲政策产生了巨大的影响:俄国向阿富汗前沿推进,加强与中亚大国的关系,导致了1887年地

---

① Nicholas Mansergh, 'Diplomacy, Strategy and Imperialism', from Nicholas Mansergh, *The Coming of the First World War: A Study in the European Balance, 1878—1914*, London: Longmans, Green & Co. Ltd, 1949, see Robin W. Winks(ed.), *British Imperialism*, New York·Chicago·San Francisco·Toronto·London: Holt, Rinehart and Winston, p.98.

中海协议的诞生。英国不得不先后与意大利及奥匈帝国达成谅解，希望保持地中海的现状。这样，英国被迫卷入了三国同盟的轨道，俾斯麦则欣喜不已。英国和德国在非洲划分了势力范围，暂时缓解了双方在非洲的冲突。但是，在赫耳果兰问题上双方没有达成协议。1889年3月27日，俾斯麦访问西南非洲时留下了这样的感慨："我认为这笔交易对我们非常有利，在德国也会大受欢迎，我们的西南非洲公司没有活力，面临破产，毫无希望……在殖民地区域我们没有灵魂人物。"①双方谈判进展缓慢，一方面俾斯麦希望通过谈判扩大与英国其他方面的合作；另一方面防止英国找到讨价还价的砝码。1890年俾斯麦下台，英德在非洲的合作也就此终止。随后，双方在南非的争夺加剧，关系趋于恶化。

1895年1月，德兰士瓦共和国总统克鲁格出席在比勒陀利亚帝国俱乐部举办的德国皇帝的生日晚会，在晚会上他说："德国是一个正在成长的大国，一定能够阻止英国折磨弱小共和国的阴谋。"英国大使在得到伦敦的指示后，抗议德国鼓励布尔人与英国敌对，克鲁格的话被视为挑衅性的话语。德国皇帝的回答则是：英国必须尽快摆脱孤立的局面，坦率地表示对三国同盟的态度。英国的"自私和欺骗政策"迫使德国与"法国和俄国结盟，他们都有100万人随时准备上前线……"。英德的紧张局势导致詹姆森袭击事件，事后，1896年1月3日，德皇电报克鲁格："由于你们人民的支持，没有呼吁友好

---

① Nicholas Mansergh, 'Diplomacy, Strategy and Imperialism', from Nicholas Mansergh, *The Coming of the First World War: A Study in the European Balance, 1878—1914*, London: Longmans, Green & Co. Ltd, 1949, see Robin W. Winks (ed.), *British Imperialism*, New York·Chicago·San Francisco·Toronto·London: Holt, Rinehart and Winston, p.102.

大国的帮助,我衷心祝贺你们用你们的行动打败了骚扰和平的武装暴徒,恢复了和平,保持了独立。"德国人的回答对英国在南非的统治提出了挑战,也影响了英国人的自尊。

曼萨说,对德国而言,电报是一回事,有效干涉南非是另一回事。① 德国当时没有舰队,三国同盟以及双重同盟随时有可能与英国妥协,共同行动的合作前景非常之大。法国可以得到刚果自由邦,德国可能在中国问题上妥协,俄国也可能在朝鲜问题上妥协,意大利还可能成为埃塞俄比亚的保护国。德国的用意并不是离间英国,而是向英国表明孤立的危险以及需要与三国同盟合作。

1899年南非战争爆发后,德国一反常态,积极与英国修好。1900年俄国建议改善两国关系,遭到德国拒绝。对德国而言,詹姆森事件以及南非战争给予的重要启示是,海军力量是成为世界大国的必备条件,如果没有强大的海军,就没有当大国的资格。

最后,曼萨指出:虽然殖民竞争将欧洲大国逼近了战争,但是,也不能轻易断言,殖民竞争是发生战争的根本原因。相反,大陆国家的殖民政策构建在欧洲均势的基础之上,其政策设计完全是为了欧洲的需要。②因此,欧洲新的均势一定程度上决定了帝国主义政策的取向,不管怎样,帝国主义的实质是建立在民族主义利己立场之上的。

---

① Nicholas Mansergh, 'Diplomacy, Strategy and Imperialism', from Nicholas Mansergh, *The Coming of the First World War: A Study in the European Balance, 1878—1914*, London: Longmans, Green & Co. Ltd, 1949, see Robin W. Winks (ed.), *British Imperialism*, New York·Chicago·San Francisco·Toronto·London: Holt, Rinehart and Winston, p.103.
② Ibid., p.104.

结语:辉煌中的危机

"英帝国"作为一个政治词汇,伴随英国19世纪的重大事件成为历史语言中的重要话题。"帝国"一词在不同的历史时期、不同的政治背景下,具有特殊的含义。① 在帝国辉煌的巅峰,英国人将帝国理解为褒义的版图广阔、实力雄厚、竞争力强,而且反映了大不列颠与殖民地的联系以及与后来英联邦国家之间的特殊关系。英帝国具有政治上的同源性,尊重宪政是帝国的基础,而经济互惠是帝国存在的支柱。

尽管英帝国内没有统一的政治结构、统一的宗教、统一的语言,也没有统一的法律,但是,对于英国王室的"忠诚"却是一致的。从政治管理上看,非洲的黄金海岸由英国官员治理;加拿大采用自治政府,除了外交的权限外,基本上掌握自身的管理权;尼日利亚由商业公司管理;澳大利亚由总理负责;塞拉里昂的统治权掌握在总督的手中;沙捞越由世袭酋长管理;埃及由总领事和埃及人内阁管理。英国政治、经济和文化在不同区域的扩张,导致了不同管理形式的出现,如赫尔曼·梅里韦尔在1848年所述:"从我们目前拥有的属

---

① Bernard Porter, *The Lion's Share: A Short History of British Imperianliam 1850—1983*, London and New York: Longman, 1984, Introduction, xiii.

地、半领土的自治领和巨大的商业贸易优势看,我们对这些区域产生了巨大的政治影响。"①

当帝国的利益、帝国的理念以及帝国的影响上升到一个抽象的境界时,帝国主义就成为帝国性质最好的诠释。帝国主义在我们的话语中最初是用来指代西方的殖民制度,帝国主义者通过军事占领和强制性的管理施加政治影响,通过不平等的贸易或投资剥夺依附国家。随着资本主义的发展,垄断成为帝国主义的新倾向,扩张成为帝国主义政策的核心,从扩张领土、取得资源和市场,到扩张经营范围、垄断市场,以取得最大的经济利益,如汉娜所述:"在渴望政治权力而又不愿意放弃资本主义制度的情况下,他们就把这项原则强加给国家政治,而且宣称——扩张即是国家外交政策的终极目标。"②帝国主义不仅指各种统治和经济制度,而且意味着用强硬的态度和行动、任意使用野蛮武力或阴谋手段对付依附地的人口。

英帝国不是一天铸就的,它经历了漫长的历史过程。18世纪以来,英国殖民地不断扩大,商业和贸易利益是英国进行殖民地统治的出发点。为了垄断的利益,英国禁止殖民地与外国贸易,迫使殖民地遵守航海条例。但在政治上却采取了比较松散的管理方式,允许殖民地建立议会,当然最高立法权仍然在威斯敏斯特。在经济利益高于一切的重商主义时期,殖民地的扩张被历史学家们称为"重商主义的帝国主义"。

随着自由贸易原则的确立,殖民地重要性开始削弱,帝国一度被视为英国的负担。从19世纪40年代起,英国进入了"自由贸易的

---

① W. D. McIntyre, *The Imperial Frontier in the Tropics, 1865—1875*, Macmillan, 1967, p.11.
② 汉娜·鄂兰:《帝国主义》,台北:联经出版事业公司1991年版,第6页。

帝国主义"时期。曼彻斯特学派成为强大公共舆论的代言人,其代表人物科布登对殖民地的看法具有典型性:"我们在殖民地的重压下蹒跚,一只脚踏在直布罗陀的岩石上;另一只脚落在南非的好望角;加拿大、澳大利亚和印度是我们'倒霉帝国'的三头守门狗①;还有几百块小殖民地分散在世界各地,它们显示了我们无穷追求自治领的贪婪欲望。"②科布登使用了"倒霉帝国"和"贪婪欲望"的字眼,表现了对帝国的深恶痛绝。在自由贸易政策走向全面胜利的时代,"英帝国"在英国人的心目中不仅成为一个不受欢迎的术语,而且成为"负担","架在脖子上的磨盘"。此时,帝国的第一种概念开始在英国人的内心深处被唤起,人们联想到历史上曾经出现的帝国,认为帝国与国家的强大没有什么联系,从前的帝国也没有留下有价值的东西。科布登指出:"历史上我们已经有了太多的帝国——叙利亚、波斯,还有其他帝国,他们并没有为人们留下伟大的痕迹。……人们追求万能帝国以及建立强大陆军和海军的渴望……总有一天将烟消云散。"

19 世纪 60 年代,科布登的崇拜者戈尔德温·史密斯以《帝国》作为书名发表了英国与殖民地关系的 18 篇文章。虽然用"帝国"一词来表现英国与殖民地的关系,但是他并不认同帝国的力量。在第一篇文章中他指出:"我敢说,自从我们的帝国建立以来,世界发生了巨大的变化,我们必须采取相应的对策。我还要说,英格兰的伟大不在于帝国,而在她自己。"如果说帝国与荣誉有关,那仅仅是对少数人而言。帝国的荣誉只是贵族的荣誉,而不是大众的荣誉:"如

---

① Cerberus,希腊神话中的冥府守门狗,蛇尾三头,长年不眠。
② Richard Koebner & Helmut Dan Schmidt, *Imperialism: The Story and Significance of a Political Word, 1840—1960*, Cambridge: Cambridge University Press, 1964, p.30.

果殖民帝国的好处是真的,所有的人都应该分享……但是,帝国的自豪,享受帝国的愉悦属于帝国阶层。"在该书的前言中,戈尔德温给帝国下了一个定义:"广义上的帝国是指任何国家用武力获得的自己海岸和水域外的领土……就我们的帝国而言,包括不列颠殖民地(白人为主体)、征服的其他欧洲国家的殖民地、印度、陆海军基地、保护地,甚至包括我们实际上保护的土耳其,以及我们合法拥有的爱奥尼亚岛屿保护地。不同的保护地与帝国保持不同的关系……保留殖民地的理由是多种多样的……帝国的自豪应贯穿到所有的殖民地和保护地,领土的扩大就是实力的增强。"[1]

戈尔德温的帝国概念似乎自相矛盾,一方面,他建构的帝国仅仅是定义上的帝国,并不是实践的写照,在他看来定义是一个不言而喻的假定。从实践上看,殖民地不仅增加了母国的财政负担和卷入战争的危险,而且无以回报,保留帝国的价值不大。与殖民地的"感情"不足以解释政治关系的动机,至于"尊严",只是政治家"盲目的专制情感"。另一方面,他的自相矛盾与英国仍然存在的帝国情结有关。在曼彻斯特学派和分离主义者要求放弃海外殖民地的责任、提倡建立"小英格兰"的同时,一些怀旧的人们仍然留恋过去的帝国,他们怀念父辈们为开拓殖民地做出的贡献,要求建立"更大的不列颠"。当时,"帝国"这个敏感的词汇仍然遭到回避,因为拿破仑三世建立法兰西第二帝国(1852—1870)后,"帝国"对英国而言,意味着一个外国的政治制度,帝国皇帝要求国人尊重他的权威,并将他作为公共利益的代表。帝国是专制的象征,是自由政府的对立

---

[1] Richard Koebner & Helmut Dan Schmidt, *Imperialism: The Story and Significance of a Political Word, 1840—1960*, Cambridge: Cambridge University Press, 1964, p.33.

面。从帝国政策上看,对内促进财富增加,对外依靠军队的力量在海外大肆扩张。因此,无论是从自由政府、自由经济的角度,还是从道德的角度衡量,英国人都不能接受"帝国"这个名称,此时的帝国与荣誉、尊严或自豪相距甚远。

这一时期帝国的概念也含糊不清,戈尔德温笔下的帝国是指"自己海岸和水域外的领土",因此联合王国不在其内,他使用各种名称表述"帝国",如"不列颠自治领""不列颠属地"等。按照殖民地的管理方式以及重要性,英国殖民地主要分为两种——殖民帝国(自治殖民地)和印度帝国。

19世纪70年代中期,英国经济霸权受到欧洲各国的挑战,自由贸易的原则也受到抵制,英国的政治家们不得不重新看待与殖民地的关系。这样,"英帝国"有了新的含义:从领土上看,它包含英国和所有的海外殖民地;从管理上看,宗主国与殖民地之间保持不同的联系方式,如自治殖民地、皇室殖民地、附属地等;从作用上看,英帝国不仅有利于英国的经济发展,而且将大大提高英国的国际地位。因此,巩固帝国、扩大帝国成为政治家收拢人心的政治口号。保守党领袖迪斯雷利提出殖民地是英帝国不可分割的部分,英国和殖民地合在一起才是真正的帝国,才能体现国家的实力,并在欧洲竞争中立于不败之地。他对"英帝国"的政治宣传使他成为"帝国主义者的先驱"。

80年代以后,欧洲各国加快了殖民地扩张的速度,"新帝国主义"成为瓜分世界狂潮中最流行的口号。欧洲人标榜的"自由"、"平等"、"道德"和"正义"完全被利益取代,"扩张"成为压倒一切的力量。约瑟夫·张伯伦在德国吞并新几内亚的问题上表达了英帝国主义的态度:英国必须阻止外国在殖民活动中的冒险,"英国殖民者的权利和利益对我们来说弥足珍贵,如果他们真正受到威胁,这个国家将行使全部的力量予以保护,为了保持荣誉和帝国的完整,我们民主国家将并肩作战"①。

同时,民间的"帝国联邦协会"方兴未艾,这些人对英帝国充满自豪,西利在《英格兰的扩张》一书中说:"更大的荷兰、更大的西班牙、更大的法国都消失了,但是更大的不列颠仍然屹立不动,是帝国家庭中唯一的幸存者。"②福斯特在剑桥会议上也表达了对帝国的渴望:"让我们将不列颠变成更大的不列颠。"③他们的目的是通过宣传帝国联邦来促进帝国的联合。但是,当英国人终于认同帝国时,殖民地的经济发展以及民族主义的形成使它们对帝国有自己的理解,英国政治家、社会团体为建立帝国联邦的努力不得不以徒劳告终。

综观帝国最后30年的历史,表面上看英帝国登上了辉煌的顶峰,日不落的版图使英国傲视群雄,对手难以望其项背。英国凭借帝国的巨大实力在国际舞台上呼风唤雨,大西洋上的一个岛国可以从世界各地获得利益。不同区域的殖民地根据其政治、经济以及社会的重要性接受帝国的不同管理,英国的政治制度随着帝国扩张被推行到帝国各地,英国的法律也为不少殖民地效仿,英国的语言成为许多殖民地的官方语言,英国的生活方式被帝国各地的上流社会

---

① G. Bennett (ed)., *The Concept of Empire, Burke to Attlee*, London: A. and C. Black, 1953, p.193.
② J. R. Seeley, *The Expansion of England*, University of California Libraries, 1883, p.44.
③ C. A. Bodelsen, *Studies in Mid-Victorian Imperialism*, London & Melbourne & Toronto: Heinemann, 1960, p.181.

所接受,被视为文明的一个重要标志。

然而,极盛是衰败之始,英帝国也不例外。在帝国走向顶峰的过程中,帝国的危机也在酝酿。首先是英国内部的压力正在膨胀。英国人经历了从否认、质疑、反对帝国到接受、赞美、依赖帝国的转变,其中利益一直是主流社会以及民众关注的焦点。19世纪末20世纪初,英国社会对于帝国的未来已经出现了不同的思想和声音:一方面,帝国的存在对于提升英国的国际地位、经济利益以及军事实力上的优势一直是帝国拥护者制定国家政策的重中之重,布尔战争的胜利是彰显帝国神威的标志性成果;另一方面,帝国的责任以及帝国的负担使英国政府在管理庞大的帝国时举步维艰,原因很简单,在享受帝国利益的同时,英国必须满足帝国各地的不同需要。英国的利益与殖民地的要求是一对矛盾,二者的关系一旦失衡,必然导致帝国存在的基石摇晃,帝国存在的合理性将不复存在。在这种矛盾和冲突中,英国人不得不寻找新的满足帝国存在的办法,以应付帝国内部的危机。

其次,英帝国面临外部压力。工业革命使英国的经济实力独领风骚,但是,随着欧洲各国的跟进,英国作为大西洋上的小国,资源、人力、创新精神都难以始终保持领先的步伐。欧洲的德国、法国工业化迅猛启动,而且经济发展水平出现反超英国的局面,不仅分享了英国在世界各地的市场,而且排挤英国在欧洲的市场。同时,大西洋对岸的美国凭借巨大的资源和市场优势在北美、加勒比海地区以及南美大显身手。英国在外部的多重压力下,对于帝国寄予了更高的希望,利用帝国抗衡众多对手成为唯一的选择。

最后,帝国内部集聚着离心力量。进入20世纪后,随着殖民地经济不断发展、政治意识不断增强,民族独立的愿望也更加强烈,

"英帝国"不再是它们的靠山。英国政府为了顺应这些变化,不得不改变统治策略。在英国人的叹息、抱怨和恋恋不舍中,英帝国从人们的视野中消失,取而代之的是由民族国家组成的松散的联合体——英联邦,英国是其中一员,当然是主要的一员。

附　录

一、地图*

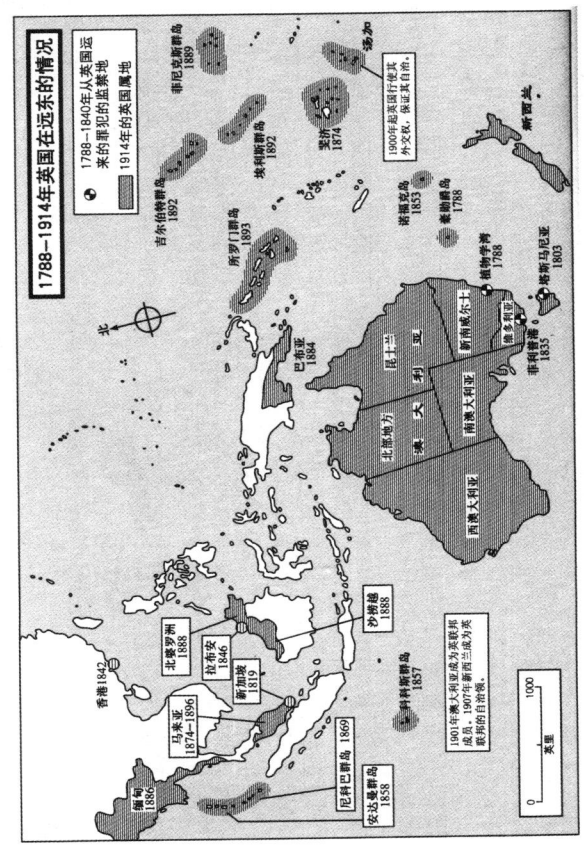

---

* 本书地图引自[英]马丁·吉尔伯特著《英国历史地图》(第三版),王玉菡译,中国青年出版社,2009年。

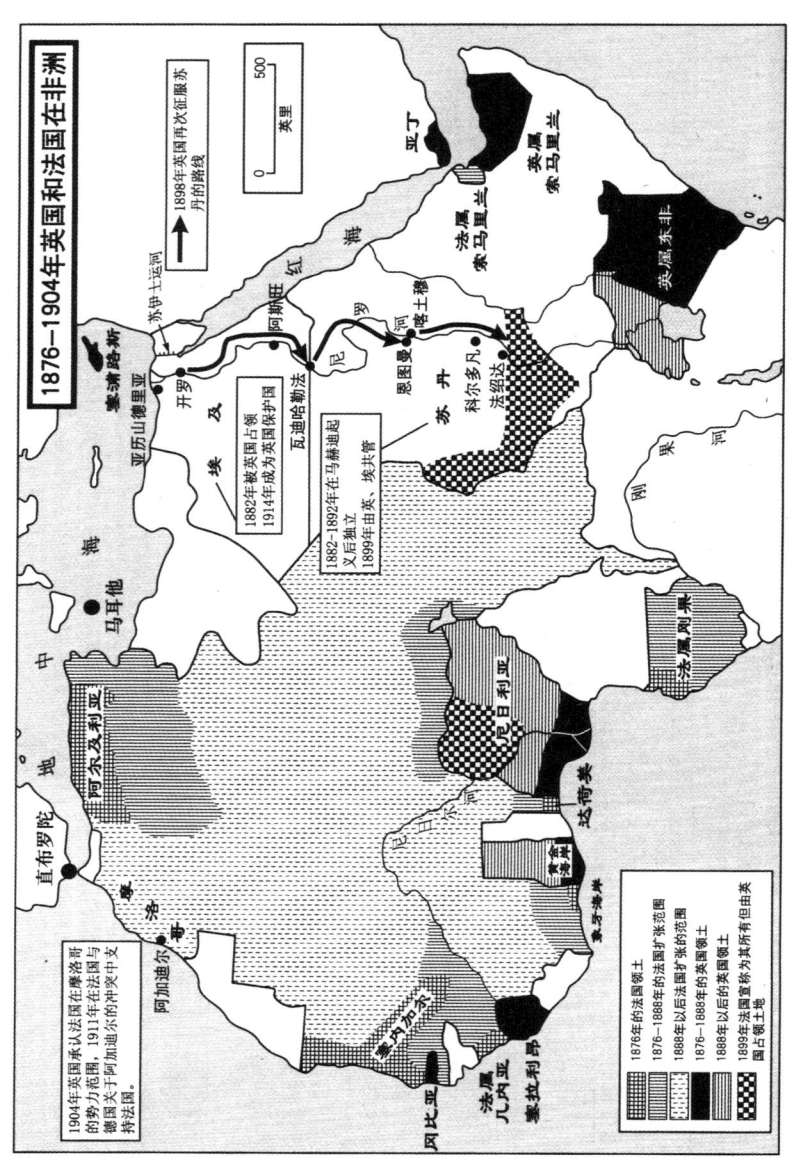

附录 373

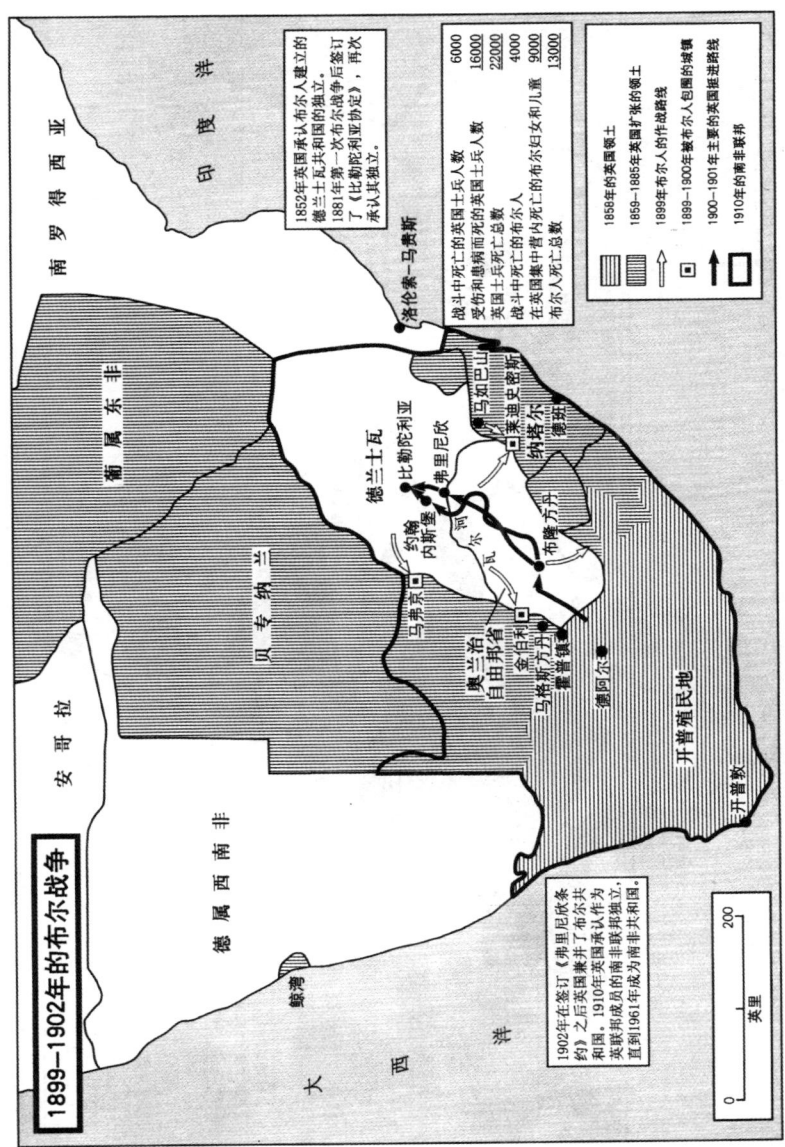

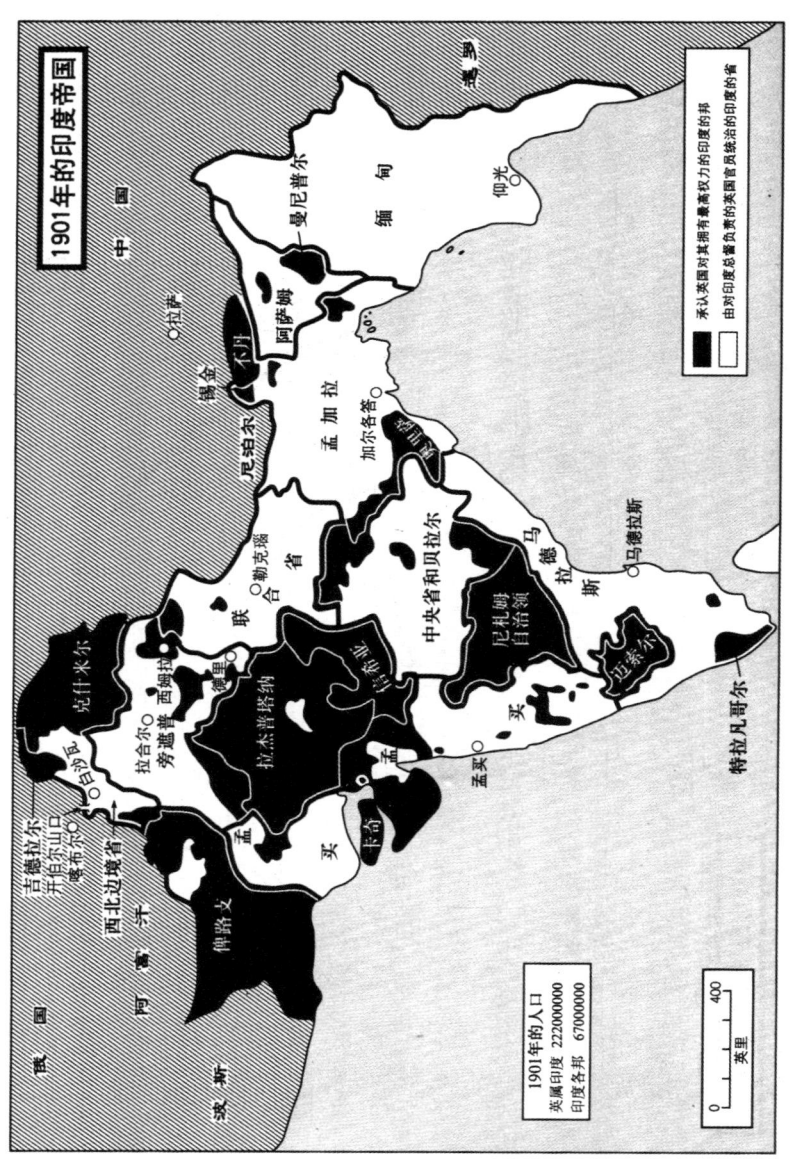

二、大事年表

1869 年	埃及苏伊士运河通航,大大缩短了英国通往印度的航线
1876 年	维多利亚女王在印度德里加冕"印度女皇"
1878—1880 年	第二次阿富汗战争,战后根据《甘达马克条约》,阿富汗接受英国保护
1878 年	《圣斯特法诺条约》签订
	"爱尔兰土地联盟"成立
1879 年	格莱斯顿在中洛锡安发表演讲,谴责保守党在阿富汗和南非的行径
	议会通过第二个爱尔兰土地法
1880 年	克鲁格宣布重建布尔共和国
1881 年	英国与布尔人签订《比勒陀利亚协定》
1882 年	英国占领埃及
1883 年	澳大利亚占领新几内亚
	西利出版《英格兰的扩张》
1884 年	柏林会议召开,欧洲列强开始掀起瓜分非洲的狂潮
	英国与布尔人签订《伦敦协定》
	帝国联邦协会成立
1885 年	英国宣布贝专纳为保护国
	戈登在喀土穆被杀
	弗劳德出版《大洋国,英格兰和它的殖民地》
1886 年	格莱斯顿推出爱尔兰自治法案
	自由党分裂,以张伯伦为首组成自由党统一派
	皇家尼日尔公司获得政府特许
	德兰士瓦发现金矿
1887 年	第一届殖民地会议召开
	不列颠东非公司获特许
1888 年	冈比亚成为英国独立殖民地
1888—1889 年	英法两国瓜分黄金海岸
1889 年	英国南非公司获特许
1890 年	东非成为英国保护地
	英德两国签订《赫尔戈兰条约》
1891 年	英属南非公司获得北罗得西亚管理权

1892 年	南罗得西亚(今津巴布韦)归南非公司
1893 年	上院否决第二个爱尔兰自治法案
	尼日尔海岸保护地建立
1897 年	英国举行维多利亚女王登基 60 周年的庆典
1899—1902 年	第二次布尔战争,英国占领奥兰治自由邦和德兰士瓦

三、参考书目

英文:

Alford, B. W. E., *Britain in the World Economy Since 1880*, London: Longman, 1996.

Ashworth, W., *An Economic History of England 1870—1938*, London: Muthuen, 1960.

Bearce, George D., *British Attitudes Towards India 1784—1758*, Westport: Greenwood Press, 1982.

Beckett, J. C., *A Short History of Ireland*, London: Hutchinson, 1977.

Beckett, J. C., *The Making of Modern Ireland*, London and Boston: Faber and Faber, 1981.

Benians, E. A. (ed.), *The Cambridge History of the British Empire*, III, Cambridge: Cambridge University Press, 1959.

Bennett, G. (ed.), *The Concept of Empire, Burke to Attlee 1774—1943*, London: A. and C. Black, 1953.

Biagini, Eugenio F., *Gladstone*, London: Macmillan Press Ltd, 2000.

Black, Engene C. (ed.), *British Politics in the Nineteenth Century*, New York: Harpper & Row Publishers, 1969.

Blake, Robert., *Disraeli*, London: Eyre & Spottiswoode, 1966.

Bodelsen, C. A., *Studies in Mid-Victorian Imperialism*, London: Heinemann, 1960.

Bourne, K., *The Foreign Policy of Victorian England*, Oxford: Oxford U. P, 1970.

Boyd, C. W., *Mr. Chamberlain's Speeches*, London: Constable and Company Ltd, 1914.

Brown, Harry., *Joseph Chamberlain, Radical and Imperialist*, London:

Longman, 1974.

Brown, Judith M., *Modern India: the Origins of an Asian Democracy*, Delh and New York: Oxford U. P, 1985.

Buckle, G. E. (ed.), *The Letters of Queen Victoria*, London: Murray, 1926. 1930.

Bumsted, J. M. (ed.), *Canadian History before Confederation: Essay and Interpretations*, Ontario, Irwin-Dorsey Limited, 1979.

Cain, p. J. & Hopkins, A. G., *British Imperialism 1688—2000*, Singapore: Pearson Education Ltd, 2002.

Cain, Peter (ed.), *Empire and Imperialism: The Debate of the 1870s*, Indiana: St. Augustine's Press, 1999.

Carlyle Thomas., *On Heroes and Hero-Worship and the Heroic in history*, London: hapman and Hall, 1840.

Carlyle, Thomas., *Past and Present*, London: Chapman, 1843.

Cecil, Gwendolen., *Life of Robert Marquis of Salisbury*, London: Hodder & Stoughton, 1921.

Charlesworth, Neil., *British Rule and the Indian Economy, 1800—1914*, London: Macmillan, 1982.

Cook, Ramsay Saywell, & John & Ricker, John., *Canada a Modern Study*, Toronto: Irwin Publishing, 1977.

Coupland, R., *The Exploitation of East Africa*, London: Faber and Faber, 1968.

Deane, p. & Cole, W. A., *British Economic Growth 1688—1959*, Cambridge: The Cambridge University Press, 1962.

Dilke, C. W., *Problems of Greater Britain*, London: Macmillan, 1890.

Eldridge, C. C., *Victorian Imperialism*, London: Hodder and Stoughton, 1978.

Eliot, T. S. A., *Choice of Kipling's Verse*, London: Faber And Faber Ltd, 1941.

Elton, *Imperial Commonwealth*, London: Collins, 1945.

Black, Engene C. (ed.), *British Politics in the Nineteenth Century*, New York: Harpper and Row, 1969.

Ensor, R. C. K., *England 1870—1914*, London, O. U. P. 1936.

Fage, J. D., *A History of West Africa*, Cambridge: Cambridge University Press, 1969.

Fenchtwanger, E. J., *Democracy and Empire: Britain 1865—1914*, London: Edward Arnold, 1967.

Feuchtwanger, E. J., *Gladstone*, London: Macmillan, 1989.

Fitzmaurice, Edmond., *The Life of Granville*, London: Longman Green and

Co. 1906.

Flint, John., *Cecil Rhodes*, Boston and Toronto: Little Brown and Company, 1974.

Foot, M. R. D. (ed.), *Midlothian Speeches* 1879, Leicester: Leicester University Press, 1971.

Fraser, Peter., *Joseph Chamberlain: Radicalism and Empire, 1868—1914*, London: Cassell, 1966.

Froude, J. A., *Oceana or England and her Colonies*, London: Silver Library, 1886.

Garvin, J. L., *The Life of Joseph Chamberlain*, London: Macmillan, 1934.

Gilbert, B. B., *The Evolution of National Insurance in Great Britain*, London: M. Joseph, 1961.

Goldman, Charles Sydney (ed.), *The Empire and the Century*, London: John Murray, 1905.

Grant, Alexander and Stringer, Keith J. (eds.), *Uniting the Kingdom? The Making of British History*, London: Routledge,1995.

Gray, Peter., *Famine, Land and Politics: British Government and Irish Society 1843—1850*, Dublin & Portland: Irish Academic Press, 1999.

Grierson, Edward., *The Imperial Dream: The British Commonwealth and Empire 1775—1969*, London: Collins, 1972.

Gwynn & Tucknell, *Life of Sir Charles W. Dilke*, London: John Murray, 1917.

Hammond J. L. and Foot, M. R. D., *Gladstone and Liberalism*, London: The English Universities Press Ltd, 1967.

Handcock, W. D. (ed.), *English Historical Documents XXII 1874—1914*, London: Eyre and Spottiswoode, 1997.

Hobson, J. A., *Imperialism: A Study*, London: George Allen & Unwin Ltd, 1968.

Howe, Stephen., *Ireland and Empire: Colonial Legacies in Irish History and Culture*, Oxford: Oxford U. P, 2002.

Hussey, W. D., *The British Empire and Commonwealth 1500—1961*, Cambridge: Cambridge University Press, 1963.

Hyam, Ronald & Martin, Ged., *Reappraisals in British Imperial History*, London: The Macmillan Press Ltd, 1975.

Hyam, Ronald., *Britain's Imperial Century 1815—1914*, London: Palgrave, 1993.

Ingham, K., *A History of East Africa*, London: Longmans, 1966.

James, R. R., *Rosebery*, London: Weidenfeld & Nicolson, 1963.

Jenkins, Roy., *Gladstone*, Kent: Macmillan, 1995.

Judd, Denis., *Empire: The British Imperial Experience from 1765 to the Present*, London: Fontanna, 1977.

Judd, Denis., *Radical Joe: A Life of Joseph Chamberlain*, London: Hamish Hamilton, 1987.

Kebbel, T. E., *Benjamin Disraeli Earl of Beaconsfield*, London: Cassell, 1907.

Kebble, T. E., *Selected Speeches of Benjamin Disraeli Earl of Beaconsfield*, London: Macmillan, 1882.

Kewnedy, James G., *Herbert Spencer*, Boston: G. K. Hall & Co., 1978.

Kidd, Benjamin., *Social Evolution*, London: Macmillan, 1894.

Kiewiet, C. W. De., *A History of South Africa, Social and Economic*, London: Longman, 1941.

Kiewiet, C. W. De., *The Imperial Factor in South Africa*, London: Longman, 1937.

Kipling, Rudyard., *The Day's Work*, London: Penguin Books, 1988.

Kipling, Rudyard., *The Five Nations*, London: Methuen and Co., Ltd, 1907.

Knaplund, Paul., *Gladstone and Britain's Imperial Policy*, London: Talor & Francis, 1966.

Knowles, L. C. A., *The Economic Development of the British Overseas Empire*, London: George Routledge & Sons, 1924.

Koebner, Richard & Schmidt, Helmut Dan., *Imperialism: The Story and Significance of a Political Word, 1840—1960*, Cambridge: Cambridge University Press, 1964.

Landes, D. S., *The Unbounded Prometheus: Technological Change and Industrial Development in Western Europe from 1750 to the Present*, Cambridge: Cambridge University Press, 1969.

Lockhart, J. G. and Woodhouse, C. M. *Rhodes*, London: Hodder & Stoughton, 1963.

Lucas, Sir. C. P., *Historical Geography, South Africa*, Oxford: Oxford U. P, 1915.

Madden, Frederick and Fieldhouse, David (eds.) *Imperial Reconstruction 1740—1840: The Evolution of Alternative Systems of Government*, New York: Greenwood Press, 1987.

Madden, Frederick., *Imperial Constitution Documents, 1765—1952: A Supplement*, Oxford: Basil Blackwell, 1953.

Maghus, Philip., *Gladstone*, London: Murray, 1954.

Mansergh, Nicholas., *The Coming of the First World War: A Study in the*

European Balance, 1878—1914, London: Longman, Green & Co. Ltd, 1949.

Marder, A. J., *The Anatomy of British Sea Power*, London: Knop, 1940.

Mathew, H. C. G. (ed.), *Gladstone Diaries* vols. 3—13, Oxford: Claredon Press, 1978—1994.

May, G. H. L. Le., *British Supremacy in South Africa 1899—1907*, Oxford: Oxford U. P. 1965.

May, Trevor., *An Economic and Social History of Britain 1760—1970*, London: Longman,1987.

McCulloch, J. R., *Statistical Account of the British Empire*, London, 1837.

Merivale,Herman., *Lectures on Colonization and Colonies*, Oxford: Oxford U. P,1841.

Millin, S. Gertrede., *Rhodes*,Londo: Libsib,1933.

Montano, John Patrick., *The Roots of English Colonialism in Ireland*, Cambridge: Cambridge University Press, 2011.

Monypenny, W. F. & Buckle, G. E., *The Life of Benjamin Disraeli*, London: John Murray, 1910—1920.

Morison, S. E., *Cambridge History of British Foreign Policy*, Cambridge, Cambridge University Press, 1922.

Morley, John., *The Life of Richard Cobden*, London: Chapman and Hall, 1881.

Morley, John., *The Life of William Ewart Gladstone*, London: Macmillan, 1903.

Morrel, W. D., *British Colonial Policy in the Mid-Victorian Age*, Oxford: Oxford U. P, 1969.

Morris ,James., *Pax Britannica : The Climax of an Empire*, London: Penguin Books, 1982.

Muir, Ramsay (ed.), *The Making of British India*, 1756—1858: *Described in a Series of Dispatches, Treaties, Statutes and Other Documents*, Lahore: Pakistan Branch, Oxford U. P, 1969.

Nabudere,D. Wadada., *Imperialism in East Africa*, London: Zed Press, 1981.

Nathan, Manfred., *Empire Government : An Outline of the System Prevailing in the British Commonwealth of Nations*, London : George Allen & Unwin Ltd, 1928.

O'farrell, Patrick., *Ireland's English Question: Anglo—Irish Relations 1534—1970*, London: B. T. Batsford Ltd, 1971.

Pandey, B. N. (ed.), *The India Nationalist Movement 1885—1947*, *Selected Documents*, London: Macmillan, 1979.

Parking, George R., *Imperial Federation : The Problem of National Unity*, London:Macmillan, 1892.

Parsons, Timothy., *The British Imperial Century*, 1815—1914, New York & Oxford: Rowman & Littlefield Publishers, 1999.

Pearson, Karl., *National Life from the Standpoint of Science*, London: Macmillan, 1905.

Porter, Bernard., *The Lion's Share: A Short History of British Imperialism, 1850—1995*, London: Longman, 1996.

Ramm, Agatha (ed.), *The Political Correspondence of Mr Gladstone and Lord Granville (1876—1886)*, Oxford: Oxford U. P., 1963.

Ramm, Agatha, *William Edward Gladstone*, GPC Books: The University of Wales Press, 1989.

Reinsch, Paul S., *Colonial Government: An Introduction to the Study of Colonial Institutions*, London: Macmillan, 1924.

Robin W. Winks, *British Imperialism*, New York • Chicago • San Francisco • Toronto • London: Holt, Rinehart And Winston, 1988.

Robinson and Gallagher, J., *Africa and Victorians: The Official Mind of Imperialism*, London: Macmillan, 1961.

Roderick & McCloskey Donald (ed.), *The Economic History of Britain Since 1700*, Cambridge: The Cambridge University Press, 1944.

Schlote, W., *British Overseas Trade from 1700 to 1930*, Oxford: Blackwell, 1952.

Seaman, L. C. B., *Victorian England: Aspects of English and Imperial History 1837—1901*, London and New York: Methuen & Co., Ltd, 1973.

Seeley, J. R., *The Expansion of England*, University of California Libraries, 1883.

Semmel, B., *The Rise of Free Trade Imperialism*, Cambridge: Cambridge University Press, 1970.

Semmel, Bernard., *Imperialism and Social Reform: English Social—Imperial Thought 1895—1914*, London: George Allen & Unwin Ltd, 1960.

Shannon, R. T., *Gladstone and the Bulgarian Agitation*, London, Macmillan, 1963.

Shannon, R. T., *The Crisis of Imperialism 1865—1915*, London: Macmillan, 1917.

Shaw, A. C. L., *Great Britain and Colonies 1815—1865*, London: Longman, 1970.

Smith, Simon C., *British Imperialism 1750—1970*, Cambridge: Cambridge University Press, 1998.

Snape, R. H., *Britain and the Empire 1867—1945*, Cambridge: Cambridge University Press, 1945.

Southgate, Donald., *Passing of the Whigs*, London: Macmillan, 1962.

Spencer, Herbert., *The Man Versus the State*, London: Watts, 1892.

Stephen, J. Lee., *Aspects of British Political History 1815—1914*, London and New York: Routledge, 1994.

Stokes, Eric., *The Peasant Armed: The India Revolt of 1857*, Oxford: Clarendon Press, 1986.

Taylor, A. J. P., *German's First Bid for Colonies 1884—1885*, London: Macmillan, 1938.

Taylor, A. J. P., *The Struggle for Mastery in Europe, 1848—1918*, Oxford: Oxford U. P, 1954.

Theal, G. McC., *A History of South Africa 1873—1784*, London: Longman, 1917.

Thompson, Leonard., *A History of South Africa*, New Haven: Yale University Press, 1995.

Thornton, A. P., *The Imperial Idea and It's Enemies*, London, Macmillan, 1959.

Thorold Rogers, *Speeches by the Right Hon. John Bright M. P.*, London: Macmillan and Co. 1869.

Tingsten, Herbert., *Victoria and Victorians*, London: George Allen & Unwin Ltd, 1972.

Walling, R. A. J. (ed.), *The Diaries of John Bright*, New York: William Morrow & Company, 1930.

Ward and Gooch (ed.), *Cambridge History of British Foreign Policy*, Cambridge: Cambridge University Press, 1922.

William Page, F. S. A., *Commerce and Industry*, New York: Augustus M. Kelley Publishers, 1968.

Williamson, J. A., *A Short History of British Expansion*, London: Macmillan, 1945.

Williamson, J. A., *The British Empire and Commonwealth*, London: Macmillan, 1965.

Willis, Michael., *Gladstone and Disraeli Principles and Policies*, Cambridge · New York · Port Chester · Melbourne · Sydney: Cambridge University Press, 1989.

Woodruff, W., *Impact of Western Man: A Study of Europe's Role in the World's Economy 1750—1960*, London: Macmillan, 1966.

Young, G. M. (ed.), *English Historical Documents XXII 1833—1874*, London: Eyre and Spottiswoode, 1952.

Zetland, *The Letters of Disraeli to Lady Bradford and Lady Chesterfield*,

London: Ernest Benn Limited, 1929.

中文:

J. B. 康德利夫和 W. T. G. 艾雷:《新西兰简史》,广东人民出版社,1978年。
包达夫:《国际贸易》,财政经济出版社,1957年。
保罗·肯尼迪:《大国的兴衰》,求实出版社,1987年。
蔡佳禾:《新西兰——追随中的创新》,四川人民出版社,2003年。
汉娜·鄂兰:《帝国主义》,台北:联经出版事业公司,1991年。
赫伯特·斯宾塞:《社会静力学》,商务印书馆,1996年。
霍布豪斯:《自由主义》,商务印书馆,1997年。
库钦斯基:《资本主义世界经济史研究》,生活·读书·新知三联书店,1955年。
刘克华选译:《1870—1914年的英国——世界史资料丛刊》,商务印书馆,1987年。
马里欧特:《现代英国:1885—1945年》,商务印书馆,1963年。
门德尔逊:《经济危机和周期的理论》,三联书店,1975年。
密尔:《代议制政府》,商务印书馆,1977年。
钱乘旦、陈晓律:《英国——在传统与变革之间》,四川人民出版社,2003年。
斯曼诺维奇:《帝国主义对非洲的瓜分》,世界知识出版社,1962年。
宋则行、樊亢:《世界经济史》,上卷,经济科学出版社,1993年。
王绳祖主编:《国际关系史》第三卷,1871—1918,世界知识出版社,1995年。
温斯顿·丘吉尔:《英语民族史》,南方出版社,2004年。
亚当·斯密:《国民财富的性质和原因的研究》,商务印书馆,1979年。
阎照祥:《英国政党政治史》,中国社会科学出版社,1993年。

四、译名对照表

A

阿贝奥库塔(Abeokuta)
阿比西尼亚(Abyssinia)
阿比西尼亚山(Mountains of Abyssinia)
阿波美(Abomey)
阿伯代尔(Aberdare)
阿伯康(Abercorn)
阿布杜尔,阿塞兹(Abdul, Aziz)
阿德莱德(Adelaide)
阿德利,查尔斯(Adderley, Charles)
阿尔巴尼亚(Albania)
阿尔及利亚(Algeria)
阿尔科克,拉瑟福特(Alcock, Rutherford)
阿尔萨斯(Alsace)

阿富汗（Afghanistan）
阿盖尔（Argyll）
阿卡沙（Akasha）
阿拉伯海（the Arabia Sea）
阿里,谢尔（Ali, Sher）
阿纳科（Anecho）
阿诺德,马休（Arnold, Mathew）
阿萨巴（Asaba）
阿散蒂（Ashanti）
阿什伯恩（Ashbourne）
阿西尼（Assini）
埃尔奥贝德（El Obeid）
埃尔金（Elgin）
埃里奥特,亨利（Elliott, Henry）
埃塞俄比亚 Ethiopia
艾哈迈德,赛义德（Ahmed, Syed）
爱德华王子岛（Prince Edward Island）
爱尔兰国家联盟（Irish National League）
《爱尔兰教会法》（Irish Church Bill）
爱尔兰土地联盟（Irish Land League）
爱琴海（the Aegean Sea）
安大略（Otari）
安东尼,特罗洛普（Anthony, Trollope）
奥迪哈（Oudh）
奥地利王位继承战争（War of Austrian Succession）
奥尔巴尼（Albany）
奥兰治（Orange）
奥里诺科河（the Orinoco）
奥斯曼帝国（Ottoman Empire）
奥匈帝国（Austro—Hungarian Empire）

B

巴巴多斯（Barbados）
巴顿,埃德蒙（Barton, Edmund）
巴尔干（Balkan）
巴哈马（Bahamas）
巴克莱,亨利（Barkly, Henry）
巴黎条约（Treaty of Paris）
巴林,伊夫林（Baring, Evelyn）
巴罗茨兰（Barotseland）
巴马科（Bamako）
巴苏图人（Basotos）
巴苏陀兰（Basutoland）
巴特,艾萨克（Butt, Isaac）
白金汉（Buckingham）
白沙瓦（Peshawar）
百慕大（Bermuda）
柏林会议（Berlin Conference）
班克斯托雷斯岛（Banks and Torres Island）
班图（Bantu）
宝山（Golconda）
杯葛运动（Boycott）
北安普顿（Northampton）
北罗得西亚（North Rhodesia）
贝拉（Beira）
贝拉尔（Berar）
贝专纳（Bechuanaland）
贝专纳探险公司（Bechuanaland Exploration Company）
背风群岛（Leeward Islands）
本廷克,威廉（Bentinck, William）
比勒陀利亚（Pretoria）
《比勒陀利亚协定》（Convention of Pretoria）
比萨拉比亚（Bessarabia）
俾斯麦,赫伯特（Bismarck, Herbert）
边沁,杰里米（Bentham, Jeremy）
波斯尼亚（Bosnia）
波斯湾（the Persia Gulf）
伯顿（Burton）
博斯普鲁斯（Bosporus）
布哈拉（Bukhara）
布拉瓦约（Bulawayo）
布莱特,约翰（Bright, John）

布勒,查尔斯（Buller, Charles）
布勒,雷德弗斯（Buller, Redvers）
布隆迪（Burundi）
布隆方丹（Bloemfontein）
布鲁厄姆（Brougham）
布希（Busch）

C

查维格纳里,路易斯（Cavagnari, Louis）

D

达达尼亚（Dardanelles）
达菲,查尔斯·加文（Duffy, Charles Gavan）
达夫尔（Darfur）
达荷美（Dahomey）
达勒姆（Durham）
达勒姆报告（Durham Report）
达维特,迈克尔（Davitt, Michael）
大巴萨姆（Grand Bassam）
《大学法》（Universities Act）
戴尔豪斯（Dalhousie）
戴尔克,查尔斯·温特沃斯（Dilke, Charles Wentworth）
戴西（Dicey）
丹麦（Denmark）
丹麦战争（Danish War）
德班,班杰明（Durban, Benjamin）
德比（Derby）
德尔加多角（Cape Delgado）
德拉瓜湾（Delagoa Bay）
德兰士瓦（Transvaal）
德文希尔公爵（Duke Devonshire）
邓达斯（Dundas）
迪斯雷利,本杰明（Disraeli, Benjamin）
地中海（the Mediterranean）
帝国联邦协会（Imperial Federation League）

蒂拉克（Tilak, G. B.）
东印度公司（East Indian Company）
多哥（Togo）
多塞特郡（Dorsetshire）

E

俄斐（Ophir）
恩德比利（Ndebele）
恩图曼（Omdurman）

F

法国革命（French Revolution）
法绍达（Fashoda）
法伊夫（Fife）
非洲湖公司（African Lakes Company）
菲利普,阿瑟（Phillip, Arthur）
斐济（Fiji）
费西河（Fish River）
芬尼社（Fenians）
弗劳德,詹姆斯·安东尼（Froude, James Anthony）
弗里尔,巴特尔（Frere, Bartle）
弗里尼欣（Vereeniging）
弗兹罗（Fitzroy）
伏尔特河（River Volta）
福克兰群岛（Falkland Islands）
福克斯（Fox, C. J.）
福塞特,亨利（Fawcett, Henry）
福斯特,约翰（Foster, John）
富塔哈隆（Futa Jalon）

G

盖列安尼（Gallieni, J. S.）
冈比亚（Gambia）
刚果（Congo）
高尔特（Galt）
高加索（Caucasus）
戈尔迪,乔治·坦伯曼（Goldie, George

Tanbman)
高斯,拉尔·马汉(Ghose, Lal Mahan)
格莱顿,亨利(Grattan, Henry)
格莱斯顿,威廉·尤尔特(Gladstone, William Ewart)
格兰特(Grant)
格兰维尔(Granville)
格雷,爱德华(Grey, Edward)
格雷,乔治(Grey, George)
格里高利,威廉(Gregory, William)
格里夸兰(Griqualand)
格林纳达(Grenada)
葛逊(Goschen)
古巴(Cuba)
古尔利,罗伯特(Gourlay, Robert)
《谷物法》(Corn Law)
《关税同盟条约》(Zollverein Treaty)
圭亚那(Guyana)

H

哈巴特镇(Hobart Town)
哈利法克斯(Halifax)
海地(Hayti)
汉密尔顿,乔治(Hamilton, George)
《航海条例》(Navigation Acts)
豪,约瑟夫(Howe, Joseph)
好望角(Cape of Good Hope)
赫尔戈兰岛(Helgoland)
赫斯基森,威廉(Huskisson, William)
赫特福德郡(Hertfordshire)
赫文斯(Hewins, W. A. S.)
黑海(the Black Sea)
黑塞哥维那(Herzegovina)
亨廷顿(Hartington)
红海(the Red Sea)
《互惠关税法》(Reciprocity of Duties Act)
《怀唐依条约》(Treaty of Waitangi)

皇家非洲公司(Royal Africa Company)
皇家冒险公司(Royal Adventure Company)
黄金海岸(Gold Coast)
霍布森,威廉(Hobson, William)
霍布森,约翰·阿特金森(Hobson, John Atkinson)
霍金德(Khojend)
霍兰(Holland, H. T.)

J

基尔曼汉姆(Kilmainham)
基钦纳,赫伯特(Kitchener, Herbert)
吉卜林,鲁德亚德(Kipling, Rudyard)
吉尔吉特(Gilgit)
吉福德(Gifford)
吉莱斯皮(Gillespie, J.)
吉斯本(Gisborne)
几内亚(Guinea)
加丹加(Katanga)
加尔各答(Calcutta)
《加拿大法》(Canada Act)
加拿大联邦(Canadian Conferation)
《加拿大宪政法》(Constitutional Act of Canada)
加扎兰(Gazaland)
佳斯(Jhansi)
迦太基(Carthage)
《解除爱尔兰国教法》(Irish Disestablishment Bill)
金伯利(Kimberley)
金斯莱,查尔斯(Kingsley, Charles)
君士坦丁堡(Constantinople)

K

喀布尔(Kabul)
喀麦隆(Cameroon)
喀土穆(Khartoum)

卡莱尔,托马斯（Carlyle, Thomas）
卡纳温（Carnarvon）
卡萨芒斯河（River Casamance）
卡斯卡特,乔治（Cathcart, George）
卡塔（Kaarta）
卡特莱特,理查德（Cartwright, Richard）
卡文迪什,弗雷德里克（Cavendish, Frederick）
开普布莱诺（Cape Blano）
开普殖民地（Cape Colony）
凯河（Kei River）
凯斯门特,罗杰（Casement, Roger）
坎大哈（Kandahar）
坎宁,乔治（Canning, George）
坎特伯雷（Canterbury）
坎特克（Kanturk）
康夫诺（Cofonu）
康诺特（Connaught）
康沃尔（Cornwall）
康沃利斯（Cornwallis）
考夫曼（Kaufman）
科布登,理查德（Cobden, Richard）
科尔多凡（Kordofan）
科芬（Coffin, J.）
科利,乔治（Colley, George）
科纳克里（Conakry）
克德,本杰明（Kidd, Benjamin）
克莱顿（Clayton）
克兰布鲁克（Cranbrook）
克郎代克河（Klondike River）
克里米亚（Crimean）
克里米亚战争（Crimean War）
克龙斯塔德（Kroonstad）
克龙耶,佩特（Cronje, Piet）
克鲁格,保罗（Kruger, Paul）
克罗默（Cromer）
克什米尔（Kashmir）

肯尼亚（Kenya）
肯特（Kent）
寇松（Curzon）
库西山脉（Hindu Kush）
魁北克（Quebec）
魁北克法（Quebec Act）
昆士兰（Queensland）

L

拉德（Rudd, C. D.）
拉赫曼,阿布杜（Rahma, Abdur）
莱昂斯（Lyons）
莱迪史密斯（Ladysmith）
莱克斯,查尔斯（Raikes, Charles）
莱斯普斯,斐迪南·德（Lesseps, Ferdinand de）
莱旺尼卡（Lewanika）
莱茵斯特（Leinster）
莱亚德,奥斯丁（Layard, Austin）
劳里（Laurier）
劳伦斯,约翰（Lawrence, John）
李顿（Lytton, Viceroy of India）
里彭（Ripon）
里士满（Richmond）
利奥波德二世（Leopold II, King of Belgium）
利比里亚（Liberia）
利普特（Lippert, E. A.）
利维,赫尔曼（Levy, Hermann）
利文斯顿（Livingstone）
林波波河（Limbobo River）
刘易斯,乔治·康沃尔（Lewis, George Cornwall）
卢森堡（Luxembourg）
卢旺达（Rwanda）
鲁伍马河（Ruruma River）
《伦敦协定》（London Convention）
罗巴克（Roebuck, J. A.）

罗宾逊,约翰·比弗利(Robinson, John Beverley)
罗伯茨,弗雷德里克(Roberts, Frederick)
罗得斯,塞西尔(Rhodes, Cecil)
罗得西亚(Rhodesia)
罗杰斯(Rogers, F.)
罗舍尔(Roscher)
罗斯伯里(Rosebery)
罗素,约翰(Russell, John)
洛本古拉(Lobengula)
洛戈(Logo)
洛赫,亨利(Lock, Henry)
洛克加(Lokoja)
洛林(Lorraine)

M

马德拉斯(Madras)
马尔尚(Marchand)
马耳他(Malta)
马菲亚岛(Mafia Island)
马弗京(Mafeking)
马拉维(Malawi)
马来亚(Malaya)
马姆斯伯里(Malmesbury)
马尼卡兰(Manicaland)
马塞奎斯(Macequece)
马绍纳兰(Mashonaland)
马塔贝莱兰(Matabeleland)
马西纳(Macina)
马朱巴(Majuba)
麦克洛克(MacCulloch)
麦克唐纳,克劳德(MacDonald, Claude)
曼彻斯特(Manchester)
曼彻斯特学派(Manchester School)
蒙罗,托马斯(Munro, Thomas)
毛里求斯(Mauritius)

梅奥(Mayo)
梅尔夫(Merv)
梅里韦尔,赫尔曼(Merivale, Herman)
美国独立战争(American Revolution)
蒙巴萨(Mombasa)
蒙特利尔(Montreal)
孟加拉(Bengal)
孟买(Bombay)
米德,罗伯特(Meade, Robert)
米尔纳,艾尔弗雷德(Milner, Alfred)
米尔斯,阿瑟(Mills, Arthur)
米斯(Meath)
密尔,约翰(Mill, John)
密西西比河(Mississippi River)
缅甸(Burma)
明托(Minto)
缪尔,威廉(Muir, William)
摩加迪沙(Mogdishu)
莫迪福德,托马斯(Modyford, Thomas)
莫尔斯比(Moresby)
莫尔斯沃斯,威廉(Molesworth, William)
莫尼尔,雷内(Maunier, Rene)
莫桑比克(Mozambique)
墨尔本(Melbourne)
姆塔萨(Mtasa)
穆罕默德,道斯特(Mohammed, Dost)

N

拿破仑(Napoleon)
拿破仑战争(Napoleonic Wars)
那格浦尔(Nagpur)
纳普伦德(Knaplund)
纳奇布尔—休格森(Knatchbull—Hugessen)
纳塔尔(Natal)
纳塔尔港(Port Natal)
南非联邦(Union of South Africa)

南罗得西亚（South Rhodesia）
南斯拉夫（Yugoslavia）
尼日尔海岸保护地（Niger Coast Protectorate）
尼日利亚（Nigeria）
尼日亚三角洲（Niger Delta）
尼亚萨湖（Lake Nyasa）
尼亚萨兰（Nyasaland）
纽芬兰（Newfoundland）
纽卡斯尔（Newcastle）
诺布尔，约翰（Noble, John）
诺曼比（Normanby）
诺思布鲁克（Northbrook）

P

帕米尔（Pamir）
帕内尔，查尔斯·斯图尔特（Parnell, Charles Stewart）
帕默斯顿（Palmerston）
帕皮诺，路易斯·约瑟夫（Papineau, Louis Joseph）
潘杰达（Penjdeh）
潘帕斯（Pampas）
《叛乱损失法》（Rebellion Losses Bill）
旁遮普（Punjab）
彭亨州（Pahdang）
蓬圭河（Pungwe River）
皮尔，罗伯特（Peel, Robert）
皮尔森，卡尔（Pearson, Karl）
皮蒙特（Piedmont）
婆罗洲（Borneo）
葡萄牙（Portugal）
普奥战争（Austro-Prussian War）
普法战争（Franco-Prussian War）
普鲁士（Prussia）

Q

七年战争（Seven Year's War）

乞力巴扎罗山（Mt. Kilimanjaro）
契夫拉尔（Chifral）
切姆斯福德（Chelmsford）
切尔西（Chelsea）

R

柔佛（Johore）
瑞提埃夫，皮埃特（Retief, Piet）

S

撒哈拉沙漠（Sahara Desert）
萨塔拉（Satara）
萨摩亚（Samoa）
萨瓦金（Suakin）
萨瓦纳（Savanna）
萨维奇岛（Savage Island）
塞尔维亚（Servia）
塞盖（Segue）
塞拉利昂（Sierra Leone）
塞内加尔（Senegal）
塞浦路斯（Cyprus）
塞特瓦约（Cetewayo）
三皇同盟（Dreikaiserbund）
桑给巴尔（Zanzibar）
森美兰州（Negri Sembilan）
沙捞越（Salawak）
沙里河（Shari River）
上几内亚（Upper Guinea）
上加拿大（Upper Canada）
圣赫勒拿（Saint Helena）
圣基茨（St. Kitts）
圣劳伦斯河（Saint Lawrence River）
圣卢西亚（St. Lucia）
《圣斯特法诺条约》（Treaty of San Stefano）
圣文森特（Saint Vincent）
史密斯，戈尔德温（Smith, Goldwin）
史密斯，哈里（Smith, Harry）

斯宾塞,赫伯特(Spencer, Herbert)
斯蒂芬,莱斯利(Stephen, Lesley)
斯蒂芬,詹姆斯(Stephen, James)
斯林,亨利(Thring, Henry)
斯洛文尼亚(Slovenia)
斯密,亚当(Smith, Adam)
斯皮克(Speka)
斯泰德(Stead, W. T.)
斯威士兰(Swaziland)
苏丹(Sudan)
苏拉特(Surat)
苏伊士运河(Suez Canal)
索尔兹伯里(Salisbury)
索尔兹伯里要塞(Salibury Fort)
索马里(Somalia)

T

塔斯马尼亚(Tasmania)
塔斯曼,阿贝尔(Tasman, Abel)
塔希肯特(Tashkent)
泰勒,亨利(Taylor, Henry)
坦葛尼喀湖(Lake Tanganyika)
汤加(Tonga)
汤普森,弗朗西斯(Thompson, Francis)
汤普森,约瑟夫(Thomson, Joseph)
《糖法》(Sugar Act)
《糖浆法》(Molesses Act)
陶卡尔(Tokar)
特立尼达和多巴哥(Trinidad and Tobago)
廷巴克图(Timbuctu)
廷基索河(Tinkisso River)
图斐克(Tewik, Khedive)
土耳其(Turkey)
托伦(Torrens, R. R.)

W

瓦河(Vaal River)

威达哈(Wydah)
威尔特郡(Wiltshire)
威尔逊,爱德华(Wilson, Edward)
威灵顿(Wellington)
威特沃特斯兰德(Witwatersrand)
威图(Witu)
韦尔斯利(Wellesley)
韦洛比,约翰(Willoughby, John)
维多利亚(Victoria)
维多利亚湖(Lake Victoria)
维克菲尔德,爱德华·吉本(Wakefield, Edward Gibbon)
文莱(Brunei)
沃茨森,威廉(Watson, William)
沃德福特(Waterford)
沃尔斯利(Wolseley)
沃尔特河(Volta River)
渥太华(Ottawa)
乌干达(Uganda)
乌郎迪(Ulundi)

X

西班牙王位继承战争(War of the Spanish Succession)
西利,约翰·罗伯特(Seeley, John Robert)
希克斯·比奇,迈克尔(Hicks Beach, Michael)
希雷河(Shire River)
希尼,莫里斯(Heaney, Maurice)
锡兰(Ceylon)
下几内亚(Lower Guinea)
下加拿大(Lower Canada)
下缅甸(Lower Burma)
夏普,艾尔弗雷德(Sharpe, Alfred)
向风群岛(Windward Islands)
谢普斯通,西奥菲勒斯(Shepstone, Theophilus)
新布伦瑞克(New Brunswick)

新赫布里底群岛（New Hebrides）
新几内亚（New Guinea）
新加坡（Singapore）
新卡特（Sinkat）
新南威尔士（New South Wales）
新斯科舍（Nova Scotia）
新西兰（New Zealand）
休谟，约瑟夫（Hume, Joseph）
叙利亚（Syria）
雪兰莪州（Salangore）

Y

牙买加（Jamaica）
亚瑟·戈登（Gordon, Arthur）
扬，约翰（Young, John）
伊巴丹（Ibadan）
伊杰布奥德（Ijebu-Ode）
伊洛林（Ilrin）
伊斯梅尔（Ismail, Khedive of Egypt）
印度国大党（Indian National Congress）
印度监管部（Board of Control）
印度民族大起义（Indian Mutiny）
印度农业部（Indian Agricultural Department）
印度事务部（India Office）
《印度政府法》（Government of Indian Act）

《英属北美法》（British North America Act）
英属哥伦比亚（British Columbia）
英属洪都拉斯（British Honduras）
英属南非公司（British South Africa Company）
英属西印度（British West India）
尤尔（Yule）
油河（Oil River）
幼发拉底河（the Euphrates）
约翰内斯堡（Johannesburg）
约翰逊，弗兰克（Johnson, Frank）
约翰逊，哈里（Johnson, Harry）
约鲁巴兰（Yorubaland）

Z

赞比西河（Zambesi River）
乍得湖（Lake Chad）
詹金斯（Jenkins, H.）
詹姆森（Jameson, L. S.）
张伯伦，约瑟夫（Chamberlain, Joseph）
直布罗陀（Gibraltar）
殖民地会议（Colonial Conferences）
中洛锡安（Midlothian）
朱比河（Juba River）
祖尔菲卡要塞（Zulficar Pass）

后　记

英帝国史的研究一直是学术界关注的课题。我在攻读博士学位期间,在钱乘旦教授的指导下,开始对英帝国史的研究,通过广泛的阅读,最终将"19世纪最后30年的帝国史"确定为博士论文的选题。在研究的过程中,曾经遇到太多的困难,甚至有放弃学位的念头。

首先,我面对的问题是如何客观公正地论述英帝国史,帝国的建立是殖民导致的直接后果。从英国的角度看,帝国不仅是传播文明的地域,而且是彰显英国荣耀的表征。从殖民地的角度看,帝国是宗主国掠夺、侵占和垄断的产物。由于阅读了大量英国历史学家的著作,自己在感情上的天平是倾斜的,字里行间出现夸耀帝国的表达。但是,导师及时指出我的观点问题,告诉我应该站在客观的立场上研究帝国史,千万不能以自己的情感代替公正。

其次,论文的结构是困扰我的第二个难题。19世纪最后30年中的前十多年(1868—1880),自由党和保守党执行不同帝国的政策,以格莱斯顿为首的自由党建立"无形帝国",以迪斯累利为首的保守党重建"有形帝国",两党在不同帝国的理念下,采取了不同的行动。因此,文章的第一章和第二章的安排比较顺利。进入80年代以后,两党的帝国政策开始趋同,中间需要一个趋同的理由,这里不仅要求时间上吻合,而且需要理念的支持。通过阅读,我从西利的《英格兰的扩张》和弗劳德的《大洋国》中找到灵感,同时,英国民间帝国协会的建立和宣传活动也为两党政策的趋同起了推波助澜的作用。更为重要的是,随着欧洲列强的崛起,法国和德国等倡导新一轮扩张狂潮,"新帝国主义"的压力导致自由党改变初衷。90年代后,英帝国与各殖民地的关系逐渐明朗,形成了不同区域的不同管理方式。这是第三章的主要内容。第四章论述了英帝国内不同类型的殖民地,其中白人殖民地实现了自治政府;印度是帝国最大的利益所在;非洲和东亚、东南亚是英帝国的市场;此外还有一些托管地等。第五章探讨英国在"新帝国主义"旗帜下争取"最大的份额",并从布尔战争的过程及其后果,论述了帝国从顶峰到逐渐衰落的缘由。

最后,理论的建构问题。从英帝国建立起,帝国的理论就已经出现,在不同的时期,英国人对于帝国有不同的理解。当他们不需要帝国时,帝国是负担;当他们需要帝国时,帝国是荣耀。论文的最后一章,罗列了帝国主义的各种不同解释,从吉卜林的种族帝国主义到罗得斯的扩张帝国主义,从列宁的政治解释到霍布斯的经济解释,还有外交上的解释等。遗憾的是,没有自己的解释。

我的博士论文《英国史——19世纪的最后30年》完成以后,得到江苏人民出版社的支持,有了出版的机会。为了符合《英帝国史》整体框架的要求,我扩大了论文的篇幅,补充了一些历史事件的详细内容,使论文变成了一本独立的专著。

这本书能够出版,我首先要感谢我的导师钱乘旦教授,没有他的谆谆教诲和精心指导,就没有《英帝国的危机》。

感谢我的父母照顾我的孩子,并在经济上给予极大帮助。

感谢张本英教授的鼓励。

感谢王涛教授在我去英国期间承担我的教学任务。

感谢约克大学马克·奥姆劳德教授,他的邀请使我有机会在英国阅读史料。